L'essentiel de la THAÏLANDE

Sommaire

Dans ce guide, les pictos mettent en lumière ce que nous vous recommandons tout spécialement :

Les meilleurs...
Un best of thématique – pour être sûr de ne rien manquer.

À ne pas manquer
À voir absolument – ne repartez pas sans y être allé.

Des experts locaux révèlent leurs coups de cœur et lieux secrets.

Vaut le détour
Des sites un peu moins connus qui méritent une visite.

Si vous aimez...
Un choix de visites ou d'activités complémentaires selon vos envies.

Ces pictos vous aident à identifier les points d'intérêt dans le texte et sur les cartes :

À voir

Où se restaurer

Où prendre un verre

Où se loger

Renseignements

Édition écrite et actualisée par

China Williams,
Mark Beales, Tim Bewer, Celeste Brash,
Austin Bush, Alan Murphy, Brandon Presser

p. 173
Chiang Rai et le nord
de la Thaïlande
p. 131
Chiang Mai
p. 91
Escapades
hors de Bangkok
p. 51
Bangkok
p. 229
Ko Samui
et la côte du golfe
p. 271
Phuket
et la côte
d'Andaman

Sommaire

Avant le départ

Sur la route

Sommaire

Sur la route

En savoir plus

Carnet pratique

Quelques mots sur la Thaïlande

La Thaïlande a reçu tous les dons. Sa beauté, sa grâce et ses nombreux attraits charment le monde entier. Elle est à la fois mystérieuse et troublante, accessible et accueillante.

Le paisible littoral du Sud chasse les soucis du monde moderne. Les eaux sont cristallines, les sites de plongée spectaculaires et l'ambiance évoque les douces siestes de l'après-midi. À l'image du pays tout entier, les fameuses îles et plages de Thaïlande invitent à l'hédonisme, des folles soirées sur le sable aux dîners romantiques au bord de la mer. Le long de la côte d'Andaman s'élèvent de majestueuses montagnes calcaires aux airs de monuments préhistoriques.

Au-delà des plaisirs de la plage, une culture vibrante, entre ferveur religieuse et vestiges d'époques anciennes, attend le visiteur. La bouillonnante Bangkok, à la fois centre de l'univers thaï et siège de la religion et de la monarchie, éblouit par ses temples flamboyants. Plus au nord, les anciennes capitales d'Ayuthaya et Sukhothai sont émaillées de ruines et de statues de bouddhas.

Le Nord est le domaine des montagnes luxuriantes, des cités historiques et des dissensions frontalières. Chiang Mai se distingue par sa vieille ville bien préservée et son atmosphère de ville universitaire. Dans les montagnes, des ethnies préservent leur identité ancestrale. L'interaction des cultures frontalières et le cortège quotidien des moines en tenue orange quémandant l'aumône incitent les visiteurs à s'adapter au rythme ambiant, tandis qu'ils empruntent les routes sinueuses des provinces de Chiang Rai et de Mae Hong Son.

Aux quatre coins du royaume, les Thaïlandais concoctent de vrais festins à partir d'ingrédients simples. Ainsi, le voyage d'une région à l'autre se transforme-t-il en véritable expérience gastronomique, des currys au lait de coco du Sud aux bols fumants de nouilles de Bangkok, en passant par les copieux ragoûts de Chiang Mai.

> “Aux quatre coins du royaume, les Thaïlandais concoctent de vrais festins”

Moines bouddhistes, Wat Pho (p. 69), Bangkok

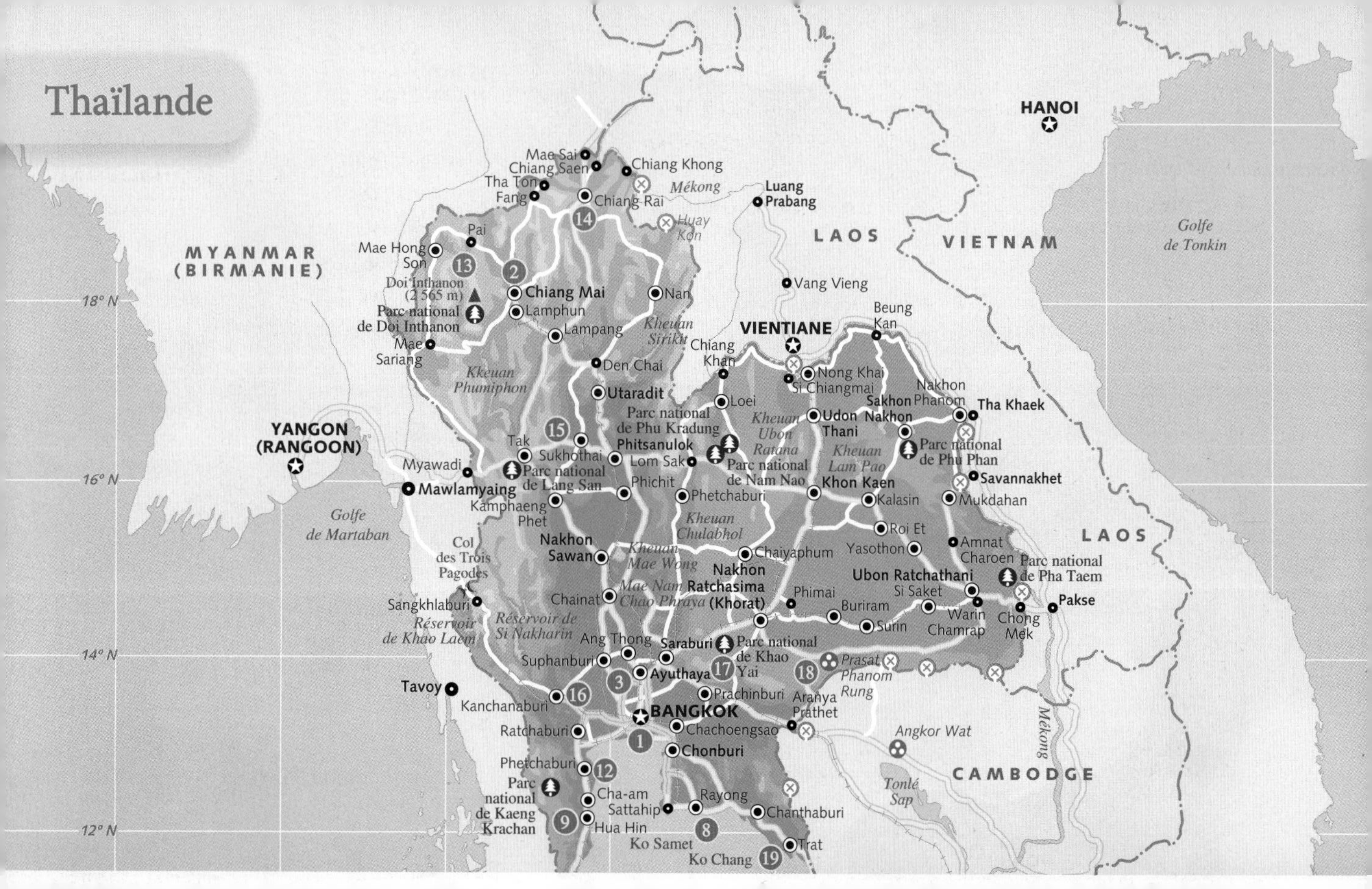
Thaïlande
MYANMAR (BIRMANIE)
LAOS
VIETNAM
CAMBODGE
HANOI
VIENTIANE
YANGON (RANGOON)
BANGKOK
Golfe de Tonkin
Golfe de Martaban
18° N
16° N
14° N
12° N
Mae Sai
Chiang Saen
Chiang Khong
Mékong
Tha Ton
Fang
Chiang Rai
Luang Prabang
Huay Kon
Pai
Mae Hong Son
Doi Inthanon (2 565 m)
Chiang Mai
Nan
Lamphun
Parc national de Doi Inthanon
Lampang
Kheuan Sirikit
Mae Sariang
Den Chai
Kkeuan Phumiphon
Vang Vieng
Beung Kan
Chiang Khan
Nong Khai
Si Chiangmai
Loei
Utaradit
Nakhon Phanom
Sakhon Nakhon
Tha Khaek
Udon Thani
Kheuan Ubon Ratana
Parc national de Phu Kradung
Phitsanulok
Tak
Sukhothai
Parc national de Lang San
Lom Sak
Parc national de Nam Nao
Kheuan Lam Pao
Parc national de Phu Phan
Savannakhet
Myawadi
Mawlamyaing
Kamphaeng Phet
Phichit
Phetchaburi
Khon Kaen
Kalasin
Mukdahan
Kheuan Chulabhol
Roi Et
Col des Trois Pagodes
Nakhon Sawan
Kheuan Mae Wong
Chaiyaphum
Yasothon
Amnat Charoen
Parc national de Pha Taem
Nakhon Ratchasima (Khorat)
Ubon Ratchathani
Si Saket
Pakse
Chainat
Mae Nam Chao Phraya
Phimai
Buriram
Warin Chamrap
Chong Mek
Sangkhlaburi
Réservoir de Khao Laem
Réservoir de Si Nakharin
Ang Thong
Saraburi
Parc national de Khao Yai
Surin
Suphanburi
Ayuthaya
Prasat Phanom Rung
Tavoy
Kanchanaburi
Prachinburi
Aranya Prathet
Ratchaburi
Chachoengsao
Angkor Wat
Chonburi
Phetchaburi
Parc national de Kaeng Krachan
Cha-am
Sattahip
Rayong
Chanthaburi
Tonlé Sap
Hua Hin
Ko Samet
Ko Chang
Trat
1
2
3
8
9
12
13
14
15
16
17
18
19

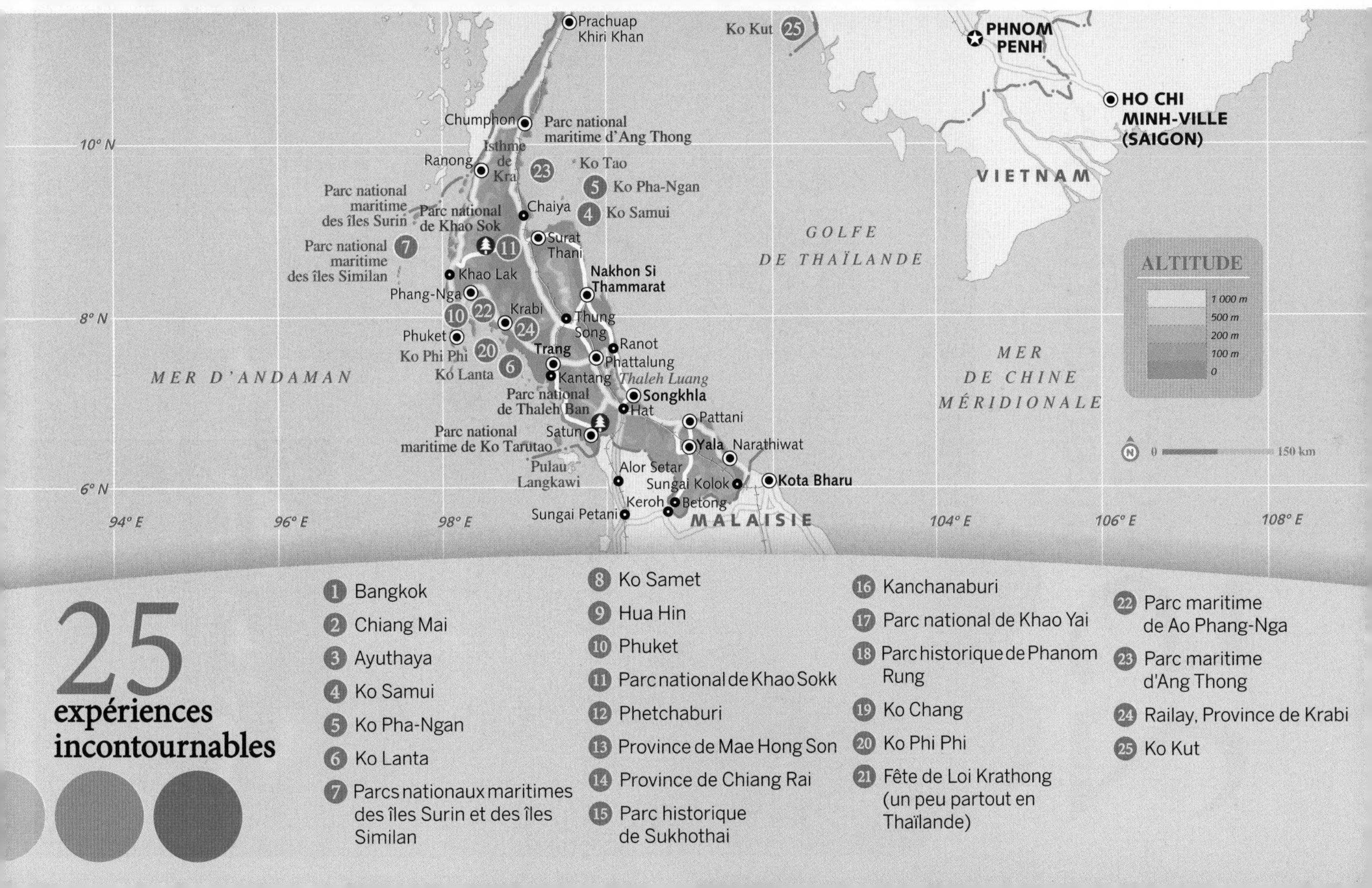

25
expériences
incontournables
1 Bangkok
2 Chiang Mai
3 Ayuthaya
4 Ko Samui
5 Ko Pha-Ngan
6 Ko Lanta
7 Parcs nationaux maritimes des îles Surin et des îles Similan
8 Ko Samet
9 Hua Hin
10 Phuket
11 Parc national de Khao Sokk
12 Phetchaburi
13 Province de Mae Hong Son
14 Province de Chiang Rai
15 Parc historique de Sukhothai
16 Kanchanaburi
17 Parc national de Khao Yai
18 Parc historique de Phanom Rung
19 Ko Chang
20 Ko Phi Phi
21 Fête de Loi Krathong (un peu partout en Thaïlande)
22 Parc maritime de Ao Phang-Nga
23 Parc maritime d'Ang Thong
24 Railay, Province de Krabi
25 Ko Kut
Prachuap Khiri Khan
Ko Kut
PHNOM PENH
HO CHI MINH-VILLE (SAIGON)
VIETNAM
Chumphon
Parc national maritime d'Ang Thong
Isthme de Kra
Ranong
Ko Tao
Ko Pha-Ngan
Ko Samui
Parc national maritime des îles Surin
Parc national de Khao Sok
Chaiya
Surat Thani
Parc national maritime des îles Similan
Khao Lak
Nakhon Si Thammarat
Phang-Nga
Krabi
Thung Song
Phuket
Ko Phi Phi
Ko Lanta
Trang
Ranot
Phattalung
Kantang
Thaleh Luang
MER D'ANDAMAN
GOLFE DE THAÏLANDE
MER DE CHINE MÉRIDIONALE
Parc national de Thaleh Ban
Songkhla
Hat
Pattani
Parc national maritime de Ko Tarutao
Satun
Yala
Narathiwat
Pulau Langkawi
Alor Setar
Sungai Kolok
Kota Bharu
Keroh
Betong
Sungai Petani
MALAISIE
ALTITUDE
1 000 m
500 m
200 m
100 m
0
0
150 km
10° N
8° N
6° N
94° E
96° E
98° E
104° E
106° E
108° E

25 expériences incontournables

Bangkok

Gastronomie, shopping, divertissements, temples, palais... Vous trouverez tout cela et bien d'autres choses encore à Bangkok (p. 51). Soyez prêt à modifier votre itinéraire si vous n'avez prévu qu'un jour ou deux dans la capitale. Moins chaotique et plus facile à explorer qu'auparavant, Bangkok possède l'un des plus grands marchés au monde (le marché du week-end de Chatuchak ; p. 87), des bars accueillants, de fabuleux restaurants et d'innombrables sites à explorer. Complétez ces plaisirs par un cours de cuisine, de langue ou de massage thaïlandais, et vous ne verrez plus la capitale comme un simple lieu de transit. Le Wat Arun (p. 65), au bord du Chao Phraya

1

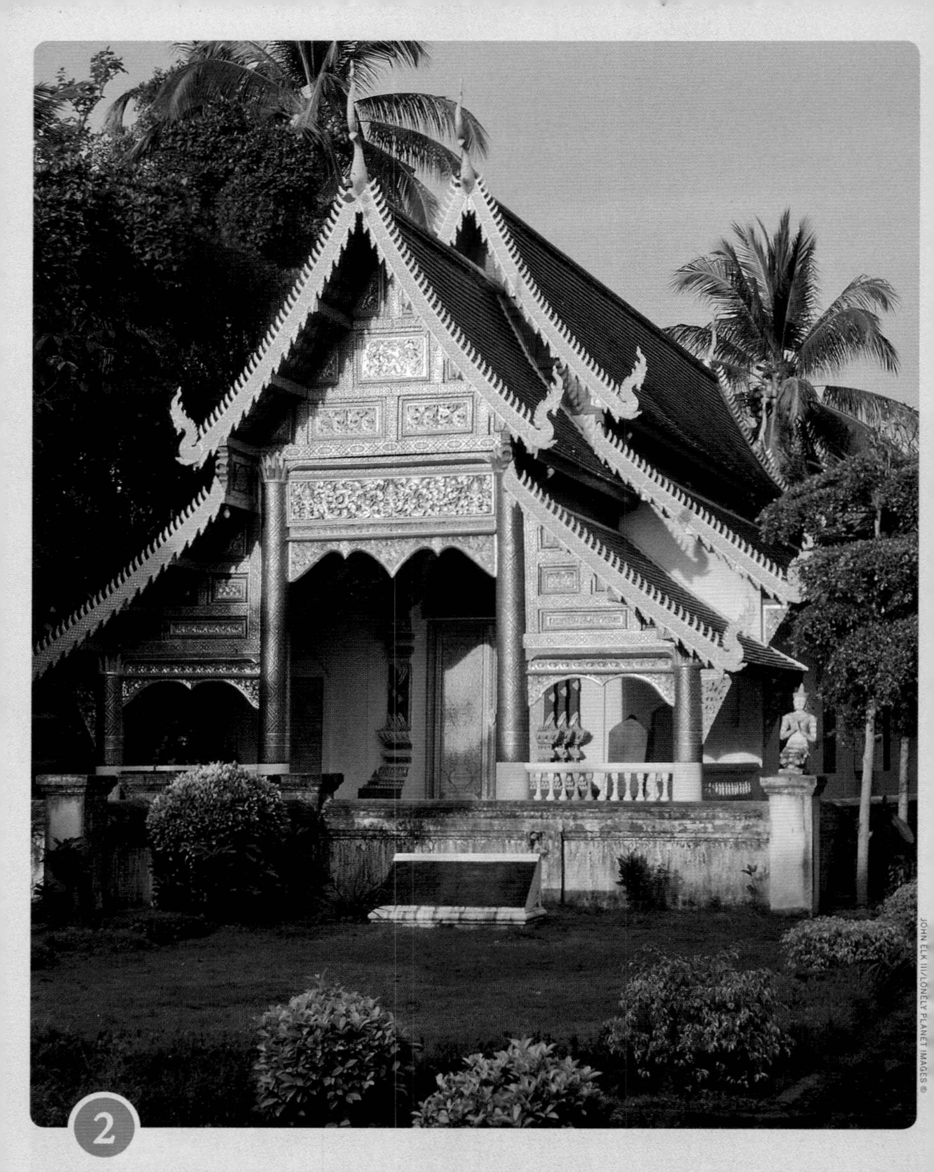
JOHN ELK III/LONELY PLANET IMAGES ©

2

Chiang Mai

Au cœur d'un massif montagneux, Chiang Mai (p. 131) se niche au pied de l'imposant mont Doi Suthep. La vieille ville, entourée de douves, est un dédale de temples et de *soi* (ruelles) tranquilles que l'on peut explorer à vélo. Arrêtez-vous dans un temple et conversez avec les moines afin de connaître leur quotidien, flânez dans les boutiques d'artisanat, puis, quand le soleil disparaît derrière le Doi Suthep, régalez-vous de spécialités birmanes. Wat Chiang Man (p. 147)

Ayuthaya

Jadis capitale dynamique et resplendissante aux centaines de temples, Ayuthaya (p. 104) ne conserve aujourd'hui que des traces de sa gloire passée. Promenez-vous à vélo parmi les ruines de brique et de stuc, classées au patrimoine mondial de l'Unesco, et tentez d'imaginer l'aspect de la cité quand elle accueillait des marchands venus du monde entier. Dans les environs, d'autres sites justifient le détour, comme le vaste centre d'artisanat, le palais royal à l'architecture éclectique et le théâtre aquatique. Wat Chai Wattanaram (p. 107)

3

Les meilleures... Plages

KO PHA-NGAN
Pour maîtriser l'art de paresser dans un hamac (p. 259).

KO SAMUI
Plages de sable, yoga au bord de la mer et tellement de gens à observer... (p. 250).

KO SAMET
Délaissez le chaos de la capitale au profit des plages de l'île (p. 116).

PHUKET
Un rendez-vous balnéaire international à l'atmosphère endiablée (p. 290).

HUA HIN
Sur le continent, pour marier les plaisirs de la plage et de la découverte des villes thaïlandaises (p. 244).

KO PHI PHI
Contemplez la plus belle île tropicale que vous ayez jamais vue (p. 311).

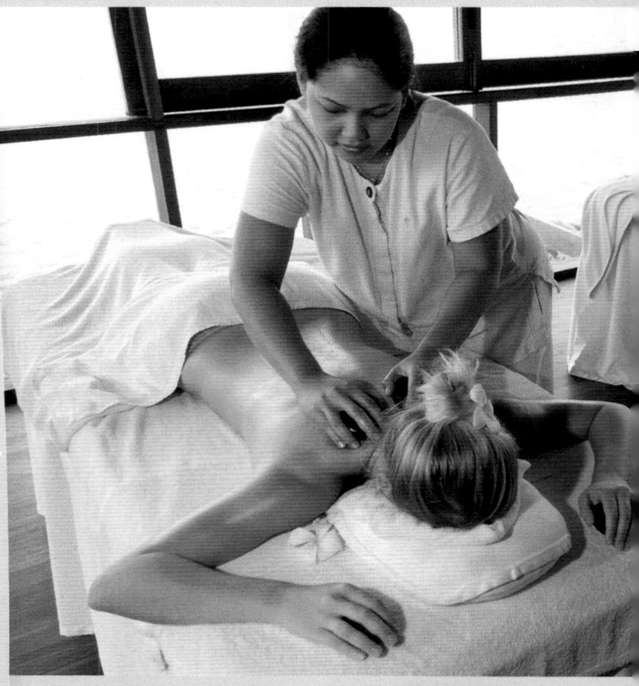

Les meilleurs… Plongées et snorkeling

PARCS NATIONAUX MARITIMES DES ÎLES SURIN ET DES ÎLES SIMILAN
De superbes récifs de sanctuaires marins à découvrir avec masque et tuba ou bouteilles de plongée (p. 290 et p. 288).

KO TAO
Obtenez votre brevet de plongée sur cette île entourée de récifs coralliens (p. 264).

KO LANTA
Grandes espèces pélagiques et menu fretin sur les récifs coralliens de Ko Lanta (p. 314).

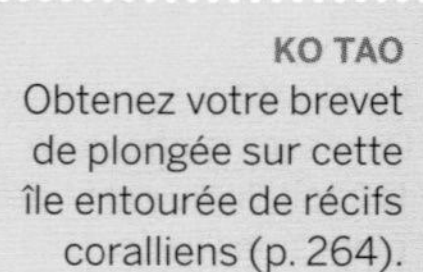

KO CHANG
Les monts sous-marins incrustés de corail attirent tortues et bancs de poissons (p. 121).

AUSTIN BUSH/LONELY PLANET IMAGES ©

4 Ko Samui

Soucieuse de séduire, Ko Samui (p. 250) est une superbe destination balnéaire qui attire de nombreux touristes. Chaweng, une ravissante plage de sable, est fréquentée par ceux qui aiment voir et être vus. Même si peu de vacanciers s'intéressent à la culture locale, il reste des endroits paisibles qui rappellent l'ancien surnom de Samui, "l'île des cocotiers", et quelques criques prisées des familles. Très bien équipée, l'île offre de nombreux centres de bien-être avec yoga, massage et autres diètes "détox"...

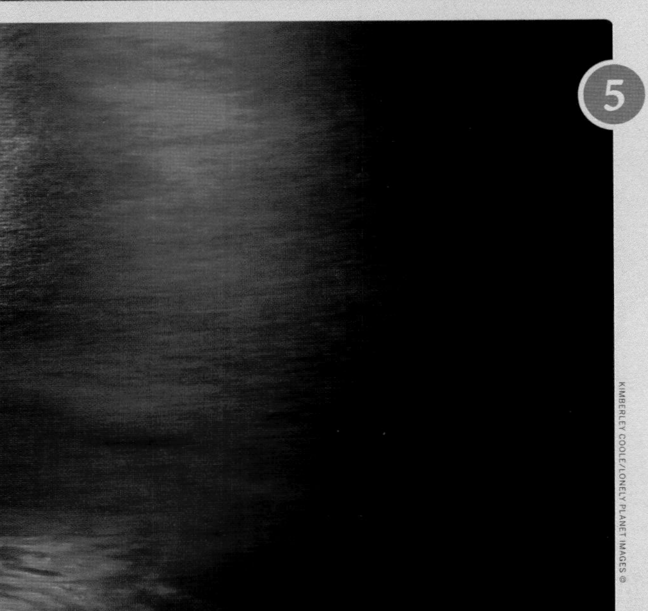

KIMBERLEY COOLE/LONELY PLANET IMAGES ©

5 Ko Pha-Ngan

Renommée pour ses fêtes de la pleine lune (p. 259) qui se prolongent tard dans la nuit, Ko Pha-Ngan, jadis paisible et bohème, est devenue un rendez-vous de fêtards. Les paillotes ont été transformées en hôtels de charme, rivalisant avec Ko Samui pour ceux qui recherchent le confort. Sur les côtes nord et est, les inconditionnels du hamac pourront échapper à la vie moderne. Sail Rock, l'un des meilleurs spots de plongée du golfe, se trouve près des côtes.

Ko Lanta

Ko Lanta (p. 314) offre un séjour insulaire décontractée et du sable velouté. Si vous recherchez la compagnie et les fêtes, rejoignez les plages du nord. Si vous préférez la solitude, orientez vos pas vers le sud jusqu'aux paillotes en bord de mer à l'ambiance villageoise. De la randonnée dans un paysage de grottes et de failles calcaires à la plongée au milieu des requins et des raies manta, les activités abondent. Hat Nui

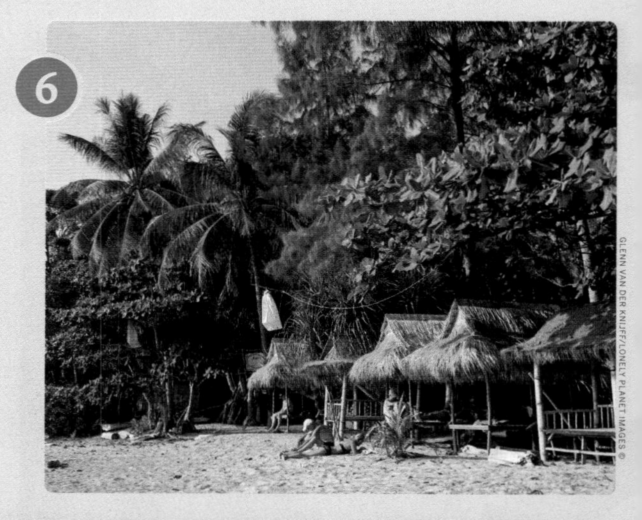

6

GLENN VAN DER KNIJFF/LONELY PLANET IMAGES ©

ERNEST MANEWAL/LONELY PLANET IMAGES ©

7

Parcs nationaux maritimes des îles Surin et des îles Similan

Ces deux sites (p. 287 et 288) ont fait de la Thaïlande une destination internationale de plongée. Des circuits en bateau depuis Khao Lak permettent d'y passer quelques jours, parmi les raies manta et les requins-baleines. À la tombée du jour, alors que le soleil plonge dans la mer, vous apprécierez d'être loin de tout. Couvertes de jungles, frangées de plages de sable blanc et entourées de récifs coralliens, ces îles sont superbes. Parc national maritime des îles Similan

Ko Samet

Proche de Bangkok, la jolie Ko Samet (p. 116) constitue une destination balnéaire parfaite si votre temps est compté. La jungle cache les constructions, le littoral a toutes les caractéristiques des mers tropicales et un chemin côtier boisé serpente entre des promontoires rocheux et des criques splendides. Les plages du nord, très fréquentées dans la journée, deviennent festives à la nuit tombée. Celles du sud, plus calmes, invitent à la sieste. Les vacances terminées, prenez le bateau et revenez à Bangkok pour le déjeuner.

8

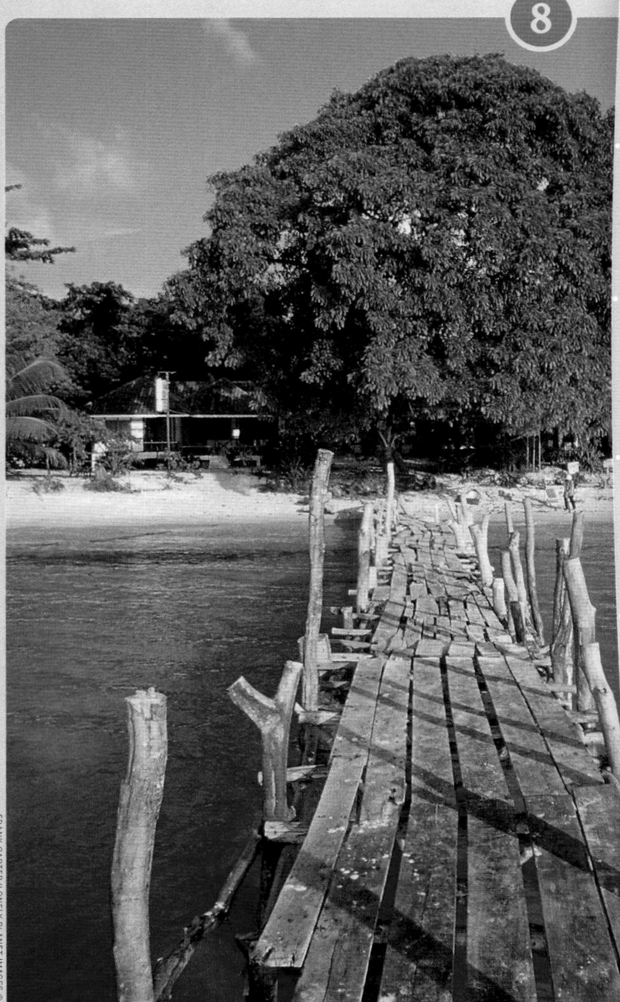

FRANK CARTER/LONELY PLANET IMAGES ©

Les meilleurs… Paysages karstiques

RAILAY, PROVINCE DE KRABI
Défiez les lois de la gravité en escaladant une falaise de calcaire (p. 307).

AO PHANG-NGA
Traversez un canyon de karst en pagayant puis pénétrez dans de fabuleuses grottes (p. 288).

ANG THONG
Pour découvrir un ensemble d'îles calcaires s'égrenant sur le bleu de l'océan (p. 267).

KO PHI PHI
Enfilez masque et tuba et observez le pied des falaises de la côte d'Andaman (p. 311).

Hua Hin

Villégiature royale, Hua Hin (p. 244) séduit tout autant par ses longues et larges plages que par son ambiance citadine ; à cela s'ajoutent de fabuleux repas servis au marché ainsi que quelques sites d'intérêt. Préférez les plages au sud de la ville pour plus de tranquillité, grimpez jusqu'au sanctuaire perché sur un promontoire ou apprenez à maîtriser la mer et le vent lors d'un cours de kitesurf. Et, bien sûr, comme les Thaïlandais, festoyez du matin au soir.

9

Les meilleurs… **Sites historiques**

SUKHOTHAI
Pour un voyage méditatif dans l'un des premiers royaumes thaïs (p. 205).

AYUTHAYA
Les temples en ruine sont ceux d'une ancienne capitale aux reflets dorés (p. 104).

PHIMAI
La ruine khmère la plus proche de Bangkok pour les passionnés d'histoire manquant de temps (p. 125).

PHANOM RUNG
Un sanctuaire très ornementé d'art khmer (p. 116).

PHETCHABURI
Une retraite royale couronnée d'un palais au sommet d'une colline (p. 242).

AUSTIN BUSH/LONELY PLANET IMAGES ©

10 Phuket

Destination balnéaire de renommée mondiale, Phuket (p. 290) convient aux touristes de tout âge. Vous pouvez la rejoindre en avion depuis Bangkok, évitant ainsi le long trajet par la route, puis vous installer dans un cinq-étoiles ou un hôtel de charme pour des vacances tropicales. Longues plages de sable, soirées festives, équipements modernes et distractions garantissent un séjour plaisant et confortable. Des excursions d'une journée permettent d'explorer les mangroves et de visiter des refuges animaliers. D'innombrables sports nautiques sont proposés, de la plongée au surf (lorsque le temps le permet).

11 Parc national de Khao Sok

Une jungle épaisse couvre la partie médiane du sud de la Thaïlande. De longs itinéraires de randonnée grimpent jusqu'à de spectaculaires formations calcaires dans cette ancienne forêt pluviale (p. 284), qui abrite des oiseaux, des chauves-souris et des rafflésies (*Rafflesia kerrii*), fleurs rares à l'odeur pestilentielle. Prévoyez des vêtements qui protègent des sangsues. Après une journée de marche, campez au bord de la rivière et écoutez la symphonie de la jungle.

JOHN BORTHWICK/LONELY PLANET IMAGES ©

CHRIS MELLOR/LONELY PLANET IMAGES ©

12

Phetchaburi

Alternative paisible à l'agitation de Bangkok, cette capitale provinciale (p. 242) offre un séduisant mélange de culture et de nature. Visitez un palais antique au sommet d'une colline, des sanctuaires troglodytiques et des temples bruissant d'activités. Promenez-vous dans le vieux quartier aux anciennes maisons de négoce (*shophouses*) et aux échoppes tenues par de charmantes vieilles dames. Statues de Bouddha, Tham Khao Luang (p. 242)

VIVIANE PONTI/LONELY PLANET IMAGES ©

13

Province de Mae Hong Son

Cette province (p. 216), dans le coin nord-ouest du pays, ressemble étonnament au Myanmar (Birmanie) voisin. Des montagnes imposantes, une culture et une cuisine différentes du reste de la Thaïlande donnent l'impression de pénétrer dans un autre pays. N'hésitez pas à découvrir les innombrables grottes, à emprunter à moto les routes en lacets, ou à effectuer en indépendant le trek de Mae La-Na à Soppong. Prières durant Poy Sang Long, Mae Hong Son

Province de Chiang Rai

Si l'époque du commerce de l'opium dans le Triangle d'or est aujourd'hui révolue, la province de Chiang Rai (p. 190) reste une destination privilégiée pour le trekking, l'exploration en indépendant et des expériences culturelles uniques, de la visite d'un village akha à un séjour dans le hameau sino-yunnanais de Mae Salong. Du Mékong aux montagnes, cette province est sans doute la plus belle du pays, aux frontières du Myanmar, du Laos et de la Chine. Wat Rong Khun (p. 196)

14

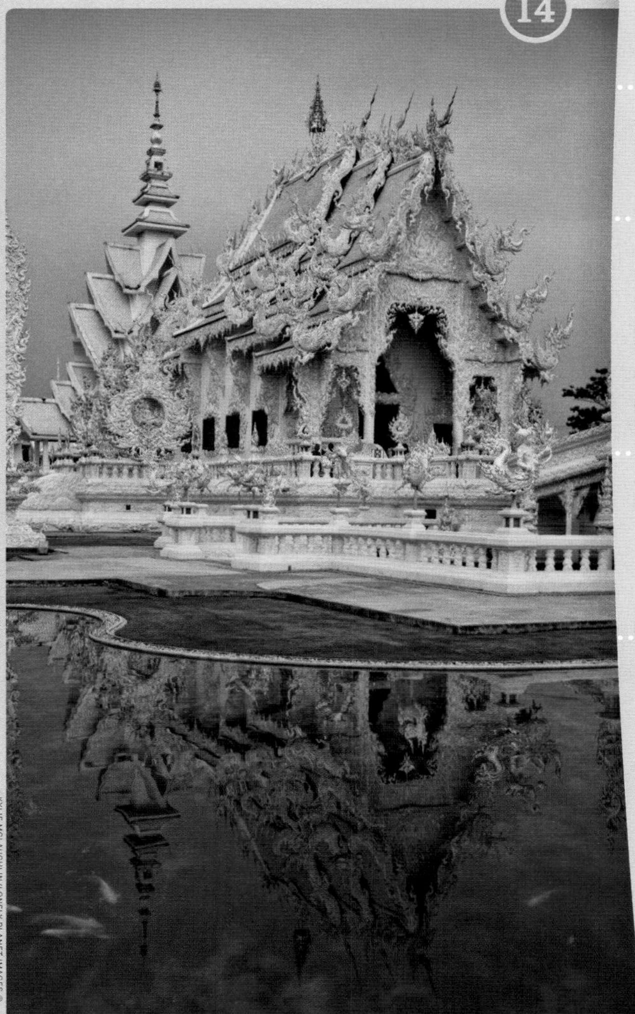

KYLIE MCLAUGHLIN/LONELY PLANET IMAGES ©

Les meilleurs… Temples

BANGKOK
Les temples étincelants protègent et attirent les fidèles (p. 64).

CHIANG MAI
Des temples en teck emplissent la vieille ville pittoresque tandis qu'un temple érigé en hauteur coiffe la montagne gardienne de Chiang Mai (p. 144).

LAMPANG
Une Chiang Mai en miniature construite par les anciens barons du bois, à visiter en calèche (p. 187).

PHITSANULOK
Particulièrement révéré, le bouddha de bronze de la ville figure sur le chemin des sites culturels (p. 202).

Les meilleurs...
Achats

BANGKOK
Marchés ou centres commerciaux : du shopping partout, tout le temps (p. 86) !

CHIANG MAI
Un centre de l'artisanat spécialisé dans le chic et le fait main (p. 165).

LAMPANG
Le marché du week-end investit le quartier commerçant historique (p. 188).

CHIANG RAI
L'artisanat des ethnies des montagnes et du Nord est au rendez-vous sur les marchés de nuit et le marché du week-end (p. 195).

15

Parc historique de Sukhothai

Remontez le temps de quelque 800 ans dans le plus fascinant des parcs historiques du pays (p. 206). Découvrez à vélo les ruines de cette ancienne capitale, ses temples croulants, ses gracieuses statues du Bouddha et ses étangs remplis de poissons. Des musées intéressants et des hôtels plaisants ajoutent à l'attrait du site. Malgré sa renommée, le pac de Sukhothai est rarement bondé. Pour sortir des sentiers battus, rendez-vous au proche parc historique de Si Satchanalai-Chaliang (p. 212), où vous serez peut-être seul à gravir un ancien escalier de pierre.

16 Kanchanaburi

Les randonnées dans la nature sont la principale raison de visiter cette province (p. 110), où de hautes montagnes dominent la jungle épaisse. Au cours d'un trek, vous découvrirez des cascades et des rivières tumulteuses, vous verrez peut-être un tigre ou des gibbons et dormirez dans le village d'une minorité ethnique. Après la visite de vestiges de la Seconde Guerre mondiale, dont le célèbre pont de la rivière Kwaï (p. 111), profitez des activités : tyrolienne, kayak ou promenade à dos d'éléphant. Pont de la rivière Kwaï

ANDREW BAIN/LONELY PLANET IMAGES ©

ANDERS BLOMQVIST/LONELY PLANET IMAGES ©

17 Parc national de Khao Yai

À quelques heures de Bangkok, cette vaste réserve (p. 126), inscrite au patrimoine mondial de l'Unesco, abrite des éléphants, des singes, des gibbons, des calaos, des pythons, des ours, une multitude de chauves-souris et quelques tigres. Même si vous apercevez peu de grands animaux, les orchidées, les oiseaux, les cascades ainsi que le parfum d'aventure que vous ressentez en marchant dans la jungle garantissent une journée exaltante.

Parc historique de Phanom Rung

Perché au sommet d'un volcan éteint, le Phanom Rung est le plus vaste et le mieux restauré des monuments khmers de Thaïlande (p. 128). La curiosité s'aiguise en parcourant la promenade, qui gravit les escaliers et franchit les ponts flanqués de nagas (serpents mythiques), puis le temps semble suspendu quand on entre dans le temple, orné d'une profusion de sculptures hindoues. Si le Phanom Rung n'est pas aussi époustouflant qu'Angkor Wat au Cambodge, il reste suffisamment impressionnant et différent pour justifier sa visite. Temple de Phanom Rung

18

JOHN ELK III/LONELY PLANET IMAGES ©

Les meilleures…
Randonnées dans la jungle

PARC NATIONAL DE KHAO YAI
Singes, éléphants, vie sauvage – à un saut de puce de Bangkok (p. 126).

PARC NATIONAL DE KHAO SOK
Une forêt tropicale humide idéale pour randonner et pagayer (p. 284).

KANCHANABURI
Balade à dos d'éléphant, rafting et chutes d'eau près de Bangkok (p. 110).

PROVINCE DE CHIANG RAI
Effort physique et immersion chez les ethnies montagnardes (p. 190).

PROVINCE DE MAE HONG SON
Un coin reculé et montagneux dominant le Myanmar (Birmanie ; p. 216).

KO CHANG
Après la randonnée, la vue sur la mer (p. 120).

Ko Chang

19

Des pics escarpés jaillissent des flots bleus dans les eaux de l'extrême partie orientale de la Thaïlande. Cette île couverte de jungle (p. 119) baigne dans une atmosphère animée de complexes balnéaires où les lieux de fête abondent, malgré son relatif éloignement géographique. C'est aussi un lieu idéal pour pratiquer la plongée, le snorkeling, la randonnée et le kayak.Le soir, la mer se retire et les plages étroites se transforment en vastes étendues de sable émaillées de jolis coquillages. Si la côte ouest est très animée, la côte est reste très peu construite.

Lonely Beach (p.120)

PAMELA VALENTE/LONELY PLANET IMAGES ©

Les meilleures...
Spécialités thaïlandaises

BANGKOK
L'étoile culinaire aux multiples facettes : nouilles, haute cuisine et plats internationaux (p. 78).

CHIANG MAI
Pour apprendre à émincer menu menu et cuisiner au wok (p. 153).

HUA HIN
Le mariage réussi des deux grandes spécialités thaïes : les produits de la mer et les marchés de nuit (p. 246).

PHUKET
Au menu : cuisine du Sud, poisson et fruits de mer, et savoureuse cuisine fusion (p. 295).

GLENN VAN DER KNIJFF/LONELY PLANET IMAGES ©

20 Ko Phi Phi

Sans doute la plus ravissante de toutes les îles de Thaïlande, Ko Phi Phi (p. 311) a la forme d'un sablier frangé de plages de sable blond, de magnifiques falaises de calcaire et d'eaux émeraude. Sur cette île sans voitures, l'ambiance est à l'insouciance et à la fête : la nuit durant, les sonos donnent la sérénade aux étoiles. Sa petite sœur, Ko Phi Phi Leh (p. 315), est une réserve inhabitée où sont organisés des circuits découverte des récifs coralliens et des lagunes. *La Plage* (2000), avec Leonardo DiCaprio, a été tourné ici. Ko Phi Phi Leh depuis Long Beach

Fête de Loi Krathong

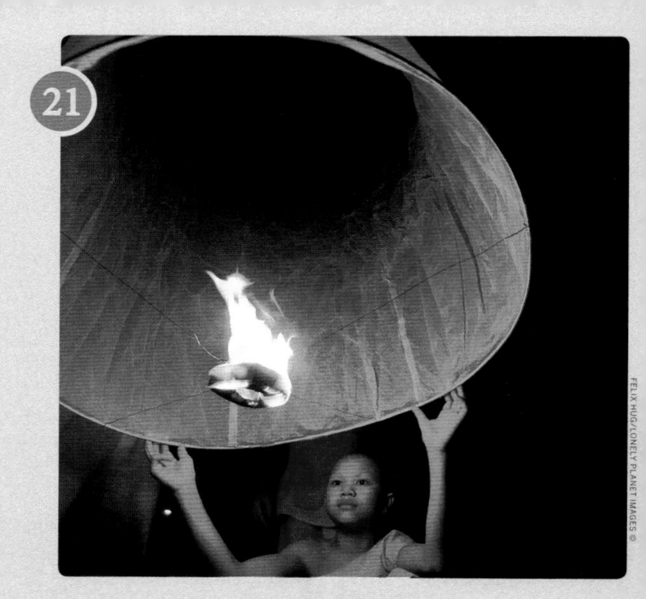

Loi Krathong (p. 44) rend hommage à la déesse des Eaux. Pour l'occasion, on fabrique à l'aide de feuilles de bananier de petites embarcations décorées de fleurs et de bougies. Les fidèles se rassemblent pour faire voguer leurs bateaux le soir de la pleine lune du 12e mois lunaire (en général, en novembre). Les festivités de Sukhothai, Ayuthaya, Bangkok et Chiang Mai sont très prisées. Jeune moine bouddhiste tenant une lanterne, Loi Krathong, Chiang Mai

Parc national maritime d'Ao Phang-Nga

Aisément accessible depuis Phuket à l'occasion d'une excursion d'une journée, la splendide baie d'Ao Phang-Nga (p. 288) est entourée de forêts de mangrove et abrite quantité d'îles karstiques. Les visiteurs sillonnent le parc maritime en *long-tail boat* ou en kayak, afin de se faufiler parmi les îles aux contours déchiquetés. Pour découvrir ces pics dans une atmosphère plus sereine, mettez le cap sur Ko Yao (p. 289), petit village de pêcheurs jouissant d'une vue imprenable sur la baie.

Parc national maritime d'Ang Thong

Accessible via un circuit en bateau depuis Ko Samui, cet ensemble d'îles montagneuses calcaires (p. 267) se dresse à l'horizon telle une cité perdue. Des sables de couleur pêche frangent les îlots et les lagons cachés resplendissent d'un bleu étincelant. Les circuits kayak, snorkeling et randonnée sur les diverses îles permettent d'approcher les formations grêlées de trous, fief des bernacles et autres petites créatures marines. Avec des infrastructures sommaires pour toute construction, l'endroit conserve une atmosphère de nature sauvage.

23

AUSTIN BUSH/LONELY PLANET IMAGES ©

Les meilleures... Rencontres avec des éléphants

CHIANG MAI
Des sanctuaires accueillent les éléphants qui ont travaillé comme bêtes de somme (p. 152).

LAMPANG
Pour tout connaître de la tradition des mahouts (cornacs) dans un centre de dressage d'éléphants (p. 187).

AYUTHAYA
Visitez les ruines du temple comme les rois du temps jadis, installé sur le dos d'un éléphant royalement harnaché (p. 104).

KANCHANABURI
Approchez au plus près de la canopée lors d'une balade à dos d'éléphant (p. 110).

Les meilleures... Routes panoramiques

VALLÉE DE MAE SA
Une boucle en montagne au départ de Chiang Mai fait passer des cocotiers aux sapins (p. 169).

MAE HONG SON
Des routes sinueuses à donner le vertige, mais un paysage de montagne époustouflant (p. 216).

CANAUX DE BANGKOK
Découvrez en *long-tail boat* la "Venise de l'Orient" (p. 88).

MAE SALONG
Partez à l'aventure pour rejoindre ce village haut perché en montagne (p. 196).

Railay, province de Krabi

Impossible de croire que l'on est encore sur le continent lorsqu'on descend de son *long-tail boat* pour patauger jusqu'au rivage de cette péninsule ponctuée de formations calcaires (p. 307). Les vertigineux pics karstiques donnent l'illusion de se trouver face à une forteresse de sable. Les amateurs d'escalade peuvent grimper pour admirer la baie. Les kayakistes et les adeptes du snorkeling explorent, quant à eux, les grottes à marée basse et vont à la rencontre des créatures marines qui peuplent ces îles géantes.

24

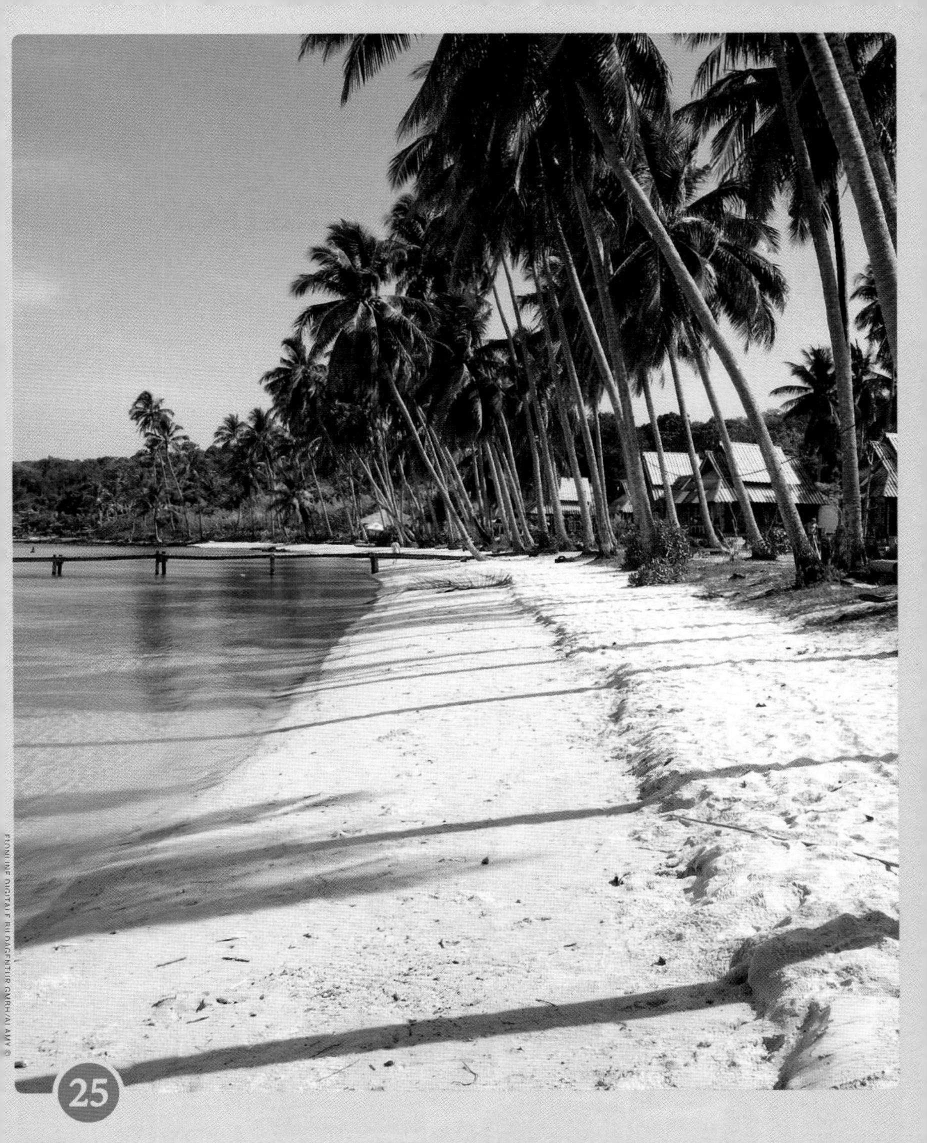

25

Ko Kut

Les Thaïs de Bangkok, les familles en vacances et les couples d'âge mûr délaissent l'agitation de Ko Chang pour cette île (p. 124) dont l'isolement fait tout le charme. Ici, pas de shopping, de restaurants ou de vie nocturne. L'île se prête à des plaisirs simples : réveil matinal, promenade sur la plage, dégustation de fruits tropicaux, baignade et sieste à l'ombre d'un cocotier. Les plus actifs font le tour des plages de la côte ouest à moto, marchent jusqu'à des cascades et se promènent en kayak dans les mangroves où résonne le chant des oiseaux.

Les meilleurs itinéraires de Thaïlande

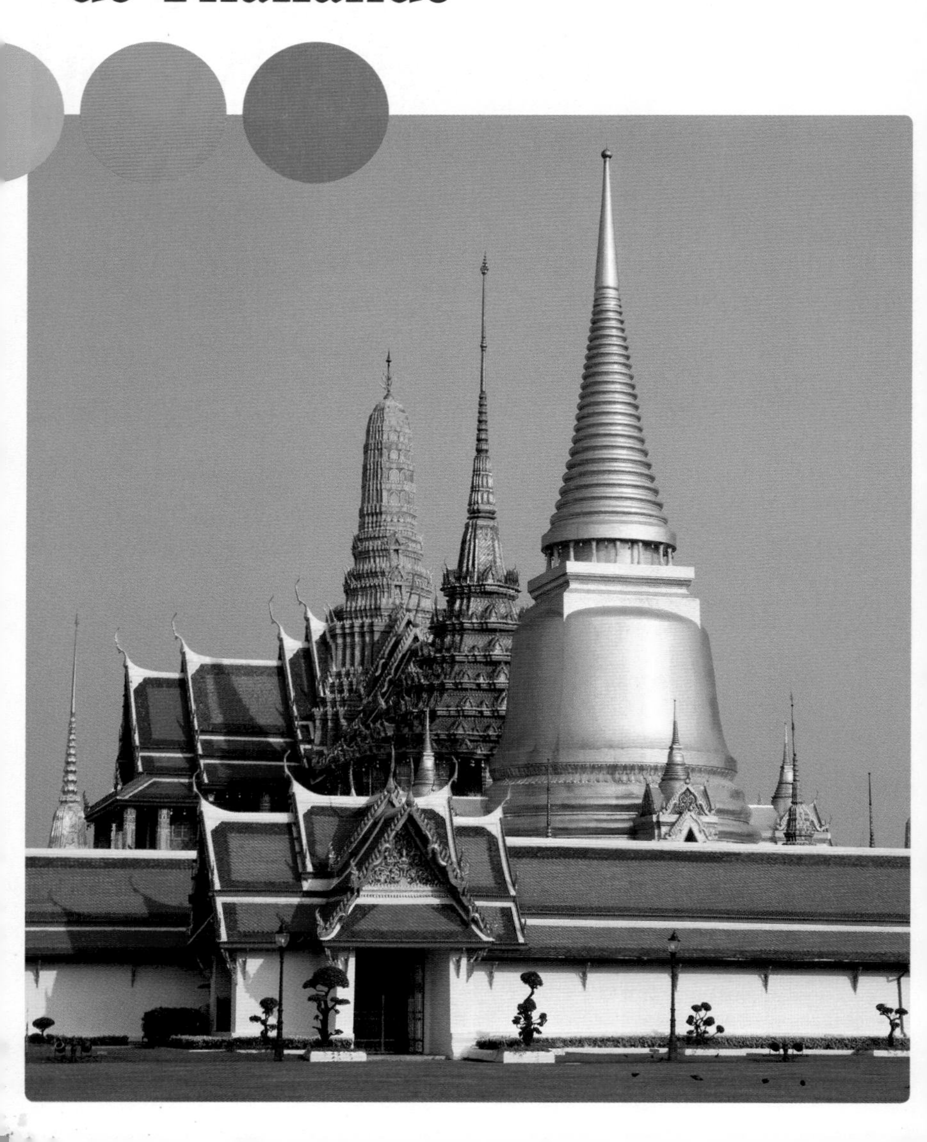

De Bangkok à Chiang Mai

Sur les traces des jet-setters

5 JOURS

La Thaïlande est un passage obligé pour quiconque traverse l'Extrême-Orient. Pour une visite éclair, atterrissez à Bangkok, faites une excursion à Ayuthaya et envolez-vous pour Chiang Mai.

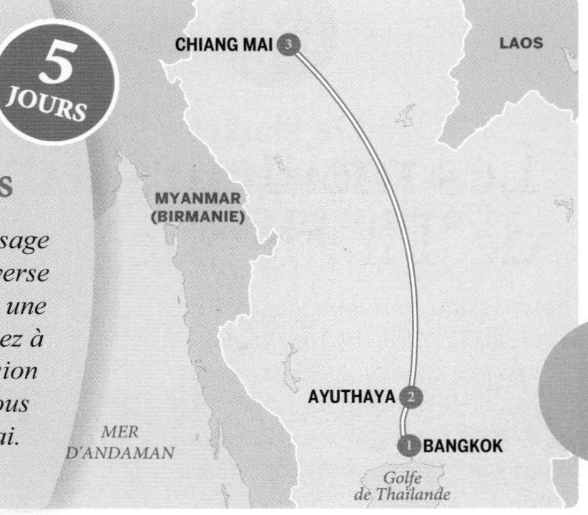

1 Bangkok (p. 64)

Commencez votre voyage par 2 jours de parcours initiatique dans l'une des capitales les plus dynamiques d'Asie. Laissez-vous éblouir par le **Wat Phra Kaew**, perdez-vous dans le paisible temple **Wat Pho**, prenez le **Chao Phraya Express** et prenez une boisson sur le **toit-terrasse d'un bar**. Le lendemain, séance shopping : articles de marque bradés au **MBK Center**, objets de décoration intérieure contemporaine au **Siam Center et Siam Discovery Center** et articles grand luxe au **Siam Paragon**, avant d'admirer les trésors de la **maison de Jim Thompson**. Le soir, sirotez un verre dans un **bar** et dégustez un dernier plat de nouilles au **marché de nuit de Soi 38**.

BANGKOK ➔ AYUTHAYA

🚌 **1 heure 30** en minibus depuis le monument de la Victoire à Bangkok. 🚆 **2 heures** depuis la gare Hualamphong de Bangkok.

2 Ayuthaya (p. 104)

Après le rythme de vie débridé de Bangkok, remontez le temps dans l'ancienne capitale **Ayuthaya**, excursion facile depuis Bangkok. À vélo, en taxi éléphant ou avec un guide expérimenté, visitez les vestiges de ce carrefour incontournable sur la route des alizés, remontant à l'âge d'or de la cité-État et inscrit au patrimoine mondial de l'Unesco. Rentrez à Bangkok en train pour échapper à l'heure de pointe.

BANGKOK ➔ CHIANG MAI

✈ **1 heure** depuis les aéroports Don Muang et Suvarnabhumi à Bangkok.

3 Chiang Mai (p. 131)

Envolez-vous pour la paisible ville universitaire de **Chiang Mai**. Explorez le quartier ancien à l'architecture caractéristique des temples du nord de la Thaïlande. Goûtez au *kôw soy*, plat de nouilles typique du nord du pays, et rencontrez habitants et expatriés au **Riverside Bar & Restaurant**. Le lendemain, partez en pèlerinage dans la fraîcheur matinale des environs de **Doi Suthep** et de son temple sacré à flanc de coteau. Si vous y passez le week-end, achetez quelques souvenirs et observez les passants sur la **Saturday Walking Street** et la **Sunday Walking Street**. Pour rentrer, réservez un vol direct pour Bangkok au départ de Chiang Mai.

Wat Phra Kaew (p. 74), Bangkok

De Phuket à Ao Phang-Nga
De plage en plage

Transformez la routine métro-boulot-dodo en routine balnéaire : réveil tardif, farniente sur la plage, repas de poisson et fruits de mer et apéritifs au couchant. Puis faites des sauts de puce vers des plages exotiques et de paisibles îles de pêcheurs pour pimenter un peu votre séjour.

THAÏLANDE
AO PHANG-NGA 3
OCÉAN INDIEN
2 KO YAO NOI
PHUKET 1

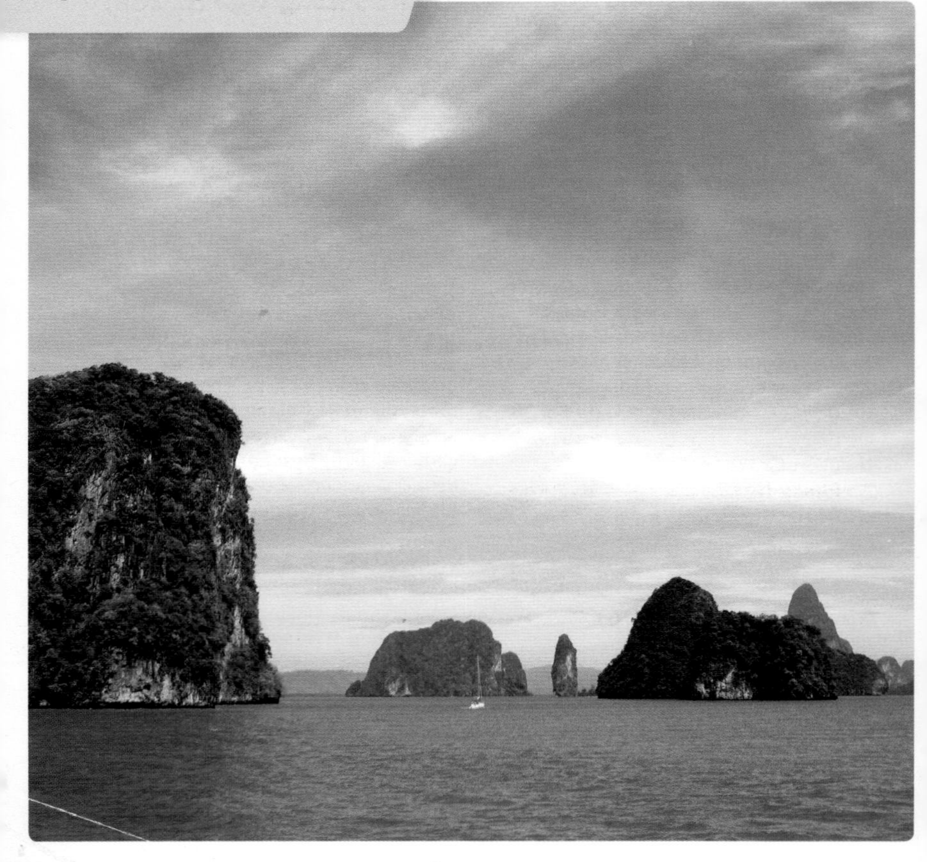

❶ Phuket (p. 290)

Facilement accessible depuis Bangkok et même de plusieurs grandes villes à l'étranger, **Phuket** offre un moyen facile et rapide de séjourner confortablement au bord de la mer. Prenez vos quartiers sur les plages de **Kata**, **Kamala** ou **Surin** – trois baies splendides bordées d'élégants complexes hôteliers. Profitez du soleil et de la mer quelques jours, puis consacrez une après-midi à la découverte de **Phuket-ville**. Évocatrice de Penang et d'autres comptoirs coloniaux britanniques, elle se distingue par son architecture sino-portugaise délabrée, ses cafés bohèmes, ses flamboyants sanctuaires chinois, et ses antiques officines d'apothicaire. En soirée, régalez-vous de **cuisine fusion** dans un cadre romantique, flânez dans **Patong**, rue dédiée à la fête à l'ambiance un brin louche, ou dénichez un petit restaurant familial où l'on prépare de délicieux *stir-fries* (plats sautés). Si vous vous lassez des plages, d'autres divertissements vous attendent : cours de cuisine, kitesurf, spas ou encore **aquarium de Phuket** et **Phuket Gibbon Rehabilitation Centre**.

PHUKET ➔ KO YAO NOI

20 minutes depuis Tha Bano Rong à Phuket.

❷ Ko Yao Noi (p. 289)

Faites une excursion d'une journée sur l'île de pêcheurs musulmans de **Ko Yao Noi**, qui jouit d'une vue imprenable sur **Ao Phang-Nga**, baie aux eaux turquoise émaillée de montagnes karstiques arrondies. L'île donne l'impression d'être à mille lieues de l'agitation de Phuket (pas une boutique de tailleur en vue) et permet d'approcher la culture des petits villages de pêcheurs de la côte d'Andaman. Histoire de garder la forme, des circuits à vélo, en kayak, d'escalade et de snorkeling peuvent s'organiser depuis Phuket ou sur l'île même. Mais l'on peut aussi simplement louer une moto pour se promener – il n'y a pas de circulation automobile sur l'île. Les pensions familiales disposent de restaurants en plein air où il fait bon s'asseoir et bavarder.

PHUKET ➔ AO PHANG-NGA

2 heures de Phuket à la ville de Phang-Nga.

3 heures circuit en *long-tail boat* ou en kayak.

❸ Ao Phang-Nga (p. 288)

La baie paradisiaque du **parc national maritime d'Ao Phang-Nga** est nichée entre le continent et la côte nord-est de Phuket. Des pics de calcaire, façonnés au fil des siècles par les éléments au point de ressembler à des sculptures de Gaudi, se dressent stoïquement au milieu des eaux. Des grottes à demi submergées servent de refuge aux chauves-souris qui y sommeillent tranquillement en journée. D'épais fourrés de mangroves sillonnés de canaux navigables bordent la baie. Ici, la nature est luxuriante et les paysages d'une beauté à couper le souffle. Certaines parties de la baie sont classées parc national, et la foule des visiteurs y est parfois dense. Optez pour une visite tôt le matin ou en fin d'après-midi afin d'augmenter vos chances de voir davantage d'animaux à quatre pattes.

Parc national maritime d'Ao Phang-Nga (p. 288)

De Ko Samui à Railay
D'une côte à l'autre

Profitez du soleil et des paysages tropicaux en arpentant les célèbres plages et îles des côtes thaïlandaises. L'avion écourte le trajet de Bangkok à Ko Samui, et des minibus traversant la péninsule permettent de rejoindre aisément les deux côtes.

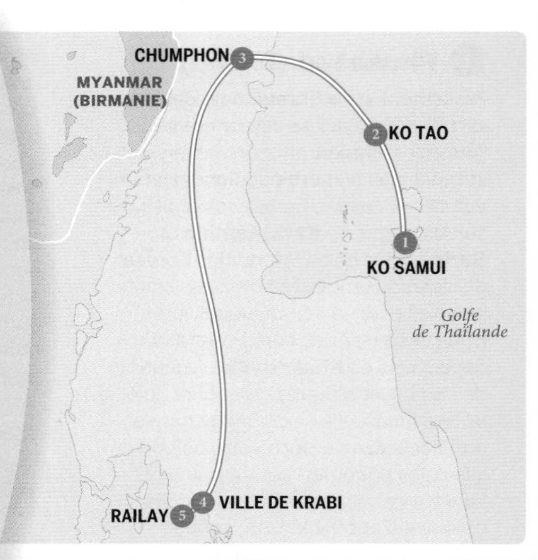

❶ Ko Samui (p. 250)

Atterrissez à **Ko Samui** et rendez-vous directement à **Chaweng**, une étendue de sable paradisiaque. Explorez les plages plus calmes du nord ou adonnez-vous au snorkeling et au kayak autour du **parc national maritime d'Ang Thong**. Les touristes stressés affluent à Samui pour se reposer et se détendre, mais aussi pour une cure de santé et de bien-être. Louez une moto et baladez-vous dans la partie sud de l'île, entre les cocotiers et les chiens assoupis.

KO SAMUI ➔ KO TAO

1 heure à 2 heures 30 Depuis les embarcadères de Ko Samui's Na Thon, Mae Nam ou Big Buddha.

❷ Ko Tao (p. 264)

Après avoir fait le plein de soleil à Samui, prenez le ferry pour **Ko Tao** afin d'explorer les fonds marins. Cette petite île rivalise avec les plus belles plages thaïlandaises grâce à ses nombreux jardins de coraux côtiers et repaires de créatures aquatiques. Faites le tour de l'île en snorkeling avec les poissons ou plongez dans les profondeurs abyssales des paysages sous-marins.

KO TAO ➔ CHUMPHON

1 heure à 2 heures 30 depuis Ko Tao.

❸ Chumphon (p. 249)

Ville du Sud sans grand intérêt, **Chumphon** est un carrefour de transports important sur la route des plages, en particulier vers Ko Tao. Des ferries circulent entre Chumphon et les îles de la baie, tandis que bus et minibus emmènent les vacanciers bronzés vers la côte située à l'opposé. On peut prendre un minibus pour à peu près n'importe quelle destination. Renseignez-vous en ville auprès des agences de voyages. Plus au sud, **Surat Thani** constitue un tremplin alternatif et plus proche de Ko Samui.

CHUMPHON ➔ VILLE DE KRABI

5 à 6 heures en minibus depuis Chumphon.

❹ Ville de Krabi (p. 307)

La **ville de Krabi** est un simple lieu de transit pour les voyageurs qui se rendent sur les îles et plages de la côte d'Andaman. La traversée de la péninsule est longue, mais au bout du chemin, les paysages sublimes de la côte d'Andaman, encore plus belle que la côte du golfe, offrent une splendide récompense. Pendant que vous êtes sur le continent, profitez-en pour manger sur un marché de nuit, expérience thaï typique.

VILLE DE KRABI ➔ RAILAY

45 minutes depuis le quai de Khong Kha à Krabi.

❺ Railay (p. 309)

De splendides formations karstiques sortant des eaux émeraude sont l'emblème de la plage de **Railay**, réputée pour sa beauté et ses activités sportives. Les varappeurs se lancent à l'assaut de ces tours de calcaire pour contempler de haut la mer et l'horizon. Mais l'on peut aussi faire des randonnées dans la touffeur de la jungle, du kayak de mer et explorer des grottes.

Ark Bar (p. 258), Ko Samui

De Sukhothai à Mae Hong Son
Temples et paysages de montagne

Un périple culturel de l'ancienne capitale de Sukhothai au royaume lanna de Chiang Mai, avec un détour par la province de Mae Hong Son, proche cousine birmane. Le rythme du voyage étant lent, prévoyez suffisamment de temps.

1 **Sukhothai** (p. 205)

Au cœur d'un parc paisible se cachent les vestiges d'un des premiers royaumes de Thaïlande, suffisamment loin de la modernité de **Sukhothai** pour ressembler à un paradis perdu. Louez un vélo et passez une journée à contemplez les innombrables statues de Bouddha et les temples anciens. Pour admirer des ruines dans un paysage de campagne, faites une excursion au **parc historique de Si Satchanalai-Chaliang**, entouré de rizières et de villages poussiéreux qui participent du charme de la balade. Sukhothai se visite correctement en deux jours, et la ville est à 6-7 heures de bus au nord de Bangkok.

SUKHOTHAI ➔ CHIANG MAI

6 heures depuis la gare routière de Sukhothai.

2 **Chiang Mai** (p. 131)

Capitale culturelle du Nord, Chiang Mai mérite amplement trois jours de visite, le temps de découvrir sa vieille ville, d'admirer ses temples et de jeter un coup d'œil dans les boutiques d'artisanat pour faire emplette de souvenirs. Consacrez une journée à explorer la campagne environnante, ses sinueuses routes de montagne, sa flore de climat tempéré et ses villages de haute altitude. Enfin, passez la soirée en compagnie de sympathiques étudiants dans la très tendance avenue Th Nimmanhaemin.

CHIANG MAI ➔ PAI

3-4 heures depuis le terminal des bus Arcade de Chiang Mai. ✈ **25 minutes** depuis l'aéroport de Chiang Mai.

3 **Pai** (p. 221)

Depuis Chiang Mai, faites l'ascension de la frontière forestière entre la Thaïlande et le Myanmar (Birmanie) en vous arrêtant à **Pai**, refuge pour artistes, routards et citadins thaïlandais. On peut tout y faire. La fête surtout, un peu de randonnée, et beaucoup de flânerie. Pensez à emporter des vêtements chauds, car il fait froid en montagne à la nuit tombée. L'avion est plus rapide pour arriver à Pai, mais l'on manque du même coup les virages épiques des routes de montagne.

PAI ➔ MAE HONG SON

4 heures 30 depuis l'arrêt de bus de Pai.

4 **Mae Hong Son** (p. 216)

Cette étape des montagnes du Nord-Ouest attirera les amoureux de culture rebutés par le tapage de Pai. **Mae Hong Son** affiche son héritage birman dans l'architecture caractéristique de ses temples et dans ses plats typiques à déguster au marché. C'est aussi la porte d'entrée vers la jungle reculée et une destination de randonnée moins fréquentée que Chiang Mai. Pour aller plus vite au retour, profitez des vols quotidiens ralliant Chiang Mai.

Wat Si Sawai (p. 207), Sukhothai

De Phuket au parc national de Khao Sok
Découverte de la côte d'Andaman

En deux semaines, explorez la côte d'Andaman pour découvrir tous les incontournables : fêtes de plage, sites de plongée, baies au paysage à couper le souffle, destinations chics ou hors des sentiers battus... De quoi devenir un expert des plages !

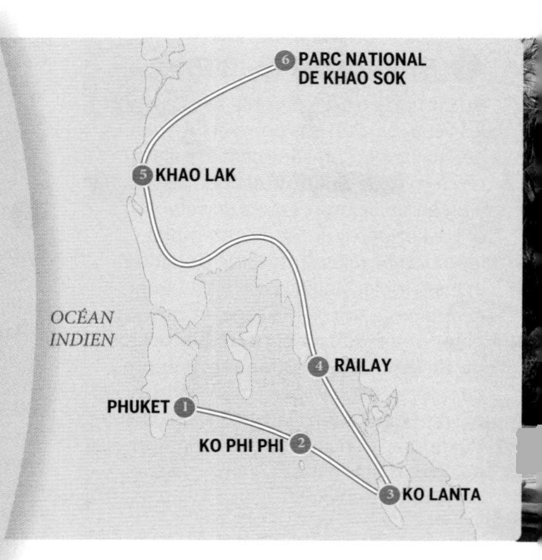

 Phuket (p. 290)

Facile à rejoindre si l'on prend une correspondance aérienne depuis Bangkok, Phuket et ses luxueux *resorts* tiennent le haut du pavé en termes de confort. Passez un jour ou deux sur place à vivre au rythme de l'île et à vous débarrasser de la fatigue du voyage dans ses spas. N'en oubliez pas pour autant d'explorer **Ao Phang-Nga** et ses paysages inoubliables, ni de passer une journée à Phuket-ville pour un aperçu de l'histoire de cette ancienne ville portuaire.

PHUKET ➔ KO PHI PHI

2 heures depuis Tha Rasada à Phuket.

 Ko Phi Phi (p. 311)

Île aux proportions parfaites, **Ko Phi Phi** est nettement moins huppée que Phuket et un peu plus débridée (côté fêtes, s'entend). Mais les amateurs de calme trouveront bien quelques coins isolés. Des sites de plongée réputés se trouvent au sud et le snorkeling est roi sur l'île jumelle inhabitée de Ko Phi Phi. Les plus sportifs pourront escalader des falaises de karst en à-pic. Gardez des forces pour la vie nocturne, car Ko Phi Phi a la réputation d'être l'île des fêtes sur la plage.

KO PHI PHI ➔ KO LANTA

1 heure 30 depuis Ko Phi Phi.

 Ko Lanta (p. 314)

Si Ko Phi Phi est trop fréquentée à votre goût, optez pour l'atmosphère délicieusement paisible de Ko Lanta, quitte à ce que le paysage soit un peu moins sensationnel. Ko Lanta est plus proche des fameux sites de plongée de Hin Daeng et Hin Muang, elle compte un petit village de pêcheurs et s'endort relativement tôt. C'est la destination familiale par excellence par contraste avec la bouillonnante Ko Phi Phi.

KO LANTA ➔ RAILAY

2 heures de Ko Lanta à la ville de Krabi.

45 minutes de la ville de Krabi à Railay.

 Railay (p. 309)

Puisque vous êtes dans le coin, faites un saut jusqu'à la merveilleuse baie émaillée

Hat Railay Ouest (p. 310)
GLENN VAN DER KNIJFF/LONELY PLANET IMAGES ©

de formations karstiques de Railay. Et si la vue depuis la terre ferme ne vous suffit pas, vous n'aurez qu'à enfiler un baudrier et grimper à l'assaut des falaises pour contempler l'horizon, ou faire une balade en kayak au milieu de ces tours naturelles. Quoiqu'un simple cocktail au couchant puisse très bien faire l'affaire aussi...

RAILAY ➔ KHAO LAK

1 heure 30 de Railay à Phuket. **2 heures** de la gare routière de Phuket à Khao Lak.

5 Khao Lak (p. 285)

Située sur la côte d'Andaman, **Khao Lak** est l'accès le plus pratique aux célèbres sites de plongée du **parc national maritime des îles Surin** et du **parc national maritime des îles Similan**, deux zones protégées réputées pour leur relief et leurs espèces sous-marins. Les agences de plongée organisent des excursions de plusieurs jours en bateau pour mieux profiter de la face cachée de l'océan.

KHAO LAK ➔ PARC NATIONAL DE KHAO SOK

1 heure depuis Khao Lak.

6 Parc national de Khao Sok (p. 284)

Parfait antidote pour ceux qui seraient lassés de la plage, le **parc national de Khao Sok** est une langue de forêt tropicale du sud à mi-chemin des deux côtes. Des sentiers boueux sillonnant ses montagnes calcaires accidentées mènent à un lac de barrage idéal pour le kayak. Votre visite coïncidera peut-être avec la floraison de la géante *Rafflesia kerrii*, dont le parfum végétal imite l'odeur de la chair putride afin d'attirer les pollinisateurs qui se nourrissent de charognes.

L'agenda

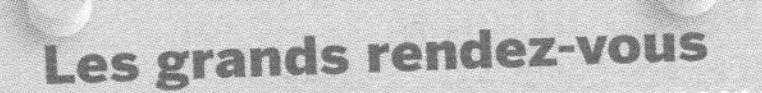

Les grands rendez-vous

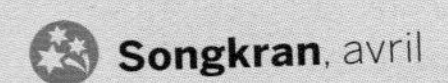

- **Songkran**, avril
- **Loi Krathong**, novembre
- **Khao Phansaa à Ubon Ratchathani**, juillet
- **Fête végétarienne**, octobre
- **Rassemblement des éléphants à Surin**, novembre

Janvier

Le temps sec et frais attire les touristes.

Nouvel An chinois

Les Thaïlandais d'origine chinoise fêtent le Nouvel An lunaire chinois (la date varie selon l'année). Au programme, pendant une semaine : grand ménage et feux d'artifice. S'il est célébré en grande pompe à Phuket, Bangkok et Pattaya, le Nouvel An (*đrùđ jeen*) reste, en général, une fête familiale.

Février

La haute saison se poursuit et les frileux viennent en Thaïlande pour le soleil et la fête.

Makha Bucha

À la pleine lune du 3e mois lunaire, Makha Bucha (*mah·ká bou·chah*) est l'un des 3 jours fériés rappelant des moments clés de la vie du Bouddha. Elle commémore le prêche du Bouddha devant 1 250 moines "éclairés", venus l'écouter "sans invitation préalable". Cette fête nationale est l'occasion de se rendre au temple.

Fête des Fleurs

Chiang Mai se pare de fleurs pendant 3 jours. Le clou du spectacle : une parade de chars fleuris dans la ville.

Mars

La saison chaude et sèche approche et les plages se vident. Les vents annoncent la saison des cerfs-volants et du kitesurf. Les étudiants, en vacances avant le deuxième semestre de cours, sillonnent le pays.

Jeune moine bouddhiste battant du tambour pendant les fêtes de Songkran, Chiang Mai

KYLIE MCLAUGHLIN/LONELY PLANET IMAGES ©

Festival international de musique de Pattaya
Des groupes pop et rock de toute l'Asie viennent se produire à Pattaya. Ce festival gratuit attire un grand nombre d'étudiants de l'université de Bangkok.

 **Fêtes des Cerfs-volants**
Pendant la saison des vents, les cerfs-volants hauts en couleur s'affrontent dans le ciel du Sanam Luang, à Bangkok, et partout dans le pays.

Avril

Un temps chaud et sec balaie le pays. La saison touristique ralentit, sauf durant Songkran. Pensez à réserver bien à l'avance car les Thaïlandais voyagent beaucoup à cette occasion.

 **Songkran**
Le Nouvel An traditionnel thaïlandais (12-14 avril) commence sagement, puis se termine en bataille d'eau. Le matin, des cortèges sacrés de bouddhas s'avancent vers les temples et sont aspergés d'eau lors d'une cérémonie. Après cela, tout le monde descend dans la rue pour arroser et se faire arroser. Chiang Mai et Bangkok sont les épicentres des batailles d'eau.

Mai

La saison des pluies arrive. Les festivités se veulent propices aux pluies et aux récoltes généreuses. C'est une saison où les prix sont bas et les touristes peu nombreux, alors que les températures restent élevées.

 **Cérémonie des Labours royaux**
Astrologie et anciens rites brahmaniques se mêlent pour marquer l'ouverture de la saison de plantation du riz. Un bœuf sacré est attelé à une charrue de bois pour labourer les terres du Sanam Luang, à Bangkok.

 **Visakha Bucha**
La fête de Visakha Bucha (*wí·săh·kà boo·chah*) tombe le 15e jour de la lune montante du 6e mois lunaire. Elle commémore la naissance du Bouddha, son Éveil et son *parinibbana* (sa mort).

Juin

Dans certaines régions, la saison des pluies se résume à une averse l'après-midi, laissant le reste de la journée à la musique et aux réjouissances.

 **Phi Ta Khon**
Ce jour saint du calendrier bouddhique prend, sous le nom de Bun Phra Wet, des airs de carnaval au village de Dan Sai dans le nord-est de la Thaïlande. Vêtus de costumes d'"esprits", les participants brandissent dans les rues des phallus de bois sculpté et s'imbibent d'alcool de riz.

Juillet

Début de la saison des pluies. Les communautés religieuses et les festivités préparent le carême bouddhique. C'est une période de réflexion et de méditation.

 **Asarnha Bucha**
Le jour de la pleine lune du 8e mois lunaire, le premier sermon du Bouddha est commémoré par la fête d'Asarnha (ou Asalha) Bucha (*ah·săhn·hà Bou·chah*).

 **Khao Phansaa**
Le jour suivant Asarnha Bucha, la fête de Khao Phansaa marque le début du carême bouddhique (1er jour de la lune décroissante du 8e mois lunaire). C'est ce moment que les hommes choisissent pour entrer dans les ordres, et que les moines se retirent dans les monastères pour se consacrer à l'étude et à la méditation. À Ubon Ratchathani, les bougies données

en offrandes ont été remplacées par de véritables sculptures de cire.

Août

La mi-saison des pluies se caractérise par un ciel couvert et des averses quotidiennes.

Anniversaire de Sa Majesté la Reine

Le jour de l'anniversaire de la reine de Thaïlande (12 août), on célèbre la fête des mères dans tout le pays. À Bangkok, des événements culturels ont lieu dans Th Ratchadamnoen et sur le Sanam Luang.

Octobre

Les préparatifs religieux pour la fin de la saison des pluies et du carême bouddhique commencent. Les moussons se terminent dans presque tout le pays.

Fête végétarienne

Durant 9 jours (pendant le 9e mois lunaire), la viande est bannie de l'alimentation, selon les croyances bouddhiques chinoises. Dans les villes où vit une forte communauté sino-thaïlandaise, comme Bangkok, Hua Hin, Pattaya, Trang et Krabi, les banderoles jaunes des vendeurs de plats végétariens prolifèrent, tandis que les personnes méritantes, vêtues de blanc, se retirent pour méditer.

Ork Phansaa

La fin du carême bouddhique (3 mois lunaires après Khao Phansaa) est marquée par la cérémonie de *gà·tĭn*, au cours de laquelle les personnes méritantes offrent de nouvelles robes aux moines. À Mae Hong Son, lors de la fête shan de Jong Para, des châteaux miniatures fichés sur des pieux défilent vers les temples. Les localités en bord de rivière organisent des courses de *long-tail boats*. La Procession des bateaux illuminés à Nakhon Phanom rajeunit cette ancienne tradition.

Fête du roi Chulalongkorn

Le jour anniversaire de la mort de Rama V (le 23 octobre) est fêté auprès de sa statue dans le parc Dusit. La foule des dévots vient lui rendre grâce en déposant de l'encens et des guirlandes de fleurs.

Novembre

Saison fraîche et sèche. Vous éviterez les foules de touristes si vous arrivez assez tôt.

Rassemblement des éléphants à Surin

Le 3e week-end de novembre, le plus grand rassemblement d'éléphants du pays rend hommage à ces célèbres animaux. À Surin, les festivités commencent par un défilé coloré d'éléphants couronné par un banquet de fruits pour les pachydermes.

Loi Krathong

Loi Krathong se déroule lors de la 1re pleine lune du 12e mois lunaire. Le but de cette célébration est de remercier la divinité des rivières qui donne la vie aux champs et aux forêts, et de lui demander pardon pour la pollution causée par les hommes. On fabrique à l'aide de feuilles de bananier de petites embarcations (*kràthong* ou *grà·tong*) que l'on décore de fleurs et que l'on charge d'encens et de pièces de monnaie. Cette fête trouverait ses origines à Sukhothai. Elle y est célébrée en grande pompe. Elle est aussi appelée Yi Peng à Chiang Mai.

Fête des Singes de Lopburi

Les turbulents macaques de la ville sont choyés durant la dernière semaine de novembre par un banquet en leur honneur. Les organisateurs, acquérant ainsi du mérite, observent la fête joyeusement.

Décembre

Ciel bleu, hôtels bondés et ambiance de vacances : c'est l'apogée de la saison touristique.

Anniversaire de Sa Majesté le Roi

Date anniversaire du roi, le 5 décembre est un jour férié célébré par des défilés et différents hommages. C'est également la fête des pères dans tout le pays. À Bangkok, Th Ratchadamnoen Klang est illuminée et décorée, et tout le monde porte des chemises roses, car cette couleur est le symbole de la monarchie.

Foire d'hiver de la Croix Rouge à Chiang Mai

Des festivités de 10 jours en l'honneur de l'héritage culturel de Chiang Mai. Une ambiance typique des foires rurales, avec mets thaïs et spectacles traditionnels à foison.

Page de gauche Fête végétarienne, Phuket
À gauche Loi Krathong, Chiang Mai

Quoi de neuf ?

Pour cette édition, nos auteurs se sont mis en quête des nouveautés, des modes et des bons plans du moment. Les suivants font partie de nos préférés. Pour des recommandations actualisées, consultez le site www.lonelyplanet.fr.

1 REJOINDRE LA PLAGE RAPIDEMENT

De nouveaux itinéraires de transport relient directement l'aéroport international de Suvarnabhumi à Ko Samet et Ko Chang sur la côte est, ce qui permet d'éviter Bangkok et de se retrouver plus vite les pieds dans le sable.

2 KITESURF

Le kitesurf est la dernière coqueluche des sports aquatiques. Hua Hin, Pranburi et Phuket sont les principaux sites où apprendre à domestiquer le vent et les vagues.

3 DES HÉBERGEMENTS CHICS

Bien éloignées des dortoirs fonctionnels d'antan, des auberges de jeunesse chics, comme le NapPark Hostel (☎ 0 2282 2324 ; www.nappark.com ; 8 Th Tani ; dort 550-750B ; ❄ @ 📶 ; ferry Tha Phra Athit) et le Lub*d (☎ 0 2634 7999 ; www.lubd.com ; Th Pha Ram I ; dort 550 B ; ❄ @ 📶 ; BTS National Stadium), se multiplient à Bangkok.

4 VOLER À TRAVERS LA CANOPÉE

Pourquoi marcher dans la forêt quand on peut filer comme l'éclair à travers les frondaisons ? Des parcours de tyrolienne sont apparus dans des endroits, tels Ko Tao, Sangkhlaburi, Pattaya et Pai.

5 PLONGÉE EXTRÊME

Ko Tao ne s'adresse plus qu'aux débutants. Des plongeurs expérimentés explorent désormais des grottes sous-marines et certains abandonnent même les bouteilles pour des plongées en apnée.

6 ESCALADE À KRABI

Si Krabi est bel et bien la capitale thaïlandaise de l'escalade, la varappe en solo est la tendance actuelle. L'escalade des falaises qui surplombent la mer s'effectue sans corde et l'océan récupère les malchanceux.

7 CHIANG MAI BRANCHÉE

Parmi les charmes subtils de Chiang Mai, Th Nimmanhaemin est une fontaine de jouvence. Essayez de nouveaux restaurants comme Su Casa, puis prenez un verre à l'At 9 Bar pour observer de haut l'animation.

8 ISAN FASHIONISTA

Le Nord-Est a aussi ses hôtels de charme avec le V-One de Khorat (☎ 0 4434 2444 ; www.v-onehotelkhorat.com ; Th Chang Phuak ; ch 800-6 750 B ; ❄ @ 📶 🏊), l'Hotel des Artists de Khao Yai et le Glacier Hotel de Khon Kaen (☎ 0 4333 4999 ; www.glacier-hotel.com ; Soi Na Muang 25 ; s 1 800-2 100 B, d 2 050-2 350 B ; ❄ @ 📶 🏊).

9 LES ROIS DU RING : LES GUERRIERS DU MUAY THAI

Plutôt que d'accumuler des kilos, entraînez-vous dans les nouveaux camps de fitness, de *mou·ay tai* (ou *muay thai*, boxe thaïlandaise) et de remise en forme, comme le Promthep Muay Thai Camp à Phuket (p. 293).

10 SÉJOURS À PRIX DOUX

Les plages thaïlandaises ont vu leurs cabanes en bambou remplacées par des villas. Si l'on ne peut remonter le temps, on trouve davantage d'adresses pas cher sur des plages comme Ko Kut et Ko Chang.

En avant-goût

Livres

Le crime de Martiya Van der Leun (Mischa Berlinski, Albin Michel ; 2010). Un village d'une ethnie montagnarde et les relations complexes de quelques expatriés.

Café Lovely (Rattawut Lapcharoensap, Buchet-Chastel ; 2005). Un recueil de nouvelles qui plonge le lecteur dans la vie quotidienne.

La Plage (Alex Garland, Le Livre de Poche ; 1999). La découverte par un routard d'une utopie sur une île déserte.

Thaïlande (Arnaud Dubus, La Découverte ; 2011). Le portrait d'un pays moderne et cosmopolite.

Films

Fah Talai Jone (*Les Larmes du tigre noir* ; 2000). Wisit Sasanatieng rend hommage au romantisme et aux mélodrames avec ses deux amants maudits.

Agrarian Utopia (2009). Le réalisateur Uruphong Raksasad, fils d'agriculteur, dépeint les difficultés de la vie paysanne.

Oncle Boonmee, celui qui se souvient de ses vies antérieures (2010). Pour ce film, le réalisateur Apichatpong Weerasethakul a reçu la Palme d'Or du 63e Festival de Cannes en 2010.

White Buffalo (2011). Shinoret Khamwandee raconte le retour d'un homme dans son village et qui découvre que toutes les femmes veulent épouser des Occidentaux.

Musique

That Song (Modern Dog). Rock alternatif.

Best (Pumpuang Duangjan). Le meilleur de la diva de la country thaïe.

Boomerang (Bird Thongchai). L'album le plus connu du roi de la pop thaïe.

Romantic Comedy (Apartment Khunpa). Rockers de la scène post alt-rock.

Sites Internet

Lonely Planet (www.lonelyplanet.fr). Informations générales sur la Thaïlande et forum.

Office national du tourisme de Thaïlande (www.tourismethaifr.com)

Ambassade de France en Thaïlande (www.ambafrance-th.org). Des informations pratiques et culturelles, et une veille sanitaire et politique.

Sur le départ ?

Si vous deviez n'en choisir qu'un...

Un livre *Bangkok 8* (John Burdett, Presses de la Cité ; 2004). Une intrigue policière sur fond de bouddhisme thaï.

Un film *Ruang Rak Noi Nid Mahasan* (*Last Life in the Universe* ; 2003). Le réalisateur Pen-Ek Ratanaruang nous livre l'histoire poignante de deux âmes égarées.

Un disque *Made in Thailand* (Carabao). Grand classique du rock thaïlandais.

Un site *ThailandeFr* (http://thailande-fr.com). Une mine d'informations sur le pays (actualités, culture, économie, etc.).

Long-tail boat, Ko Phi Phi Leh (p. 315)

Ce qu'il faut savoir

Monnaie
Baht thaïlandais (B)

Langue
Thaï

DAB
Très répandus ; 150 B facturés pour les retraits sur des comptes étrangers.

Cartes bancaires
Visa et MasterCard dans les établissements haut de gamme seulement.

Visas
Visas de 30 jours à l'arrivée d'un vol international.

Téléphones portables
Réseau GSM accessible avec une carte prépayée.

Wi-Fi
Disponible un peu partout et accès peu onéreux.

Accès Internet
Cybercafés courants dans les centres touristiques.

Conduite
Facile de louer voitures et motos ; conduite à gauche. Prenez garde aux accidents routiers, surtout en moto.

Pourboires
Établissements de catégorie supérieure ; service de 10% compris, 7% de taxes.

Quand partir

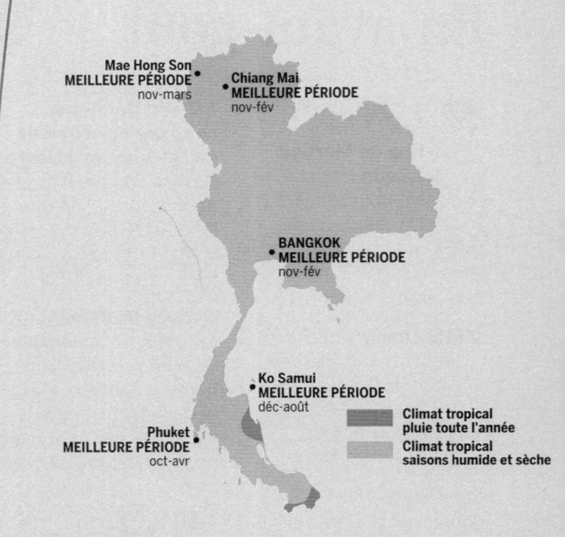

Haute saison (nov-mars)
- Après la mousson vient une saison fraîche et sèche, une nature verdoyante et des températures agréables.
- Avec les vacances occidentales de Noël, les touristes affluent sur les plages et les prix s'envolent.

Saison intermédiaire (avr-juin, sept et oct)
- Chaud et sec (d'avril à juin), mais moins en altitude.
- La fin de la saison des pluies (septembre et octobre) est idéale pour visiter le Nord et la côte du golfe.

Basse saison (juil-oct)
- La mousson apporte des averses l'après-midi ou des pluies torrentielles durant des jours.
- Certaines îles cessent toute activité ; les bateaux restent à quai par mauvais temps.
- Soyez prêt à modifier vos plans.

À prévoir

- **Un mois avant** Regardez les tarifs des vols, planifiez votre itinéraire, réservez l'hébergement dans certaines îles comme Ko Samui et Phuket, et achetez vos billets de train de nuit entre Bangkok et Chiang Mai.
- **Une semaine avant** Réservez votre hôtel à Bangkok, vos cours de cuisine thaïlandaise et vos sorties de plongée. Informez-vous sur l'actualité du pays.
- **La veille** Confirmez votre vol, choisissez un bon livre pour le trajet en avion et... relaxez-vous.

Budget quotidien

Petits budgets moins de 1 500 B

- Chambre en pension rudimentaire : 300-800 B
- Bons repas sur les marchés et les stands de rue
- Un ou deux verres en soirée
- Transports publics en ville

Catégorie moyenne 1 500-3 000 B

- Pension chic ou hôtel de catégorie moyenne : 800-1 500 B
- Repas occidentaux ou plats de poisson
- Quelques verres en soirée
- Location de moto

Catégorie supérieure plus de 3 000 B

- Hôtel de charme : 3 000 B
- Repas raffinés
- Excursions privées
- Location de voiture

Taux de change

Zone euro	1 €	41 B
Canada	1 $C	31 B
Suisse	1 FS	34 B
États-Unis	1 $US	31 B
Chine	10 Y	49 B

Pour connaître les derniers taux de change, connectez-vous au site : www.xe.com.

À emporter

- **Vêtements légers** Les laveries sont bon marché, emportez peu de linge. Les objets de toilette courants s'achètent partout.
- **Un pull ou une veste** Pour les lieux climatisés ou les matins frais en montagne.
- **Claquettes ou sandales** Pour pouvoir les enlever facilement en entrant dans les temples.
- **Autres objets pratiques** Lampe-torche, porte-monnaie/pochette à passeport imperméable (pour les excursions aquatiques), bouchons d'oreilles et crème solaire (indices élevés difficiles à trouver hors des grandes villes).

À l'arrivée

- **Aéroport international de Suvarnabhumi**

Airport Rail Link Service local (45 B, 30 min) jusqu'à la station Phaya Thai ; service express (150 B, 15 min) jusqu'à la station Makkasan.

Taxi Avec compteur : 200-300 B, supplément aéroport de 50 B et les péages ; environ 1 heure pour le centre-ville, selon la circulation.

Comment circuler

- **Avion** Nombreux vols intérieurs depuis Bangkok.
- **Bus** Les bus inter-cités sont abordables et confortables. À réserver dans les gares routières, car beaucoup de revendeurs sont peu scrupuleux.
- **Transports privés** Bangkok compte des taxis avec compteur. Ailleurs, les tarifs des túk-túk, mototaxis sont négociables. Motos et voitures se louent aisément.
- **Transports publics** Bangkok possède des bus publics, un train aérien (BTS, Skytrain) et un métro (MRT). Dans les villes, des *sŏrng·tăa·ou* (pick-up reconvertis) suivent des itinéraires fixes.
- **Train** Moyen de transport lent, mais agréable pour les paysages. Les trajets de nuit Bangkok-Chiang Mai ou pour les îles sont très demandés.

Se loger

- **Pensions (guest houses)** Parfois de simples chambres chez l'habitant ou bien de vrais petits hôtels. Très courantes en Thaïlande, elles ont souvent une salle commune et un restaurant, et offrent des informations touristiques.
- **Hôtels** Les adresses modernes sont légion à Bangkok et dans les îles touristiques, mais vous rencontrerez souvent des établissements sino-thaïlandais tristes et impersonnels en province.

Mises en garde

- **Conseils aux voyageurs** Avant de partir, consultez les conseils aux voyageurs sur le site Internet de votre ambassade (voir p. 358).
- **Santé** La dengue est présente dans tout le pays.
- **S'habiller** Couvrez-vous dans les temples.
- **Jours fériés** Pendant les congés, les transports intérieurs peuvent être bondés, voire complets.
- **Saison des pluies** Certains hôtels ferment ; service de bus limité.

Bangkok

Autrefois archétype de la nébuleuse métropole asiatique, Bangkok a beaucoup changé en quelques années, après un véritable bain de jouvence. Des vestiges de son passé subsistent, mais ils sont souvent masqués par un vaste et efficace réseau de transports publics, de gigantesques centres commerciaux climatisés et des restaurants dignes des grandes capitales occidentales. Une communauté d'expatriés diversifiée, une scène artistique florissante et un tout nouvel aéroport viennent compléter le nouveau visage de la ville, que les visiteurs s'étonnent parfois de trouver si changé.

Cependant, n'allez pas croire que le "vrai" Bangkok n'existe plus. Les multiples temples et palais, que l'on rejoint aisément en empruntant le BTS (Skytrain), n'ont rien perdu de leur superbe, et vous pourrez découvrir des quartiers trépidants à un jet de pierre de votre hôtel.

L'ancien et le nouveau Bangkok composent un mélange des plus réussis.

What Phra Kaew (p. 74)

Danseuses thaïlandaises traditionnelles
KIMBERLEY COOLE/LONELY PLANET IMAGES ©

Bangkok

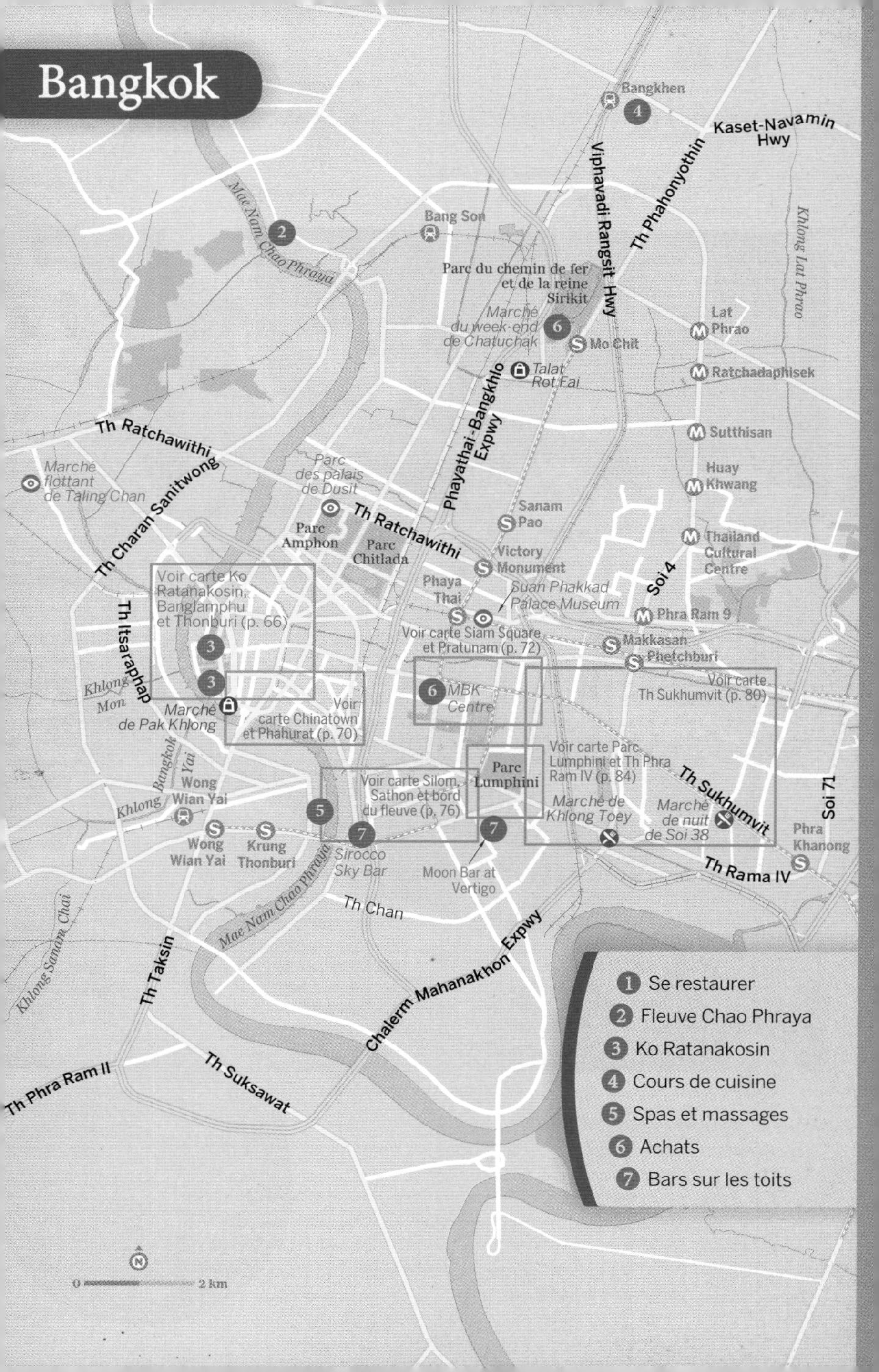
Bangkhen
Kaset-Navamin Hwy
Viphavadi Rangsit Hwy
Th Phahonyothin
Khlong Lat Phrao
Mae Nam Chao Phraya
Bang Son
Parc du chemin de fer et de la reine Sirikit
Marché du week-end de Chatuchak
Mo Chit
Lat Phrao
Talat Rot Fai
Ratchadaphisek
Phayathai-Bangkhlo Expwy
Th Ratchawithi
Sutthisan
Marché flottant de Taling Chan
Th Charan Sanitwong
Parc des palais de Dusit
Huay Khwang
Sanam Pao
Parc Amphon
Parc Chitlada
Th Ratchawithi
Victory Monument
Thailand Cultural Centre
Voir carte Ko Ratanakosin, Banglamphu et Thonburi (p. 66)
Phaya Thai
Suan Phakkad Palace Museum
Soi 4
Th Itsaraphap
Phra Ram 9
Voir carte Siam Square et Pratunam (p. 72)
Makkasan
Phetchburi
Khlong Mon
Marché de Pak Khlong
Voir carte Chinatown et Phahurat (p. 70)
MBK Centre
Voir carte Th Sukhumvit (p. 80)
Voir carte Parc Lumphini et Th Phra Ram IV (p. 84)
Parc Lumphini
Khlong Bangkok Yai
Wong Wian Yai
Voir carte Silom, Sathon et bord du fleuve (p. 76)
Th Sukhumvit
Marché de Khlong Toey
Marché de nuit de Soi 38
Soi 71
Wong Wian Yai
Krung Thonburi
Sirocco Sky Bar
Moon Bar at Vertigo
Phra Khanong
Th Rama IV
Th Chan
Khlong Sanam Chai
Mae Nam Chao Phraya
Th Taksin
Chalerm Mahanakhon Expwy
Th Phra Ram II
Th Suksawat
1 Se restaurer
2 Fleuve Chao Phraya
3 Ko Ratanakosin
4 Cours de cuisine
5 Spas et massages
6 Achats
7 Bars sur les toits
0 2 km

Bangkok
À ne pas manquer

1

Le Bangkok culinaire

Bangkok pourrait ressembler à Paris. Tous les bons produits du pays y convergent. On y mange très bien, et à toute heure, des ingrédients de choix – depuis les fruits et légumes frais du marché à la fine cuisine gastronomique.

Ci-dessus Marché de Pak Khlong (p. 88) **En haut, à droite** *Mee krob* (nouilles croquantes) **En bas, à droite** Marché flottant

Nos conseils

À FAIRE Les Thaïlandais mangent leurs nouilles avec des baguettes, le riz avec une cuillère.
À SAVOIR La cuisine de rue est souvent meilleure que celle des restaurants
voir p. 78

Ma sélection

Bangkok côté cuisine par Duangporn (Bo) Songvisava

COPROPRIÉTAIRE ET CHEF, BO.LAN RESTAURANT

1 MARCHÉS DE PRODUITS FRAIS

Les meilleurs produits de saison se trouvent au marché de Khlong Toey (p. 87), qui fournit la plupart des restaurants de la ville, y compris le mien. Je me renseigne souvent sur les ingrédients auprès des vendeurs. La qualité des produits du marché de Pak Khlong (p. 87) est exceptionnelle, tout est frais et appétissant.

2 DÎNER RAFFINÉ

L'épatant **nahm** (p. 83) fait partie des meilleurs restaurants thaïlandais de Bangkok – des chefs occidentaux ressuscitent les plats thaïlandais traditionnels avec des ingrédients haut de gamme. Si les habitants sont parfois intrigués, les étrangers adorent. Et, bien sûr, il y a mon restaurant, Bo.lan (p. 82), qui repose sur la philosophie du Slow Food : promouvoir la biodiversité alimentaire, préparer tous les plats soi-même, du début jusqu'à la fin, et protéger le patrimoine alimentaire.

3 *GŎO·AY ĐĔE·O* (NOUILLES)

Des centaines d'endroits servent des nouilles à Bangkok et chaque gourmet a ses préférences. J'aime beaucoup **Rung Ruang** (Soi 26, Th Sukhumvit), qui met des boulettes de porc et de poisson dans ses soupes, et un petit **restaurant sans enseigne** (angle Th Rama IV et Th Chua Pleang), sous l'autoroute, qui cuisine des nouilles au porc. **Sia** (Th Rama IV ; 19h-24h lun-sam), en face du concessionnaire BMW, est une petite échoppe de nouilles au canard qui sert un bouillon et un boudin délicieux. En général, je commande des nouilles plates dans du bouillon et un bol d'ailes de canard braisées.

4 MARCHÉS DE NUIT

Les marchés de nuit sont omniprésents à Bangkok et sont un excellent moyen de goûter à la cuisine thaïlandaise. Parmi ceux du centre, le marché de nuit de **Soi 38** (p. 83) est parfait pour grignoter tard le soir. Le **Talat Rot Fai** (marché du Chemin de fer ; p. 88) est une adresse très sympa pour faire du shopping et se restaurer – c'est le rendez-vous des jeunes branchés.

Le fleuve Chao Phraya

Le Chao Phraya (encore appelé Fleuve des Rois) coule dans les veines du peuple thaï. Il est indispensable au commerce, aux voyages, pour boire ou cuisiner. Les petits canaux, qui sont des embranchements du fleuve, sont idéals pour découvrir un mode de vie enchanteur.

Ci-dessous et en haut à droite Wat Arun (p. 65)

En bas à droite *Long-tail boat* décoré avec des fleurs

Nos conseils

À FAIRE Les bateaux Chao Phraya Express s'arrêtent à plusieurs sites
COMME LES THAÏS Dans un temple près d'un canal, libérez des poissons en guise d'offrande
voir p. 88

2

Le fleuve Chao Phraya par Pylin (Jane) Sanguanpiyapand

PROPRIÉTAIRE DU SEVEN HOTEL

1 PROMENADE EN BATEAU

Je ne me lasse jamais des promenades en *long-tail boat* sur le Khlong Bangkok Noi (p. 88). J'y ressens le charme de la simplicité : des enfants jouent dans l'eau surveillés par leur grand-père depuis un porche en bois, des moines nettoient les temples, des *mâa káh* (commerçants) vendent une infinie variété de produits depuis leurs bateaux pendant que les femmes préparent le repas. Je recommande cette balade à tout le monde.

2 WAT ARUN

Le Wat Arun (temple de l'Aube ; p. 65) se dresse au bord du fleuve, sur un site majestueux. Il fut fondé après la chute d'Ayuthaya pour montrer que le pays pouvait renaître de ses cendres. S'il est très beau vu du fleuve, il l'est encore plus de près. Ne manquez pas de vous promener dans son enceinte afin d'admirer les délicates mosaïques en porcelaine qui ornent cet imposant édifice.

3 UN VERRE SUR LES RIVES DU FLEUVE

Les touristes peuvent profiter de la vue sur le fleuve depuis l'Amorosa (p. 84) qui donne sur quelques-uns des temples les plus célèbres de Thaïlande. C'est un lieu parfait pour se laisser aller à la rêverie en regardant les bateaux naviguer à la tombée du soir. La brise qui rafraîchit l'atmosphère est aussi revigorante qu'un apéritif après une journée chaude et humide.

4 DÎNER AU BORD DU FLEUVE

Parmi les nombreux restaurants des berges, mon préféré est le **Ban Klang Nam** (Soi 14, Th Phra Ram III, Bang Kho Laem), dans le sud de la ville. À mon avis, on y sert les meilleurs fruits de mer de toute la Thaïlande. Appelez le maître d'hôtel Khun Chai (☎ 08 1581 5848) pour réserver une bonne table. Le restaurant est assez loin du centre-ville, mieux vaut s'y rendre en taxi.

Explorer Ko Ratanakosin

Les lieux de culte les plus célèbres du pays se trouvent à Ko Ratanakosin, l'ancien quartier royal. Vous y verrez le Wat Phra Kaew (p. 74), temple splendide et richement orné, typique de l'architecture thaïe, qui abrite le vénéré Bouddha d'Émeraude. Plus discret, le Wat Pho (p. 69) accueille un gigantesque bouddha couché et l'École nationale de massage traditionnel thaï. D'autres trésors se cachent non loin. Wat Phra Kaew

4 Préparer un festin

Apprenez à émincer et à faire saisir vos propres plats thaïlandais traditionnels lors d'un cours de cuisine d'une demi-journée. Les écoles de cuisine de Bangkok, comme celle de Baipai (p. 73), vous donneront les bases, vous guideront à travers les marchés et vous apprendront à créer de vrais chefs-d'œuvre comestibles. Vous dégusterez le fruit de votre travail et repartirez avec votre propre livre de recettes.

GREG ELMS/LONELY PLANET IMAGES ©

5 Se faire dorloter

Bangkok excelle dans l'art des soins et des massages, comme en témoignent ses innombrables salons de massage et spas. Faites-vous faire un massage des pieds dans une petite boutique de quartier ou offrez-vous un moment de détente complet grâce à un massage thaïlandais traditionnel, qui marie douceur et tonicité. Vous pouvez aussi passer une matinée dans un spa moderne comme l'Oriental Spa (p. 73). Vous ne vous serez jamais senti aussi détendu.

PETER UNGER/LONELY PLANET IMAGES ©

6 Devenir accro au shopping

Les centres commerciaux et marchés de Bangkok font ressembler leurs homologues étrangers à des marchés de village. Rendez-vous au MBK (p. 86), dynamique galerie marchande couverte. Puis passez au marché du week-end de Chatuchak (p. 87), le roi des marchés, un vaste rassemblement de stands où l'on trouve des produits de toutes sortes.

7 Trinquer avec les étoiles

Le Bangkok moderne est un empilement de gratte-ciel semblant grimper jusqu'au firmament. Au sommet de ces tours, prenez l'apéritif dans la brise du soir sur le toit-terrasse du Sirocco Sky Bar (p. 79) et du Moon Bar au Vertigo (photo ; p. 79), en admirant les lumières scintillantes de la ville loin de la cacophonie urbaine.

Bangkok : le best of

Musées et demeures historiques

Musée national (p. 65). Suivez un cours intensif de sculpture bouddhique.

Maison de Jim Thompson (p. 87). Une chaleureuse collection artistique et architecturale.

Palais musée Suan Phakkad (p. 65). Appréciez l'art et l'architecture de l'ancien royaume du Siam dans cette ancienne ferme.

Musée du Siam (p. 65). Expositions interactives sur l'histoire thaïlandaise.

Lieux de balade

Chinatown (p. 68). Baladez-vous dans un dédale de commerces d'antan.

Marché aux amulettes (p. 64). Partez en quête des marchands de talismans protecteurs.

Parc des palais de Dusit (p. 71). Flânez dans ce parc ravissant où se dressent de magnifiques palais.

Mont d'Or (p. 65). Grimpez au sommet de cette colline artificielle pour une vue imprenable sur la vieille ville de Bangkok.

Restaurants

nahm (p. 83). Cuisine thaï haut de gamme pour fins gourmets.

Food Court du MBK (p. 78). Marchés alimentaires dans une confortable ambiance climatisée.

Krua Apsorn (p. 78). Adresse favorite de la royauté pour ses délices aux fruits de mer.

Bo.lan (p. 82). Fine cuisine thaïe.

Bars et discothèques

- **Centre de Khao San** (p. 85). Être aux premières loges pour observer le ballet des passants à Khao San.
- **Brown Sugar** (p. 85). Pour un moment agréable en écoutant de la bonne musique.
- **Iron Fairies** (p. 85). Bar conceptuel pour clients gothiques.
- **WTF** (p. 85). Pub arty et douillet servant des cocktails.

À gauche Restaurant nahm (p. 83)
Ci-dessus Défilé du Nouvel An chinois, Chinatown (p. 68)

Ce qu'il faut savoir

À PRÉVOIR

- **Un mois avant** Réservez votre hébergement.
- **Une semaine avant** Réservez votre cours de cuisine thaïlandaise.
- **La veille** Mettez vos tenues les plus branchées dans votre valise.

ADRESSES UTILES

- **Bangkok Recorder** (www.bangkokrecorder.com) Guide des spectacles.
- **Bangkok Information Center** (www.bangkoktourist.com). Office du tourisme municipal.
- **Tourism Authority of Thailand** (www.tourismthailand.org). Office du tourisme.

COMMENT CIRCULER

- **Bus** De Siam Square à Chinatown (bus n°73) ; de Siam Square à Banglamphu (bus n°15) ; service fréquent.
- **MRT** Le métro, de Sukhumvit ou Silom à la gare ferroviaire ; service fréquent.
- **Ferry fluvial** Pour se rendre sur les berges du fleuve, vers les temples et différents quartiers ; services fréquents.
- **BTS** Skytrain (aérien) depuis/vers Sukhumvit, Siam Square, Silom et Chatuchak ; service fréquent.
- **Taxi** Nombreux et confortables ; exigez que le chauffeur mette le compteur.
- **Túk-túk** Sympa, mais gare aux arnaques.

MISES EN GARDE

- **Vêtements** Couvrez vos épaules et vos genoux dans les principaux temples.
- **Tabac** Il est interdit de fumer dans les bars et les restaurants.
- **Stands de rue** Fermés le lundi.
- **Rabatteurs** Ne suivez pas les conseils de locaux trop entreprenants vous proposant des circuits organisés ou des achats.
- **Bijoux** N'achetez que des bijoux déjà sertis (p. 86).
- **Vêtements sur mesure** Prévoyez une semaine pour vous faire confectionner des vêtements ; les tailleurs consciencieux demandent deux à cinq séances d'essayage.

Promenade dans Bangkok

Baladez-vous dans l'ancien quartier royal de Ko Ratanakosin pour découvrir des sites et monuments incontournables. Partez tôt afin d'éviter la foule et la chaleur, et habillez-vous sobrement si vous voulez être admis dans les temples.

PROMENADE

- **Départ** Wat Phra Kaew et Grand Palais
- **Arrivée** Sanam Luang
- **Distance** 5 km
- **Durée** 4 heures

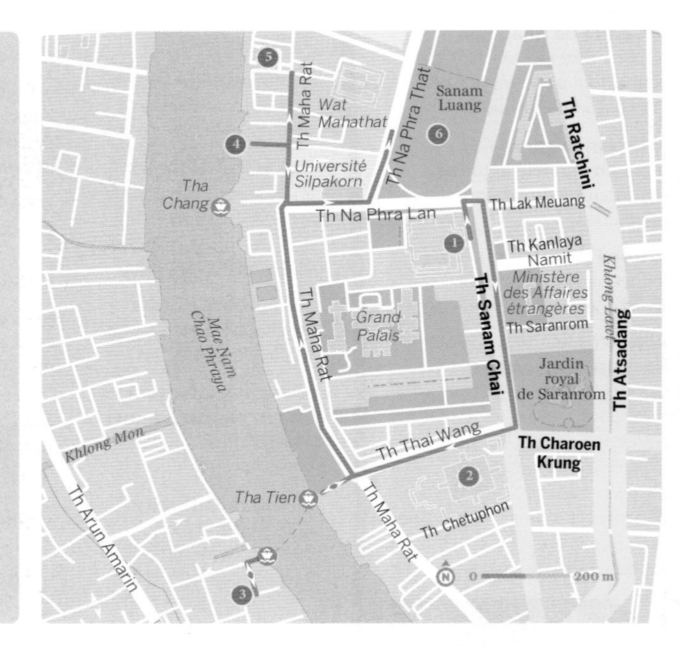

1 Wat Phra Kaew et Grand Palais

Cette ancienne enceinte royale à l'architecture flamboyante, vénérée par les Thaïlandais, est aujourd'hui le site le plus célèbre de la ville. Un guide (ils attendent au kiosque de la billetterie) ou un audio-guide (200 B les 2 heures) permettent de profiter pleinement de la visite, en expliquant en détail le bouddhisme thaï et le symbolisme religieux. Ne manquez pas les superbes fresques murales du temple.

2 Wat Pho

C'est le temple des superlatifs, et il abrite notamment un extraordinaire bouddha couché. Ombragé et moins fréquenté que les autres temples, il est plein de délicieux coins et recoins. Il compte également des pavillons consacrés au massage thaïlandais traditionnel car sa fonction première est de perpétuer la médecine traditionnelle.

3 Wat Arun

De Tha Tien, prenez un ferry pour rejoindre ce temple d'allure militaire doté d'un *chédi* (stupa) de style khmer. La construction de ce temple marqua le renouveau de Bangkok après la chute d'Ayuthaya. En y regardant de plus près, on constate que la flèche est non pas couverte de granit, comme on pourrait le croire, mais de fines mosaïques en porcelaine.

4 Trok Tha Wang

Regagnez la rive orientale et engouffrez-vous dans cette étroite ruelle flanquée d'édifices à l'architecture typique de Bangkok et d'équipements en lien avec le fleuve, comme dans de nombreuses autres villes portuaires d'Asie.

5 Marché aux amulettes

Allez vers le nord en empruntant Th Maha Rat, puis tournez à gauche dans la ruelle bondée de Trok Mahathat pour découvrir ce marché exigu où l'on vend, achète et inspecte avec minutie toutes sortes de talismans. Suivez la ruelle jusqu'à rejoindre le fleuve afin de vous faire une idée de l'étendue et de l'importance du négoce des amulettes. En longeant le fleuve en direction du nord, les stands d'amulettes cèdent le pas aux étals de nourriture, et la foule des acheteurs est remplacée par des étudiants en uniforme.

6 Sanam Luang

En émergeant de Th Phra Chan, traversez Th Maha Rat et continuez vers l'est. On passe devant quantité d'autres échoppes de médecine thaïe traditionnelle et de stands d'amulettes avant de rejoindre le "champ royal" (Royal Field). Le parc change de visage durant la cérémonie annuelle lors de laquelle le prince héritier ouvre officiellement la saison de la culture du riz. Une grande compétition de cerfs-volants se tient également ici à la saison des cerfs-volants (mi-février à avril). L'extrémité sud du parc jouit d'une vue splendide sur le Wat Phra Kaew. Taxis et bus font le tour de cette vaste étendue sans ombre. Avis aux touristes exténués...

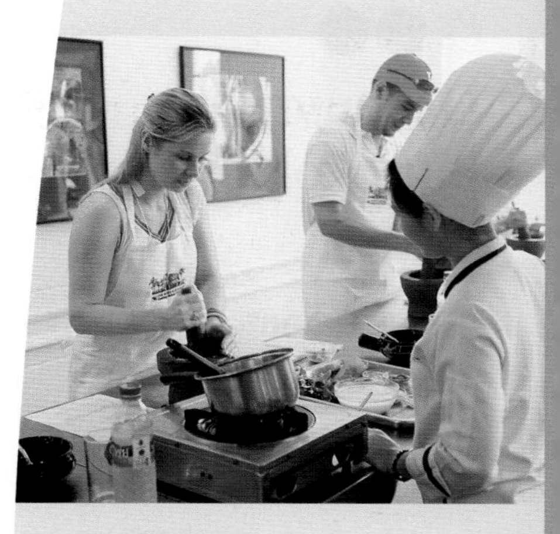

Bangkok en...

UNE JOURNÉE

Prenez le **Chao Phraya Express** (p. 88) et visitez les musées et les temples de **Ko Ratanakosin**, et déjeunez à **Banglamphu**. En fin de journée, rendez-vous dans un **bar sur les toits** (p. 84). Le soir, savourez un dîner chez **nahm** (p. 83).

DEUX JOURS

Prenez le BTS direction un **centre commercial** (p. 86), la **maison de Jim Thompson** (p. 87), et offrez-vous un **massage thaïlandais** (p. 71). Après cette séance shopping et détente, place aux cocktails sur **Th Khao San**.

TROIS JOURS

Passez la journée au **marché du week-end** de **Chatuchak** (p. 87), participez à un **cours de cuisine** (p. 73), ou montez à bord d'un *long-tail boat* pour sillonner les **canaux de Thonburi** (p. 88).

QUATRE JOURS

Visitez le **parc des palais de Dusit** (p. 71) et allez dans l'un des **restaurants de Sukhumvit**, puis suivez le Bangkok branché à l'**Iron Fairies** (p. 85) ou au **Fat Gut'z** (p. 85).

Cours de cuisine thaïlandaise

Découvrir Bangkok

Les incontournables

- **Ko Ratanakosin, Banglamphu et Thonburi** (p. 64). Temples, musées et échoppes anciennes.
- **Chinatown et Phahurat** (p. 68). Quartier des commerçants chinois.
- **Siam Square et Pratunam** (p. 71). Centres commerciaux et culture jeune.
- **Silom, Sathon et fleuve** (p. 76). Haute finance et grands hôtels.

Siam Square
JEAN-PIERRE LESCOURRET/LONELY PLANET IMAGES ©

Histoire

Aujourd'hui capitale politique et culturelle, Bangkok doit sa naissance à un miracle de l'Histoire, dans une période très troublée. Après la chute d'Ayuthaya en 1767, des armées rivales se partagèrent le royaume. Le charismatique général Taksin (1734-1782) s'imposa bientôt comme unificateur et choisit d'établir sa capitale à Thonburi, sur la rive occidentale du Mae Nam (fleuve) Chao Phraya, site propice au commerce maritime avec le golfe de Thaïlande. Plus tard, Taksin fut déposé par un autre général, Chao Phraya Chakri, qui déplaça la capitale de l'autre côté de la rivière en 1782, sur un site plus facile à défendre contre de futures attaques birmanes.

À voir

Ko Ratanakosin, Banglamphu et Thonburi

เกาะรัตนโกสินทร์/บางลำพู/ธนบุรี

Bienvenue sur le lieu de naissance de Bangkok. C'est ici que s'élèvent les temples et les palaces étincelants prisés par la plupart des touristes.

KO RATANAKOSIN

MARCHÉ AUX AMULETTES Marché

(ตลาดพระเครื่องวัดมหาธาตุ ; carte p. 66 ; Th Maha Rat ; 7h-17h ; ferry Tha Chang).

Ce marché, aussi étrange que fascinant, s'étend sur les trottoirs de Th Maha Rat et de Th Phra Chan, et dans un dédale de stands près de Tha Phra Chan. On y vend une grande variété de petits talismans qu'examinent des collectionneurs, moines, chauffeurs de taxi et professionnels de métiers à risque. Les acheteurs, souvent déjà couverts d'amulettes, marchandent et feuillettent des magazines spécialisés, certains proposant des objets à des prix exorbitants.

MUSÉE NATIONAL Musée

(พิพิธภัณฑสถานแห่งชาติ ; carte p. 66 ; 4 Th Na Phra That ; 200 B ; 9h-15h30 mer-dim ; bus 32, 123, 503, ferry Tha Chang). Souvent présenté comme le plus grand musée d'Asie du Sud-Est, le Musée national abrite une collection impressionnante de sculptures religieuses, plus passionnante encore à découvrir lors des **visites guidées** (9h30 mer et jeu).

Récemment réorganisée, la **galerie de l'histoire** présente succinctement et dans l'ordre chronologique les événements et personnages marquants de la préhistoire et des périodes sukhothai, Ayuthaya et Bangkok. En plus des galeries principales, la **chapelle de Buddhaisawan (Phutthaisawan)** renferme des fresques originales très bien conservées et l'une des statues du Bouddha les plus vénérées du royaume, Phra Phut Sihing. La légende voudrait qu'elle vienne du Sri Lanka, mais les historiens la datent de la période Sukhothai (XIIIe siècle).

MUSÉE DU SIAM Musée

(สถาบันพิพิธภัณฑ์การเรียนรู้แห่งชาติ ; carte p. 66 ; www.museumsiam.com ; Th Maha Rat ; 300 B ; 10h-18h mar-dim ; bus 32, 524, ferry Tha Tien). Ce musée installé dans un palais du règne de Rama III explore les origines et la culture du peuple thaï de manière passionnante. Ses expositions sont interactives. On apprécie particulièrement les vidéos instructives présentées dans chaque pièce et un jeu de combat interactif situé à la période Ayuthaya.

BANGLAMPHU

LE MONT D'OR Temple bouddhiste

(วัดสระเกศ (ภูเขาทอง) ; carte p. 66 ; Th Boriphat ; 10 B ; 7h30-17h30 ; bus 8, 37, 47, klorng-taxi jusqu'à Tha Phan Fah). Les temples vous ont épuisé ? Encore un effort pour aller jusqu'au Mont d'Or. Visible depuis Th Ratchadamnoen, le temple semble plus proche qu'il ne l'est en réalité.

Vaut le détour
Suan Phakkad Palace Museum

Trésor souvent méconnu, le ravissant Suan Phakkad (วังสวนผักกาด ; **0 2245 4934 ; Th Sri Ayuthaya ; 100 B ; 9h-16h ; BTS Phaya Thai)**, constitué de 8 maisons en bois traditionnelles, servit jadis de résidence à la princesse Chumbon de Nakhon Sawan, après avoir été une ferme à laitues. Les bâtiments sur pilotis contiennent des objets d'art, des antiquités et des meubles. Havre de paix, le parc du palais accueille des cygnes et des canards, et compte un jardin semi-clos.

L'escalier qui gravit la colline artificielle serpente entre les arbres noueux, les tombes abandonnées et les portraits des disparus. Le sommet offre une vue panoramique sur Bangkok – et un peu d'air frais.

Si vous venez de l'est de la ville, le Mont d'Or est à quelques pas au sud du terminus ouest des *klorng-taxis* (bateaux-taxis) à Tha Phan Fah.

THONBURI

WAT ARUN Temple bouddhiste

(วัดอรุณฯ ; carte p. 66 ; Th Arun Amarin ; 50 B ; 8h30-16h30 ; ferry Tha Tien). Le Wat Arun est le troisième des temples les plus sacrés de Bangkok (avec le Wat Phra Kaew et le Wat Pho). Après la chute d'Ayuthaya, le roi Taksin prit cérémonieusement possession du site jusque-là occupé par un lieu saint (le Wat Jaeng) et y fit ériger un palais royal et un temple pour le Bouddha d'Émeraude. Le temple fut rebaptisé d'après le nom du dieu indien de l'Aube (Aruna) et en hommage à la fondation symbolique d'une nouvelle Ayuthaya.

Ko Ratanakosin, Banglamphu et Thonburi

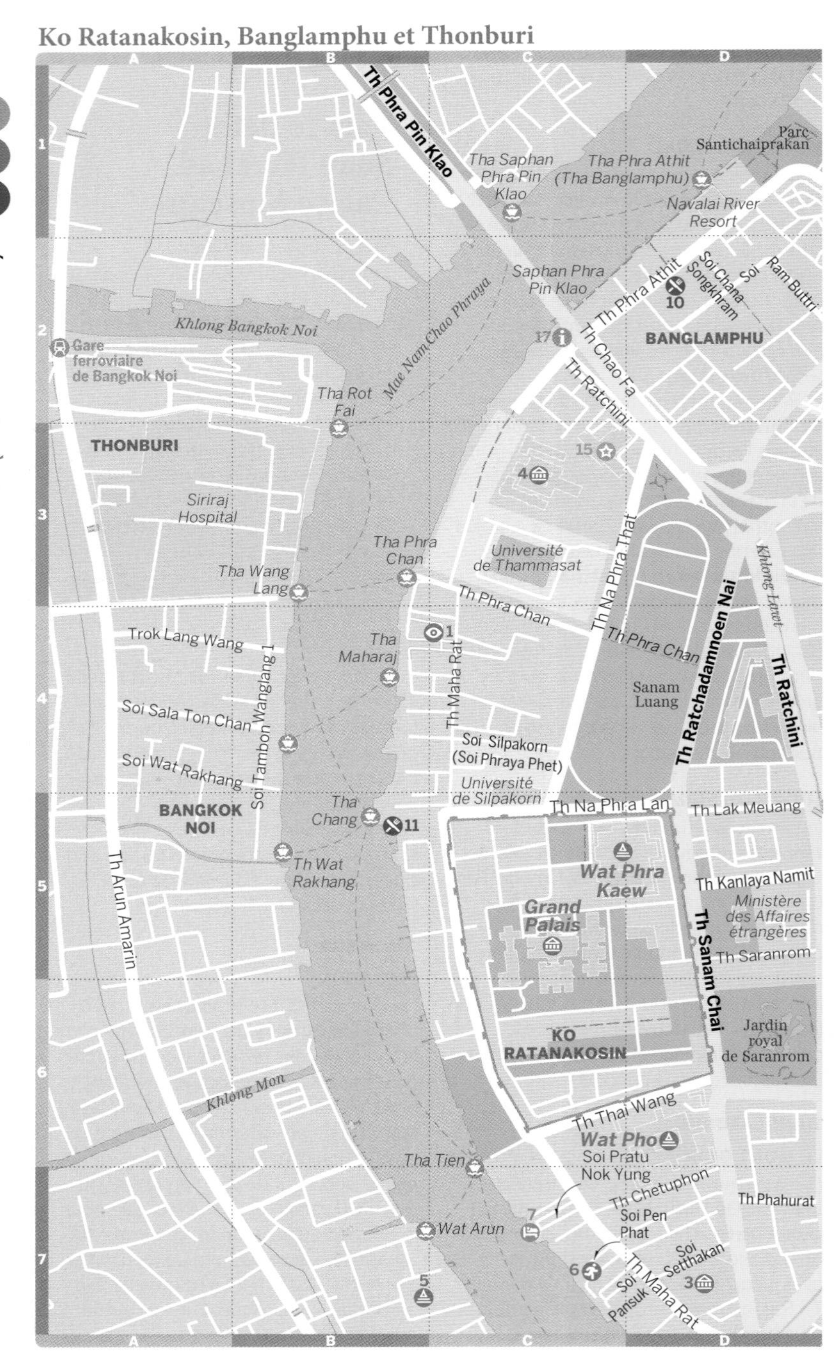

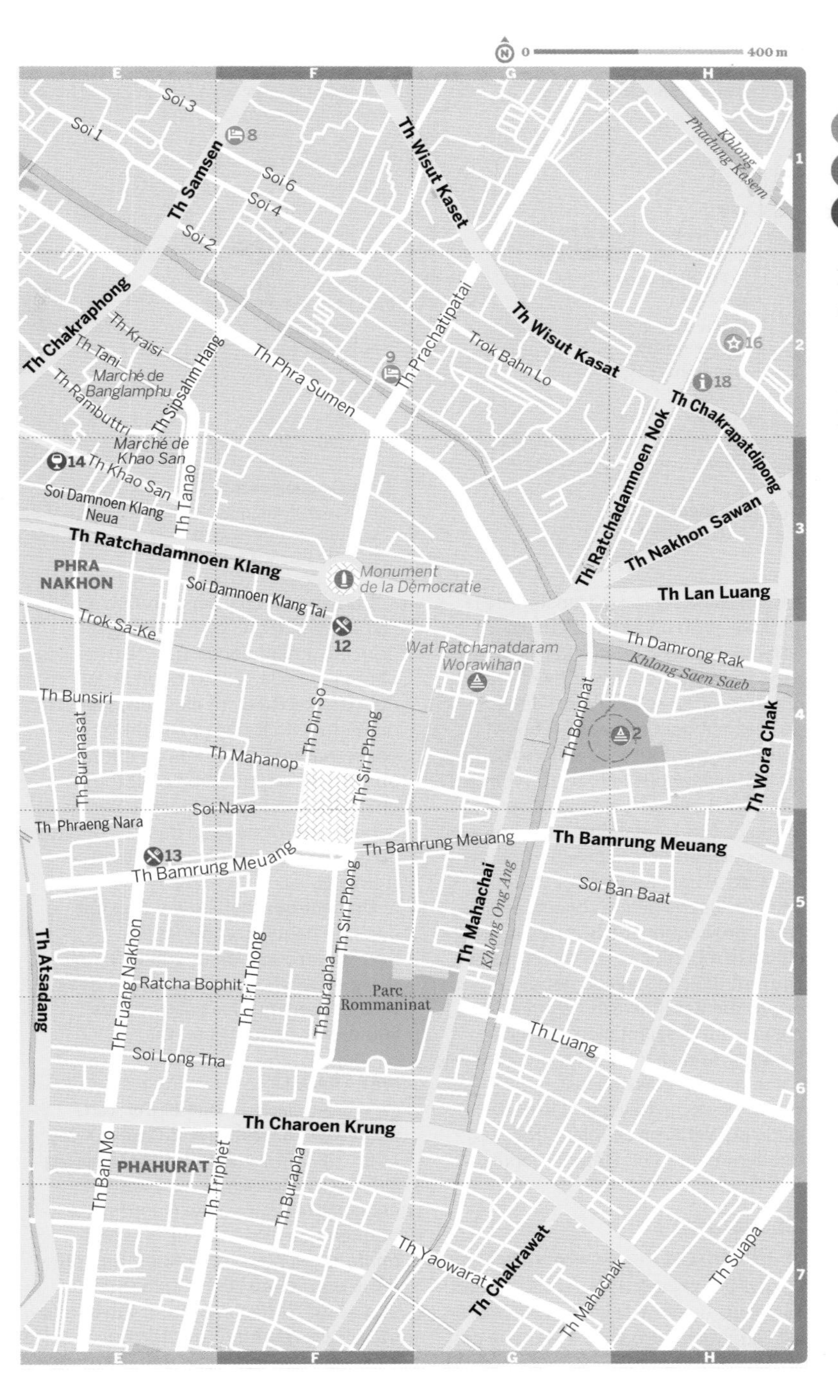
400 m
Soi 3
Soi 1
Th Samsen
Soi 6
Soi 4
Soi 2
Th Wisut Kaset
Khlong Phadung Kasem
Th Chakraphong
Th Kraisi
Th Tani
Marché de Banglamphu
Th Rambuttri
Th Sipsahm Hang
Th Phra Sumen
Th Prachatipatai
Trok Bahn Lo
Th Wisut Kasat
Th Chakrapatdipong
Th Ratchadamnoen Nok
Marché de Khao San
Th Khao San
Th Tanao
Soi Damnoen Klang Neua
Th Nakhon Sawan
Th Ratchadamnoen Klang
PHRA NAKHON
Monument de la Démocratie
Soi Damnoen Klang Tai
Th Lan Luang
Trok Sa-Ke
Wat Ratchanatdaram Worawihan
Th Damrong Rak
Khlong Saen Saeb
Th Bunsiri
Th Buranasat
Th Din So
Th Siri Phong
Th Boriphat
Th Wora Chak
Th Mahanop
Soi Nava
Th Phraeng Nara
Th Bamrung Meuang
Soi Ban Baat
Th Atsadang
Th Fuang Nakhon
Th Tri Thong
Th Burapha
Th Mahachai
Khlong Ong Ang
Ratcha Bophit
Parc Rommaninat
Th Luang
Soi Long Tha
Th Charoen Krung
PHAHURAT
Th Ban Mo
Th Triphet
Th Yaowarat
Th Chakrawat
Th Mahachak
Th Suapa

Ko Ratanakosin, Banglamphu et Thonburi

Les incontournables
- Grand Palais C5
- Wat Pho D6
- Wat Phra Kaew C5

À voir
- 1 Marché aux amulettes C4
- Chapelle de Buddhaisawan (Phutthaisawan) .... (voir 4)
- 2 Mont d'Or H4
- 3 Musée du Siam D7
- 4 Musée national C3
- 5 Wat Arun B7

Activités
- 6 École de médecine et de massage thaï traditionnels du Wat Pho C7

Où se loger
- 7 Arun Residence C7
- 8 Baan Chantra F1
- 9 Lamphu Tree House F2

Où se restaurer
- 10 Hemlock D2
- 11 Khunkung B5
- 12 Krua Apsorn F4
- 13 Poj Spa Kar E5

Où prendre un verre
- Amorosa .... (voir 7)
- 14 Center Khao San E3

Où sortir
- 15 Théâtre national C3
- 16 Stade Ratchadamnoen H2

Renseignements
- 17 Bangkok Information Center C2
- 18 Tourism Authority of Thailand H2

Ce n'est qu'après le transfert de la capitale et du bouddha d'Émeraude à Bangkok que le Wat Arun prit cet aspect si caractéristique, avec son *prang* (tour de style khmer) de 82 m de hauteur, dont la construction commença durant la première moitié du XIXe siècle sous le règne de Rama II. La tour fut achevée plus tard par Rama III. Ses fondations, réalisées avec une boue poreuse, nécessitèrent une reconstruction. Seulement visibles de près, les mosaïques décorées de fleurs proviennent de bris de porcelaine chinoise multicolore, qu'on retrouve souvent dans le style du début de la période Ratanakosin ; les navires chinois qui faisaient alors escale à Bangkok utilisaient des tonnes de vieille porcelaine en guise de lest.

Les ferrys qui traversent le fleuve jusqu'au Wat Arun circulent très fréquemment (3,50 B/pers) depuis Tha Tien.

Chinatown et Phahurat

เยาวราช (สำเพ็ง)/พาหุรัด

Le quartier chinois de Bangkok (appelé Yaowarat, du nom de sa rue principale) est l'équivalent urbain de l'étendue de Hyde Park à Londres.

L'origine du quartier remonte à 1782. La population chinoise de Bangkok, principalement constituée de travailleurs participant à la construction de la nouvelle capitale, fut alors chassée de l'actuel Ko Ratanakosin par le gouvernement royal. Peu de choses ont changé depuis et on peut toujours entendre différents dialectes chinois, acheter des remèdes à base de plantes ou goûter des plats chinois qu'on ne trouve qu'ici.

Un petit quartier indien, souvent appelé Phahurat, commence à l'extrémité ouest de Chinatown. Des dizaines d'échoppes tenues par des Indiens vendent des tissus et des vêtements de toutes sortes.

WAT TRAIMIT Temple bouddhiste

(วัดไตรมิตร ; temple du Bouddha d'or ; carte p. XX ; angle Th Yaowarat et Th Charoen Krung ; 40 B ; 8h-17h mar-dim ; MRT Hua Lamphong, ferry Tha Ratchawong). Le Wat Traimit est célèbre pour son extraordinaire bouddha en or massif de 3 m de hauteur qui pèse 5,5 tonnes. Sculptée dans le gracieux style Sukhothai, la statue fut "redécouverte" il y a 40 ans, sous un revêtement de stuc qui se brisa alors qu'on la déplaçait dans le temple.

DAVID GREEDY/LONELY PLANET IMAGES ©

À ne pas manquer Le Wat Pho

Le Wat Pho est bien moins fréquenté que le Wat Phra Kaew, mais des grands temples de Bangkok c'est notre préféré. Il détient d'ailleurs plusieurs records : il possède le plus grand bouddha couché et la plus vaste collection de bouddhas de Thaïlande. Il fut aussi le premier centre d'éducation publique.

Presque à l'étroit entre les quatre murs du bâtiment, l'extraordinaire **bouddha couché**, de 46 m de longueur et 15 m de hauteur, illustre l'accession du Bouddha au nirvana (la mort du Bouddha, état de béatitude éternelle). La statue est modelée en plâtre sur une armature en brique, et dorée à la feuille. Des incrustations de nacre ornent les yeux et les pieds ; ceux-ci détaillent 108 *lák·sà·nà* (caractères d'un bouddha) bienveillants.

Le Wat Pho est le centre national d'enseignement de la médecine thaïlandaise traditionnelle, qui comprend le **massage thaïlandais**. Rama III lui donna pour mission d'assurer la survie de ces traditions en voie de disparition. La célèbre école de massage possède deux salles à l'intérieur du temple et des pièces équipées à l'extérieur du temple (p. 73).

INFOS PRATIQUES

วัดโพธิ์ (วัดพระเชตุพน) ; Wat Phra Chetuphon ; carte p. 66 ; Th Sanamchai ; entrée 50 B ; 8h-21h ; 508, 512, ferry Tha Tien

Ce revêtement fut sans doute ajouté pour la protéger des maraudeurs, à la fin de la période Sukhothai ou, plus tard, lors du siège birman de la période Ayuthaya. Le temple daterait, lui, du début du XIIIe siècle.

TALAT MAI Marché

(ตลาดใหม่ ; carte p. 70 ; Soi 16/Trok Itsaranuphap, Th Yaowarat ; bus 73, 159, 507, MRT Hua Lamphong, ferry Tha Ratchawong). Le nom de "Nouveau Marché" n'est plus très approprié pour ce marché en activité

Chinatown et Phahurat

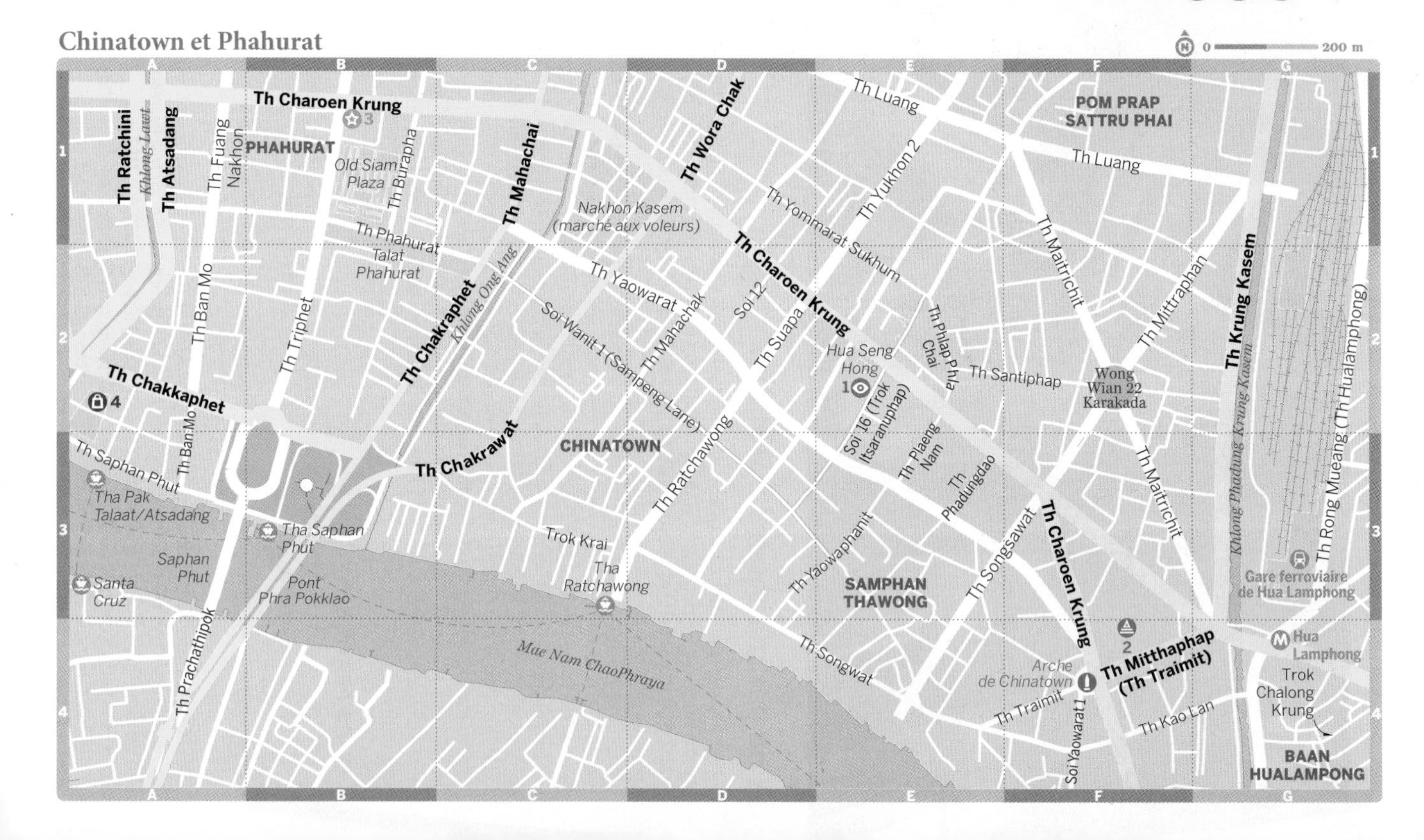

Chinatown et Phahurat

À voir
1 Talat Mai E2
2 Wat Traimit F4

Où sortir
3 Chalermkrung Théâtre royal B1

Achats
4 Marché de Pak Khlong A2

depuis près de deux siècles ! Constitué essentiellement d'une ruelle entre deux hauts immeubles, il vaut le détour même si la nourriture ne vous passionne pas. L'ambiance survoltée, la vue et l'odeur de fruits et de légumes exotiques en font une expérience sensorielle inoubliable.

La majeure partie du marché vend de la nourriture, mais dans la section nord de Th Charoen Krung (Soi 21, Th Charoen Krung), vous trouverez de l'encens, des statues en papier et des friandises de cérémonies, des ingrédients essentiels à un enterrement chinois traditionnel.

Siam Square et Pratunam สยามสแควร์/ประตูน้ำ

SANCTUAIRE ERAWAN Sanctuaire

(ศาลพระพรหม ; San Phra Phrom ; carte p. 72 ; angle Th Ratchadamri et Th Ploenchit ; gratuit ; 6h-23h ; BTS Chit Lom). Le sanctuaire, dédié à Brahma, fut construit en 1956 afin de contrer une série d'événements malheureux survenus tout au long de la construction de l'ancien hôtel Erawan.

L'hôtel Erawan original fut détruit en 1987, mais le sanctuaire subsiste et reste un lieu de pèlerinage important pour les Thaïlandais, surtout les nécessiteux.

Agglomération de Bangkok

PARC DUSIT Palais royal

(วังสวนดุสิต ; bordé par Th Ratchawithi, Th U-Thong Nai et Th Ratchasima ; adulte/enfant 100/50 B ou gratuit sur présentation du billet du Grand Palais ; 9h30-16h ; bus 18, 28, 515). À la suite de son premier voyage en Europe en 1897, Rama V (r. 1868-1910 ; premier monarque thaïlandais à se rendre sur ce continent) entreprit d'exprimer les styles européens à la manière thaïlandaise, ce qui donna le parc Dusit. Le palais royal, la salle du trône et les petits palais destinés à la famille furent transportés ici depuis Ko Ratanakosin, où se trouvait l'ancienne cour royale. Le souverain actuel ne demeure plus ici et cet ensemble abrite désormais un musée et quelques collections.

Initialement bâti à Ko Si Chang en 1868, puis démonté et transporté en 1910 sur le site actuel, le **palais Vimanmek** compte 81 pièces, salles et antichambres, qui lui confèrent le titre du plus grand bâtiment en teck doré du monde, construit paraît-il sans aucun clou. Premier bâtiment permanent édifié sur le site du palais Dusit, le Vimanmek servit de résidence à Rama V au début du XXe siècle. Des visites guidées (en anglais) obligatoires d'une heure ont lieu toutes les demi-heures entre 9h45 et 15h15.

Construite en 1904 pour accueillir le trône de Rama V, la petite **salle du trône Abhisek Dusit** illustre le raffinement de l'architecture, où fioritures victoriennes se mêlent aux portiques mauresques pour créer une étonnante façade, typiquement thaïlandaise. La salle présente une très belle exposition d'artisanat, réalisée par les membres de la fondation pour la promotion et le soutien des artisans décorateurs et des techniques (Promotion of Supplementary Occupations & Related Techniques), placée sous l'égide de la reine Sirikit.

Une tenue vestimentaire stricte (pantalon ou jupe longue et manches longues) est de rigueur, car vous êtes dans une propriété royale.

Activités

MASSAGES THAÏLANDAIS TRADITIONNELS

HEALTH LAND Spa, massages

(www.healthlandspa.com ; massage 2 heures 450 B) Ekamai **(carte p. 80 ; 0 2392 2233 ; 96/1 Soi 10, Soi 63/Ekamai, Th Sukhumvit ; 9h-23h ; BTS Ekkamai)** ; Sathon

Siam Square et Pratunam

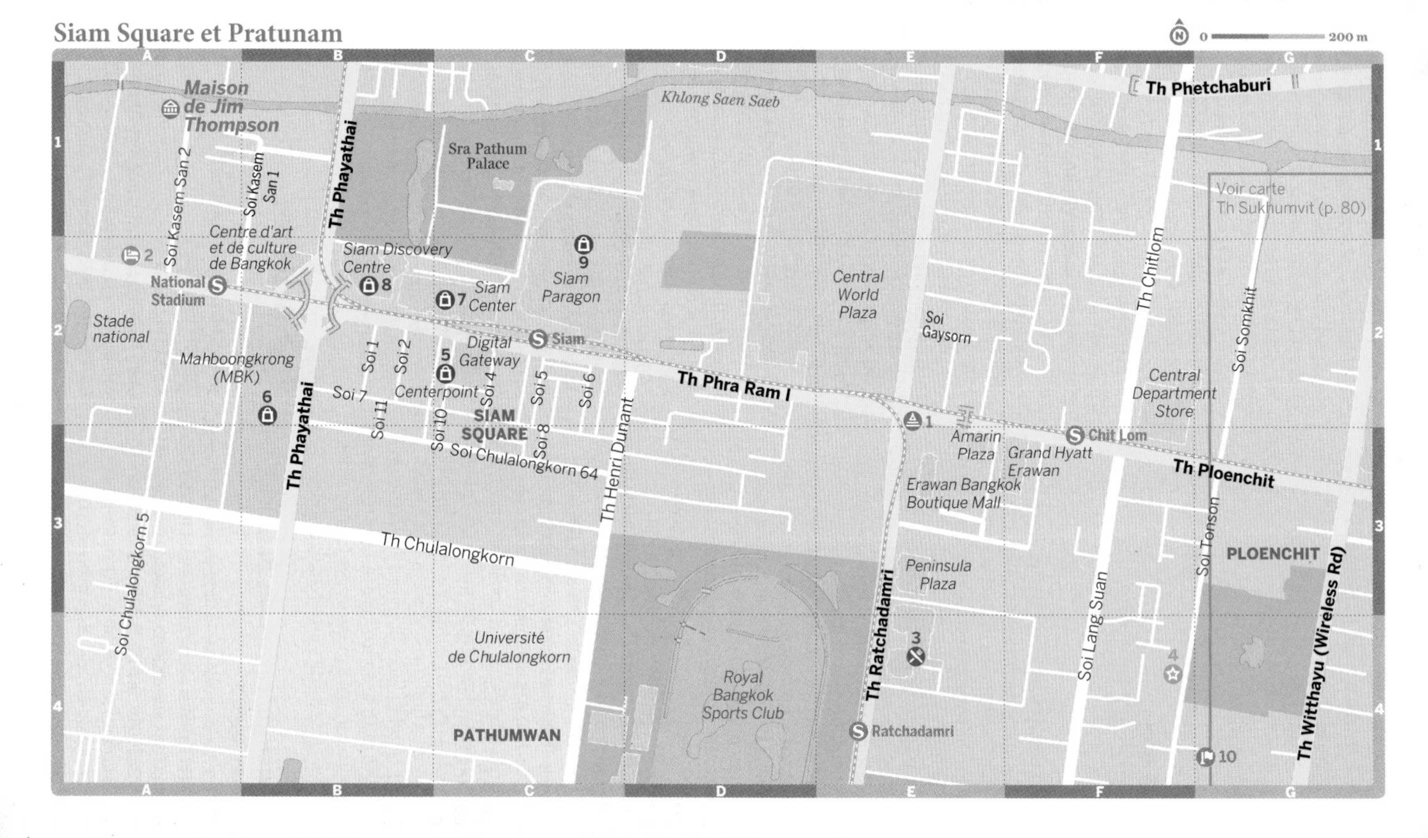

Siam Square et Pratunam

Les incontournables
Maison de Jim Thompson A1

À voir
1 Sanctuaire Erawan E2

Où se loger
2 Siam@Siam A2

Où se restaurer
3 Four Seasons E4
Food Court du MBK .... (voir 6)

Où sortir
4 Spa 1930 .... F4

Achats
Flynow .... (voir 9)
5 It's Happened to Be a Closet C2
Kinokuniya .... (voir 9)
6 MBK Center B2
7 Siam Center C2
8 Siam Discovery Center B2
9 Siam Paragon C2

Renseignements
10 Ambassade des Pays-Bas G4

(carte p. 76 ; 0 2637 8883 ; 120 Th Sathon Neua ; 9h-23h ; BTS Chong Nonsi) ; Sukhumvit **(carte p. 80 ; 0 2261 1110 ; 55/5 Soi 21/ Asoke, Th Sukhumvit ; 9h-24h ; BTS Asok, MRT Sukhumvit).** Sa formule alliant soins d'experts à prix modiques a si bien réussi qu'Health Land possède des centres dans toute la ville.

ÉCOLE DE MÉDECINE ET DE MASSAGE THAÏ TRADITIONNELS DU WAT PHO Massages
(carte p. 66 ; 0 2622 3550 ; Soi Penphat, Th Sanamchai ; massage 1 heure 220 B ; 8h-18h ; bus 123, 508, ferry Tha Tien). La plupart des masseuses du pays ont suivi la formation de cette école. Des salons de massage se trouvent à l'intérieur du temple (voir p. 69).

SPAS

ORIENTAL SPA Spa
(carte p. 76 ; 0 2659 9000 ; www.mandarin oriental.com/bangkok/spa ; Oriental Hotel ; forfait spa à partir de 2 900 B ; 9h-22h ; navette fluviale de l'hôtel depuis Tha Sathon/ Central Pier). Considéré comme l'un des meilleurs du monde, l'Oriental Spa a posé les jalons du soin à la mode asiatique. Si vous venez de loin, le "jet lag massage" vous comblera.

SPA 1930 Spa
(carte p. 72 ; 0 2254 8606 ; www.spa1930. com ; Th Ploenchit ; forfait à partir de 3 800 B ; 9h30-21h30 ; BTS Chit Lom). Une alternative à l'atmosphère baignée de musique New Age de certains lieux tendance. L'offre est simple (visage, soin du corps et massage complet) et tous les produits de soin et huiles de massage sont inspirés de remèdes traditionnels thaïlandais.

Cours

HELPING HANDS Cours de cuisine
(08 4901 8717 ; www.cookingwithpoo.com). Ce cours de cuisine populaire a été créé par une habitante du bidonville de Khlong Toey et se déroule dans son quartier. Les cours, à réserver à l'avance, portent sur 4 plats et comprennent une visite du marché de Khlong Toey et le transport depuis/vers l'Emporium.

BAIPAI THAI COOKING SCHOOL Cours de cuisine
(0 2561 1404 ; www.baipai.com ; 8/91 Soi 54, Th Ngam Wong Wan ; cours 1 800 B ; 9h30-13h30 et 13h30-17h30 mar-sam). Les deux cours quotidiens de Baipai sont dispensés par une équipe restreinte, dans une coquette villa de banlieue. Quatre plats par cours.

Circuits organisés

Si vous cherchez un guide, nous vous recommandons **Tour with Tong** **(0 81835 0240 ; www.tourwithtong.com ; circuit d'une journée à partir de 1 000 B)**, dont l'équipe organise des circuits dans Bangkok et ses environs, et **Thai Private Tour Guide** **(0 81860 9159 ; www.thaitourguide.com ; circuit d'une journée à partir de 2 000 B)**, où les guides Chob et Mee sont très appréciés.

PETER UNGER/LONELY PLANET IMAGES ©

À ne pas manquer **Le Wat Phra Kaew et le Grand Palais**

Également appelé temple du Bouddha d'Émeraude, le **Wat Phra Kaew** est le nom familier du vaste ensemble digne d'un conte de fées renfermant aussi l'ancienne résidence royale, le Grand Palais. Abrité dans un *bòht* (chapelle) somptueusement décoré, et gardé par un couple de géants mythologiques (*yaksha*), le **Bouddha d'Émeraude** trône sur un autel surélevé. La petite statue disparaît presque sous les dorures et les draperies dont elle est toujours enveloppée. Au début de chaque saison, le roi (ou, depuis peu, le prince héritier) change les vêtements de la statue au cours d'une cérémonie solennelle. Des **fresques bouddhiques** récemment restaurées ornent les parois intérieures du *bòht*, alors que les **fresques du Ramakian** (version thaïlandaise de l'épopée indienne du Ramayana) courent sur les murailles intérieures de l'enceinte.

À l'exception de quelques antichambres ici et là, le **Grand Palais** (Phra Borom Maharatchawong) n'est désormais utilisé par le roi qu'à l'occasion de cérémonies officielles, comme l'anniversaire du couronnement.

Le **Chakri Mahaprasat** (grande salle des Chakri), plus souvent désigné sous le nom de "Grand Palace Hall", est le plus imposant de tous ces palais. Construit en 1882 par des architectes britanniques – avec l'aide d'une main-d'œuvre thaïlandaise –, il offre un singulier mélange de style Renaissance italienne et d'architecture thaïlandaise traditionnelle, baptisé *fàràng sài chá·dah* (occidental coiffé d'une couronne thaïlandaise) : chaque aile du bâtiment est surmontée d'un *mon·dòp*, une coupole pointue à plusieurs étages lourdement décorée, version thaïlandaise du *mandapa* (salle à colonnes dans un temple) hindou.

Le billet d'entrée donne également accès au parc Dusit (p. 71), qui comprend le palais de teck Vimanmek et la salle du trône Abhisek Dusit.

INFOS PRATIQUES

วัดพระแก้ว/พระบรมมหาราชวัง ; carte p. 66 ; entrée 350 B ; 8h30-15h30 ; 503, 508, ferry Tha Chang

Où se loger

Ko Ratanakosin, Banglamphu et Thonburi

Ko Ratanakosin, le quartier le plus touristique de Bangkok, était encore récemment dépourvu d'hébergements touristiques. Avec l'engouement pour les hôtels de charme, quelques boutiques le long du fleuve ont été transformées en nids douillets pour les voyageurs.

Banglamphu, en particulier le quartier incluant la rue des "backpackers" de Th Khao San, est l'épicentre des hébergements petits budgets de Bangkok.

Ces dernières années, de nombreux propriétaires d'hôtels de Banglamphu, installés de longue date, ont converti leur modeste hébergement en petit hôtel, fournissant ainsi une profusion d'adresses de catégorie moyenne et auberges pour routards chics.

LAMPHU TREE HOUSE Hôtel de charme **$$**
(carte p. 66 ; ☎ 0 2282 0991 ; www.lamphutreehotel.com ; 155 Wanchat Bridge, Th Prachatipatai ; ch avec petit-déj 1 500-2 100 B ; ; bus 56, 58, 516, klorng-taxi Tha Phah Fah, ferry Tha Phra Athit). Chambres charmantes et accueillantes. Le bar sur le toit, la piscine, le restaurant, l'accès Internet et le calme qui l'entoure vous feront regretter de partir.

ARUN RESIDENCE Hôtel de charme **$$$**
(carte p. 66 ; ☎ 0 2221 9158 ; www.arunresidence.com ; 36-38 Soi Pratu Nok Yung, Th Maha Rat ; ch 3 500-3 800 B, ste 5 500 B ; ; bus 123, 508, ferry Tha Tien). Bien située face au Wat Arun, cette haute maison en bois donnant sur le fleuve offre bien plus qu'une vue magnifique. Ses 6 chambres sont à la fois douillettes et raffinées. Certaines évoquent un loft, d'autres réunissent 2 chambres. La plus belle, la suite du dernier étage, possède un balcon privé.

BAAN CHANTRA Hôtel de charme **$$**
(carte p. 66 ; ☎ 0 2628 6988 ; www.baanchantra.com ; 120 Th Samsen ; ch avec petit-déj 2 400 3 500 B ; ; bus 32, 516, ferry Tha Phra Athit). Plutôt que d'en faire un endroit à la mode, les propriétaires de cette très belle maison sans prétention convertie en hôtel ont préféré privilégier le confort et l'espace. De nombreux détails originaux en teck subsistent, et la chambre "deluxe" dispose d'un patio ensoleillé.

Les aventures du Bouddha d'Émeraude

Le Bouddha d'Émeraude (Phra Kaew Morakot) occupe une place importante dans le bouddhisme thaïlandais, et pas seulement par sa taille (66 cm) ou son matériau (probablement un quartz jaspe ou du jade de néphrite, et non de l'émeraude). De fait, il fut d'abord considéré comme une statue ordinaire, sans rang particulier, jusqu'à sa "redécouverte" au XVe siècle à Chiang Rai. Lors d'une chute, la statue apparut alors couverte de feuilles d'or sous une couche de plâtre (une pratique courante destinée à protéger les bouddhas des voleurs). Après quelques séjours glorieux dans différents temples du nord de la Thaïlande, elle tomba entre les mains des envahisseurs laotiens au milieu du XVIe siècle, et demeura au Laos pendant deux siècles.

En 1778, le roi Taksin de Thaïlande combattit le Laos, retrouva l'effigie et la transporta à Thonburi. Plus tard, lorsque Bangkok devint la nouvelle capitale et que le général Chakri succéda au roi Taksin, le Bouddha d'Émeraude se vit offrir comme écrin l'un des monuments les plus grandioses du pays : le Wat Phra Kaew.

Siam Square et Pratunam

Le quartier entourant Siam Square est le plus central qui soit à Bangkok.

SIAM@SIAM Hôtel **$$$**

(carte p. 72 ; ☎ 0 2217 3000 ; www.siamatsiam.com ; 865 Th Phra Ram I ; ch avec petit-déj 5 000-7 000 B ; ❄ @ 📶 ≋ ; BTS National Stadium). La réception de ce nouvel établissement ressemble vaguement à un parc à thème, mais c'est ce qui fait son charme. La décoration est faite d'un sympathique méli-mélo de couleurs et de matières.

Bord du fleuve

ORIENTAL HOTEL Hôtel de luxe **$$$**

(carte p. 76 ; ☎ 0 2659 9000 ; www.mandarinoriental.com ; 48 Soi 40/Oriental, Th Charoen Krung ; ch 12 799-14 799 B, ste 23 999-140 999 B ; ❄ @ 📶 ≋ ; navette fluviale de l'hôtel depuis Tha Sathon/Central Pier). Pour vraiment profiter du meilleur de Bangkok, loger dans cet ancien grand hôtel au bord du fleuve est un must. La plupart des chambres sont dans l'aile moderne récemment restaurée, mais nous préférons l'ambiance désuète des ailes des Auteurs et du Jardin.

Sukhumvit สุขุมวิท

ARIYASOMVILLA B&B **$$$**

(carte p. 80 ; ☎ 0 2254 880 ; www.ariyasom.com ; 65 Soi 1, Th Sukhumvit ; ch avec petit-déj 4 248-9 138 B ; ❄ @ 📶 ≋ ; BTS Phloen Chit). Située tout au bout du Soi 1 derrière un mur de frangipaniers, cette villa restaurée des années 1940 est sans aucun doute le secret le plus mal gardé de Bangkok. Si vous arrivez à réserver une chambre au Sukhumvit, vous aurez le privilège de découvrir l'une des 24 chambres spacieuses,

Silom, Sathon et bord du fleuve

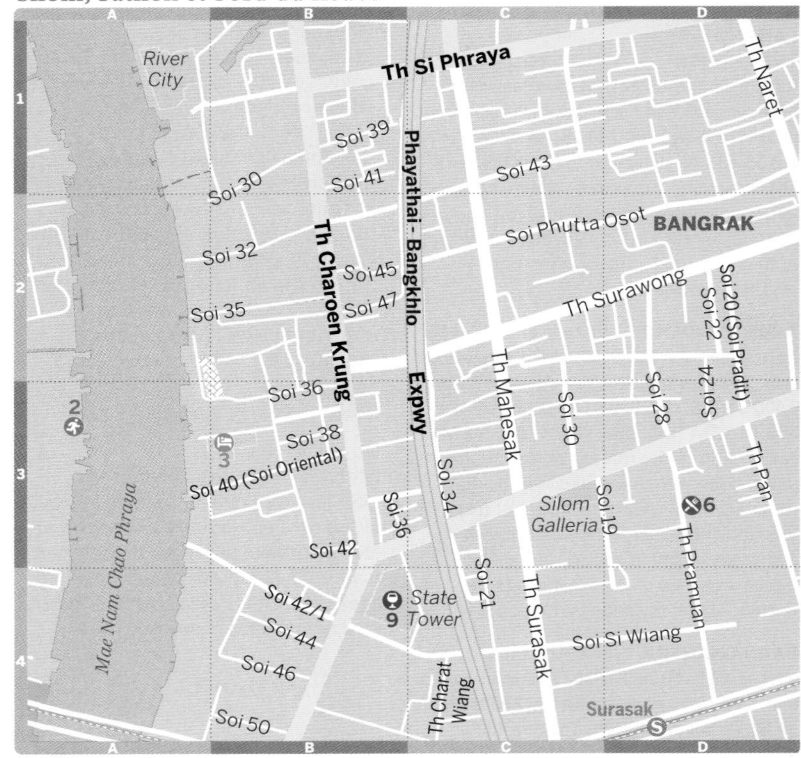

décorées avec soin dans un style thaïlandais et dotées d'un superbe mobilier ancien.

72 EKAMAI Hôtel de charme **$$**
(carte p. 80 ; ☎02 714 7327 ; www.72ekamai.com ; 72 Soi 63/Ekamai, Th Sukhumvit ; ch 2 100 B, ste 2 500-2 850 B ; ❄@📶🏊 ; BTS Ekkamai). Excellent choix que cet hôtel sympa, jeune et design. Une palette de rouges, du noir et des imprimés pop art caractérisent ce lieu. Lors de notre passage, une odeur de bonbon semblait flotter dans l'air. Les suites junior sont immenses et, comme toutes les chambres, bien équipées. Petit-déjeuner inclus.

NAPA PLACE B&B **$$**
(carte p. 80 ; ☎0 2661 5525 ; www.napaplace.com ; 11/3 Yaek 2, Soi 36, Th Sukhumvit ; ch 2 200-2 400 B, ste 3 400 B ; ❄@📶 ; BTS Thong Lo). Noyé au milieu d'un complexe urbain typique de Bangkok, ce lieu est certainement le plus accueillant et le plus douillet de la capitale. Ses 12 chambres, toutes très grandes, sont décorées de tissus thaïlandais et de beaux bois sombres provenant de l'ancien commerce familial.

SEVEN Hôtel de charme **$$$**
(carte p. 80 ; ☎0 2662 0951 ; www.sleepatseven.com ; 3/15 Soi 31/Sawatdi, Th Sukhumvit ; ch avec petit-déj 3 290-5 290 B ; ❄@📶 ; BTS Phrom Phong). Ce tout petit hôtel parvient à être à la fois chic et chaleureux, branché et confortable, thaïlandais et international. La couleur de chacune des 6 chambres est en lien avec l'astrologie thaïlandaise. Très bien équipé.

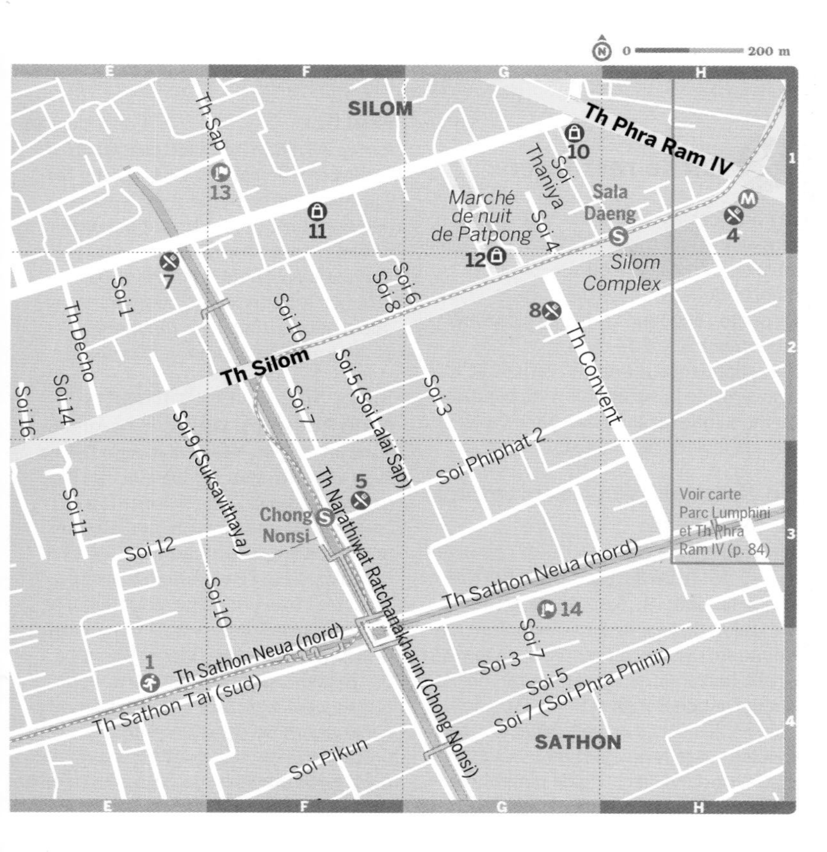

Silom, Sathon et bord du fleuve

Activités

1	Health Land	E4
2	Oriental Spa	A3

Où se loger

3	Oriental Hotel	B3

Où se restaurer

4	D'Sens	H1
5	Foodie	F3
6	Kalpapruek	D3
	Lord Jim's	(voir 3)
7	Somboon Seafood	E2
8	Somtam Convent	G2

Où prendre un verre

9	Sirocco Sky Bar	B4

Achats

10	Jim Thompson	G1
11	Boutique Jim Thompson	F1
12	Marché de nuit de Patpong	G2

Renseignements

13	Ambassade de Russie	F1
14	Ambassade de Singapour	G3

Où se restaurer

Le choix est immense, des chariots ambulants aux salles à manger des hôtels de luxe. La meilleure cuisine se situe d'après nous entre les deux, dans de petites échoppes familiales servant un nombre limité de plats.

Les influences sont très variées et vous trouverez de la cuisine sino-thaïlandaise ou musulmo-thaïlandaise, sans parler des spécialités régionales.

Ko Ratanakosin, Banglamphu et Thonburi

KRUA APSORN Thaïlandais $$

(carte p. 66 ; Th Din So ; plats 70-320 B ; déj et dîner lun-sam ; ; bus 2, 25, 44, 511, klorng-taxi jusqu'à Tha Phan Fah). Ce restaurant est fréquenté par des membres de la famille royale thaïlandaise et a été sacré meilleur restaurant de Bangkok par le *Bangkok Post* en 2006. Les incontournables : les moules sautées aux herbes, le succulent crabe frit dans de l'huile de piment jaune, et l'omelette au crabe façon tortilla.

POJ SPA KAR Thaïlandais $$

(carte p. 66 ; 443 Th Tanao ; plats 100-200 B ; déj et dîner ; ; bus 2, 25, 44, 511, klorng-taxi "bateau-taxi" jusqu'à Tha Phan Fah). Ce restaurant – son nom se prononce *pôht sà·pah kahn* –, est le plus vieux de Bangkok ; il continue de concocter les recettes d'un ancien cuisinier du palais. Ne manquez pas la simple mais délicieuse omelette à la citronnelle ou le *gaang sôm,* une soupe aigre-douce typique du centre de la Thaïlande.

KHUNKUNG Thaïlandais $$

(Khun Kung Kitchen ; carte p. 66 ; 77 Th Maha Rat ; plats 75-280 B ; déj et dîner ; ; bus 25, 32, 503, 508, ferry Tha Chang). Le restaurant de l'Association de la marine royale possède l'un des rares emplacements au bord du fleuve sur cette partie du Chao Phraya. Les Thaïlandais viennent pour la vue sur le fleuve et pour ses plats à base de fruits de mer, délicieux et bon marché. L'entrée du restaurant se situe à proximité des DAB de Tha Chang.

HEMLOCK Thaïlandais $$

(carte p. 66 ; 56 Th Phra Athit ; plats 60-220 B ; 16h-24h ; ; bus 32, 33, 64, 82, ferry Tha Phra Athit). Agréablement situé dans une échoppe, ce restaurant est une bonne entrée en matière de cuisine thaïlandaise. Le menu bien fourni propose les classiques du genre, ainsi que d'autres plats bien plus rares, et un grand choix pour végétariens.

Siam Square et Pratunam

FOOD COURT DU MBK Thaïlandais $

(carte p. 72 ; 6e ét., MBK Center, angle Th Phra Ram I et Th Phayathai ; 10h-21h ; ; BTS National Stadium). L'ancêtre des *food courts* de la ville emploie des dizaines de vendeurs servant des mets de tous les coins de la Thaïlande et d'ailleurs. C'est une très bonne introduction à la cuisine thaïlandaise. Parmi les meilleurs, un stand végétarien (stand C8) et un très bon vendeur de cuisine isan (cuisine de l'Est ; C22). Pour payer, échangez votre argent contre une carte prépayée à l'un des nombreux guichets. C'est également là que vous récupérerez votre monnaie.

FOUR SEASONS HOTEL Brunch **$$$**
(carte p. 72 ; ☎0 2250 1000 ; hôtel Four Seasons, 155 Th Ratchadamri ; buffet 2 350 B ; ⏲11h30-15h dim ; Skytrain Ratchadamri). Le brunch dominical est une institution dans la communauté d'expatriés de Bangkok. Presque tous les grands hôtels de la ville proposent des buffets gargantuesques quasiment tous les jours de la semaine. Les restaurants de renom de l'hôtel Four Seasons proposent chaque dimanche un abondant buffet chaud (réservation nécessaire). Angle Silom et Sathon.

D'SENS Français **$$$**
(carte p. 76 ; ☎0 2200 9000 ; 22e ét. Dusit Thani, 946 Th Phra Ram IV ; menu 1 850-3 100 B ; ⏲11h30-14h30 et 6h-22h, 6h-22h sam ; ❄ ; BTS Sala Daeng, MRT Si Lom). Sans doute le meilleur restaurant gastronomique *fàràng* (occidental), D'Sens est perché au sommet de l'hôtel Dusit Thani. À l'origine de cette aventure, les jumeaux prodiges français Laurent et Jacques Pourcel, à l'origine du restaurant étoilé Le Jardin des Sens à Montpellier. Le menu, qui s'appuie sur des ingrédients de qualité importés de l'Hexagone, s'inspire des spécialités du sud de la France.

KALPAPRUEK Thaïlandais **$$**
(carte p. 76 ; 27 Th Pramuan ; plats 80-120 B ; ⏲8h-18h lun-sam, jusqu'à 15h dim ; ❄ ; BTS Surasak). Ce restaurant thaïlandais a de nombreuses annexes dans toute la ville, mais notre préféré reste l'original, peu connu. Le menu varié propose des spécialités régionales thaïlandaises, des plats du jour et parfois des plats de saison.

SOMBOON SEAFOOD Sino-thaïlandais **$$$**
(carte p. 76 ; www.somboonseafood.com ; 169/7-11 Th Surawong ; plats 120-900 B ; ⏲dîner ; ❄ ; BTS Chong Nonsi). Une véritable usine à fruits de mer : en montant les escaliers pour trouver une table, vous vous demanderez si la qualité n'est pas perdue au profit de la quantité. Mais après leur fameux crabe au curry, vous serez rassasié... et un peu taché.

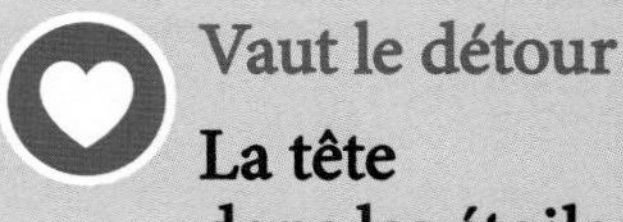

La tête dans les étoiles

Bangkok est l'une des rares grandes villes où il est permis de construire un bar ou un restaurant sur le toit d'un gratte-ciel. Réservez pour les établissements suivants qui font restaurants. Shorts et tongs interdits.

1 **MOON BAR AU VERTIGO**
(carte p. 84 ; Banyan Tree Hotel, 21/100 Th Sathon Tai ; ⏲17h30-1h ; MRT Lumphini). Perché au sommet du 61e étage d'un building, ce bar offre une vue sur Bangkok très prisée au coucher du soleil : mieux vaut arriver tôt pour avoir une bonne place.

2 **SIROCCO SKY BAR**
(carte p. 76 ; The Dome, 1055 Th Silom ; ⏲18h-1h ; BTS Saphan Taksin). Descendez comme une star hollywoodienne les marches qui mènent au bar de ce restaurant sur un toit qui donne sur le Mae Nam Chao Phraya.

3 **NEST**
(carte p. 80 ; ☎0 2255 0638 ; www.nestbangkok.com ; 8e ét., Le Fenix Hotel, 33/33 Soi 11, Th Sukhumvit ; ⏲17h-2h ; BTS Nana). Perché sur le toit du Fenix, Nest est un labyrinthe chic de fauteuils habilement dissimulés et de confortables matelas de repos. La musique du DJ et l'une des cuisines de pub les plus intéressantes de Bangkok vous enverront au 7e ciel.

LORD JIM'S Brunch **$$$**
(carte p. 76 ; www.mandarinoriental.com ; ☎0 2659 9000 ; 48 Soi Oriental/38, Th Charoen Krung ; buffet 1 472-1 943 B ; ⏲12h-14h30 lun-ven, 11h30-15h sam, 11h-15h dim ; ❄ ; ferry Tha Oriental). Si vous ne pouvez pas vous permettre de loger à l'Oriental Hotel, économisez pour pouvoir profiter de son buffet de fruits de mer au bord de l'eau.

FOODIE Thaïlandais **$$**
(carte p. 76 ; Soi Phiphat 2 ; plats 80-150 B ; ⏲déj et dîner ; ❄ ; BTS Chong Nonsi). Ce restaurant spacieux, de style cafétéria, propose des plats thaïlandais

Th Sukhumvit

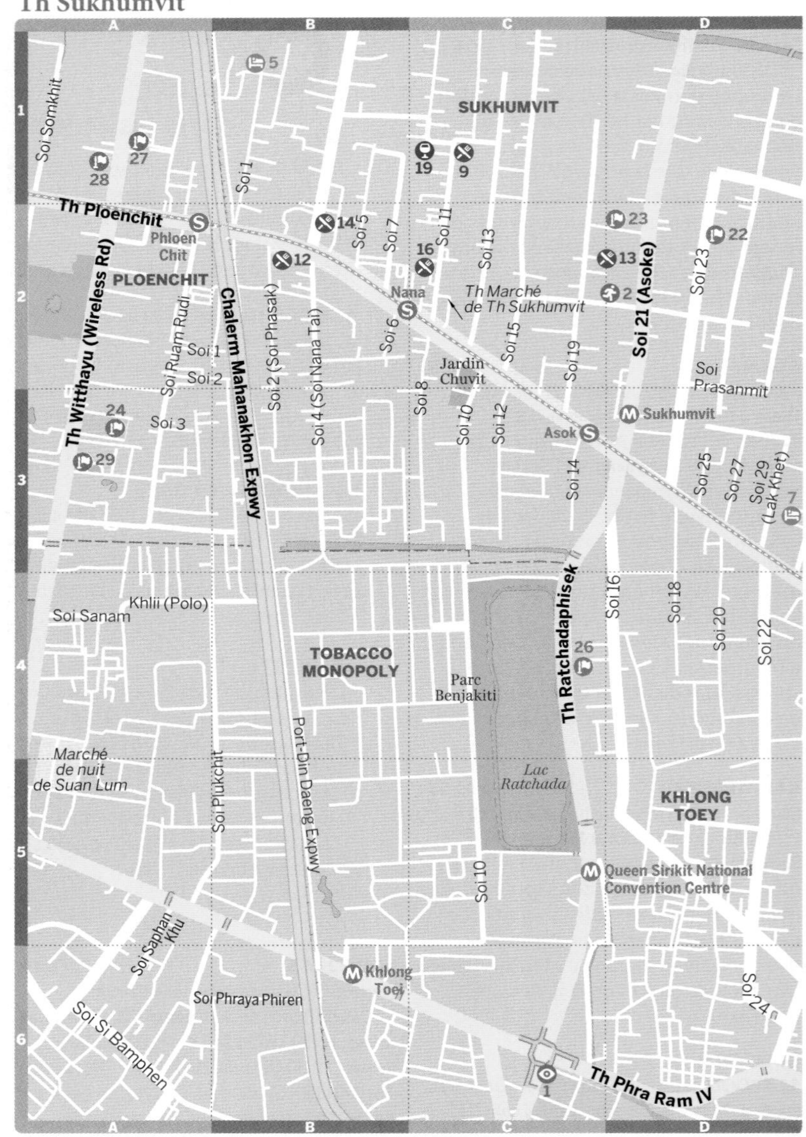

du sud et, plus rares, du centre. Ne manquez pas le *yam sôm oh* (salade de pamplemousse épicée et aigre-douce), et le pimenté *prík kĭng ɓlah dòok foo* (poisson-chat croustillant frit dans une pâte de curry).

SOMTAM CONVENT Thaïlandais$

(carte p. 76 ; 2/4-5 Th Convent ; plats 20-120 B ; 🕒10h30-21h ; BTS Sala Daeng, MRT Si Lom). En général, la cuisine thaïlandaise du Nord est reléguée aux stands de rue peu ragoûtants, ne disposant pas de menu

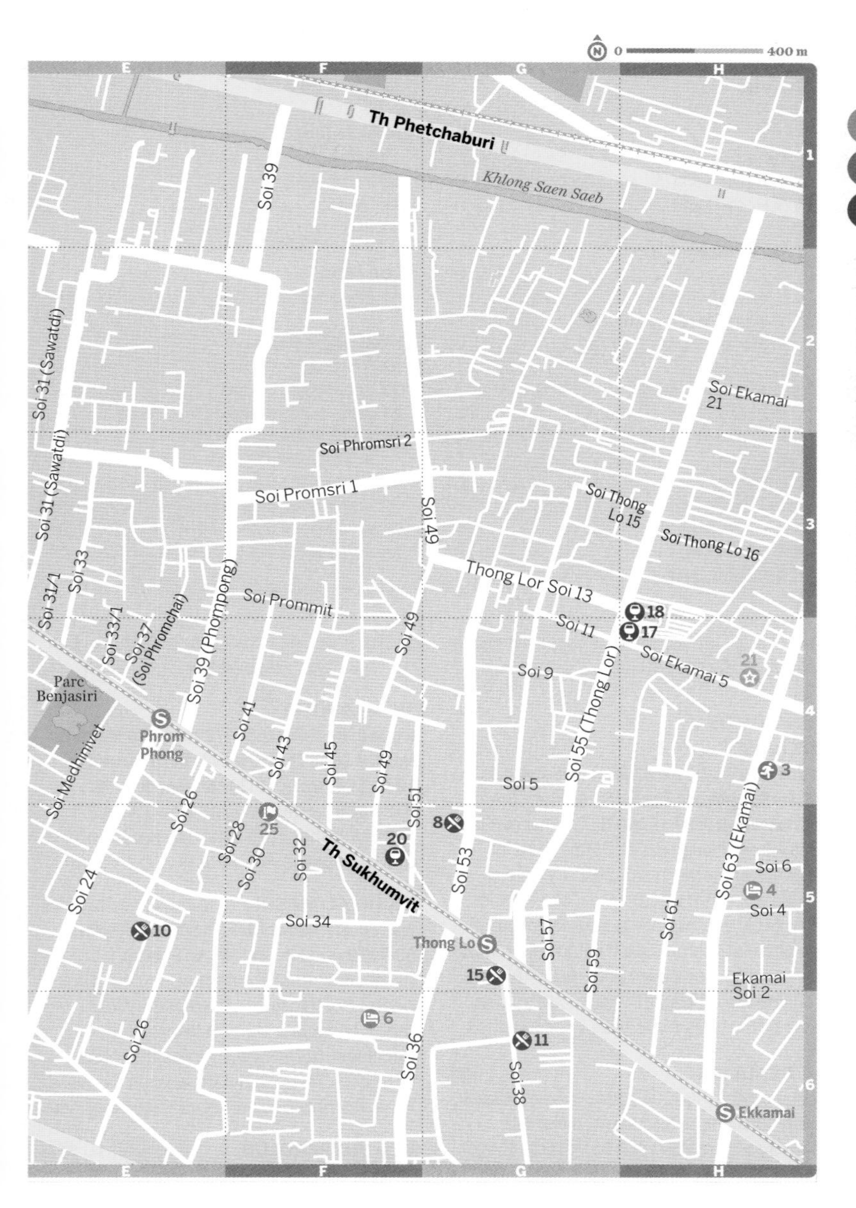

en anglais. Ce restaurant très fréquenté constitue une introduction moins intimidante aux merveilles de l'Isan (est de la Thaïlande) telles que *lâhp* ("salade" de viande émincée), et *sôm đam* (salade de papaye).

KRUA AROY AROY Thaïlandais $

(carte p. 76 ; Th Pan ; plats 30-70 B ; 8h-20h30, fermé 2e et 4e dim du mois ; BTS Surasak). L'endroit a beau être parfois bondé et la chaleur étouffante, il ne dément jamais son nom ("délicieuse, délicieuse

Th Sukhumvit

À voir
1 Marché de Khlong Toey ... C6

Activités
2 Health Land ... D2
3 Health Land ... H4

Où se loger
4 72 Ekamai ... H5
5 AriyasomVilla ... B1
6 Napa Place ... F6
7 Seven ... D3

Où se restaurer
8 Bacco: Osteria da Sergio ... G5
9 Bed Supperclub ... C1
10 Bo.lan ... E5
11 Face ... G6
12 JW Marriott ... B2
13 Le Beaulieu ... D2
14 Nasir Al-Masri ... B2
15 Marché de nuit de soi 38 ... G5
16 Tapas Café ... C2

Où prendre un verre
17 Fat Gut'z ... H4
18 Iron Fairies ... H3
19 Nest ... C1
20 WTF ... F5

Où sortir
21 Ekamai Soi 5 ... H4

Renseignements
22 Ambassade d'Inde ... D2
23 Ambassade d'Israël ... D2
24 Ambassade de Nouvelle-Zélande ... A3
25 Ambassade des Philippines ... F5
Ambassade d'Afrique du Sud ... (voir 24)
26 Ambassade d'Espagne ... C4
27 Ambassade de Suisse ... A1
28 Ambassade du Royaume-Uni ... A1
29 Ambassade des États-Unis ... A3

cuisine"). Currys parmi les plus riches de Bangkok et plats du jour.

Sukhumvit

BO.LAN Thaïlandais **$$$**
(carte p. 80 ; 0 2260 2962 ; www.bolan.co.th ; 42 Soi Rongnarong Phichai Songkhram, Soi 26, Th Sukhumvit ; menu 1 500 B ; dîner mar-dim ; BTS Phrom Phong). Bo et Dylan ("Bo.lan" signifie également "ancien"), anciens chefs au nahm de Londres, ont donné à Bangkok une bonne raison de revoir sa position sur la cuisine thaïlandaise haut de gamme. Leur approche érudite de la cuisine aboutit à des menus de saison combinant des plats tout à fait inédits.

LE BEAULIEU Français **$$$**
(carte p. 80 ; 0 2204 2004 ; www.le-beaulieu.com ; 50 Soi 19, Th Sukhumvit ; menu déj/dîner à partir de 525/1 950 B ; 11h30-15h et 18h30-23h ; ; BTS Asok, MRT Sukhumvit). Ce petit restaurant d'hôtel est considéré par de nombreux habitants comme le meilleur restaurant français de Bangkok. Le menu va du classique (steak tartare, bouillabaisse) au moderne (œufs brouillés minute et oursin). Les plats sont préparés avec des ingrédients importés et des produits issus des "projets royaux" de Thaïlande. Réservation conseillée.

JW MARRIOTT Brunch **$$$**
(carte p. 80 ; 0 2656 7700 ; rdc, JW Marriott Hotel, 4 Soi 2, Th Sukhumvit ; buffet sam/dim 1 285/1 885 B ; 11h30-15h sam-dim ; ; BTS Nana). Le buffet primé du JW Marriott, à l'abondance tout américaine, propose des formules avec bière ou vin à volonté

NASIR AL-MASRI Moyen-oriental **$$$**
(carte p. 80 ; 4/6 Soi 3/1, Th Sukhumvit ; plats 80-350 B ; 24h/24 ; ; BTS Nana). L'un des nombreux restaurants moyen-orientaux de Soi 3/1, Nasir al-Masri est facile à reconnaître grâce à son impressionnant habillage métallique. En plus des plats habituels à base de viande, vous trouverez ici de nombreuses entrées végétariennes.

BED SUPPERCLUB International **$$$**
(carte p. 80 ; 0 2651 3537 ; www.bedsupperclub.com ; 26 Soi 11, Th Sukhumvit ; plats 450-990 B, menus 790-1 850 B ; 7h30-22h mar-jeu, dîner 21h ven-sam ; ; BTS Nana). Dans ce cadre futuriste et raffiné, les lits remplacent les tables, et les spectacles contemporains, la musique d'ambiance. Le menu, qui propose une

"cuisine éclectique moderne", change régulièrement pour briser la monotonie. Le dîner est à la carte sauf les vendredi et samedi où un menu surprise de 4 plats est servi à 21h pile.

BACCO : OSTERIA DA SERGIO Italien **$$$**
(carte p. 80 ; www.bacco-bkk.com ; 35/1 Soi 53, Th Sukhumvit ; antipasti 100-1 200 B, plats 250-850 B ; déj et dîner ; ; BTS Thong Lo). Derrière un intérieur un peu ringard se cache l'un des meilleurs italiens de Bangkok. Cette *osteria* offre une pléthore d'antipasti et de pains, tous excellents.

TAPAS CAFÉ Espagnol **$$**
(carte p. 80 ; 1/25 Soi 11, Th Sukhumvit ; plats 75-750 B ; 11h-24h ; ; BTS Nana). Si d'alléchantes tapas et de la sangria fraîche ne vous tentent pas suffisamment, sachez qu'avant 19h, si vous commandez deux plats ou deux boissons, vous en avez un ou une gratuit(e).

FACE International **$$$**
(carte p. 80 ; 0 2713 6048 ; 29 Soi 38, Th Sukhumvit ; plats 310-670 B ; déj et dîner ; ; BTS Thong Lo). Cet élégant complexe gastronomique combine trois très bons restaurants : Lan Na Thai propose l'une des meilleures cuisines thaïlandaises des environs, Misaki sert des spécialités japonaises et Hazara, de la cuisine du nord de l'Inde.

MARCHÉ DE NUIT DE SOI 38 Sino-thaïlandais **$**
(carte p. 80 ; Soi 38, Th Sukhumvit ; plats 30-60 B ; 20h-3h ; BTS Thong Lo). Après une longue nuit en discothèque, ce regroupement d'étals de cuisine sino-thaïlandaise fera l'effet d'une oasis dans le désert. Les meilleurs sont situés dans une allée sur la droite à l'entrée de la rue.

MARCHÉ DE KHLONG TOEY Marché
(carte p. 80 ; angle Th Ratchadaphisek et Th Phra Ram IV ; 5h-10h ; métro Khlong Toei). L'un des plus grands fournisseurs de produits frais des restaurants et étals de rue de la ville.

Lumphini

NAHM Thaïlandais **$$$**
(carte p. 84 ; 0 2625 3333 ; Metropolitan Hotel, 27 Th Sathon Tai ; menu 1 500 B ; dîner ; ; MRT Lumphini). Le chef australien David Thompson est aux commandes de ce grand restaurant, sans doute la meilleure table thaïe de Bangkok.

Satay au poulet

RICHARD I'ANSON/LONELY PLANET IMAGES ©

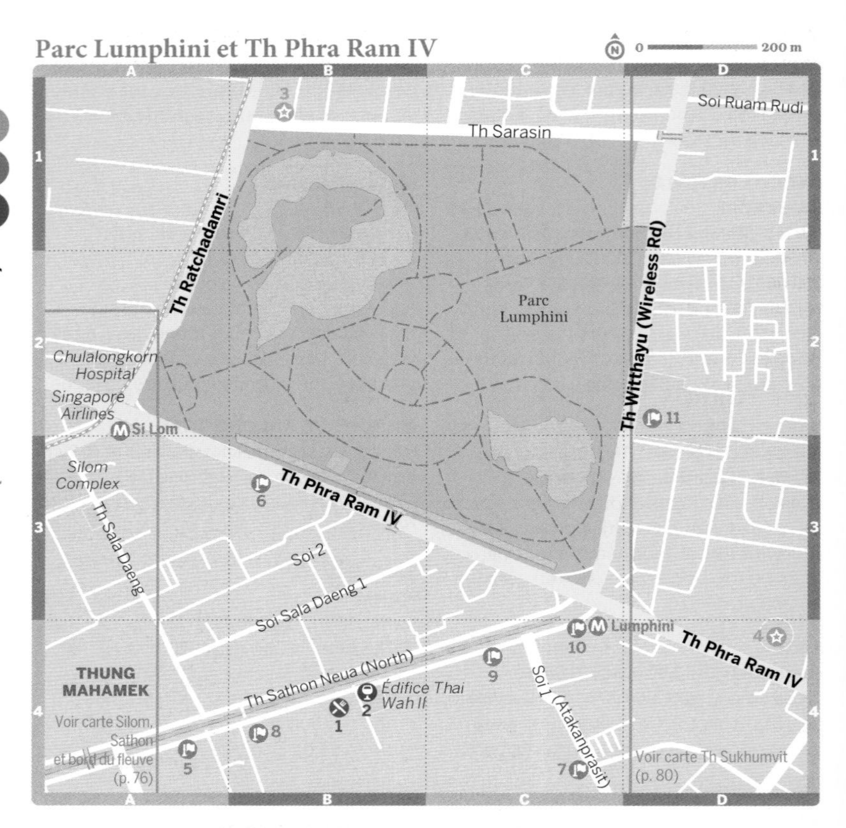

Parc Lumphini et Th Phra Ram IV

Où se restaurer
1 nahm ... B4

Où prendre un verre
2 Moon Bar at Vertigo ... B4

Où sortir
3 Brown Sugar ... B1
4 Stade Lumphini ... D4

Renseignements
5 Ambassade d'Australie ... A4
6 Ambassade du Canada ... B3
7 Ambassade du Danemark ... C4
8 Consulat français ... B4
9 Ambassade d'Allemagne ... C4
10 Ambassade d'Irlande ... C4
11 Ambassade du Japon ... D2

Où prendre un verre

Autrefois ville culte pour sa vie nocturne débridée, Bangkok tend plutôt vers la sobriété depuis quelques années, avec des lois strictes limitant la vente d'alcool et des horaires de fermeture de plus en plus précoces.

AMOROSA Bar

(carte p. 66 ; www.arunresidence.com ; toit-terrasse, Arun Residence, 36-38 Soi Pratu Nok Yung ; 18h-23h ; bus 123, 508, ferry Tha Tien). C'est peut-être le seul bar du coin, mais quel bar ! Perché sur un toit, Amorosa offre une superbe vue sur le Wat Arun. C'est également l'un des meilleurs endroits de Bangkok pour admirer le coucher du soleil sur le fleuve.

CENTER KHAO SAN Bar

(carte p. 66 ; Th Khao San ; 24h/24 ; ferry Tha Phra Athit). Un des nombreux points d'observation de la foule sur Th Khao San. Concerts à l'étage, tard dans la soirée.

WTF Bar

(carte p. 80 ; www.wtfbangkok.com ; 7 Soi 51, Th Sukhumvit ; 18h-1h mar-dim ; BTS Thong Lo ;). Le Wonderful Thai Friendship combine un bar cosy et une galerie d'art. Ajoutez à cela de mémorables cocktails et de délicieux en-cas aux accents espagnols : vous ne pourrez plus partir.

IRON FAIRIES Bar

(carte p. 80 ; www.theironfairies.com ; Soi 55/ Thong Lor, Th Sukhumvit ; 17h-24h lun-sam ; BTS Thong Lo ;). Essayez d'imaginer une salle dans le Paris des années 1900 et vous aurez une idée du décor intimiste de ce pub et bar à vin très fréquenté.

Où sortir

SAXOPHONE PUB & RESTAURANT Musique live

(www.saxophonepub.com ; 3/8 Th Phayathai ; 18h-2h ; BTS Victory Monument ;). Le centre de la scène musicale de Bangkok. Même si c'est un peu bruyant, la qualité et la diversité de la musique en font un lieu parfait pour une virée entre copains.

BROWN SUGAR Bar

(carte p. 84 ; 231/20 Th Sarasin ; 18h-24h ; BTS Ratchadamri ;). Placez-vous dans un coin de ce pub labyrinthique, et sympathisez avec Zao-za-dung, le groupe de la maison.

FAT GUT'Z Musique live

(carte p. 80 ; www.fatgutz.com ; 264 Soi 12, Soi 55/Thong Lor, Th Sukhumvit ; 18h-2h ; BTS Thong Lo ;). Ce minuscule "saloon" combine musique live et fish and chips. Concert de blues le soir de 21h à minuit.

EKAMAI SOI 5 Club

(carte p. 80 ; angle Soi Ekamai 5 et Soi 63/ Ekamai, Th Sukhumvit ; accès en taxi de la station BTS Ekkamai). Ce lieu de divertissement en plein air est la nouvelle destination de choix des jeunes branchés de Bangkok.

SPECTACLES TRADITIONNELS

THÉÂTRE ROYAL DE CHALERMKRUNG Spectacle traditionnel

(Sala Chalerm Krung ; carte p. 70 ; 0 2222 0434 ; www.salachalermkrung.com ; angle Th Charoen Krung et Th Triphet ; 800-1 200 B ; 19h30 ; ferry Tha Saphan Phut). Ce théâtre offre un cadre magnifique aux représentations de *kŏhn* (théâtre dansé et masqué évoquant l'épopée du *Ramakian*, la version thaïlandaise du *Ramayana*), qui ont lieu les jeudi et vendredi et durent environ 2 heures sans compter l'entracte. Une tenue correcte est exigée (ni short, ni débardeur, ni sandales).

AKSRA THEATRE Théâtre de marionnettes

(0 2677 8888, poste 5730 ; www.aksratheatre.com ; 3e ét., King Power Complex, 8/1 Th Rang Nam ; 400-600 B ; spectacle 19h30-20h30 lun-mer, dîner-spectacle 18h30-19h jeu-dim ; BTS Victory Monument). Divers spectacles sont donnés dans ce théâtre moderne, mais les représentations les plus intéressantes sont celles du *Ramakian*, avec de grandes marionnettes que trois marionnettistes actionnent pour leur faire prendre des poses troublantes d'humanité.

THÉÂTRE NATIONAL Spectacle traditionnel

(carte p. 66 ; 0 2224 1352 ; 2 Th Rachini ; 60-100 B ; ferry Tha Chang). Représentations de *kŏhn* les 1er et 2e dimanches du mois, de *lá·kon*, théâtre dansé, le 1er vendredi du mois et spectacles musicaux thaïlandais le 3e vendredi du mois.

BOXE THAÏLANDAISE

Vous pourrez voir le meilleur de la boxe thaïlandaise combattre aux **stades Lumphini** **(Sanam Muay Lumphini ; carte p. 84 ; 0 2251 4303 ; Th Phra Ram IV ; 3e/2e classe/devant le ring 1 000/1 500/2 000 B ; MRT Lumphini)** et **Ratchadamnoen** **(Sanam Muay Ratchadamnoen ; carte p. 66 ; 0 2281 4205 ; Th Ratchadamnoen Nok ; 3e/2e classe/devant le ring 1 000/1 500/2 000 B ; bus 70, 503, 509, klorng-taxi Than Phan Fah).** Les combats

La chasse aux fausses pierres précieuses

On ne saurait trop insister : si vous n'êtes pas spécialiste, n'achetez pas de pierres non serties en Thaïlande. D'innombrables touristes ont été victimes d'une arnaque bien rodée lors de laquelle un sympathique inconnu vous entraîne dans une boutique et vous incite à acheter des pierres précieuses en gros, en vous promettant que vous pourrez les revendre le double dans votre pays. Le véritable commerce de pierres précieuses ne fonctionne pas de la sorte et les touristes qui acceptent de jouer le jeu se retrouvent bien souvent avec des éclats de verre sans valeur.

ont lieu toute la semaine, en alternance entre les deux stades : à Ratchadamnoen le lundi, mercredi, jeudi et dimanche à 18h30, et à Lumphini le mardi et vendredi à 18h30, et le samedi à 17h et 20h30.

Achats

La ville compte un des plus grands marchés à ciel ouvert du monde, d'immenses centres commerciaux de luxe et des bazars sur quasi tous ses trottoirs.

GRANDS MAGASINS ET CENTRES COMMERCIAUX

MBK CENTER Centre commercial
(Mahboonkhrong ; carte p. 72 ; www.mbk-center.co.th/en ; angle Th Phra Ram I et Th Phayathai ; BTS National Stadium et Siam). Ce centre commercial colossal est une attraction touristique à part entière. Vous y trouverez au meilleur prix téléphones portables et leurs accessoires (4e étage) et articles de marque bradés.

SIAM CENTER ET SIAM DISCOVERY CENTER Centre commercial
(carte p. 72 ; angle Th Phra Ram I et Th Phayathai ; BTS National Stadium ou Siam). Ces deux centres commerciaux jumeaux sont presque austères si on les compare au frénétique MBK, de l'autre côté de la rue. Siam Discovery Center est spécialisé dans la décoration d'intérieur (le 3e niveau est consacré au minimalisme asiatique et aux tissus chatoyants). On aime le style naturel et d'inspiration thaïlandaise de **Doi Tung**. Siam Center, premier centre commercial construit en Thaïlande (en 1976), a été relooké pour attirer les jeunes *fashionistas*.

SIAM PARAGON Centre commercial
(carte p. 72 ; Th Phra Ram I ; BTS Siam). Le plus grand des centres commerciaux de la ville, le Siam Paragon, a plutôt des allures de parc urbain. Partout, on trouve les grands noms du luxe. Les consommateurs se concentrent dans l'atrium miroitant de la piscine ou s'affairent au premier sous-sol consacré à l'alimentation. **Kinokuniya**, le plus grand magasin de livres anglophones de Thaïlande, occupe le 3e étage.

MODE ET TEXTILES

IT'S HAPPENED TO BE A CLOSET Mode femme
(carte p. 72 ; 1er ét., Siam Paragon, Th Phra Ram I ; BTS Siam). Une mine de fringues conçues et fabriquées sur place – un mélange entre Th Khao San et Siam Paragon.

FLYNOW Mode femme
(carte p. 72 ; www.flynowbangkok.com ; 2e ét., Gaysorn Plaza, angle Th Ploenchit et Th Ratchadamri ; BTS Chit Lom). L'une des premières marques à promouvoir la haute couture thaïlandaise. Créations remarquées à plusieurs occasions sur la scène internationale.

JIM THOMPSON Soie
(carte p. 76 ; www.jimpthompson.com ; 9 Th Surawong ; 9h-21h ; BTS Sala Daeng, MRT Si Lom). Cette boutique, la plus grande de la marque fondée par Jim Thompson (qui exporta la soie thaïlandaise à l'étranger), vend des mouchoirs, sets de table, châles et coussins en soie colorée. Juste

JEAN-PIERRE LESCOURRET/LONELY PLANET IMAGES ©

À ne pas manquer **La maison de Jim Thompson**

Cette **résidence** arborée fut habitée par l'exportateur de soie et collectionneur d'art américain du même nom. Né dans le Delaware en 1906, Thompson fut brièvement agent de l'OSS (ancienne CIA) en Thaïlande, pendant la Seconde Guerre mondiale. Démobilisé, il s'installa à Bangkok, où il se passionna pour les soies thaïlandaises, dont il envoyait des échantillons aux grands couturiers de Milan, de Londres et de Paris, parvenant peu à peu à fidéliser une clientèle mondiale.

Collectionneur d'objets d'art asiatiques, Thompson recueillit en outre des pans de maisons en ruine du centre de la Thaïlande pour les réassembler sur le site actuel, en 1959. Sa collection d'objets d'art asiatique, modeste mais d'un goût exquis, ainsi que ses objets personnels, sont exposés dans le bâtiment principal.

INFOS PRATIQUES

carte p. 72 ; www.jimthompsonhouse.com ; 6 Soi Kasem San 2 ; adulte/enfant 100/50 B ; 9h-17h, visites guidées obligatoires en français et en anglais toutes les 20 min ; BTS National Stadium, klorng taxi (bateau-taxi) Tha Hua Chang

au-dessus, un **magasin d'usine** (carte p. 76 ; 149/4-6 Th Surawong ; 9h-18h) vend des fins de série à des tarifs très intéressants.

MARCHÉS

MARCHÉ DU WEEK-END DE CHATUCHAK Marché

(Talat Nat Jatujak ; 9h-18h sam-dim ; BTS Mo Chit, MRT Chatuchak Park et Kamphaeng Phet). C'est l'un des plus grands marchés du monde. On y trouve tout ce qui s'achète, baskets vintage, etc. Prévoyez une journée entière, il y a beaucoup de choses à voir. Mais arrivez tôt, entre 9 et 10h, pour éviter la foule et la chaleur.

Une fois dans les entrailles de Chatuchack, vous aurez le sentiment d'être dans un labyrinthe sans issue,

La vie est un… long canal tranquille

Pour apprécier au mieux les canaux de la ville, des *long-tail boats* vous attendent à Tha Chang, Tha Tian, Tha Oriental et Tha Phra Athit.

Les excursions parcourent les canaux de Thonburi **Khlong Bangkok Noi** et, plus au sud, **khlong Bangkok Yai**, et s'arrêtent au musée national des Barges royales, au Wat Arun et à un temple au bord de l'eau (notamment pour nourrir les poissons). De plus longues promenades vont jusqu'au **khlong Mon**, entre Bangkok Noi et Bangkok Yai, qui offre des scènes plus pittoresques, dont des fermes aux orchidées. Le week-end, vous pouvez visiter le **marché flottant de Taling Chan**.

mais en réalité, le marché est organisé en sections relativement cohérentes.

TALAT ROT FAI Marché

(Th Kamphaeng Phet ; 18h-24h sam-dim ; MRT Kamphaeng Phet). Situé dans une vaste gare de triage abandonnée, ce marché est consacré à tout ce qui est rétro, des anciens plats en émail aux Vespa d'occasion. Avec ses vendeurs d'en-cas ambulants, ses bars installés dans des camionnettes VW et même quelques pubs, c'est une expérience unique en soi.

MARCHÉ DE NUIT DE PATPONG Marché

(carte p. 76 ; Patpong Soi 1 et 2, Th Silom ; 19h-1h ; BTS Sala Daeng, MRT Si Lom). Ce marché et ses montagnes de produits bon marché et de contrefaçon, notamment les montres et les vêtements, attirent plus de monde que les démonstrations de ping-pong. N'hésitez pas à marchander, car les prix affichés sont astronomiques.

MARCHÉ DE PAK KHLONG Marché

(carte p. 70 ; Th Chakkaphet et Th Atsadang ; 24h/24 ; ferry Tha Saphan Phut). Toutes les nuits, ce marché proche du Chao Phraya devient le plus grand marché de fleurs en gros. Pendant la journée, Pak Khlong est un marché de gros pour fruits et légumes.

Comment s'y rendre et circuler

Avion

Bangkok a deux aéroports :

L'**aéroport international de Suvarnabhumi** (**0 2132 1888 ; www.bangkokairportonline.com**), est situé à 30 km à l'est de Bangkok. Il assure des vols internationaux et domestiques depuis 2006. Son nom se prononce "*soo-wan-na-poom*". Il a hérité du code BKK, utilisé auparavant par l'ancien aéroport de Don Muang.

L'ancien aéroport international et domestique de Bangkok, l'**aéroport de Don Muang** (**0 2535 1111 ; www.donmuangairportonline.com**), situé à 25 km au nord du centre de Bangkok, a repris des vols intérieurs en mars 2007, afin de désengorger Suvarnabhumi.

Bateau

Jadis principal moyen de transport de la ville, les bateaux publics continuent de circuler sur l'imposant Mae Nam Chao Phraya et sur quelques *klorng* (canaux) intérieurs.

SUR LES CANAUX

Actuellement, des bateaux-taxis parcourent le canal le long de Khlong Saen Saeb (de Banglamphu à Ramkhamhaeng). C'est un bon moyen pour se rendre de Banglamphu à la maison de Jim Thompson, aux centres commerciaux de Siam Square (descendre à Tha Hua Chang pour ces deux destinations) et à d'autres sites plus à l'est le long de Sukhumvit (avec correspondance obligatoire à Tha Pratunam). Ces bateaux sont principalement fréquentés par des usagers locaux et ne s'arrêtent que quelques secondes. Tenez-vous prêt à sauter pour ne pas rester à quai. Les tickets coûtent de 9 à 21 B et les bateaux circulent de 6h à 19h environ.

ITINÉRAIRES FLUVIAUX

Chao Phraya Express (**0 2623 6001 ; www.chaophrayaboat.co.th**), l'un des moyens de transport les plus spectaculaires (et pratiques) de la capitale, navigue sur le Mae Nam Chao Phraya et dessert le sud et le nord de Bangkok.

Les tickets coûtent de 13 à 32 B et s'achètent en général à bord, mais les plus grandes stations ont des guichets. Conservez bien votre billet tout au long du trajet.

La compagnie a des bateaux express (drapeau orange, jaune ou jaune et vert), locaux (sans drapeau) et des bateaux de tourisme (plus gros). Aux heures de pointe, faites bien attention à la couleur du drapeau pour éviter de vous retrouver dans un autre secteur.

BTS (Skytrain)

Le BTS ou Skytrain est le moyen le plus confortable de vous rendre dans le "nouveau" Bangkok (Silom, Sukhumvit et Siam Square). Ce MRT (Mass Rapid Transit) aérien permet d'échapper aux embouteillages cauchemardesques.

Les rames circulent fréquemment sur les deux lignes, de 6h à minuit. Le trajet coûte de 15 à 40 B, selon la destination. La plupart des distributeurs de billets dans chaque station acceptent uniquement les pièces de 5 et 10 B, mais les guichets d'information peuvent faire la monnaie.

Bus

Comptez une heure pour les atteindre depuis n'importe quel endroit de Bangkok.

Terminal Est **(Ekamai ; carte p. 80 ; ☎ 0 2391 2504 ; Soi Ekamai/40, Th Sukhumvit ; BTS Ekkamai).** Point de départ des bus pour Pattaya, Rayong, Chanthaburi et d'autres destinations à l'est.

Terminal Nord et Nord-Est **(Mo Chit ; ☎ bus vers le nord 0 2936 2841, poste 311/442, bus vers le nord-est 0 2936 2852, ext 611/448 ; Th Kamphaeng Phet).** Située au nord du parc Chatuchak, cette gare routière animée est aussi appelée *kŏn sòng mŏr chít* (gare de Mo Chit), à ne pas confondre avec la station BTS Mo Chit. Les bus desservent les villes du Nord et du Nord-Est. Pour rejoindre le terminal, prenez le BTS jusqu'à Mo Chit ou le MRT jusqu'à Chatuchak Park, puis un bus n°3, 77 ou 509, ou bien empruntez un moto-taxi.

Terminal Sud **(Sai Tai Mai ; ☎ 0 2435 1199 ; Th Bromaratchachonanee, Thonburi).** Le nouveau terminal est assez éloigné, à l'ouest du centre-ville. Souvent appelée *săi đâi mài,* c'est l'une des gares routières les plus agréables et ordonnées du pays. En plus des bus en partance vers le sud de Bangkok, c'est ici que s'effectuent les départs pour Kanchanaburi et l'ouest de la Thaïlande. Pour vous y rendre, le plus simple est de prendre le taxi. Sinon, prenez un bus n°79, 159, 201 ou 516 depuis Th Ratchadamnoen Klang ou le bus 40 depuis le monument de la Victoire.

Centre des transports publics de Suvarnabhumi **(☎ 0 2132 1888 ; aéroport de Suvarnabhumi).** Situé à 3km de l'aéroport international de Suvarnabhumi. Départs fréquents pour des villes de l'Est et du Nord-Est, dont Aranya Prathet (à la frontière cambodgienne), Chanthaburi, Ko Chang, Nong Khai (à la frontière laotienne), Pattaya, Rayong, Trat et Udon Thani. Une navette gratuite s'y rend depuis l'aéroport.

Métro (MRT)

Les Thaïlandais appellent le métro *rót fai fáh đâi din*. La ligne bleue (20 km), de la gare ferroviaire de Hua Lamphong à Bang Sue, compte 18 stations, dont 4 qui croisent l'Airport Link. Les tickets coûtent de 16 à 41 B (billets enfants et tarifs réduits à acheter au guichet). Un MRT toutes les 7 min de 6h à minuit, au moins toutes les 5 min aux heures de pointe (6h-9h et 16h30-19h30).

Minibus

Les minibus (minivans) privés, appelés *rót đôo,* sont une manière rapide et relativement confortable de se déplacer entre Bangkok et les provinces voisines. L'arrêt de minibus le plus important se situe au nord du monument de la Victoire.

Train

Gare de Hua Lamphong **(carte p. 70 ; ☎ 0 2220 4334, informations générales et réservations 1690 ; www.railway.co.th ; Th Phra Ram IV ; MRT Hua Lamphong).** La gare de Hua Lamphong est le terminus pour la plupart des trajets en provenance du Sud, du Nord, du Nord-Est et de l'Est.

Escapades hors de Bangkok

Inutile de s'éloigner beaucoup de la capitale pour avoir accès au meilleur de la Thaïlande.
Plages idylliques, temples anciens, cités historiques, balades dans la jungle : tout cela à portée de main en une journée d'excursion.

Au nord de Bangkok se trouve l'ancienne capitale royale d'Ayuthaya et ses temples en ruine. Au nord-ouest, Kanchanaburi fut le site où l'on construisit le "Chemin de fer de la mort". Tout près de la ville, montagnes déchiquetées et moult aventures de plein air vous attendent.

À l'est de Bangkok s'étend un long littoral ravissant avec, au large, un chapelet d'îles, notamment la minuscule Ko Samet ainsi que Ko Chang, couverte de jungle.

Dans le Nord-Est, l'Isan (*i·săhn*) donne à voir la Thaïlande d'antan : rizières et buffles d'eau. Le parc national de Khao Yai, facile d'accès, permet d'observer des éléphants et des singes. Les ruines de temples khmers construits par d'anciennes cités-États émaillent les rizières de la région.

Wat Phra Si Sanphet (p. 109), Ayuthaya

Wat Yai Chai Mongkhon (p. 105), Ayuthaya

Escapades hors de Bangkok

Escapades hors de Bangkok À ne pas manquer

1

Ayuthaya

Au nord de Bangkok, Ayuthaya (p. 104), ancienne capitale du royaume de Siam, abrite un ensemble de temples ravagés par le temps et la guerre, et classés au patrimoine mondial de l'Unesco. L'histoire de la ville permet de comprendre comment le Siam a évité la colonisation.

Ci-dessus Wat Chai Wattanaram (p. 107) **En haut à droite** Fresque murale, Wat Suwan Dararam (p. 105) **En bas à droite** Promenade à dos d'éléphant

Nos conseils

MEILLEURE PÉRIODE DE VISITE De novembre à février

L'ASTUCE Visitez le parc à dos d'éléphant, pour faire travailler les pachydermes de manière utile

Voir p. 104

Ayuthaya par Laithongrien (Om) Meepan

FONDATEUR ET DIRECTEUR
DU PALAIS DES ÉLÉPHANTS D'AYUTHAYA
ET DU VILLAGE DU KRAAL ROYAL DES ÉLÉPHANTS

1 CENTRE D'ÉTUDES HISTORIQUES D'AYUTHAYA

Ce musée bien géré (p. 105) retrace l'histoire d'Ayuthaya lorsqu'elle était la capitale du Siam. Ses expositions et maquettes, tout en sollicitant l'imagination, renseignent sur le rôle de la cité dans la mise en œuvre du commerce et dans le développement de l'empire. Un bon moyen de comprendre comment le Siam a su rester indépendant.

2 WAT SUWAN DARARAM

Dans l'angle sud-est de la vieille ville, ce beau et paisible temple (p. 105) présente un intérêt tout particulier en raison de ses superbes fresques murales historiques. L'*uposatha* (salle d'ordination) renferme des fresques dépeignant la vie du Bouddha. Le *wí hăhn* (salle de rassemblement) s'orne, quant à lui, de fresques murales retraçant la vie du roi Naresuan (un roi-guerrier d'Ayuthaya très révéré) ainsi qu'une célèbre bataille d'éléphants.

3 KRAAL DES ÉLÉPHANTS

Mon centre de protection des éléphants gère cet enclos à éléphants historique (p. 108), le seul existant encore en Thaïlande. C'est ici que les éléphants sauvages étaient rassemblés et entraînés à la guerre. Aujourd'hui, plus de 180 pachydermes vivent ici. Nous leur procurons un lieu sûr et travaillons à soutenir la culture des mahouts (cornacs). Privés de travail, les éléphants et leurs cornacs migrent souvent vers Bangkok et d'autres grandes villes.

4 PROMENADE À DOS D'ÉLÉPHANT DANS LA CITÉ HISTORIQUE

Des éléphants aux atours royaux promènent les touristes au milieu des temples. Ils partent d'une écurie située dans Th Pa Thon, dans la partie sud de la vieille ville. Nous avons mis ce programme sur pied pour sortir les éléphants et leurs cornacs de la rue et de la mendicité, et leur donner un travail sûr, légal et accessible. La cité est presque encore plus belle à dos d'éléphant. Dans le passé, on se déplaçait couramment de cette façon.

Parc national de Khao Yai

Khao Yai (p. 126), le plus ancien parc national de Thaïlande, est classé au patrimoine mondial de l'Unesco. Comme il est doté de bonnes infrastructures, il est facile de rejoindre ses différents secteurs qui permettent d'observer des animaux sauvages, notamment des gibbons et des éléphants. C'est une magnifique réserve sauvage proche de Bangkok.

Nos conseils

MEILLEURE PÉRIODE DE VISITE De novembre à mars **L'ASTUCE** Un bon guide saura où observer des animaux en fonction de leurs habitudes et des saisons **Voir p. 126**

2

Parc national de Khao Yai par Rittichai (Nine) Kengsungnoen

GUIDE À LA GREENLEAF GUESTHOUSE

1 OBSERVATION DES OISEAUX

On voit presque toujours des calaos, notamment dans les figuiers quand ils ont des fruits. Il n'y a rien de tel que d'entendre un grand calao passer à toute allure au-dessus de votre tête. Khao Yai abrite l'une des plus importantes populations de calaos du pays, avec en particulier le grand calao (*nók gòk* ou *nók gah·hang*), le calao couronné (*nók grahm cháhng* ; littéralement "oiseau à mâchoire d'éléphant"), le calao pie des Indes (*nók kàak*) et le calao brun (*nók ngêuak sěe nám đahn*). Le parc compte 315 espèces d'oiseaux.

2 OBSERVATION DES ANIMAUX

On voit également très souvent des serpents, des éléphants et des gibbons. Les animaux sont visibles en divers endroits du parc selon les saisons. Ainsi, près des cascades et des cours d'eau, il y a des serpents et de nombreux insectes. Dans les figuiers dont les branches sont garnies de fruits, on aperçoit facilement des gibbons. Quant aux éléphants, on les croise parfois le soir, marchant d'un pas lent sur la route.

3 RANDONNÉE

Engager un guide est une bonne idée car les sentiers de randonnée ne sont pas bien balisés et il arrive que des gens se perdent. Un guide connaît également les endroits où les animaux vont se nourrir. Je suis devenu guide après avoir perdu mon emploi suite à la crise financière asiatique de 1997. J'ai commencé comme chauffeur : j'emmenais les touristes en circuits d'observation de la vie sauvage. Ça m'a donné envie d'en apprendre davantage sur les animaux du parc. Au début, c'était un passe-temps, mais à présent, je travaille comme guide régulièrement et je ne m'ennuie jamais.

4 NAM TOK HAEW SUWAT

La plus célèbre chute d'eau du parc (p. 126) est très belle. En plus, sa piscine naturelle est parfaite pour piquer une tête.

Monuments khmers

Des versions plus petites d'Angkor Wat émaillent les paysages du Nord-Est rural. Des temples, notamment ceux de Phimai (p. 125) et de Phanom Rung (p. 128), reliaient la lointaine capitale de l'empire à ses avant-postes éloignés. Hormis cette architecture ornementée, la campagne environnante offre un aperçu fascinant de la Thaïlande rurale : rizières, femmes vêtues de sarongs et buffles d'eau immergés dans des étangs boueux.

Temple de Phanom Rung

3

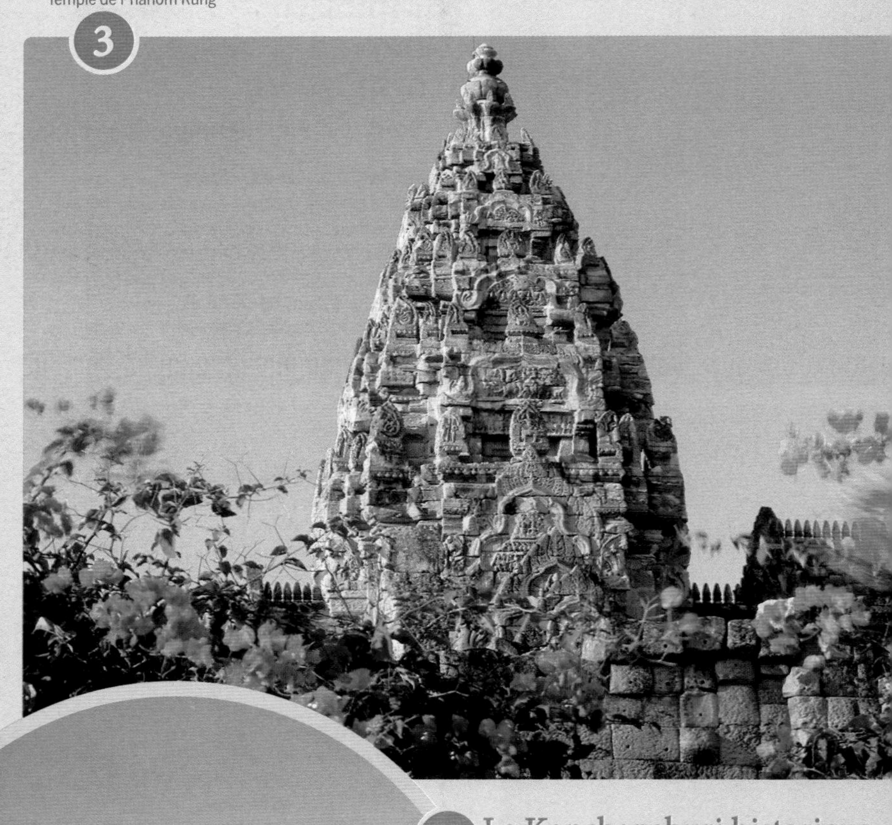

4

La Kanchanaburi historique

Les contreforts au nord-ouest de Bangkok ont été le théâtre d'événements tragiques lors de la Seconde Guerre mondiale. Kanchanaburi (p. 110) abritait un camp de travail tenu par l'armée japonaise. Les prisonniers y construisirent une voie ferrée à travers un terrain traître et avec des outils rudimentaires. Les dépouilles des soldats reposent dans deux cimetières alors que des musées sont consacrés à la conquête de la jungle en temps de guerre. Pont de la rivière Kwaï (p. 111)

FRANK CARTER/LONELY PLANET IMAGES ©

Un week-end sur Ko Samet

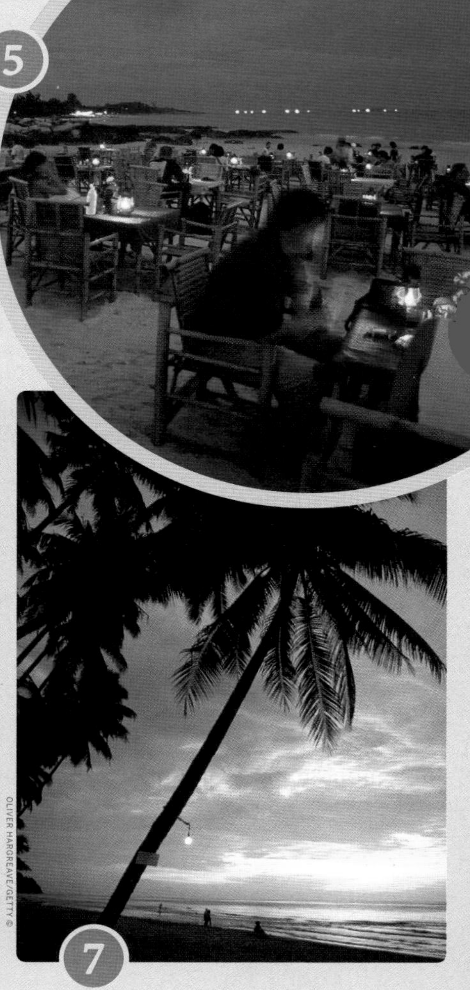

5

À quelques heures à l'ouest de Bangkok, Ko Samet (p. 116) permet d'échapper à l'agitation urbaine, sans le moindre túk-túk ou gratte-ciel en vue. Au programme : baignade dans des eaux délicieusement chaudes, balade sur les sentiers qui parcourent les promontoires rocheux et rejoignent des criques, dîner à la belle étoile dans un restaurant au bord de la plage, et cocktails choisis pour vous accompagner jusque tard dans la nuit.

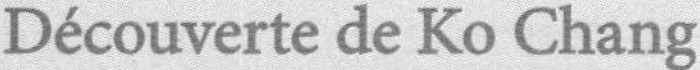

OLIVER HARGREAVE/GETTY ©

6

Découverte de Ko Chang

Située au sud-est de Bangkok, Ko Chang (p. 119) est l'île touristique la plus sauvage du pays. La jungle épaisse qui part à l'assaut de pics vertigineux côtoie le confort moderne de complexes touristiques très bien intégrés. On peut donc prendre le soleil avec les touristes en circuit organisé sur Hat Sai Khao, faire la fête avec les routards sur Lonely Beach, randonner dans la jungle, ou plonger dans les jardins de corail tout en explorant les monts sous-marins.

7

Détente sur Ko Kut

Un peu plus au sud encore, Ko Kut (p. 124) est moins sauvage que sa cousine Ko Chang. Si l'île ne brille pas par sa gamme d'activités de loisirs, la détente et le repos sont pris ici très au sérieux. Il n'y a, en effet, pas grand-chose à faire ici excepté se baigner dans les eaux cristallines, se dorer au soleil et lire un bon livre. De fait, le farniente à l'état pur semble bien être le passe-temps favori sur cette île.

Escapades hors de Bangkok : le best of

Plages

- **Hat Sai Khao** (p. 119). La plus grande plage de Ko Chang est parfaite pour vous faire dorer au soleil et prendre un verre dans un bar.

- **Ao Phutsa** (p. 116). La baie de Ko Samet offre un paysage tropical qui a l'avantage d'être très tranquille.

- **Hat Khlong Chao** (p. 124). Une plage de carte postale sur Ko Kut, baignée d'eaux limpides.

- **Hat Kaibae** (p. 119). Une plage idéale pour les enfants : des vagues pas trop puissantes, du sable pour faire des châteaux et des villas familiales.

Musées

- **Centre du chemin de fer Thaïlande-Birmanie** (p. 112). Renseigne sur le rôle, certes mineur mais intéressant, qu'a joué Kanchanaburi pendant la Seconde Guerre mondiale.

- **Centre d'études historiques d'Ayuthaya** (p. 105). Pour imaginer la cité à l'époque où des vaisseaux étrangers y faisaient escale et où les temples étaient couverts d'or.

- **Musée national de Phimai** (p. 125). Art de l'ancienne époque khmère.

Temples anciens

- **Wat Phra Si Sanphet** (p. 109). Exemple de choix de l'âge d'or architectural d'Ayuthaya.

- **Parc historique de Phimai** (p. 125). Temple de l'époque khmère avec accès facile à Bangkok.

- **Parc historique du Phanom Rung** (p. 128). Sublime temple de l'époque khmère, plus éloigné des circuits touristiques mais plus proche de la perfection.

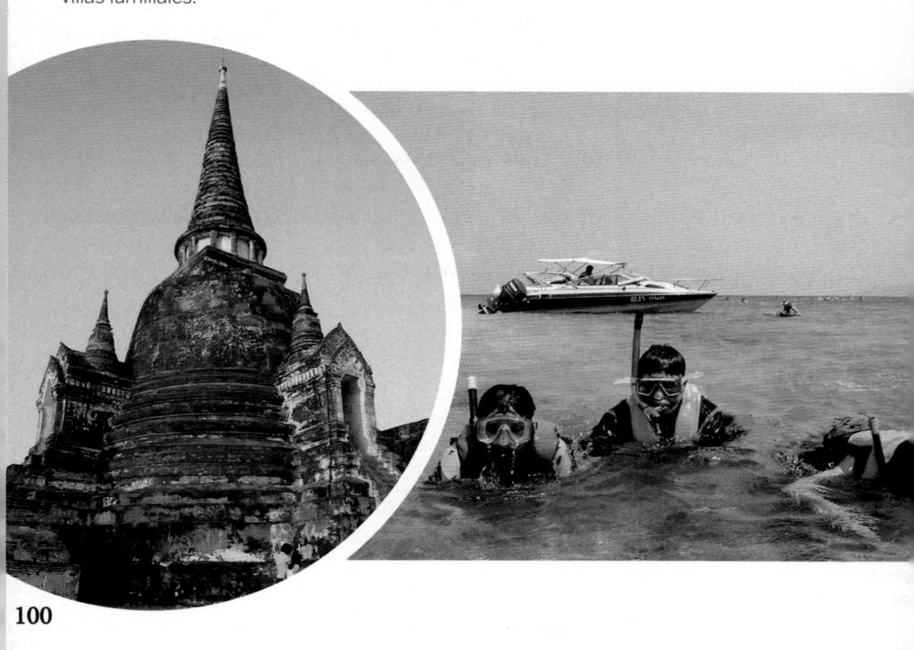

Activités de plein air

- **Ko Chang** (p. 121). Plongez en profondeur, pagayez en surface ou randonnez dans la jungle.
- **Parc national de Khao Yai** (p. 126). Pour apercevoir des oiseaux, des papillons et des chauves-souris en randonnant dans le tout premier parc national du pays.
- **Kanchanaburi** (p. 112). De belles cascades, du rafting et des balades à dos d'éléphant vous attendent dans les contreforts du Nord-Ouest.

auche Wat Phra Si Sanphet (p. 109), Ayuthaya
dessus Sortie de snorkeling, Ko Chang (p. 119)

Ce qu'il faut savoir

À PRÉVOIR

- **Un mois avant** Regardez le film ou lisez le livre *Le Pont de la rivière Kwaï*.
- **Une semaine avant** En haute saison (de décembre à mars), réservez votre hébergement dans les îles.
- **La veille** Achetez vos billets de train ou de bus.

ADRESSES UTILES

- **Tourist Authority of Thailand – Ayuthaya** (TAT ; ☎0 3524 6076 ; 108/22 Th Si Sanphet ; ⏰8h30-16h30)
- **Tourist Authority of Thailand – Kanchanaburi** (☎0 3451 2500 ; Th Saengchuto ; ⏰8h30-16h30)
- **Tourist Authority of Thailand – Nakhon Ratchasima/Khorat** (☎0 4421 3666 ; Th Mittaphap ; ⏰8h30-16h30)

COMMENT CIRCULER

- **Bateau** Voyager entre les îles et la terre ferme.
- **Bus et minibus** Le meilleur moyen de transport depuis/vers Bangkok.
- **Vélo et moto** Parfait pour être autonome en ville.
- **Sŏrng·tăa·ou** Pratiques, les taxis partagés en ville.
- **Train** Pour quitter la circulation dense de Bangkok pour rejoindre Ayuthaya ; pour rallier aussi Ayuthaya à Khao Yai.
- **Săhm·lór et túk-túk** Véhicules empruntés pour des visites guidées en ville ; négociez le tarif avant.

MISES EN GARDE

- **Évitez** le tourisme à la saison chaude (de février à juin) ; tout ferme sur Ko Kut, et le rythme ralentit sur Ko Chang à la saison des pluies (de juin à octobre).
- **Vêtements** Couvrez-vous jusqu'aux coudes et aux chevilles pour visiter les temples d'Ayuthaya et, si vous prenez des photos, ne posez pas devant le Bouddha.
- **Sûreté à moto** Portez un casque et des vêtements protecteurs, surtout sur Ko Chang et Ko Samet.
- **Cascades** Les niveaux d'eau des cascades sont au plus haut de juin à décembre.
- **Week-ends et vacances** Prix élevés et places limitées sur Ko Chang et Ko Samet.

Suggestions d'itinéraires

Tout en restant près de Bangkok, il est possible de visiter des sites historiques, de randonner dans la jungle et d'admirer des vestiges, le tout en moins d'une semaine. Il est très plaisant de profiter du rythme plus tranquille des villes provinciales, à découvrir à vélo.

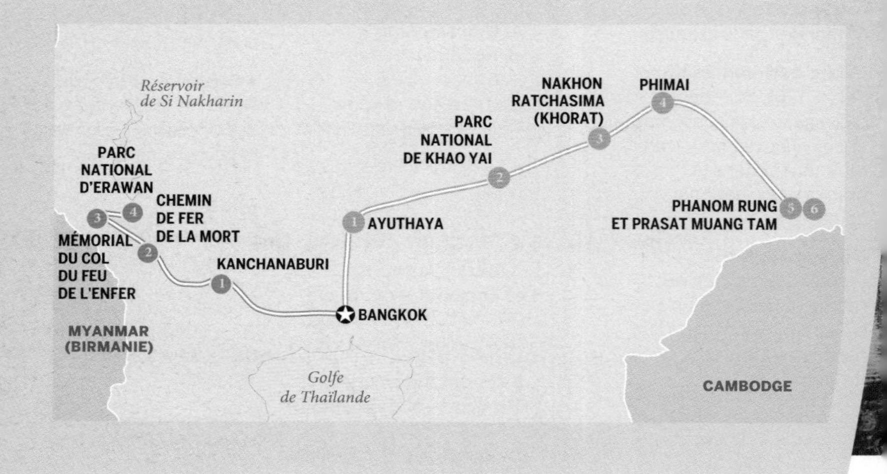

3 JOURS

DE KANCHANABURI AU PARC NATIONAL D'ERAWAN

Chemins de fer et rivières

À une demi-journée de Bangkok, incursion dans la jungle et vestiges de la Seconde Guerre mondiale vous attendent à **(1) Kanchanaburi**. Kanchanaburi était un camp japonais de prisonniers de guerre durant le conflit de 1939-1945. Aujourd'hui, des cimetières et des musées commémorent les soldats alliés disparus. Pendant la guerre, l'armée japonaise força ses prisonniers à construire une voie ferrée vers la Birmanie, causant des milliers de morts. Les trains traversent aujourd'hui les tronçons subsistant du **(2) Chemin de fer de la mort**, la plupart surplombant la Mae Nam Khwae (rivière Kwaï).

Le **(3) mémorial du col du Feu de l'Enfer** a transformé l'un des tronçons les plus difficiles du chemin de fer de la mort en sentier de randonnée. Ce nom intimidant est né de la lueur des flambeaux projetant des ombres effrayantes sur le labeur inhumain des prisonniers.

Le **(4) parc national d'Erawan** est connu pour ses cascades à sept niveaux censées ressembler à Erawan, l'éléphant tricéphale de la mythologie hindoue. Les trois premiers niveaux sont faciles, mais parcourir le 1,5 km en entier requiert plus d'efforts. Des circuits s'y arrêtent le matin, mais vous pouvez venir toute la journée par vos propres moyens.

D'AYUTHAYA À PRASAT MUANG TAM

Monuments et montagnes

Les fertiles plaines centrales ont longtemps nourri les bâtisseurs de monuments et ont donné naissance à la cité-État d'Ayuthaya, qui domina la majeure partie de la Thaïlande actuelle 400 ans durant. Dans le Nord-Est, l'immense empire khmer érigea des temples-forteresses. Blotti entre les deux se trouve le premier parc national du pays.

(1) Ayuthaya est une destination culturelle majeure, facilement accessible en train ou en bus depuis Bangkok. Même si nombre de monuments grandioses ont été détruits ou pillés, elle conserve son importance historique. Les vestiges les plus intéressants se visitent en une journée.

Le **(2) parc national de Khao Yai**, accessible en train ou en bus, a un sommet qui culmine à 1 351 m. On y voit des éléphants, des singes et des cascades.

(3) Nakhon Ratchasima (Khorat) est un point de transit vers les ruines d'Angkor. **(4) Phimai**, facile d'accès, possède les meilleures infrastructures touristiques. Le lointain **(5) Phanom Rung** est considéré comme un sommet d'architecture khmère. Non loin, **(6) Prasat Muang Tam**, ravagé par le temps, contraste avec le temple rénové de Phanom Rung.

Palais de Bang Pa In (p. 110), Ayuthaya
JEAN-PIERRE LESCOURRET/LONELY PLANET IMAGES ©

Découvrir des escapades hors de Bangkok

Les incontournables

- **Ayuthaya** (p. 104). Une étape culturelle obligatoire.
- **Kanchanaburi** (p. 110). Jungle et souvenirs de la guerre 1939-1945.
- **Ko Samet** (p. 116). Une plage facile d'accès depuis Bangkok.
- **Ko Chang** (p. 119). Plage, plongée et randonnée dans la jungle.
- **Khao Yai National Park** (p. 126). Le fief des éléphants et des singes.

Wat Ratburana, Ayuthaya

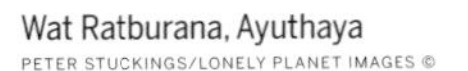

PETER STUCKINGS/LONELY PLANET IMAGES ©

CENTRE DE LA THAÏLANDE

Ayuthaya พระนครศรีอยุธยา

137 600 HABITANTS

Capitale du Siam entre 1350 et 1767, Ayuthaya était un port de commerce majeur à la saison des alizés et les marchands étrangers qui la visitaient étaient éblouis par les centaines de temples rutilants et les palais somptueux. À une époque, le royaume gouvernait un territoire plus vaste que l'Angleterre et la France réunies. Trente-trois rois se succédèrent à Ayuthaya et engagèrent plus de 70 guerres en l'espace de 417 années ; en outre, leur adresse diplomatique empêcha toute puissance occidentale de s'emparer du Siam.

Le dernier combat du royaume d'Ayuthaya eut lieu en 1797, quand l'armée birmane envahit la cité, la mit à sac et pilla la majeure partie de ses trésors. Les vestiges continuèrent à se détériorer jusqu'à ce que commencent de grands travaux de restauration. Les ruines d'Ayuthaya ont été classées au patrimoine mondial de l'Unesco en 1991.

À voir

Nous avons divisé les sites en deux sections : "sur l'île" et "en dehors de l'île". Vous pourrez circuler à vélo entre les sites ; louer les services d'un guide est utile pour découvrir des détails historiques.

La plupart des temples ouvrent de 8h à 16h et l'entrée des plus connus est payante. En vente dans les musées et aux ruines, un forfait d'une journée (220 B) donne accès à presque tous les sites.

Sur l'île

WIHAAN MONGKHON BOPHIT — Bâtiment historique

(วิหารมงคลบพิตร ; **carte p. 106**). À côté du Wat Phra Si Sanphet, ce sanctuaire contient l'un des plus grands bouddhas en bronze du pays. Cette statue, haute de 17 m, a été restaurée après avoir été frappée par la foudre et endommagée par le feu.

Lors d'une visite en 1955, le Premier ministre birman fit un don de 200 000 B pour la restauration du bâtiment, un acte de contrition tardif pour la mise à sac de la cité par son pays 200 ans plus tôt.

WAT PHRA MAHATHAT — Temple

(วัดพระมหาธาตุ ; **carte p. 106 ; 50 B**). L'effigie la plus photographiée d'Ayuthaya est une tête en grès du Bouddha, mystérieusement enchevêtrée dans les racines d'un arbre. Construit en 1374 durant le règne de Borom Rachathirat Ier, le Wat Phra Mahathat possède un *prang* central (stupa de style khmer) et des rangées de bouddhas décapités. Personne ne sait comment la tête du Bouddha s'est retrouvée dans l'arbre. Certains pensent qu'elle fut abandonnée lors du pillage par les Birmans et que l'arbre a ensuite poussé autour. D'autres croient que des voleurs ont essayé de l'emporter, puis ont renoncé à cause de son poids.

WAT RATBURANA — Temple

(วัดราชบูรณะ ; **carte p. 106 ; Ratcha-burana ; 50 B**). Son *prang* est un des plus beaux de la ville, avec des sculptures détaillées de lotus et de créatures mythiques. Ce temple, juste au nord du Wat Phra Mahathat, fut construit au XVe siècle par le roi Borom Rachathirat II sur le site de crémation de ses deux frères, morts en se disputant le trône. Des pillards l'ont visité en 1957 et ont volé de nombreux trésors. Par la suite, des fouilles officielles ont mis au jour d'exceptionnelles représentations du Bouddha dans la crypte.

WAT SUWAN DARARAM — Temple

(วัดสุวรรณดาราราม ; **carte p. 106**). S'il ne fait pas partie des plus visités, ce temple, au sud-est de l'île, mérite le coup d'œil pour ses divers styles architecturaux. Le roi Rama Ier conçut l'extérieur dans l'ancien style *uposatha*, tandis que Rama III se chargea de l'intérieur. La ligne légèrement courbée le long du temple et les finitions simples sont typiques de la période tardive d'Ayuthaya. À côté, un *wí·hăhn* (sanctuaire) couvert d'une mosaïque étincelante date du règne de Rama IV.

CENTRE D'ÉTUDES HISTORIQUES D'AYUTHAYA — Musée

(ศูนย์ศึกษาประวัติศาสตร์อยุธยา ; **carte p. 106 ; Th Rotchana ; adulte/étudiant 100/50 B ; 9h-16h30 lun-ven, 9h-17h sam-dim**). Un diorama impressionnant des anciennes merveilles de la cité illustre la splendeur d'Ayuthaya. Parmi les autres éléments figurent des chronologies, des scènes de la vie villageoise traditionnelle et des vidéos.

Si vous aimez... Les temples anciens

Pour explorer d'autres vestiges d'Ayuthaya, louez un moyen de transport privé pour visiter ces sites moins connus :

1. **WAT YAI CHAI MONGKHON (est de l'île).** Un bouddha couché de 7 m constitue le principal élément de ce temple. Le roi U Thong le fit construire en 1357 pour héberger des moines du Sri Lanka. Le *chédi* en forme de cloche, célébrant la victoire du roi Naresuan sur les Birmans, fut édifié plus tard.

2. **TEMPLES BAAN TH DUSIT (est de l'île).** Un ensemble de temples champêtres, tels les Wat Maheyong, Wat Kudi Dao et Wat Ayuthaya.

3. **PHU KHAO THONG (nord-ouest de l'île).** Quelque 79 marches mènent au sommet de ce *chédi* pour une vue splendide sur la cité. Construit à l'origine par les Birmans lors de leurs 15 années d'occupation, l'édifice fut rehaussé par les Thaïlandais. La statue en façade représente Naresuan, le "roi conquérant", entouré de dizaines de coqs de combat, symbole de sa férocité.

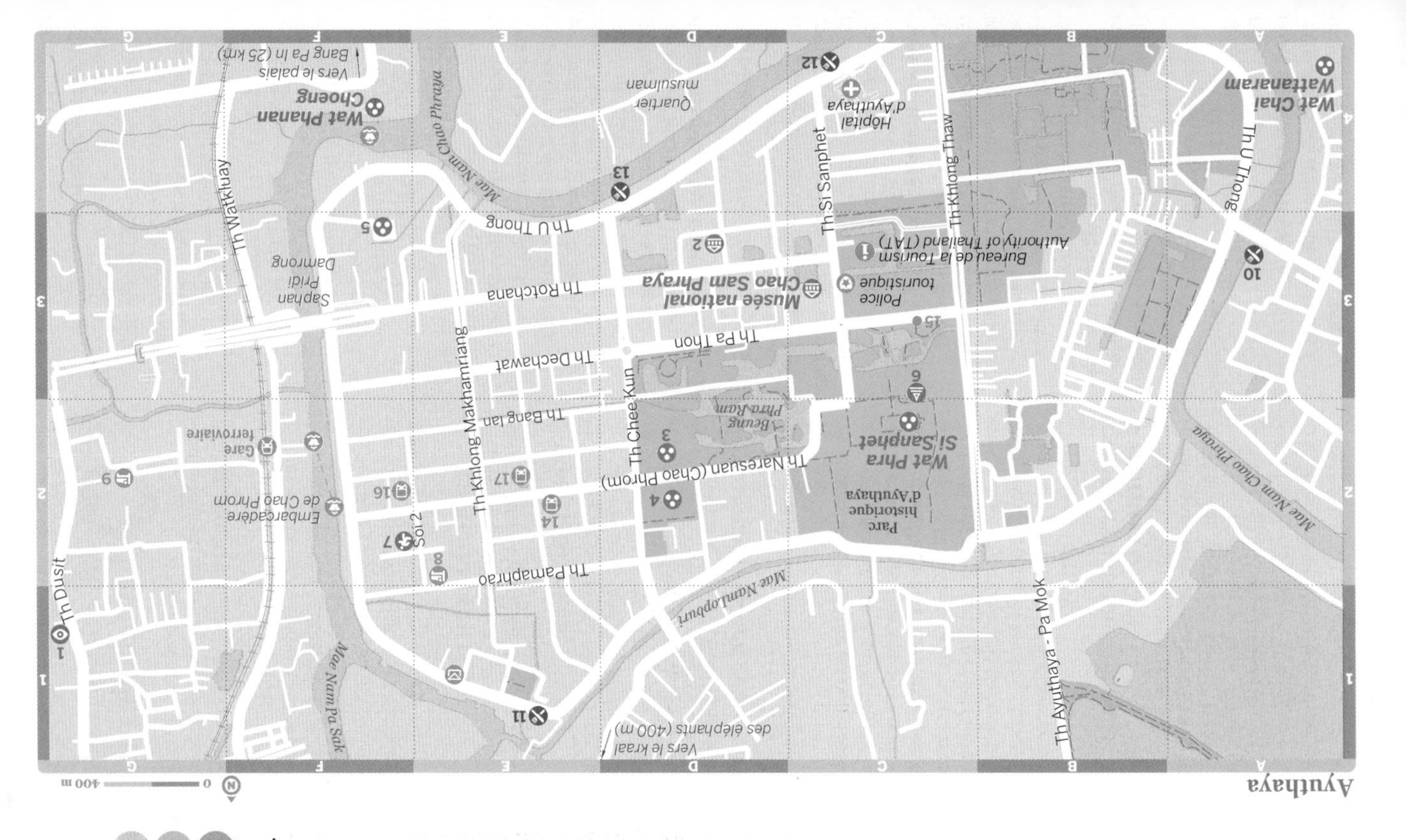
Ayuthaya
0
400 m
A
B
C
D
E
F
G
1
2
3
4
Th Dusit
Th Watkluay
Gare ferroviaire
Embarcadère de Chao Phrom
Mae Nam Pa Sak
Saphan Pridi Damrong
Wat Phanan Choeng
Vers le palais Bang Pa In (25 km)
Mae Nam Chao Phraya
Soi 2
Th Khlong Makhamriang
Th Pamaphrao
Th Bang Ian
Th Dechawat
Th Rotchana
Th U Thong
Quartier musulman
Th Chee Kun
Vers le kraal des éléphants (400 m)
Mae Nam Lopburi
Th Naresuan (Chao Phrom)
Beung Phra Ram
Th Pa Thon
Musée national Chao Sam Phraya
Th Si Sanphet
Hôpital d'Ayuthaya
Parc historique d'Ayuthaya
Wat Phra Si Sanphet
Police touristique
Bureau de la Tourism Authority of Thailand (TAT)
Th Khlong Thaw
Th Ayuthaya - Pa Mok
Mae Nam Chao Phraya
Th U Thong
Wat Chai Wattanaram
1
2
3
4
5
6
7
8
9
10
11
12
13
14
15
16
17

Ayuthaya

Les incontournables

Musée national Chao Sam Phraya C3
Wat Chai Wattanaram A4
Wat Phanan Choeng F4
Wat Phra Si Sanphet C2

À voir

1 Marché flottant d'Ayothaya G1
2 Centre d'études historiques d'Ayuthaya .. D3
3 Wat Phra Mahathat D2
4 Wat Ratburana D2
5 Wat Suwan Dararam F3
6 Wihaan Mongkhon Bophit C3

Activités

7 Tour With Thai F2

Où se loger

8 Baan Lotus Guest House E2
9 Bann Thai House G2

Où se restaurer

10 Baan Watcharachai A3
11 Marché de nuit Hua Raw E1
12 Stands de Roti Sai Mai C4
13 Sai Thong D4

Transports

14 Bus pour Bangkok E2
15 Taxis pour le kraal des éléphants C3
16 Gare routière principale F2
17 Minibus pour Bangkok E2

MUSÉE NATIONAL CHAO SAM PHRAYA Musée

(พิพิธภัณฑสถานแห่งชาติเจ้าสามพระยา ; carte p. 106 ; adulte/enfant 150 B/gratuit ; 9h-16h mer-dim). Le plus grand musée de la ville présente 2 400 objets, d'une tête en bronze du Bouddha haute de 2 m aux trésors trouvés dans les cryptes des Wat Phra Mahathat et Wat Ratburana.

En dehors de l'île

Certains sites sont accessibles à vélo, d'autres nécessitent une moto. Les circuits en bateau autour de l'île en soirée permettent également de les découvrir.

WAT PHANAN CHOENG Temple

(วัดพนัญเชิง ; carte p. 106 ; 20 B). Ce temple très fréquenté abrite un des bouddhas les plus vénérés d'Ayuthaya. Sculpté en 1325, le Phra Phanan Choeng, haut de 19 m, se tient dans le *wí·hăhn* (grande salle), entouré de 84 000 bouddhas placés le long des murs.

Pour rejoindre le Wat Phanan Choeng, au sud-est de la vieille ville, prenez le ferry (5 B) de la jetée proche de la forteresse Phom Phet ; vous pouvez effectuer la traversée avec votre vélo.

MARCHÉ FLOTTANT D'AYUTHAYA Marché

(ตลาดน้ำอโยธยา ; carte p. 106 ; entrée libre ; 9h-20h). Prisé des Thaïlandais et des touristes, le marché flottant propose un choix d'en-cas, d'œuvres d'art et de vêtements. Installé sur des plateformes en bois au-dessus de l'eau et couvert, il est idéal pour fuir les fortes chaleurs. Des spectacles traditionnels ont lieu dans la journée et vous pouvez louer un *long-tail boat* (20 B). Le marché est à l'est de la vieille ville, près de Th Dusit et du Wat Kudi Dao.

WAT CHAI WATTANARAM Temple

(วัดไชยวัฒนาราม ; carte p. 106 ; 50 B). Noyé dans la jungle il y a 40 ans, ce temple est l'un des sites les plus photographiés d'Ayuthaya grâce à son imposant *prang* central de style khmer, haut de 35 m. Édifié en 1630 par le roi Prasat Thong à l'ouest de l'île, le temple offre un point de vue splendide sur le coucher du soleil. Un pont proche permet de le rejoindre à vélo.

Audioguides

Les Wat Phra Si Sanphet, Wat Phra Mahathat et Wat Chai Wattanaram louent d'excellents audioguides en anglais (150 B) ; les détails historiques aident les visiteurs à se représenter les temples d'origine.

KRAAL DES ÉLÉPHANTS Enclos d'éléphants
(เพนียดคล้องช้าง ; **hors carte p. 106**). Des éléphants sauvages étaient jadis rassemblés dans ce kraal, où le roi venait chaque année choisir les plus beaux spécimens pour les faire travailler ou participer aux guerres. Au nord-est de l'île, l'enclos restauré comporte 980 poteaux en teck.

Activités

TOUR WITH THAI Cyclotourisme
(**carte p. 106 ; ☎ 0 3523 1084 ; Th Naresuan ; www.tourwiththai.com**). Le vélo est le meilleur moyen d'explorer les ruines. Des circuits guidés d'un ou 2 jours vous feront découvrir la campagne alentour.

Où se loger

BAAN LOTUS GUEST HOUSE Pension $
(**carte p. 106 ; ☎ 0 3525 1988 ; 20 Th Pamaphrao ; s 200 B, d 400-600 B ; ❄ 📶**). Dans un grand jardin verdoyant, cette ancienne école en teck, propre et détendue, reste notre adresse favorite.

BAAN THAI HOUSE Hôtel de charme $$$
(**carte p. 106 ; ☎ 0 35245 555 ; près Th Dusit ; ch 2 100-2 800 B ; P ❄ 📶 🏊**). Ce superbe hôtel de charme, à quelques pas de l'île, comporte une dizaine d'impeccables villas de style thaï dans un jardin luxuriant. Un túk-túk jusqu'à la vieille ville revient à 80 B.

Où se restaurer

Le riche passé d'Ayuthaya se reflète dans la diversité de sa cuisine, des en-cas musulmans aux poissons et fruits de mer. Des restaurants de voyageurs bordent Soi 2, Th Naresuan et d'excellents établissements jalonnent la partie sud de Th U Thong.

MARCHÉ DE NUIT HUA RAW Marché $
(**carte p. 106 ; Th U Thong**). Ce marché s'installe en soirée au bord de la rivière et offre un choix de plats thaïlandais et musulmans ; ces derniers sont signalés par une étoile et un croissant verts.

STANDS DE ROTI SAI MAI Desserts $
(**carte p. 106 ; Th U Thong ; ⏲ 10h-20h**). Ayuthaya est renommée pour ses *roh-đee săi măi*, un dessert musulman composé de fines lamelles de sucre de palme fondu et enveloppées dans un *roti* (pain plat indien). Des stands sont installés en face de l'hôpital d'Ayuthaya.

SAI THONG Thaïlandais $
(**carte p. 106 ; Th U Thong ; plats 90-150 B ; ⏲ 9h30-22h**). Avec une carte de 180 plats, de la musique live et une cuisine succulente,

Aider un vieil ami

Les éléphants ont aidé la Thaïlande à gagner des guerres, à construire des cités et à transporter des rois. Aujourd'hui, les pachydermes ont besoin d'aide en raison de la destruction de leur habitat naturel, qui contraint leur propriétaire à mendier leur nourriture dans les rues. La population est réduite à 4 000 éléphants sauvages et domestiques dans le pays.

L'**Ayuthaya Elephant Palace** (**☎ 0 8066 87727 ; www.elephantstay.com**) propose de courtes promenades touristiques parmi les ruines. Cette organisation à but non lucratif protège les éléphants en achetant des animaux malades ou maltraités, y compris des mâles ayant déjà blessé ou tué des villageois.

PAOLO CORDELLI/LONELY PLANET IMAGES ©

À ne pas manquer **Le Wat Phra Si Sanphet**

Les trois *chédi* (stupas) du Wat Phra Si Sanphet sont de véritables emblèmes d'Ayuthaya. Construit à la fin du XIVe siècle, ce temple était alors le plus grand de la cité et fut fréquenté par plusieurs rois. Il contenait un bouddha debout (Phra Si Sanphet) haut de 16 m, couvert de 250 kg d'or que les occupants birmans firent fondre.

INFOS PRATIQUES

วัดพระศรีสรรเพชญ์ ; carte p. 109 ; 50 B

ce restaurant traditionnel est la meilleure adresse de l'île. Outre les préparations classiques, la carte comprend d'intéressantes innovations, comme le poulet mariné au whisky.

BAAN WATCHARACHAI Thaïlandais $$
(carte p. 106 ; près Th Worachate ; plats 100-200 B). À côté du Wat Kasatthirat, choisissez une table sur le bateau en bois amarré à l'extérieur et savourez un *yam ɓlah dùk fòo* (salade de poisson-chat).

Renseignements

Tourist Authority of Thailand – Ayuthaya (TAT ; ☎ 0 3524 6076, 108/22 Th Si Sanphet ; ⏲ 8h30-16h30). Bureau de l'office du tourisme.

Depuis/vers Ayuthaya

Bus

À Ayuthaya, l'arrêt des bus provinciaux se situe dans Th Naresuan, à courte distance du quartier des pensions. Parmi les destinations desservies :

Bang Pa In (25 B, 1 heure, toutes les 20 min ; via un *sŏrng·tăa·ou*).

Suphanburi (60 B, 2 heures, toutes les 30 min). Changement en ville pour les bus à destination de Kanchanaburi.

Des bus et des minibus partent de divers arrêts dans Th Naresuan et rallient les quartiers suivants de Bangkok :

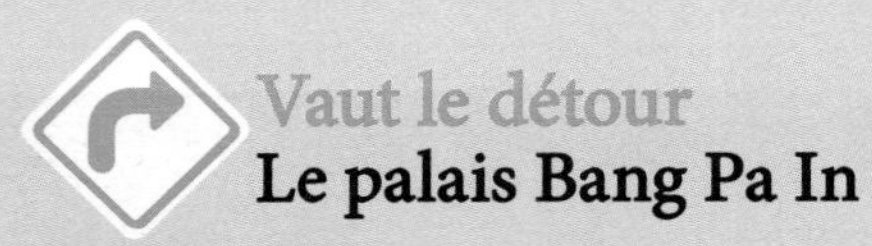

Le palais Bang Pa In

Un curieux mélange de styles architecturaux en fait le **palais** (บางปะอิน ; **hors carte p. 106 ; 100 B ; 8h-16h**) le plus éclectique du pays. Construit au XVIIe siècle, il fut restauré pendant le règne de Rama V (le roi Chulalongkorn ; 1868-1910). Parmi les pièces maîtresses figurent une réplique du pont du Tibre à Rome, l'époustouflant **Wehut Chamrun** de style chinois, l'observatoire **Withun Thatsana** victorien et un pavillon thaï avec une statue de Rama V au milieu d'un bassin.

Pour vous rendre au palais, prenez un sŏrng·tăa·ou (25 B, 1 heure, fréquent) à l'arrêt des bus dans Th Naresuan jusqu'à la gare routière de Bang Pa In, puis un moto-taxi (30 B) jusqu'au palais, à 4 km. Des trains partent d'Ayuthaya pour Bang Pa In (3e classe 3 B, 30 min) ; même si la gare ferroviaire est plus proche du palais que la gare routière, vous devrez prendre un moto-taxi (20 B).

Gare du Nord (Mo Chit) (50 B, 1 heure 30, toutes les 20 min). Fait halte également à l'aéroport Don Muang.

Gare du Sud (Sai Tai Mai) (70 B, 1 heure, toutes les 30 min 4h30-19h)

Victory Monument (60 B, 1 heure 30, toutes les heures 5h30-19h)

La gare routière qui dessert le nord de la Thaïlande se tient à 5 km à l'est de la vieille ville, près de Th Rotchana. Un túk-túk de la gare à la vielle ville revient à 100 B. Parmi les destinations desservies :

Chiang Mai (403-806 B, 9 heures, départs fréquents)

Phitsanulok (224-227 B, 5 heures, départs fréquents)

Sukhothai (255-328 B, 6 heures, toutes les 2 heures)

Train

La gare ferroviaire se trouve à l'est du centre d'Ayuthaya. Elle dessert entre autres :

Gare Bang Sue de Bangkok (ordinaire/rapide/express 15/20/315 B, 1 heure 30, départs fréquents matin et soir). Une gare pratique pour le quartier de Th Khao San.

Gare Hua Lamphong de Bangkok (ordinaire/rapide/express 15/20/315 B, 1 heure 30, départs fréquents matin et soir)

Chiang Mai (ordinaire/rapide/express 586/856/1 198 B, 6/jour)

Pak Chong (ordinaire/rapide/express 23/73/130 B, départs fréquents). La gare la plus proche du parc national de Khao Yai.

Du centre-ville, la gare ferroviaire est accessible par une courte traversée en ferry (4 B) ou en prenant un *sŏrng·tăa·ou* (50 B).

Comment circuler

Des *săhm·lór* (ou *săamláw*, cyclo-pousse) et des túk-túk circulent en ville. Fixez toujours le prix avant de partir (30-40 B pour une course sur l'île).

Des pensions louent des vélos (30 B) et des motos (200 B). Vous pouvez faire de courtes balades dans le parc historique à dos d'éléphant (200 B à 500 B) ou en carriole à cheval (300 B). Les éléphants vivent dans le kraal sur Th Pa Thon.

Kanchanaburi กาญจนบุรี

47 200 HABITANTS

Le chef-lieu de la province est une base idéale pour explorer l'ouest de la Thaïlande.

Dans cette ville dynamique, les mémoriaux et les musées de la Seconde Guerre mondiale rappellent un passé tragique. Les forces japonaises contraignirent des prisonniers de guerre alliés et des travailleurs du Sud-Est asiatique à construire une voie ferrée jusqu'en Birmanie (l'actuel Myanmar). Dans le quartier des pensions, des rues portent les noms des pays impliqués dans le conflit.

Kanchanaburi

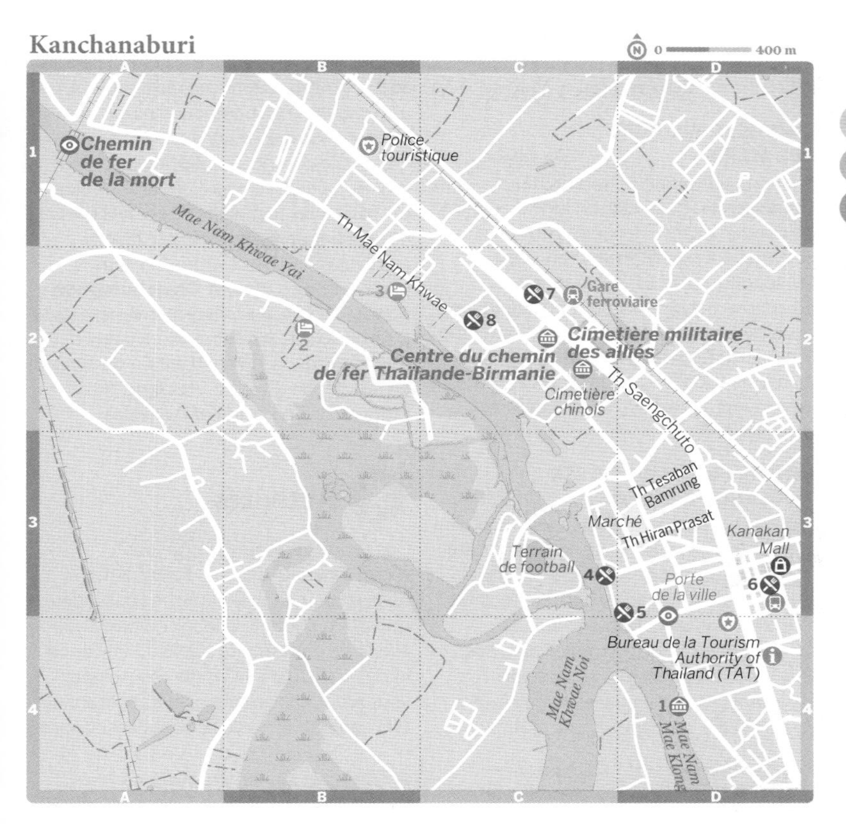

À voir

PONT DE LA RIVIÈRE KWAÏ (DEATH RAILWAY BRIDGE) Site historique

(สะพานข้ามแม่น้ำแคว ; **carte p. 111 ; Th Mae Nam Khwae).** Site le plus visité de la ville, ce pont ferroviaire de 300 m symbolise le dur labeur de ceux qui construisirent cette voie ferrée. La partie centrale du pont fut détruite par les Alliés en 1945 et seules les travées extérieures incurvées sont d'origine. De l'autre côté du pont, des cafés et des espaces verts bordent la rivière.

Le pont enjambe la Mae Nam Khwae Yai, à 2,5 km du centre de Kanchanaburi. Vous pouvez le rejoindre à pied de Th Mae Nam Khwae ou prendre un *sŏrng·tăa·ou* (10 B) en direction du nord

Kanchanaburi

Les incontournables

Cimetière militaire des alliés C2
Pont de chemin de fer de la mort........ A1
Centre du chemin de fer Thaïlande-Birmanie C2

À voir

1 Musée militaire du Jeath D4

Où se loger

2 Apple's Retreat.............................. B2
3 Pong Phen..................................... B2

Où se restaurer

4 Restaurants flottants C3
5 Jukkru D3
6 Marché... D3
7 Marché de nuit................................. C2
8 Sri Rung Rueng................................. C2

dans Th Saengchuto. Un mini-train (20 B) franchit régulièrement le pont depuis la proche gare ferroviaire.

CIMETIÈRE MILITAIRE DES ALLIÉS Site historique

(สุสานทหารพันธมิตรดอนรัก ; carte p. 111 ; Th Saengchuto ; 8h-18h). En face du centre du chemin de fer Thaïlande-Birmanie, ce cimetière parfaitement renferme les sépultures de 6 982 prisonniers de guerre, majoritairement britanniques, australiens et néerlandais. On estime que la construction de cette voie ferrée fit au moins 100 000 morts, pour la plupart des ouvriers des pays voisins enterrés dans l'anonymat.

CENTRE DU CHEMIN DE FER THAÏLANDE-BIRMANIE Musée

(ศูนย์รถไฟไทย-พม่า ; carte p. 111 ; www.tbrconline.com ; 73 Th Chaokanen ; adulte/enfant 100/50 B ; 9h-17h). Ce musée instructif explique le rôle de Kanchanaburi dans la Seconde Guerre mondiale à l'aide de vidéos, de maquettes et de panneaux détaillés. Une vidéo poignante de prisonniers survivants rappelle que les décès furent une tragédie, non une simple statistique.

MUSÉE MILITAIRE DU JEATH Musée

(พิพิธภัณฑ์สงคราม ; carte p. 111 ; Th Wisuttharangsi ; 30 B ; 8h-17h). Ce musée ressemble aux *ata* (cabanes) en bambou dans lesquels étaient enfermés les prisonniers de guerre. Les archives concernent principalement le chirurgien Sir Edward "Weary" Dunlop, qui sauva des centaines de soldats blessés et lutta pour améliorer les conditions médicales de base. Le musée est géré par les moines du **Wat Chaichumphon** (Wat Tai) voisin, qui mérite lui-même la visite. L'acronyme Jeath fait référence aux pays impliqués dans la construction du chemin de fer : Japon, Grande-Bretagne, Australie, États-Unis, Thaïlande et Pays-Bas.

Activités

Des tour-opérateurs proposent des promenades à dos d'éléphant, des excursions à de superbes cascades, du rafting sur des radeaux en bambou, ainsi que des circuits à vélo ou en canoë et des treks dans la jungle. Renseignez-vous avant, car certains circuits sont annulés si le nombre de participants est insuffisant.

Pont de la rivière Kwaï (p. 111), Kanchanaburi

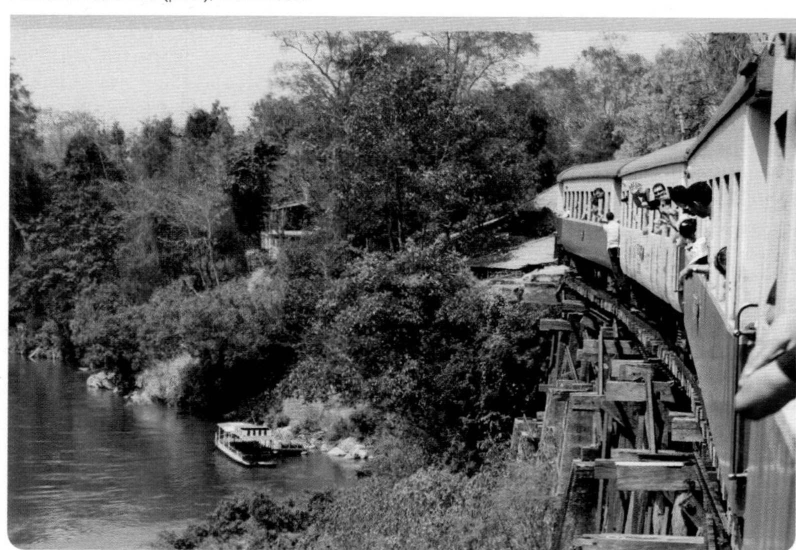

ANDREW BAIN/LONELY PLANET IMAGES ©

Pourquoi le pont de la rivière Kwaï ?

La voie ferrée fut édifiée pendant l'occupation japonaise de la Thaïlande (1942-1943) lors de la Seconde Guerre mondiale. Son objectif était de relier la Thaïlande et la Birmanie à travers 415 km de terrain accidenté, afin de créer une voie d'approvisionnement pour la conquête d'autres pays d'Asie occidentale. Ce projet, considéré irréalisable par certains, aboutit malgré la pénurie d'équipement et des conditions de travail épouvantables.

La construction commença le 16 septembre 1942 dans les gares existantes de Thanbyuzayat en Birmanie et de Nong Pladuk (Ban Pong) en Thaïlande. Les ingénieurs japonais estimaient à 5 ans la durée des travaux pour relier les deux pays. En réalité, l'armée japonaise contraignit les prisonniers de guerre à achever cette voie d'un mètre de large en 16 mois.

Le pont qui enjambe la rivière Kwaï près de Kanchanaburi (surnommé le "pont du Chemin de fer de la mort") fut utilisé pendant 20 mois avant que les Alliés le bombardent en 1945. Plus qu'une voie de ravitaillement, la ligne devint un itinéraire de fuite pour les troupes japonaises. Après la guerre, les Britanniques prirent le contrôle de la voie ferrée du côté birman et en arrachèrent 4 km près du col des Trois Pagodes de peur qu'elle soit utilisée par les séparatistes karen.

Du côté thaïlandais, le SRT (chemins de fer thaïlandais) entretint la ligne et fait toujours circuler des trains sur les 130 km de voies entre Nong Pladuk, au sud de Kanchanaburi, et Nam Tok. Reportez-vous à l'encadré p. 115.

AS MIXED TRAVEL Circuits organisés
(0 3451 2017 ; www.applenoi-kanchanaburi.com ; Apple's Retreat). Une agence bien organisée, avec un personnel expérimenté.

GOOD TIMES TRAVEL Circuits organisés
(0 3462 4441 ; www.good-times-travel.com ; 63/1 Tha Mae Nam Khwae). Tous les circuits classiques d'une journée, ainsi que des périples plus aventureux. Organise également des circuits à vélo.

Où se loger

APPLE'S RETREAT Pension $
(carte p. 111 ; 0 3451 2017 ; www.applenoi-kanchanaburi.com ; 153/4 M.4 Bahn Tamakahm ; ch 490-690 B ;). Le personnel souriant et compétent contribue à l'ambiance chaleureuse. Les chambres, compactes et propres, donnent sur un jardin soigné. Afin de préserver l'environnement, elles ne comportent ni TV ni réfrigérateur.

PONG PHEN Pension $$
(carte p. 111 ; 0 3451 2981 ; www.pongphen.com ; Th Mae Nam Khwae ; ch 150-1 000 B ;). D'un excellent rapport qualité/prix en raison de sa piscine, le Pong Phen dispose de plusieurs chambres, basiques (petits budgets) ou plus spacieuses avec balcon. Le restaurant sert des plats thaïlandais et occidentaux corrects.

U INCHANTREE KANCHANABURI Hôtel $$$
(0 3452 1584 ; www.ukanchanaburi.com ; 443 Th Mae Nam Khwae ; ch à partir de 2 825 B ;). Ce somptueux hôtel de charme, à 1 km au nord du pont, ne lésine pas sur les équipements : lecteurs mp3 dans chaque chambre, piscine à débordement, terrasse en bord de rivière, salle de gym, etc.

Où se restaurer

Pour une cuisine plus authentique, explorez le **marché de nuit** (Th Saengchuto ;

ANDREAS ROSE/ALAMY ©

À ne pas manquer Le parc national d'Erawan

La majestueuse cascade à 7 niveaux du parc national d'Erawan est l'une des plus fréquentées du pays. Le niveau supérieur doit son nom à sa ressemblance avec Erawan, l'éléphant à trois têtes de la mythologie hindoue. Si la montée des trois premiers niveaux est facile, vous aurez besoin d'endurance et de bonnes chaussures pour achever la grimpée de 1,5 km. Les niveaux 2 et 4 sont impressionnants. Méfiez-vous des singes qui risquent de s'emparer de vos affaires pendant que vous vous baignez.

Les bus en provenance de Kanchanaburi s'arrêtent à l'entrée de la cascade d'Erawan (50 B, 1 heure 30, toutes les heures 8h-17h20). Le dernier bus pour Kanchanaburi part à 16h. Dans le parc, vous pouvez louer des vélos pour 20 à 40 B par jour.

INFOS PRATIQUES

อุทยานแห่งชาติเอราวัณ ; 0 3457 4222 ; 200 B ; 8h-16h, niveaux 1 et 2 (17h)

mar-jeu) près de la gare ferroviaire, où de nombreux stands vendent fritures et boissons. Plusieurs bons **restaurants flottants** (Th Song Khwae) sont appréciés des touristes coréens et thaïlandais. Le **marché** (Th Saengchuto) proche de la gare routière est renommé pour ses excellents *hŏy tôrt* (beignets de moules).

JUKKRU Thaïlandais $

(carte p. 111 ; Th Song Khwae ; plats 60-100 B). Bien établi, le Jukkru ne désemplit pas en soirée grâce à des plats simples et succulents. Repérez les tables et chaises bleues à l'extérieur.

SRI RUNG RUENG Thaïlandais, occidental $

(carte p. 111 ; Th Mae Nam Khwae ; plats 60-150 B). Sur la longue carte, dont 9 pages de boissons, figurent des pâtes, des steaks et des plats végétariens. La cuisine thaïlandaise, un peu occidentalisée, reste néanmoins savoureuse.

Renseignements

Tourist Authority of Thailand – Kanchanaburi (☎0 3451 2500 ; Th Saengchuto ; ⏲8h30-16h30). Bureau de l'office du tourisme.

Depuis/vers Kanchanaburi

Bus

La gare routière de Kanchanaburi se situe au sud de la ville, dans Th Saengchuto. Parmi les destinations desservies :

Gare routière Sud de Bangkok (Sai Tai Mai) (2e/1re classe 84/99 B, 2 heures, toutes les 15 min 4h-20h)

Gare routière Nord de Bangkok (Mo Chit) (2e/1re classe 95/122 B, 2 heures, toutes les 90 min 6h30-18h). Nord de la Thaïlande.

Ratchaburi (2e/1re classe 47/65 B, 2 heures, départs fréquents). Prenez un bus vers le Sud, puis une correspondance pour Phetchaburi ou Hua Hin.

Suphanburi (47 B, 2 heures, toutes les 20 min jusqu'à 17h30). Correspondances pour Ayuthaya et Lopburi.

De la gare routière, des minibus rallient :

Monument de la Victoire de Bangkok (110 B, 2 heures, toutes les 10 min jusqu'à 20h). Fait halte à la gare routière Sud (Sai Tai Mai).

Gare routière Nord (Mo Chit) (120 B, 2 heures, toutes les 90 min jusqu'à 18h)

Srimongkol Transport (☎08 4471 8282, 350 B) propose des bus climatisés pour Rayong, qui font halte à Pattaya.

Train

La gare ferroviaire se tient à 2 km au nord-ouest de la gare routière, près du quartier des pensions. Kanchanaburi se trouve sur la ligne ferroviaire Bangkok Noi-Nam Tok, qui comprend une partie du Chemin de fer de la mort. Le SRT la promeut comme un itinéraire historique et facture 100 B l'aller aux touristes quelle que soit la distance – un prix raisonnable si vous venez de la gare de Bangkok Noi (à Thonburi), mais exagéré pour de courts trajets dans le Kanchanaburi. La partie historique du parcours commence au nord de Kanchanaburi quand le train traverse le pont de la rivière Kwaï et s'achève à la gare de Nam Tok. Parmi les destinations desservies :

Nam Tok (2 heures, 5h30, 10h30 et 16h19). En sens inverse, départs de Nam Tok à 5h20, 12h55 et 15h15. La cascade de Sai Yok Noi peut se rejoindre à pied.

Gare de Bangkok Noi à Thonburi (3 heures, 7h19 et 14h44). Départs de Bangkok à 7h44 et 13h55.

Le SRT propose tous les jours un **train touristique** (☎0 3451 1285) de Kanchanaburi à Nam Tok (300 B l'aller). C'est le même train qui transporte les passagers pour 100 B.

Vaut le détour

Le mémorial du col du Feu de l'Enfer

La visite de ce **mémorial de la Guerre** (ช่องเขาขาด ; www.dva.gov.au/commem/oawg/thailand.htm ; don à l'entrée ; ⏲9h-16h) permet de comprendre les souffrances provoquées par la construction du chemin de fer Birmanie-Thaïlande. Visitez le musée au dernier étage, contemplez la vue de la terrasse, puis marchez le long de la piste qui suit le tracé des voies d'origine.

Une carte de randonnée et un audioguide sont disponibles. Le musée, à 80 km de Kanchanaburi sur la Hwy 323, est desservi par le bus Sangkhlaburi-Kanchanaburi (60 B, 1 heure 30, départs fréquents). Le dernier bus à destination de Kanchanaburi passe à 16h45.

Comment circuler

Transports publics

De la gare routière au quartier des pensions, comptez 50 B en *săhm·lór* et 30 B en moto-taxi. Des *sŏrng·tăa·ou* collectifs sillonnent

Droit d'entrée

Ko Samet fait partie d'un parc national et les visiteurs doivent s'acquitter d'un droit d'entrée (adulte/enfant 200/100 B) au bureau des parcs nationaux de Hat Sai Kaew. Prenez un *sŏrng·tăa·ou* depuis le débarcadère et faites-vous déposer à l'entrée pour régler. Conservez bien votre ticket en cas de contrôle.

Th Saengchuto (10 B/passager) ; descendez au cimetière pour rejoindre le quartier des pensions, accessible à pied de la gare ferroviaire.

KO CHANG ET CÔTE EST

Rayong et Ban Phe ระยอง/บ้านเพ

106 800 / 16 750 HABITANTS

Si vous descendez dans l'une de ces villes, il y a des chances que vous vous rendiez à Ko Samet. Les bus partent de Rayong pour de nombreuses destinations, et le petit port de Ban Phe assure un service de ferrys pour Ko Samet. Des *sŏrng·tăa·ou* bleus relient les deux villes (25 B, 45 min, départs fréquents).

Depuis/vers Rayong et Ban Phe

Les bus au départ de Rayong desservent les destinations suivantes :

Terminal Est de Bangkok (Ekamai) (127-146 B, 3 heures, toutes les heures de 6h à 21h30).

Terminal Nord de Bangkok (Mo Chit) (146 B, 4 heures, toutes les heures de 6h à 19h).

Terminal Sud de Bangkok (Sai Tai Mai) (150 B, 5 heures, 5 départs quotidiens).

Aéroport de Bangkok (Suvarnabhumi) (165 B, 2 heures 30, 8 départs quotidiens).

Les bus au départ de la gare routière de Ban Phe (à côté de Tha Thetsaban) desservent le terminal Est de Bangkok (157 B, 4 heures, toutes les heures de 6h à 18h). Des minibus sont également disponibles au départ de Ban Phe pour les destinations suivantes :

Monument de la Victoire de Bangkok (250 B, 4 heures, toutes les heures de 7h à 18h)

Laem Ngop (350 B, 4 à 5 heures, 2 départs quotidiens). Pour les bateaux vers Ko Chang.

Ko Samet เกาะเสม็ด

Avec ses baies de sable blanc baignées par des eaux turquoise, Ko Samet a tout de l'île paradisiaque. C'est un lieu de villégiature prisé du tout-Bangkok et une destination de choix recommandée par les agences de voyages.

À voir et à faire

Plages

Prenant son envol dans le coin nord-est de l'île, Hat Sai Kaew, "le sable de diamant", est la plage la plus large et la plus claire de Ko Samet. Mais c'est aussi la plus bruyante.

Moins connues que leurs voisines du nord, Ao Hin Khok et Ao Phai sont deux magnifiques baies séparées par un cap rocheux. La population est plus jeune et plus chic que celle de Hat Sai Kaew, et on s'y amuse tard dans la nuit.

Un peu plus loin se trouve **Ao Phutsa** (Ao Tub Tim), une belle plage de sable qu'affectionnent les voyageurs en solo, les familles et les couples souhaitant être à portée de "civilisation", mais sans agitation excessive.

Petite sœur de Hat Sai Kaew, **Ao Wong Deuan** est une grande baie en forme de croissant, la plupart du temps bondée de touristes voyageant en groupes.

Ao Thian ("Candlelight beach") est ponctuée çà et là de gros rochers qui tiennent lieu d'abris sur le sable. Agréablement déserte en semaine, c'est l'une des plages de Samet les plus décontractées.

Ao Wai est une plage ravissante, loin de tout (en fait à 1 km d'Ao Thian).

Où se loger

En semaine, les chambres avec ventilateur démarrent à 800 B. Le week-end et en période de vacances, vous paierez jusqu'à deux fois plus cher.

Un petit conseil pour les lève-tôt : Hat Sai Kaew, Ao Hin Khok, Ao Phai et Ao Wong Deuan sont les plages les plus prisées, mais aussi celles qui accueillent de grandes fêtes toute la nuit.

SAIKAEW VILLA Hôtel **$**
(**☎0 3864 4144 ; Hat Sai Kaew ; ch 800-2 000 B ; ❄**). Au plus près du débarcadère, Saikaew Villa propose des chambres avec ventilateur ou air conditionné. Ambiance de camp de vacances. Qualité et intimité varient selon les chambres.

TOK'S Hôtel **$$**
(**☎0 3864 4072 ; Ao Hin Khok ; ch 1 500 B ; ❄**). De charmants chalets, accrochés au versant de la colline, à l'ombre des arbres et au milieu des fleurs. Bon rapport qualité/prix.

TUBTIM RESORT Hôtel **$$**
(**☎0 3864 4025 ; www.tubtimresort.com ; Ao Phutsa ; ch 800-2 500 B ; ❄ @**). On trouve de tout chez Tubtim, de superbes mais coûteux bungalows, d'autres moins chers mais rudimentaires. À deux pas d'une plage de rêve.

VIKING HOLIDAY RESORT Hôtel **$$**
(**☎0 3864 4353 ; www.sametvikingresort.com ; Ao Thian (Candlelight Beach) ; ch 1 200-2 000 B ; ❄ @**). Le haut de gamme d'Ao Thian. Un complexe de 9 chambres, toutes spacieuses et confortables. Réservez.

Où se restaurer et prendre un verre

SUMMER RESTAURANT International **$$$**
(**Baan Puu Paan, Ao Noi Na ; plats 250-400 B ; ⏲dîner**). Dans un décor impeccable, en surplomb du port, le Summer offre des spécialités internationales allant du poulet *tikka* au poulet façon Cajun.

BAN PLOY SAMED Thaïlandais **$$**
(**☎0 3864 4188 ; Ao Noi Na ; plats 300-600 B ; ⏲dîner**). On viendra vous chercher pour vous amener à ce restaurant flottant au moyen d'un bateau à poulie. Fruits de mer

Ko Samet

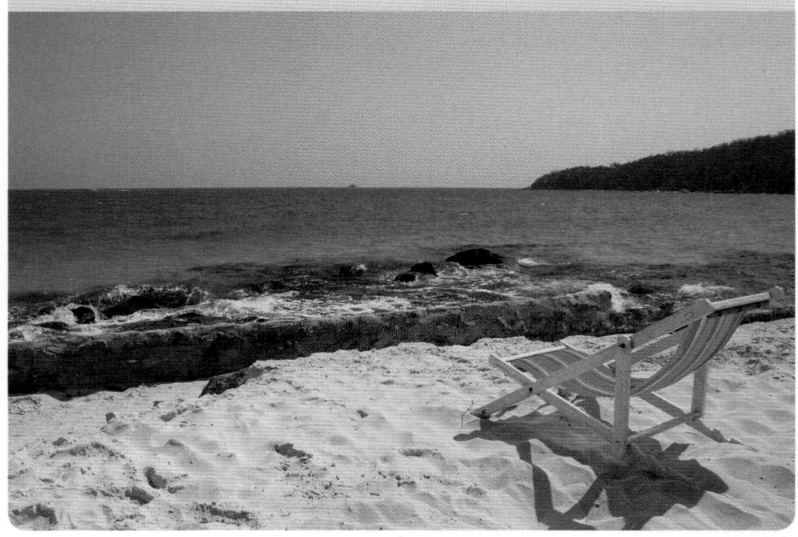

KALARATI/DREAMSTIME ©

frais et large gamme de poissons cuits à la vapeur vous y attendent.

Depuis/vers Ko Samet

On se rend à Ko Samet depuis les embarcadères de Ban Phe. Innombrables, ils sont tous utilisés par différentes compagnies de ferrys. Les tarifs pratiqués y sont identiques (aller simple/aller retour 50/100 B, 40 min, toutes les heures de 8h à 16h). Les bateaux sont amarrés à Na Dan, le principal embarcadère pour Ko Samet, où ils repartent ensuite pour le continent à la même fréquence.

Comment circuler

Les *sŏrng·tăa·ou* verts vous accueillent aux débarcadères et vous déposent aux différentes plages (20 à 80 B, selon l'emplacement).

Trat

ตราด

21 600 HABITANTS

Considéré comme un lieu de transit majeur pour Ko Chang et la côte cambodgienne, Trat gagne pourtant à être connue pour ses charmes provinciaux.

Où se loger

Trat possède de nombreuses maisonnettes traditionnelles en bois converties en hôtels bon marché, sur Th Thana Charoen et aux alentours.

BAN JAIDEE GUEST HOUSE Pension $
(carte p. 119 ; ☎0 3952 0678 ; 6 Th Chaimongkol ; ch 200 B ; 📶). Une maison traditionnelle en bois accueillante, dans un quartier charmant. Chambres simples, avec sdb (douches avec eau chaude) communes. Réservez car cette adresse est très cotée.

RESIDANG GUEST HOUSE Pension $
(carte p. 119 ; ☎0 3953 0103 ; www.trat-guesthouse.com ; 87/1-2 Th Thana Charoen ; ch 260-600 B ; ❄📶). Matelas confortables, douches chaudes, Wi-Fi... Les chambres sont dotées de ventilateurs et de balcons.

Comment s'y rendre et circuler

Avion

L'aéroport est situé à 40 km de la ville ; un taxi de Trat à l'aéroport coûte 500 B. Bangkok Airways (**☎aéroport de Trat 0 3955 1654-5, à Bangkok 0 2265 5555 ; www.bangkokair.com**) relie Bangkok et Trat (aller simple à partir de 2 090 B, 3 vols par jour).

Bus

La gare routière de Trat se trouve à l'extérieur de la ville et dessert les destinations suivantes :

Terminal Est de Bangkok (Ekamai) (248 B, 4 heures 30, toutes les heures de 6h à 11h30)

Terminal Nord de Bangkok (Mo Chit) (248 B, 5 heures 30, 2 départs par matinée)

Embarcadère, Trat

SARA-JANE CLELAND/LONELY PLANET IMAGES ©

Trat

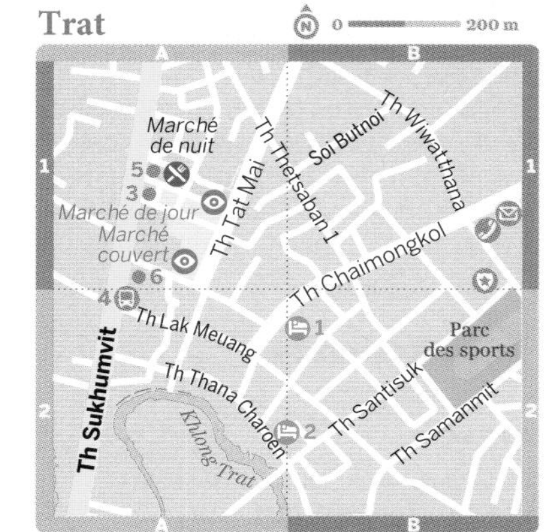

Trat

Où se loger

1 Ban Jaidee Guest House B2
2 Residang Guest House A2

Transports

3 Billetterie de Cherdchai Tour A1
4 Family Tour (minibus pour Bangkok) A2
5 Sŏrng•tăa•ou pour la gare routière, Laem Ngop A1
6 Sŏrng•tăa•ou pour Tha Centrepoint (Laem Ngop) A1

Aéroport de Bangkok (Suvarnabhumi) (248 B, 4 à 4 heures 30, 5 départs par jour)

Family Tour (**08 1996 2216 ; Th Sukhumvit à l'angle de Th Lak Meuang**) assure un service de minibus en direction du monument de la Victoire de Bangkok (300 B, 5 heures, toutes les heures de 8h à 17h) et continue vers Th Khao San (350 B).

Des *sŏrng·tăa·ou* partent de Th Sukhumvit près du marché pour la gare routière (20 à 60 B, selon le nombre de passagers).

Bateau

La circulation des bateaux depuis/vers Ko Chang se fait au départ des quais de Laem Ngop, à environ 30 km au sud-ouest de Trat.

Trois quais sont utilisés à Laem Ngop par les compagnies de bateaux, mais les services les plus pratiques sont ceux de Koh Chang Ferry (au départ de Tha Thammachat) et de Centrepoint Ferry (au départ de Tha Centrepoint).

Depuis Bangkok, vous pouvez prendre un bus au départ du Terminal Est (Ekamai) qui vous mènera jusqu'à Tha Centrepoint (250 B, 5 heures, 3 départs par matinée). Ce trajet comporte un arrêt à la gare routière de Suvarnabhumi (aéroport) ainsi qu'à la gare routière de Trat.

Ko Chang

เกาะช้าง

7 050 HABITANTS

Avec ses sommets escarpés recouverts de jungle émergeant de la mer, Ko Chang (l'île Éléphant) conserve son caractère isolé et sauvage, même si les agences de voyages tentent d'en faire une nouvelle Phuket. Ses étendues de sable sont jolies, mais sans plus. Son atout tient dans l'alliance inattendue d'une nature sauvage à portée de main et d'une attrayante scène festive.

À voir

Côte ouest

HAT SAI KHAO (“PLAGE DE SABLE BLANC”) Plage

(หาดทรายขาว). La plus longue et la plus belle bande de sable est couverte d'hôtels accueillant des groupes et des vacanciers avides de bronzage. Le long de la route principale, le village est animé et bruyant, mais dès qu'on en sort, le calme revient.

AO KHLONG PRAO Plage

(อ่าวคลองพร้าว). Toute en décontraction et à l'opposé de l'énergique Hat Sai Khao, la tranquille Khlong Prao est une superbe bande de sable posée au pied d'imposantes falaises et délimitée par deux estuaires. À marée basse, les promeneurs y quadrillent le sable en quête de petites créatures piégées par le reflux.

HAT KAIBAE Plage

(หาดไก่แบ้). Jumelle de Khlong Prao, Hat Kaibae est la plage préférée des familles et des couples de trentenaires. Une mince bande de sable se déploie autour d'une baie face à une île. Ici, vous vous sentirez loin du décor classique offert par les tour-opérateurs. Vous pouvez vous rendre sur l'île en kayak, et faire de longues promenades sur la plage à marée basse.

LONELY BEACH Plage

Cette plage un peu négligée est le repaire des routards de l'île. La journée, ceux qui y prennent le soleil se remettent généralement des abus de la nuit, quand Lonely Beach se fait le lieu le plus fréquenté de l'île. La musique est forte, comme les alcools, et la foule jeune et insouciante.

BAN BANG BAO Village

(บ้านบางเบ้า). Presqu'au bout de la route longeant la côte ouest se trouve Bang Bao, ancien village de pêcheurs construit sur le mode traditionnel des jetées interconnectées. La plupart des visiteurs viennent ici déguster des fruits de mer, et certains décident d'y passer la nuit.

Intérieur nord

Classé parc national, l'intérieur montagneux de Ko Chang est presque entièrement protégé. La forêt est luxuriante, pleine de vie sauvage et parsemée de chutes d'eau aux reflets d'argent.

BAN KWAN CHANG Camp d'éléphants

(**บ้านควาญช้าง ; ☎08 1919 3995 ; changtone@yahoo.com ; 🕗8h30-17h).** Vivez une expérience rare en plein cœur de la forêt. Pendant une heure, vous pourrez nourrir, baigner et monter l'un des 9 éléphants du site (900 B, transfert hôtel inclus). Pensez à vous munir de lotion antimoustique.

Activités

KAYAK

Ko Chang révèle toute sa majesté et sa beauté naturelle depuis le large, à bord d'un kayak. La plupart des hôtels louent des kayaks ouverts (à partir de 300 B/jour), très pratiques pour toucher les côtes les plus proches, et parfaitement adaptés aux apprentis-kayakistes.

KAYAKCHANG Kayak

(**☎08 7673 1923 ; www.kayakchang.com ; Amari Emerald Cove Resort, Khlong Prao).** Pour les pagayeurs plus expérimentés, KayakChang met à disposition des kayaks fermés et à la proue relevée (à partir de 1 000 B/jour), plus maniables et rapides.

Chutes de Khlong Phu, Ko Chang

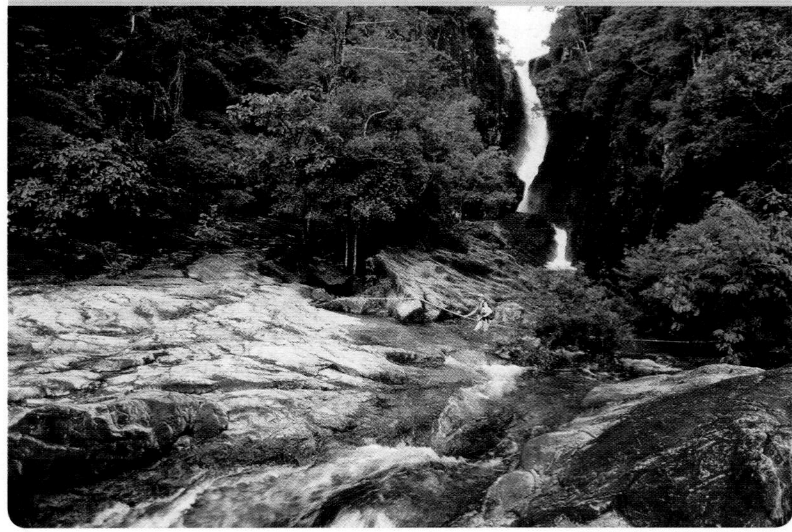

Plongée et snorkeling

Riches en coraux et en poissons, les sites de Ko Chang, aux eaux peu profondes, comme souvent dans le golfe de Thaïlande, sont idéals pour s'initier à la plongée.

En 30 minutes par bateau, on accède aux monts sous-marins de la pointe sud de l'île, au cœur du parc maritime de Ko Chang. Parmi les sites les plus courus, **Hin Luk Bat** et **Hin Rap**, deux reliefs rocheux incrustés de corail, abritent des profondeurs de 18 à 20 m, où batifolent des bancs de poissons et des tortues.

En bordure de récif, **Ko Wai** se caractérise par une grande variété de coraux durs et de coraux mous ; un endroit idéal pour le snorkeling. C'est une île appréciée pour y passer la journée, mais qui propose aussi des hébergements basiques si vous souhaitez passer plus de temps sur les récifs.

Les plongées coûtent entre 2 800 et 3 500 B. Une certification PADI Open Water revient à 14 500 B/personne. **BB Divers** (☎0 3955 8040 ; www.bbdivers.com), basé à Bang Bao, a des antennes sur Lonely Beach, Khlong Prao et Hat Sai Khao.

SALAK KOK KAYAK STATION Kayak
(☎08 1919 3995 ; location de kayak 100 B/heure). Explorez en kayak les mangroves sur la côte est de l'île en soutenant un programme écotour primé. La station de kayak de Salak Kok est un projet de village destiné à promouvoir le tourisme tout en préservant le mode de vie traditionnel.

RANDONNÉE

MM. Tan d'**Evolution Tour** (☎0 3955 7078 ; www.evolutiontour.com) ou Lek de **Jungle Way** (☎08 9247 3161 ; www.jungleway.com) encadrent des treks d'une journée (800 à 1 400 B) à travers Khlong Son Valley.

KOH CHANG TREKKING Randonnée, observation des oiseaux
(☎08 1588 3324 ; www.kohchangtrekking.info). Si vous êtes passionné d'oiseaux, mettez-vous en contact avec Koh Chang Trekking qui organise des excursions de 1, voire 2 jours (1 000 à 2 000 B) dans le parc national, et l'ascension du Khao Chom Prasat, deux pics rocheux voisins.

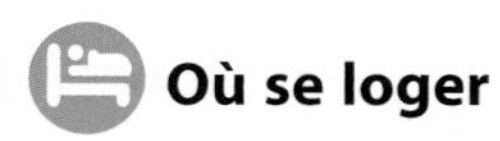

Où se loger

Côte ouest

Sur cette côte, Lonely Beach reste l'endroit le plus compétitif, Hat Kai Bae a le meilleur rapport qualité/prix, et Hat Sai Khao est le plus cher.

KEEREEELÉ Hôtel $$
(☎0 3955 1285 ; www.keereeele.com ; Hat Sai Khao ; ch 2 000 B ; ❄📶🏊). Hôtel récent de plusieurs étages, dans la partie intérieure de la route. Les chambres sont modernes et confortables. Quelques-unes offrent une vue sur les montagnes verdoyantes à l'arrière. La plage est à 300 m à pied.

SAI KHAO INN Pension $$
(☎0 3955 1584 ; www.saikhaoinn.com ; Hat Sai Khao ; ch 800-1 800 B ; ❄). Au cœur d'un jardin situé sur le côté intérieur de la route, vous avez le choix du logement : petits et grands bungalows, chambres spacieuses, et même des chambres réservées aux chauffeurs de taxi.

KB RESORT Hôtel $$
(☎0 1862 8103 ; www.kbresort.com ; Hat Kaibae ; ch 2 000-3 500 B ; ❄@🏊). Bungalows jaune citron posés à même la plage. Sdb ravissantes. Laissez-vous bercer par le son du ressac. Vous pouvez ignorer les bungalows avec ventilateur, hors de prix.

PARADISE COTTAGES Hôtel $$
(☎08 5831 4228 ; www.paradisecottagekohchang.com ; Lonely Beach ; ch 700-1 200 B ; ❄📶). La décontraction

Un parc national

Une partie de Ko Chang a le statut de parc national. Même si les tentatives de préservation peuvent sembler insuffisantes, vous devrez débourser 200 B pour visiter certaines chutes d'eau du parc (les droits d'entrée sont spécifiés dans les brochures et payables sur le site). Le **Bureau du parc national** (☎0 3955 5080 ; Ban Than Mayom ; ⏲8h-17h) se trouve sur la côte est de l'île près de Nam Tok Than Mayom.

Notez que la nudité et le monokini sont prohibés dans le parc national maritime de Mu Ko Chang, y compris sur les plages de Ko Chang, Ko Kut et Ko Mak.

est de mise dans cet établissement pour routards raffinés. Bien que situé sur le front de mer, ce n'est pas le lieu idéal pour une baignade, car la plage est rocheuse et vaseuse.

MANGROVE Hôtel $$
(☎08 1949 7888 ; Lonely Beach ; ch 1 000 B). S'étalant entre une colline boisée et une plage privée, le Mangrove propose de jolis bungalows tout simples, avec des portes accordéon laissant passer le vent (climatisation naturelle) et offrant la vue. Un excellent compromis de chic rustique intimiste.

BANG BAO SEA HUT Hôtel $$
(☎08 1285 0570 ; Ban Bang Bao ; ch 2 500 B ; ❄). Originaux, ces bungalows sont construits sur le bord de la jetée de Bang Bao. Chacun d'entre eux est entouré d'une terrasse privative où le petit-déjeuner est servi. En ouvrant vos volets en bois, vous laissez entrer la brise de mer.

Intérieur nord et côte est

Il vous faudra votre propre moyen de transport, voire y aller en petit groupe pour éviter de vous y sentir trop seul, mais la tranquillité y est assurée.

AMBER SANDS Hôtel $$
(☎0 3958 6177 ; www.ambersandsbeachresort.com ; Ao Dan Kao ; ch 2 000-2 700 B ; ❄@≋). Entre la mangrove et une tranquille plage de sable rouge, l'Amber Sands possède 8 confortables bungalows avec baies vitrées donnant sur la mer. À seulement 15 minutes du débarcadère, et la sensation d'être à mille lieues de tout.

SOUK Pension $
(☎08 1553 3194 ; Ao Dan Kao ; ch 700 B ; @). Voisin de l'Amber Sands, cet établissement branché regroupe 7 bungalows pop-art avec ventilateur Espaces détente et ambiance urbaine au restaurant et au bar à cocktails en terrasse extérieure. Accès facile depuis l'embarcadère des ferrys.

Où manger et prendre un verre

Côte ouest

OODIE'S PLACE International $$
(☎0 3955 1193 ; Hat Sai Khao ; plats 150-280 B ; ⏲déj et dîner). Tenu par Oodie, musicien local. On y mange aussi bien français que thaïlandais, et des groupes de musique animent les soirées à partir de 22h. Un endroit très apprécié par les expatriés.

SAFFRON ON THE SEA Thaïlandais $$
(☎0 3955 1253 ; Hat Kai Mook ; plats 150-350 B ; ⏲petit-déj, déj et dîner). Aux mains d'un artiste originaire de Bangkok, cet hôtel de charme a installé son restaurant face à la mer. On y déguste, dans une ambiance romantique, des plats thaïlandais cuisinés à la façon locale, plus sucrée qu'épicée.

IYARA SEAFOOD Fruits de mer $$
(☎0 3955 1353 ; Khlong Prao ; plats 150-300 B ; ⏲déj et dîner). Iyara n'est pas qu'un joli pavillon de bambous servant des fruits de mer : après la dégustation, une promenade en kayak vous est offerte le long de l'estuaire voisin.

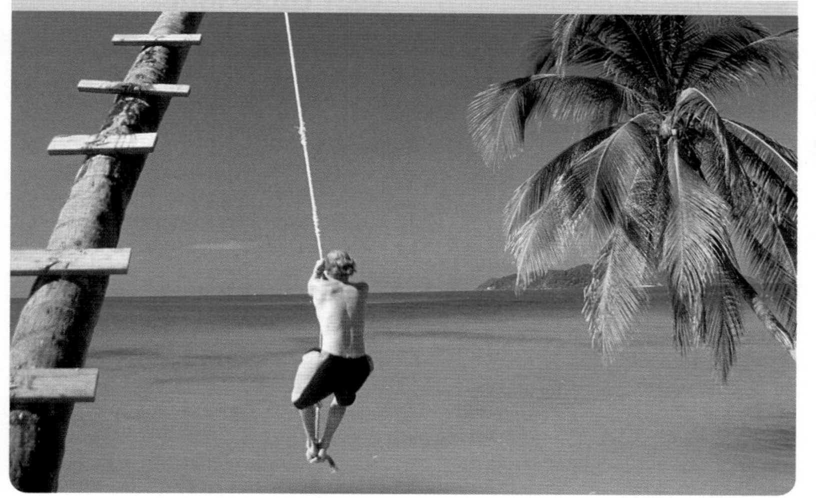

WOODS WHEATCROFT/LONELY PLANET IMAGES ©

BARRIO BONITO Mexicain **$$**
(☎08 0092 8208 ; Lonely Beach ; plats 150-250 B ; ⏰petit-déj, déj et dîner). Endroit branché, tenu par un couple franco-mexicain, dont toute l'île vante la qualité. Petite piscine sur place, utile si la sauce fait monter la température.

RUAN THAI Poisson, fruits de mer **$$**
(Ban Bang Bao ; plats 100-300 B ; ⏰déj et dîner). Difficile de faire plus frais (votre futur dîner vous accueille depuis l'aquarium dans l'entrée) et plus copieux. Service très chaleureux : on vous aide même à ouvrir vos crabes.

Depuis/vers Ko Chang

Depuis/vers le continent

Les bateaux à destination de Ko Chang partent des embarcadères du continent, collectivement appelés Laem Ngop (voir p. 119 pour tout renseignement), au sud-ouest de Trat. Vous arrivez à Ko Chang soit par Tha Sapparot soit par Tha Centrepoint, selon l'embarcadère et la compagnie empruntée depuis le continent.

Tha Sapparot est la plus proche des plages de la côte ouest et accueille les ferrys transportant les véhicules depuis l'embarcadère de Tha Thammachat sur le continent. **Koh Chang Ferry** (☎0 3955 5188) assure ce service (aller simple 80 B, 30 min, toutes les heures de 6h30 à 19h).

Le ferry transportant les voitures, associé à Tha Centrepoint, propose des prix bas, sans commissions, ainsi qu'un service de bus entre Bangkok et Laem Ngop. Ce nouveau service évite plusieurs correspondances, mais Tha Centrepoint (sur Ko Chang) étant plus éloignée des plages de la côte ouest, le gain de temps est négligeable. **Centrepoint Ferry** (☎0 3953 8196) assure cette liaison (aller simple/aller retour 80/100 B, 45 min, toutes les heures de 6h à 19h30). Le week-end en haute saison, le service se termine à 21h.

Une nouvelle liaison en bus est assurée depuis le terminal de Suvarnabhumi (aéroport de Bangkok) vers Ko Chang (308 B, 6 heures) via le ferry transportant les véhicules, avec des arrêts sur le continent à Trat. L'autre option est le service de minibus au départ du monument de la Victoire de Bangkok qui va jusqu'à Tha Sapparot à Ko Chang (aller simple 300 B, 4 heures, départs toutes les heures).

Depuis/vers les îles voisines

Tha Bang Bao, dans la partie sud de l'île, est l'embarcadère utilisé pour les trajets en bateau vers les îles voisines. **Bang Bao Boats** (www.bangbaoboat.com) assure la liaison quotidienne inter-îles en ferrys (express ou lent) sur un circuit Ko Wai, Ko Mak, Ko Kut et retour. Des vedettes font le même circuit, plus vite et plus souvent.

Comment circuler

Les *sŏrng·tăa·ou* collectifs viennent à la rencontre des bateaux pour emmener les passagers aux différentes plages (Hat Sai Khao 50 B, Khlong Prao 60 B et Lonely Beach 100 B). La plupart des déplacements entre les plages de la côte ouest devraient coûter de 40 à 50 B.

Ko Kut

เกาะกูด

Ko Kut a tout de l'île paradisiaque : de délicates anses sablonneuses, des eaux d'une extrême limpidité, des cocoteraies dissimulant les rares constructions, et une ambiance d'alcôve îlienne qui vous étreint à peine débarqué. Ni discothèque ni restaurant, et c'est ce qui plaît à ses visiteurs.

Hat Khlong Chao est l'une des plus belles plages et serait une candidate sérieuse face à Hat Chaweng de Ko Samui dans un concours de beauté, avec ses eaux cristallines et chaudes. Ao Noi et ses jolies roches éparpillées et ses belles vagues, attend les bons nageurs. Ao Phrao est aussi de toute beauté.

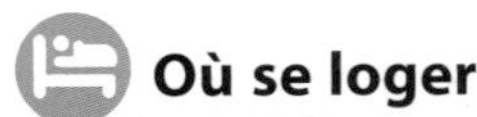

Où se loger

En haute saison et le week-end, les complexes hôteliers sont remplis de visiteurs thaïlandais.

BANN MAKOK — Hôtel $$

(08 1934 5713 ; Khlong Yai Ki ; ch 2 500-3 000 B ; @). Cet hôtel de charme de 8 chambres est niché dans la mangrove. Construit avec du bois recyclé peint à l'ancienne pour ressembler à un village traditionnel de pêcheurs, avec ses entrelacs de pontons.

TINKERBELL RESORT — Hôtel $$$

(08 1813 0058 ; www.tinkerbellresort.com ; Hat Khlong Chao ; ch à partir de 7 900 B, repas inclus ; @). Tout en matériaux naturels, avec ses hautes clôtures en bambou et ses maisonnettes aux toits de chaume, cet hôtel se fond discrètement dans le paysage. Chambres lumineuses et aérées, au beau milieu d'une plage ravissante.

MANGROVE BUNGALOWS — Pension $

(08 5279 0278 ; Ban Khlong Chao ; ch 600-1 200 B). Ensemble de bungalows spacieux avec portes en bois poli et douches chaudes, installé en bordure de la mangrove de Khlong Chao. Restaurant au-dessus du canal. Plage à 10 minutes à pied.

Renseignements

L'île ne compte ni banque ni DAB, mais les principaux hôtels changent de l'argent.

Comment s'y rendre et circuler

On se rend à Ko Kut depuis l'embarcadère de Laem Sok, à 22 km au sud-est de Trat, le point de correspondance des bus le plus proche.

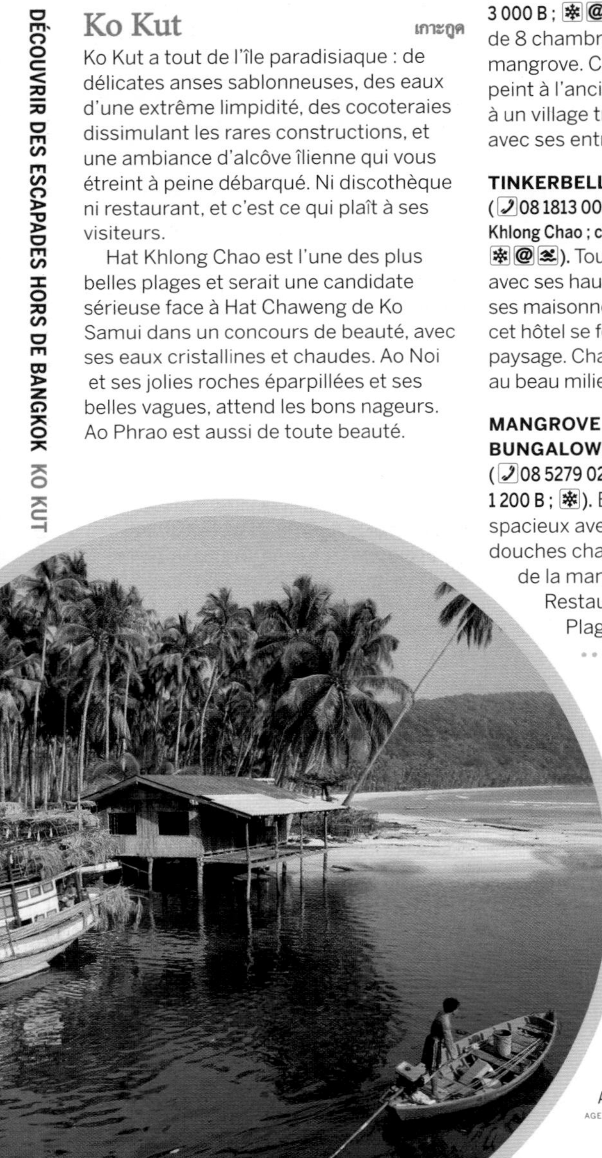

Ao Phrao, Ko Kut

Faisant la navette avec les îles voisines, **Bang Bao Boat** (www.bangbaoboat.com) assure les liaisons par ferrys depuis Ko Chang chaque jour à 9h pour Ko Kut (aller simple 700 B, 5 à 6 heures). En sens inverse, vous pouvez prendre le ferry pour Ko Mak (aller simple 300 B, 1 à 2 heures) et Ko Wai (aller simple 400 B, 2 heures 30).

NORD-EST DE LA THAÏLANDE

Nakhon Ratchasima (Khorat) นครราชสีมา (โคราช)

215 000 HABITANTS

Dotée d'une forte identité régionale (les habitants de Khorat préfèrent le nom de *kon koh·râht* à celui de *kon i·săhn*), cette cité animée cache ses trésors dans des quartiers plus tranquilles comme celui du quartier historique à l'intérieur des douves, où la vie traditionnelle suit son cours.

Ce centre urbain permet de rejoindre les vestiges d'Angkor à Phimai.

Où se loger

THAI INTER HOTEL Hôtel $$
(☎0 4424 7700 ; www.thaiinterhotel.com ; 344/2 Th Yommarat ; ch 650-750 B ; ❄@📶). Chambres confortables. Bien situé, mais pas très calme, tout près d'une légion de bars et de restaurants très corrects.

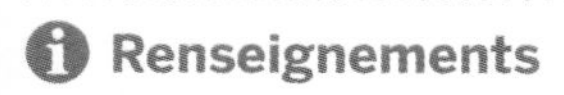

Renseignements

Tourist Authority of Thailand – Nakhon Ratchasima (Khorat) (☎0 4421 3666 ; Th Mittaphap ; ⏲8h30-16h30). Office du tourisme.

Depuis/vers Khorat

Bus

Khorat possède 2 terminaux de bus. Le **terminal 1** (☎0 4424 2899 ; Th Burin), situé dans le centre-ville, dessert Bangkok et d'autres villes de la province. Pour d'autres destinations, et des services plus fréquents vers Bangkok, les bus partent du **terminal 2** (☎0 4425 6006 ; Hwy 2), au nord du centre-ville.

On trouve aujourd'hui des minibus depuis/vers Ayuthaya (132 B, 4 heures, toutes les 30 min) et Lopburi (120 B, 3 heures 30, toutes les heures) depuis le terminal 2 des bus. Les minibus pour Pak Chong (60 B, 1 heure, toutes les 20 min) partent d'un arrêt au bord de la route près du terminal 1.

Comment circuler

La plupart des courses en túk-túk coûtent entre 30 et 70 B. Les motos-taxis et les *săhm·lór* (ou *săamláw*, cyclo-pousse), très courants, sont moins chers. L'agence de location de voitures **Korat Car Rental** (☎08 1877 3198 ; www.koratcarrental.com) bénéficie d'une excellente réputation.

Phimai พิมาย

Préfigurant peut-être Angkor Wat, le Prasat Phimai s'élevait autrefois sur une grande route marchande entre la capitale, Angkor, et les confins septentrionaux du royaume khmer. Phimai peut faire l'objet d'une excursion d'une journée au départ de Khorat, mais si vous appréciez la quiétude, n'hésitez pas à loger à Phimai.

À voir

PARC HISTORIQUE DE PHIMAI Vestiges khmers
(อุทยานประวัติศาสตร์พิมาย ; ☎0 4447 1568 ; Th Anantajinda ; 100 B ; ⏲7h30-18h). Commencé par le roi khmer Jayavarman V (968-1001) au début du Xe siècle et achevé par son successeur Suriyavarman Ier (1002-1049), ce superbe temple hindo-bouddhique mahayana dégage une majesté qui transcende sa taille. Restauré par le département des Beaux-Arts, il représente l'un des monuments les plus complets du circuit.

MUSÉE NATIONAL DE PHIMAI Musée
(พิพิธภัณฑสถานแห่งชาติพิมาย ; Th Tha Songkhran ; 100 B ; ⏲9h-16h mer-dim). Installé au bord du Sa Kwan, un bassin khmer du XIIe siècle, ce musée renferme une belle collection de sculptures khmères provenant du Prasat Phimai, dont nombre de gracieux linteaux, ainsi que d'autres vestiges provenant du bas Isan (à l'est de la Thaïlande).

Le parc national de Khao Yai par la porte de derrière

La balade en voiture dans le secteur sud du Khao Yai est aussi belle que celle du nord, plus courue. La faune y est plus abondante ; la nuit notamment, on peut voir des éléphants se déplacer le long de la route. Le **Palm Garden Lodge** (☎08 9989 4470), dans la province de Prachinburi, à 12 km de l'entrée propose en journée des **circuits dans le parc** (1 300 B/pers pour un groupe de 4) à peu près identiques à ceux offerts par les compagnies basées à Pak Chong. Ils se distinguent cependant sur trois points : ils n'incluent la cascade Haew Narok que de juin à novembre, quand il y a de l'eau, ils peuvent au besoin compléter le circuit par un safari nocturne, et emploient Klin, une femme guide du Khao Yai.

L'hébergement est toujours peu développé à l'entrée du parc. Notre adresse favorite est le très accueillant **Palm Garden Lodge** (☎08 9989 4470 ; www.palmgalo.com ; ch 400-650 B, bung 1 200 B ; ❄@📶), à 10 km à l'est de la porte du parc, à Ban Khon Kwang. Les chambres douillettes (ventilateur ou climatisation) s'ouvrent sur un jardin tranquille, propice à la détente.

Où se loger

OLD PHIMAI GUESTHOUSE Pension $
(☎08 0159 5363 ; www.phimaigh.com ; Th Chomsudasadet ; dort 100 B, s 170 B, d 200-370 B ; ❄📶). Une ambiance décontractée règne dans cette historique maison de bois retirée dans une ruelle calme. Les hôtes sont une mine d'informations sur Phimai et proposent des excursions pour Phanom Rung à des prix raisonnables.

Depuis/vers Phimai

Au départ de Khorat, les bus à destination de Phimai partent du terminal 2 (36-50 B, 1 heure 15) toutes les 30 min jusqu'à 22h.

Parc national de Khao Yai อุทยานแห่งชาติเขาใหญ่

Sur le podium des plus beaux parcs du monde, le **Khao Yai** (☎08 6092 6529 ; 400 B) est le plus ancien et le plus visité des parcs naturels de Thaïlande. Couvrant 2 168 km², il comprend l'une des plus vastes forêts de mousson intactes du continent asiatique, ce qui lui a valu d'être inscrit au patrimoine mondial de l'Unesco (il fait partie de l'ensemble forestier de Dong Phayayen-Khao Yai). Les employés du **centre d'information des visiteurs** (🕗8h-20h) parlent anglais pour la plupart.

Le parc national héberge quelque 200 éléphants sauvages, mais aussi des muntjacs, des gaurs, des ours, des tigres, des léopards, des loutres, divers gibbons et macaques, ainsi que des pythons.

Il existe 2 grandes voies d'accès. La première, au nord, passe par la province de Nakhon Ratchasima, la plupart des voyageurs y accédant par la ville de Pak Chong. L'entrée sud se trouve dans la province de Prachinburi (voir l'encadré ci-dessus pour plus de détails).

À voir et à faire

Le Khao Yai compte de nombreuses cascades. La plus belle cependant est la **Nam Tok Haew Suwat**, haute de 25 m, rendue célèbre par le film *La Plage*, réalisé par Danny Boyle en 2000.

La plupart des hôtels et des complexes des environs du Khao Yai organisent des **circuits dans le parc**, le moyen idéal de la visiter, car rien ne remplace un bon guide qui vous montre des animaux que vous n'auriez jamais pu voir seul.
Les sorties d'une journée incluent souvent

des marches faciles pour admirer la faune et la cascade de Haew Suwat. D'autres sorties (ornithologie, camping, randonnées ou autres) sont aussi organisées. La Greenleaf Guesthouse (ci-contre) est très appréciée des voyageurs. Un nouveau venu, **Bobby's Jungle Tours** (0 4432 8177 ; www.bobbysjungletourskhaoyai.com), emploie de bons guides pour des randonnées qui se terminent à la nuit tombée, moment plus propice pour observer des éléphants.

Où se loger

Des dizaines d'hébergements s'alignent dans Th Thanarat (Rte 2090 qui mène au parc), alors que d'autres se trouvent à Pak Chong, une ville plutôt quelconque.

Le parc lui-même est bien sûr le meilleur endroit pour passer la nuit. Vous avez le choix entre des **campings** (empl 30 B/pers avec tente, location tente 2-6 pers 150-400 B) et des **chambres et bungalows** (0 2562 0760 ; www.dnp.go.th/parkreserve ; 2-8 pers 800-3 500 B), disséminés dans le parc, souvent assez loin du centre d'information des visiteurs.

GREENLEAF GUESTHOUSE Pension $
(0 4436 5073 ; www.greenleaftour.com ; Th Thanarat, km 7,5 ; ch 200-300 B ;). Une fois franchies les parties communes un peu décrépites de cet établissement familial, les chambres d'un bon rapport qualité/prix (avec sdb privative, eau froide) réservent une bonne surprise.

HOTEL DES ARTISTS Hôtel $$$
(0 4429 7444 ; www.hotelartists.com ; Th Thanarat, Km 17 ; ch avec petit-déj 3 500 B ; @). Un hôtel élégant qui se distingue du tout venant des environs, jouant sur le chic colonial français plutôt que sur le thème de la nature. Le superbe panorama sur la montagne à l'arrière ne vous la fait toutefois pas oublier.

Depuis/vers le parc national de Khao Yai

Des *sŏrng·tăa·ou* (40 B, 45 min) parcourent les 30 km entre Pak Chong et l'entrée nord du parc en suivant Th Thanarat, toutes les 30 min de 6h à 17h. Comptez encore 14 km jusqu'au centre d'information des visiteurs ; les gardes forestiers arrivent généralement à convaincre les chauffeurs d'y conduire les voyageurs.

Parc national de Khao Yai

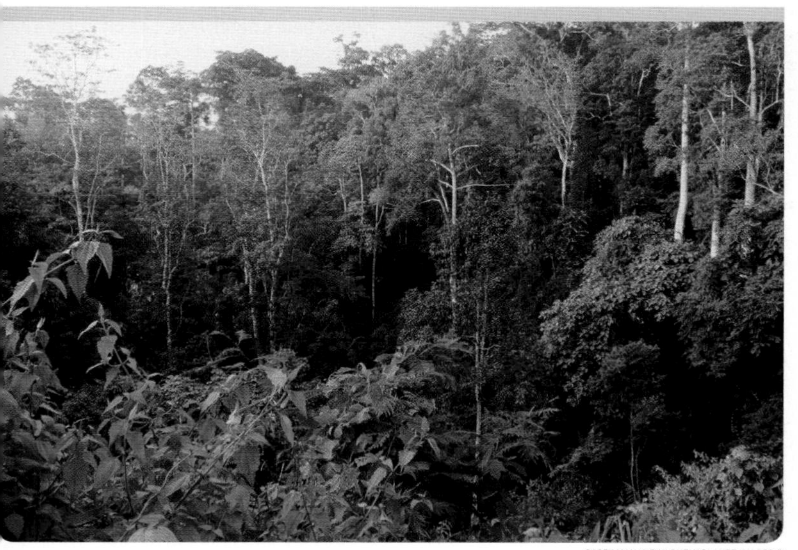

CASEY MAHANEY/LONELY PLANET IMAGES ©

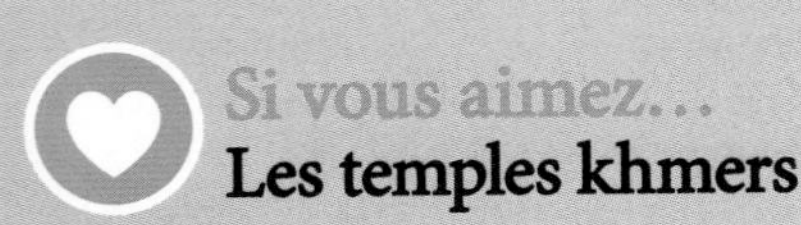

Si vous aimez le Phanom Rung, alors ne manquez pas ces anciens temples khmers :

1 **PRASAT MUANG TAM**
(à 8 km de Phanom Rung ; 100 B ; 6h-18h). Complétant à merveille la visite du Phanom Rung, cet ancien sanctuaire dédié à Shiva (Xe-XIe siècle) est entouré d'un rempart de latérite, à l'intérieur duquel 5 *prang* et 4 bassins couverts de lotus ont chacun un *naga* à 5 têtes. Le *prang* principal présente un linteau figurant Shiva et son épouse Uma chevauchant leur taureau sacré, Nandi. Comme à Angkor Wat, le *prang* symbolise les 5 sommets du mont Meru, demeure mythique des dieux hindous. De l'autre côté de la route, le Barai Muang Tam est un bassin représentant l'océan. Moyennant un ticket combiné de 150 B, vous aurez accès au Phanom Rung et au Muang Tam.

2 **PRASAT TA MEUAN**
(à 55 km de Phanom Rung ; entrée libre ; en journée). À la frontière cambodgienne, ces 3 temples khmers bordent l'ancienne route royale reliant Angkor Wat et Phimai. Les vestiges comprennent un pavillon de repos aux pèlerins (XIIe siècle), un "lieu de guérison" et un sanctuaire de Shiva que les Khmers rouges, qui occupaient le site dans les années 1980, ont pillé. Dans la région, il existe encore des mines non désamorcées : faites attention aux panneaux "danger".

Tous les bus de 2e classe reliant Bangkok (108-139 B, 2 heures 30) et Khorat (60-74 B, 1 heure) font halte à Pak Chong. Le terminal pour la quasi-totalité des bus à destination de Bangkok est à l'ouest du feu au niveau de Th Thesabarn 8.

Des minibus vont jusqu'au monument de la Victoire à Bangkok (160 B, 2 heures 30, toutes les heures) au feu de circulation, et pour Khorat (60 B, 1 heure, toutes les 20 min) devant le *đà·l àht kàak*.

De Bangkok ou Khorat, vous pouvez prendre le train pour Pak Chong, mais il circule plus lentement que le bus ou le minibus. D'Ayuthaya, il n'existe en revanche aucune liaison directe en bus, mieux vaut prendre le train (3e classe 53 B, 2e classe ventil/clim 83/173 B, 2-3 heures, 13 départs/jour).

Nang Rong นางรอง

20 300 HABITANTS

Cette ville, située à 45 km au nord de Buriram, est banale, mais elle constitue néanmoins un point de départ idéal pour visiter le Phanom Rung.

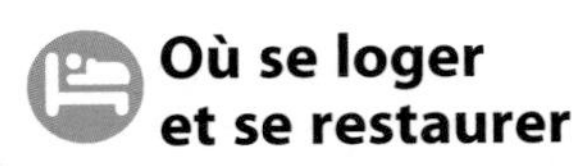

P CALIFORNIA INTER HOSTEL Pension $
(**08 1808 3347 ; www.pcalifornianangrong.webs.com ; Th Sangkakrit ; ch 250-700 B ;**). Dans la partie est de la ville, cette adresse accueillante représente un bon rapport qualité/prix dans toute la gamme de ses chambres, lumineuses et joliment décorées. Khun Wicha, qui parle anglais, connaît la région comme sa poche, fournit vélo, moto (200 B/jour) et organise des excursions.

CABBAGES & CONDOMS Hôtel $$
(**0 4465 7145 ; Hwy 24 ; ch 240-1 500 B ;**). Géré par la Population & Community Development Association, cet établissement situé à 6,5 km de la ville est niché dans un jardin et entouré de plusieurs petits lacs. Les chambres les moins chères (sdb commune) sont défraîchies, mais dans la gamme au-dessus, il y a de l'espace et un sol en pierre.

Depuis/vers Nang Rong

Le **terminal des bus** (0 4463 1517) de Nang Rong se trouve dans la partie ouest de la ville.

Parc historique du Phanom Rung อุทยานประวัติศาสตร์เขาพนมรุ้ง

Le **Phanom Rung** (Phnom Rung ; **0 4478 2715 ; 100 B, vélo/moto/voiture 10/20/50 B ; 6h-18h**), le plus vaste et le mieux restauré des monuments khmers de Thaïlande, occupe un emplacement spectaculaire. Couronnant le sommet d'un volcan éteint, dont le nom en khmer signifie "grande montagne", ce sanctuaire domine à une altitude de 200 m la plaine alentour quadrillée de rizières. Au sud-est, on voit nettement les monts Dangrek qui marquent la frontière du Cambodge.

L'ensemble de temples fut construit entre le Xᵉ et le XIIIᵉ siècle, mais la plus grande part des travaux date du règne de Suriyavarman II (1113-1150), qui marque l'apogée de l'architecture d'Angkor. Le site est orienté vers l'est, et, 4 fois par ans, les rayons du soleil franchissent les 15 portes du sanctuaire.

L'un des aspects les plus remarquables du Phanom Rung est la **grande chaussée** dallée conduisant à la porte principale, exemple le mieux conservé en Thaïlande. Elle commence sur une pente, à 400 m à l'est de la tour principale, par une succession de 3 **terrasses** en terre. La promenade se termine devant le premier et le plus grand des 3 **ponts décorés de nagas** de style classique d'Angkor.

Le **ɓrah·sàht** (château) central est lui-même entouré de quatre galeries dont chaque entrée est une version réduite de la tour principale.

Un droit d'entrée combiné (150 B) vous donne accès au Phanom Rung et au Muang Tam.

Vishnu et le roi de la pop

La sculpture la plus célèbre de Phanom Rung est celle ornant le **linteau de Narai Bandhomsindhu**. Elle représente un Vishnu ("Phra Narai" en thaï) couché selon le mythe hindou de la création, avec un lotus sortant de son nombril. Brahma, le dieu créateur, est assis sur l'une d'elles. Vishnu dort sur la mer de lait de l'Éternité, symbolisée par un naga (serpent), et entouré de têtes de Kala, le dieu du Temps et de la Mort. En 1972, il réapparut exposé à l'Art Institute of Chicago, et la Thaïlande insista alors pour obtenir son retour. Le groupe rock thaïlandais Carabao appuya sa demande avec la chanson "*Thaplang*" (*Le Linteau*) où l'on entendait "Reprenez Michael Jackson et rendez-nous le Phra Narai." Le Phra Narai revint finalement au bercail en 1988.

Depuis/vers le Phanom Rung

Se rendre au Phanom Rung sans être motorisé peut sembler compliqué, il n'en est rien. Des *sŏrng·tăa·ou* (20 B, 30 min) partent toutes les 30 min de l'ancien marché *(nâh đà·làht go/uw)* à l'extrémité est de Nang Rong. Sinon, au départ du terminal, des bus à destination de Chanthaburi passent par Ban Ta Pek, d'où un moto-taxi demande 200 B pour le Phanom Rung, temps d'attente inclus. Louer un *sŏrng·tăa·ou* à Ban Ta Pek est onéreux, dans les 800 B.

Les voyageurs qui viennent de Pak Chong ou s'y rendent (104-140 B, 2 heures 30, toutes les heures) ou bien transitent par Bangkok (Gitjagaan Tours ; 275 B, 5 heures, toutes les heures) peuvent descendre à Ban Tako, un embranchement très bien signalé à environ 14 km à l'est de Nang Rong. Ils peuvent également choisir d'attendre l'un des bus ou *sŏrng·tăa·ou* venant de Nang Rong. Il est aussi possible, de là, de prendre un moto-taxi (300 B aller-retour) jusqu'au Phanom Rung.

Chiang Mai

Blottie sur les contreforts de la Thaïlande du Nord, Chiang Mai présente des allures de sanctuaire où atmosphères urbaine et provinciale se marient à la perfection. C'est une ville où se mêlent artisans, professeurs d'université et étudiants. Ce brassage crée une ambiance décontractée et originale.

La ville est très appréciée pour ses vestiges du royaume lanna, la multitude de temples de son quartier fortifié et les montagnes alentour, empreintes de mystère.

Les sites à l'extérieur de la capitale sont faciles d'accès. Vous y verrez, outre de beaux paysages champêtres, deux des plus hauts sommets de Thaïlande : les Doi Inthanon (2 565 m) et Doi Chiang Dao (2 195 m). Recelant plus de forêts que toutes les autres provinces du Nord, Chiang Mai offre toutes sortes de possibilités en matière de loisirs sportifs : randonnées pédestres, à vélo ou à dos d'éléphant, observation des oiseaux ou encore rafting.

Wat Phra That Doi Suthep (p. 152)

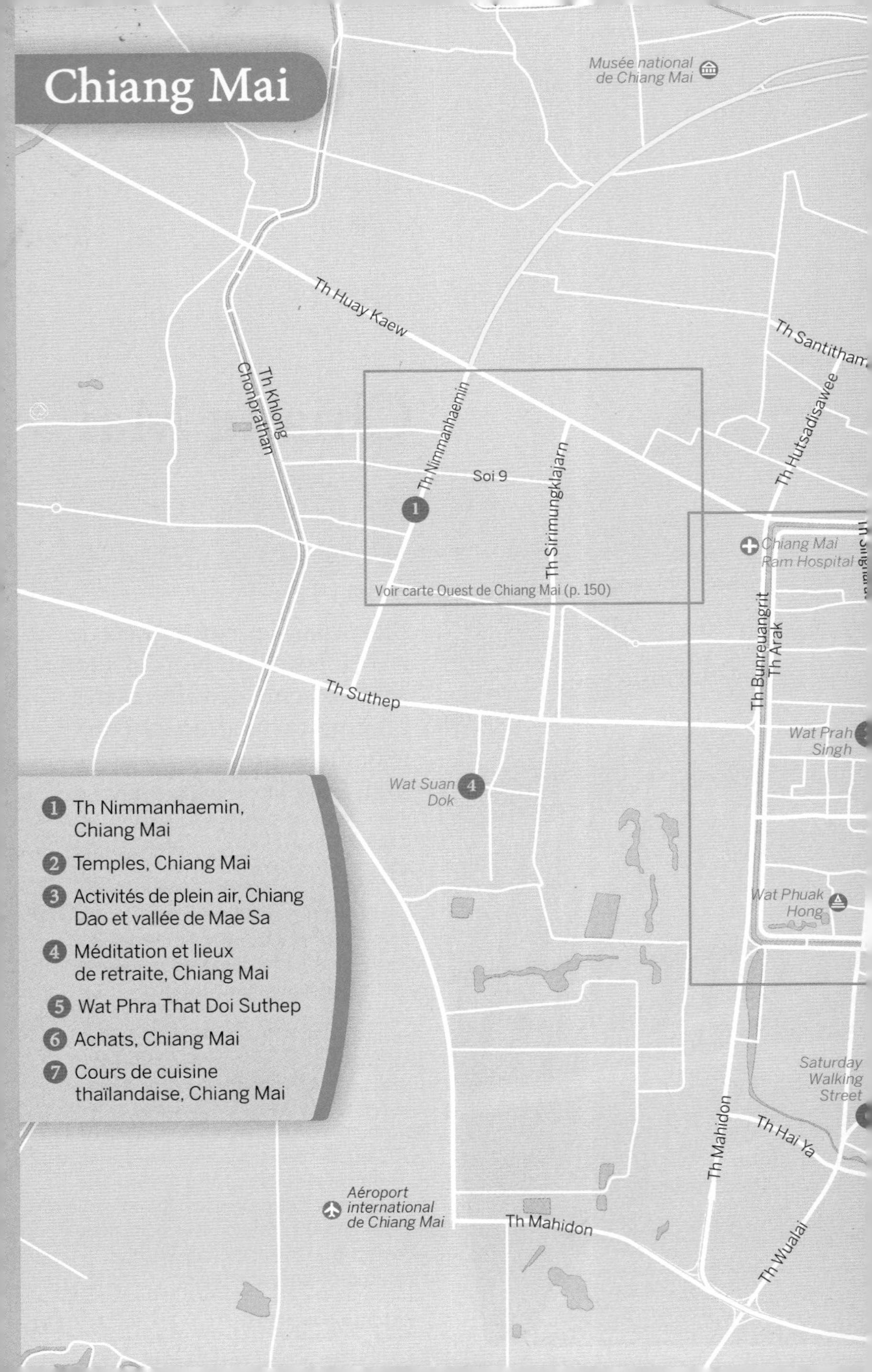
Chiang Mai
Musée national de Chiang Mai
Th Huay Kaew
Th Santitham
Th Khlong Chonprathan
Th Nimmanhaemin
Soi 9
Th Sirimungklajarn
Th Hutsadisawee
Chiang Mai Ram Hospital
Voir carte Ouest de Chiang Mai (p. 150)
Th Bunreuangrit
Th Arak
Th Suthep
Wat Prah Singh
Wat Suan Dok
Wat Phuak Hong
Saturday Walking Street
Th Mahidon
Th Hai Ya
Aéroport international de Chiang Mai
Th Mahidon
Th Wualai
1 Th Nimmanhaemin, Chiang Mai
2 Temples, Chiang Mai
3 Activités de plein air, Chiang Dao et vallée de Mae Sa
4 Méditation et lieux de retraite, Chiang Mai
5 Wat Phra That Doi Suthep
6 Achats, Chiang Mai
7 Cours de cuisine thaïlandaise, Chiang Mai

Hwy 11 (Th Superhighway)
0
500 m
Th Chotana (Th Chang Pheuak)
Th Atsadathorn
Th Wang Singkham
Th Faham
Th Ratanakosin
Th Sanan Kila
Th Muang Samut
Th Charoenrat
Th Chetuphon
Th Kaew Nawarat
Th Mani Nopharat
Th Si Phum
Wat Chiang Man
2
Th Wichayanon
Th Kaew Nawarat
Soi 3
Th Wiang Kaew
Th Ratchaphakhinai
Th Phra Pokklao
Th Chaiyaphum
Th Taiwang
Th Charoenrat
Wat Ketkaram
2
Th Praisani
Th Bamrungrat
Th Ratwithi
Th Inthawarorot
Th Chang Moi
Sunday Walking Street
6
Th Ratchadamnoen
Square principal
Th Tha Phae
6
Kesorn
Wat Chedi Luang
2
7
Wat Upakhut
Mae Nam Ping
Soi 1
Marché de nuit de Chiang Mai
Th Khong Sai
Th Ratchamankha
Soi 7
Th Moon Muang
Th Kotchasan
6
Soi 6
Th Loi Kroh
Soi Anusan
Th Bamrungburi
Th Chang Lor
Voir carte Centre de Chiang Mai (p. 148)
Wat Sisuphan
4
Th Wualai
Th Suriwong
Th Kamphaeng Din
Th Pracha Samphan
Th Chang Khlan
Th Charoen Prathet
Th Ratuthit
Th Chiang Mai-Lamphun

Chiang Mai
À ne pas manquer

1

Th Nimmanhaemin

Cette rue et celles qui se déploient autour vibrent d'une énergie débordante : bistrots, cafés, bars branchés, petites boutiques, espaces artistiques et culturels et toutes sortes d'établissements originaux et créatifs semblent émerger de partout. Shopping, restauration, rencontres amicales, danse, pause dans un bar, soins en spa... tout est à portée de main.

Nos conseils

MEILLEURE PÉRIODE Les boutiques ouvrent vers 11h et la vie nocturne s'anime vers 22h ou 23h

L'ASTUCE Procurez-vous le *Citylife Chiang Mai* pour vos sorties

Voir p. 144

Ma sélection

Th Nimmanhaemin par Pim Kemasingki

RÉDACTRICE EN CHEF, *CITYLIFE CHIANG MAI*

1 LÈCHE-VITRINE

Mon quartier préféré pour le shopping est Th Nimmanhaemin (Nimman) et son dédale de ruelles. À l'extrémité nord de la rue, on trouve de magnifiques tissus, céramiques, objets en étain, articles de mode et accessoires. Pour moi, le paradis, c'est Ginger (p. 166) et son adorable bric-à-brac *girly* et rose bonbon.

2 FESTIVAL D'ART ET DE DESIGN DE NIMMANHAEMIN

Pendant 4 jours autour du week-end du 5 décembre (anniversaire du roi), Soi 1, à l'instar d'autres secteurs commerçants, est fermé à la circulation pour accueillir les œuvres de designers et d'artistes. En plus du shopping où l'on trouve un peu de tout, on peut dîner, prendre un verre, écouter des concerts, assister à des défilés de mode et participer à mille et une festivités (de 11h à minuit).

3 RESTAURANTS

La diversité est de mise dans la cuisine de Chiang Mai. Le **Café de Nimman** (**☎ 0 5321 8405 ; Rooms Boutique Mall, 61 Th Nimmanhaemin**) sert d'excellents plats thaïlandais à petits prix. Su Casa (p. 162) est un charmant restaurant proposant tapas, sangria et cocktails au champagne. **Yangze Jiang** (**☎ 0 5326 6550 ; Soi 5, Th Nimmanhaemin**) prépare une succulente cuisine chinoise dans un décor de choix.

4 VIE NOCTURNE

Th Nimmanhaemin est actuellement la rue en vogue pour les sorties nocturnes à Chiang Mai. Groupes d'étudiants, expatriés et voyageurs fréquentent ses bars et ses clubs chaque soir de la semaine. Le Warm-Up (p. 165) est le fief des talons aiguilles, des mini-jupes, de l'exubérance estudiantine et de la musique hip-hop, indie et électro. Chic mais un tantinet kitsch, le Glass Onion (p. 163) sert de fabuleux vins et martinis. Juste à côté, le tout nouveau **Cosmos Bar & Wine Shoppe** (**☎ 0 5321 8479 ; Rooms Boutique Mall, Th Nimmanhaemin**) est tout aussi épatant.

Les temples de Chiang Mai

Les temples de Chiang Mai sont de vibrants témoignages de l'art traditionnel du royaume du Lanna (XIIIe-XIXe s.). La vieille ville renferme nombre de temples royaux construits par la dynastie Lanna Mengrai. À l'extérieur, on trouve des temples de village érigés par divers groupes ethniques de Chiang Mai. **Ci-dessous** Wat Phra Singh (p. 145) **En haut à droite** Wat Phra That Doi Suthep (p. 152) **En bas à droite** Wat Chiang Man (p. 147)

Nos conseils

MEILLEURE PÉRIODE DE VISITE Tôt le matin

L'ASTUCE Renseignez-vous sur l'histoire et le symbolisme iconographique des temples avant la visite

Voir p. 144

2

Ma sélection

Les temples de Chiang Mai par Ratanaporn Sethakul

PROFESSEURE AGRÉGÉE D'HISTOIRE, UNIVERSITÉ DE PAYAP

1 WAT PHRA SINGH

Le Wat Phra Singh (p. 145) doit sa notoriété à son célèbre bouddha (Phra Singh), auquel les Thaïs viennent rendre hommage. Lors des grandes fêtes, la statue est transportée à l'extérieur afin que les fidèles puissent venir acquérir des "mérites" (rituels religieux bouddhiques). Dans le sanctuaire où réside Phra Singh, des fresques murales dépeignent la vie traditionnelle des gens ordinaires. Elles m'intéressent particulièrement car mes recherches portent sur l'histoire sociale et la culture lanna.

2 WAT CHEDI LUANG

Le Wat Chedi Luang (p. 145) abrite le pilier de la ville (*làk meu·ang* ou *sao inthakiln*). Chaque année, une fête permettant aux fidèles d'acquérir des "mérites" a lieu avant la saison des semailles. Ce pilier témoigne du lien historique entre les Môn-Khmers, le peuple autochtone du Lanna et les Thaïs venus conquérir la région au XIIIe siècle. Le temple servit de centre d'enseignement bouddhique du XVe au XVIe siècle, et accueillit de nombreux jeunes moines étudiants de Thaïlande et de l'étranger. La principale représentation du Bouddha le montre debout, ce qui diffère de ses postures dans les autres temples.

3 WAT CHIANG MAN

Le Wat Chiang Man (p. 147), érigé par le roi Mengrai, serait le premier temple construit lors de la fondation de Chiang Mai comme capitale du Lanna. Son nom était prometteur puisque *chiang* signifie "ville", et *man* "stabilité". Les inscriptions en pierre du temple sont d'importantes preuves historiques.

4 WAT KETKARAM

Le Wat Ketkaram (Wat Ket ; p. 149) est situé au bord de la Ping, dans une communauté de marchands chinois. Au XIXe siècle, Chiang Mai est devenue plus cosmopolite avec l'arrivée de Chinois, d'Hindous, ainsi que de marchands et missionnaires occidentaux. Après la visite du temple, traversez le pont afin de profiter du Talat Warorot (p. 147), le plus grand marché de Chiang Mai, parfait pour plonger dans le quotidien de la ville.

Se fondre dans une nature luxuriante

Chiang Mai est le tremplin thaïlandais pour les activités de plein air (p. 151) dans les fraîches et luxuriantes montagnes du Nord. On peut randonner jusqu'aux villages des minorités tribales, visiter des réserves d'éléphants, effectuer des parcours en tyrolienne en forêt, faire de l'escalade et du VTT. À moins que ne préfériez louer un véhicule pour rejoindre Chiang Dao (p. 170) ou la vallée de Mae Sa (p. 169), pour le plaisir de voir la jungle se transformer en forêt de conifères au fur et à mesure qu'on grimpe en altitude.

3

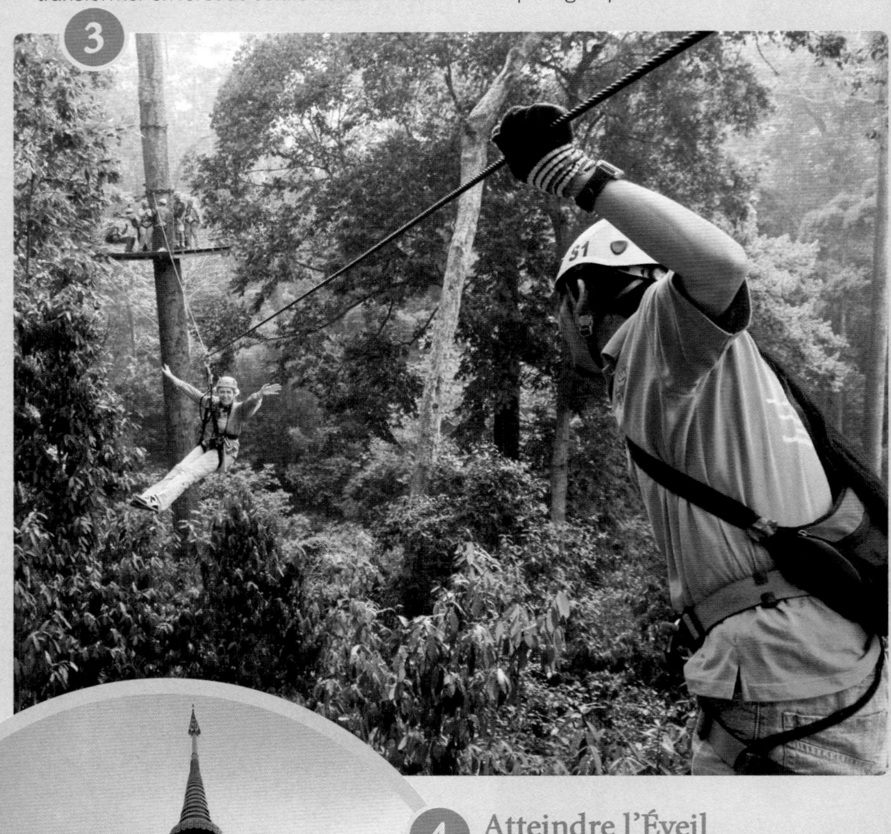

4

Atteindre l'Éveil

Entourée de temples et d'une montagne mystique, Chiang Mai baigne dans la spiritualité. Arrêtez-vous au Wat Suan Dok (p. 150) ou au Wat Sisuphan (p. 149) pour assister à une "séance de conversation" avec les moines : l'occasion pour ces derniers de répondre aux questions des étrangers et de perfectionner leur anglais. Ces deux temples proposent des cours de méditation et des retraites pour une compréhension plus approfondie du bouddhisme. Wat Suan Dok

FELIX HUG/LONELY PLANET IMAGES ©

5 Le Doi Suthep

La montagne gardienne de Chiang Mai s'élève depuis les plaines pour atteindre une fraîche couronne de nuages, où s'épanouissent mousses et fougères. Niché sur la crête de la montagne, le Wat Phra That Doi Suthep (photo ; p. 152) est un important lieu de pèlerinage bouddhique. Le temple, splendide, impressionne par son atmosphère mystique. La montagne boisée est sillonnée de chemins de randonnée et de VTT.

ANDERS RYMAN/ALAMY ©

6 Artisanat et folklore

À Chiang Mai, centre de l'artisanat thaïlandais, on fabrique des objets inspirés des traditions d'antan. Les Saturday Walking Street (p. 149) et Sunday Walking Street (p. 144) se transforment en un immense marché fourmillant d'acheteurs. Quant au marché de nuit de Chiang Mai (p. 164), il propose des souvenirs de fabrication industrielle. Les boutiques comme Kesorn (p. 165) vendent de l'artisanat et des objets folkloriques.

7 L'art du mortier et du pilon

Si toutes les villes touristiques thaïlandaises proposent des cours de cuisine, Chiang Mai se distingue par son ambiance détendue, sa cuisine régionale parfois revisitée et ses cours dispensés dans d'anciennes maisons de caractère. Les écoles de cuisine comme la Chiang Mai Thai Cookery School (p. 154) proposent un aperçu des produits thaïlandais, la visite d'un marché et la préparation d'un repas. De quoi parfaire vos talents ou vous en découvrir d'autres.

Chiang Mai : le best of

Pour se cultiver

- **Centre culturel et artistique de Chiang Mai** (p. 145). Découvrez l'histoire de la ville.
- **Musée national de Chiang Mai** (p. 147). Percez les secrets de l'art et de l'architecture lanna (Thaïlande du Nord).
- **Wat Suan Dok** (p. 150). Retirez-vous pour 2 jours de méditation, ou venez discuter du bouddhisme avec les moines.
- **Cours de cuisine** (p. 154). Apprenez à manier le mortier et le pilon dans un cours de cuisine thaïlandaise.

Activités de plein air

- **Trekking** (p. 151). Spendides excursions en montagne, balades à dos d'éléphant et visites dans les villages tribaux d'altitude.
- **Réserves d'éléphants** (p. 151). Devenez incollable sur les pachydermes dans les réserves et les camps d'entraînement des cornacs.
- **Vélo** (p. 151). Pour explorer la ville ou se lancer sur les sentiers de VTT du parc national de Doi Suthep-Pui (p. 155).
- **Rafting** (p. 151). Bravez les rapides de la Mae Taeng de juillet à mars.

Achats

- **Saturday Walking Street** (p. 149). Marché de week-end donnant l'occasion de visiter en même temps l'ancien village des orfèvres.
- **Sunday Walking Street** (p. 144). Balade, en-cas et shopping sur un autre marché de week-end.
- **Marché de nuit de Chiang Mai** (p. 164). Un immense marché pour faire le plein de souvenirs.
- **Adorn with Studio Naenna** (p. 166). Coopérative de tissage villageoise pour un commerce équitable.

Lieux de détente

- **Centre de massage de la prison de femmes de Chiang Mai** (p. 157). Massages professionnels prodigués par les détenues.
- **Dheva Spa** (p. 157). Des soins grand luxe dans un cadre enchanteur.
- **Mae Ping River Cruise** (p. 153). Admirez le paysage naturel à l'occasion d'une croisière sur la Mae Ping.
- **Antique House** (p. 161). Un restaurant tout en teck se distinguant par son ambiance et sa cuisine.

À gauche Elephant Nature Park (p. 152)
Ci-dessus Marché de nuit de Chiang Mai (p. 164)

Ce qu'il faut savoir

À PRÉVOIR

- **Un mois avant** Réservez hébergement et train-couchette depuis Bangkok.
- **Une semaine avant** Réservez vos billets d'avion depuis Bangkok.
- **La veille** Réservez les cours de cuisine et vos activités de plein air.

ADRESSES UTILES

- **1 Stop Chiang Mai** (www.1stopchiangmai.com). Excursions d'une journée à partir de Chiang Mai et activités de plein air.
- **Citylife** (www.chiangmainews.com). Actualités et tendances, et choix de restaurants.
- **Golden Triangle Rider** (www.gt-rider.com). Cartes de l'arrière-pays.
- **Plan de Chiang Mai de Nancy Chandler** (www.nancychandler.net). Un bon plan de ville.

COMMENT CIRCULER

- **Vélo** Moyen facile et écologique de se déplacer dans le centre de Chiang Mai.
- **Moto** Bonne option pour visiter seul les environs du centre-ville.
- **Sŏrng·tăa·ou** Les taxis collectifs vont partout (30-40 B).
- **Túk-túk** Typique, mais pensez à marchander (60-80 B) !

MISES EN GARDE

- **Dans les temples**, habillez-vous convenablement et agissez avec respect. Asseyez-vous sur les talons face aux statues du Bouddha.
- **Les voyageuses** ne doivent pas toucher les moines et doivent se retirer du chemin en cas de rencontre.
- **Guides** Via la TAT, faites-vous accompagner d'un guide pour découvrir les temples de la Thaïlande du Nord.

Promenade dans Chiang Mai

Les temples les plus célèbres se trouvent dans l'enceinte de la vieille ville. Partez tôt pour profiter de la fraîcheur du matin, couvrez vos épaules et vos genoux et, à l'intérieur, ôtez vos chaussures et asseyez-vous jambes repliées vers l'arrière.

PROMENADE

- **Départ** Wat Phra Singh
- **Arrivée** Centre de massage de la prison de femmes de Chiang Mai
- **Distance** 2,5 km
- **Durée** 2-3 heures

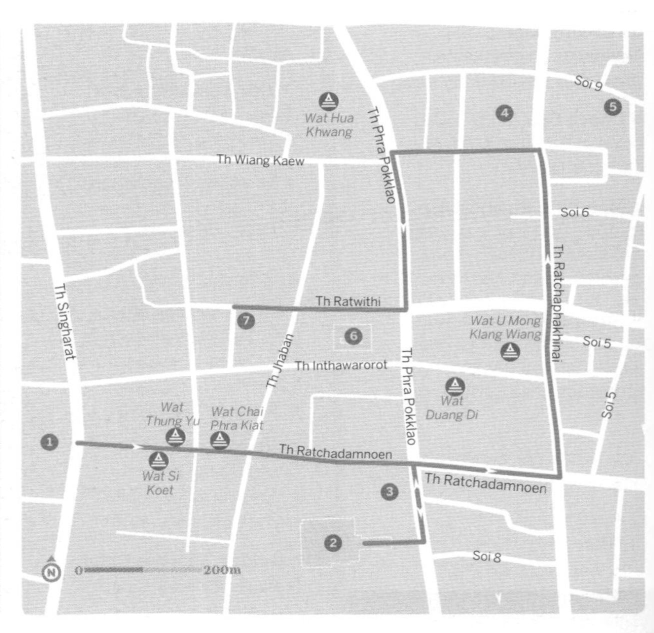

1 Wat Phra Singh

Le bouddha le plus vénéré de la ville (Phra Singh) réside dans ce magnifique temple, exemple parfait d'architecture lanna. Pendant la fête de Songkran, on promène Phra Singh dans la ville à l'occasion des festivités religieuses.

2 Wat Chedi Luang

Jadis, ce *chédi* (stupa) à présent en ruines était le plus haut édifice de Chiang Mai. Le temple a abrité autrefois le célèbre Bouddha d'Émeraude (Phra Kaew), symbole national du bouddhisme thaï qui se trouve aujourd'hui à Bangkok.

3 Wat Phan Tao

À côté du Wat Chedi Luang, ce minuscule temple en teck est plus photogénique que vénéré par les habitants. Il existe de longue date à Chiang Mai une tradition de sculpture du bois, héritée des artisans birmans, et les forêts alentour fournissaient le teck qui servait à la construction des maisons et des temples. Lorsque vous aurez admiré les ornementations délicates de ce temple, vous comprendrez ce que l'on entend par "style classique de Lanna".

4 Wat Chiang Man

S'il ne fait pas trop chaud, visitez encore un autre temple. Le Wat Chiang Man, plus ancien temple de la ville, s'orne de tous les éléments architecturaux caractéristiques de Lanna. Il fut rénové dans les années 1920 par un célèbre moine du Nord, qui a consacré sa vie à réhabiliter les temples en ruine.

5 Blue Diamond

Avouez : après une matinée de visite, vous avez un petit creux. À cette extrémité de la ville, les restaurants de riz ne sont pas légion. Mettez donc le cap sur le quartier des routards pour vous faire plaisir dans ce café. Le *soi* (ruelle, passage) qui coupe le quartier en deux offre un aperçu des jardins des résidences de la vieille ville.

6 Centre culturel et artistique de Chiang Mai

Cette matinée placée sous le signe de l'art, de l'architecture et de l'histoire trouvera toute sa cohérence grâce aux explications que propose ce musée délicieusement climatisé. L'édifice se distingue également par une architecture de toute beauté.

7 Centre de massage de la prison de femmes de Chiang Mai

La journée a été longue, il est temps de se détendre. Passée l'entrée de la prison des femmes, continuez en direction du bâtiment côté sud de la rue et portant l'enseigne "Prison Shop". C'est là que les détenues donnent des séances de massage. Ce programme d'aide à la réinsertion s'adresse à des femmes susceptibles d'être libérées dans un proche avenir.

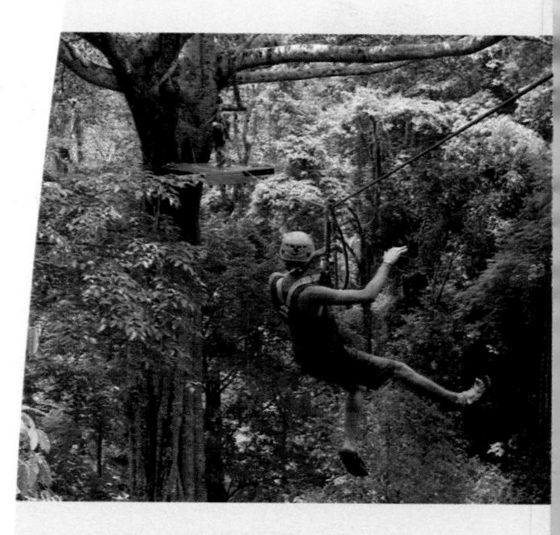

Chiang Mai en...

DEUX JOURS

Visitez les temples cités dans le promenade, puis explorez le **Wat Phra That Doi Suthep** (p. 152). Terminez la journée dans un **restaurant au bord de la rivière** (p. 159). Le lendemain, offrez-vous un **cours de cuisine thaïe** (p. 154), ou bien, si c'est le week-end, découvrez la **Saturday Walking Street** (p. 149) et la **Sunday Walking Street** (p. 144).

QUATRE JOURS

Le troisième jour, place aux **activités de plein air** (p. 151) : randonnée, tyrolienne, escalade ou rafting. Le jour suivant, faites le tour des boutiques et des restaurants de **Th Nimmanhaemin** (p. 166 et p. 161). Revenez pour profiter de la **vie nocturne** (p. 163) du quartier.

SEPT JOURS

Partez à la découverte de la campagne et des paysages de montagne à l'extérieur de la ville. Louez une moto et suivez les crêtes montagneuses à travers la **vallée de Mae Sa** (p. 169), ou bien faites une escapade à **Chiang Dao** (p. 170) pour observer les oiseaux et faire de la spéléologie.

Tyrolienne, Flight of the Gibbon (p. 152), Mae Kampong

Découvrir Chiang Mai

Les incontournables

- **Vieille ville** (p. 144). Quartier historique.
- **Est de la vieille ville et au bord de la rivière** (p. 147). Artisanat et souvenirs à profusion.
- **Sud de la vieille ville** (p. 149). Orfèvres dans Th Wualai.
- **Ouest de la vieille ville** (p. 150). Le repaire des étudiants.
- **Parc national de Doi Suthep-Pui** (p. 155). Forêts et temple sacré.

Panneau mural, Wat Phra Singh
JOHN ELK III/LONELY PLANET IMAGES ©

174 000 HABITANTS

Histoire

Chiang Mai (เชียงใหม่) et d'autres provinces du Nord ont, du point de vue historique, plus de points communs avec l'État shan de l'actuel Myanmar (Birmanie), les régions limitrophes du Laos et même les montagnes du sud de la Chine qu'avec Bangkok et les plaines centrales de la Thaïlande.

Le roi Phaya Mengrai (ou Mangrai) aurait fondé le royaume lanna et conquis la vallée de la Ping, où il fit bâtir une capitale temporaire à Wiang Kum Kam (p. 147). Vers 1296, il transféra la capitale lanna dans un endroit plus pittoresque, entre le Doi Suthep et la rivière Ping et nomma cette cité Nopburi Si Nakhon Ping Chiang Mai (abrégée en Chiang Mai, qui signifie "Nouvelle Cité fortifiée"). On distingue des traces des remparts en terre d'origine (de 1296) le long de Th Kamphaeng Din à Chiang Mai.

À voir

Il est facile de se repérer dans Chiang Mai. La plupart des visiteurs s'installent dans la vieille ville, qui s'explore aisément à pied ou à vélo. Les principaux temples jalonnent Th Ratchadamnoen.

Vieille ville เมืองเก่า

SUNDAY WALKING STREET Marché

(ถนนเดินวันอาทิตย์ ; carte p. 148 ; Th Ratchadamnoen ; 16h-24h dim). Rappelant les marchands itinérants des anciennes caravanes chinoises, la rue piétonne Sunday Walking Street offre toutes sortes de produits et un bon aperçu de la culture provinciale.

Soi Ban Haw

La communauté thaïe-musulmane de Soi 1, près de Th Chang Khlan et du marché de nuit, doit son origine à l'époque où Chiang Mai constituait un détour sur la route de la soie. La **Matsayit Chiang Mai** **(carte p. 148 ; Soi 1, Th Charoen Prathet)**, ou mosquée Ban Haw, fut fondée il y a 100 ans par des *jin hor* ("Chinois galopants"), l'expression thaïe pour désigner les caravaniers du Yunnan. Depuis deux siècles, cette communauté s'est agrandie avec l'arrivée de musulmans yunnanais fuyant les troubles dans la Birmanie et le Laos voisins.

Plusieurs gargotes et stands de rue proposent des curries thaïlando-musulmans, du *kôw soy* (curry de poulet et nouilles), du *kôw mòk gài* (biriani de poulet) et du *néu·a òp hŏrm* (bœuf séché "parfumé"), une spécialité des musulmans yunnanais. Le soir, un marchand ambulant vend de délicieux *roh·đi* (pain plat indien).

Des vendeurs s'installent le long de Th Ratchadamnoen, de la place en face de Pratu Tha Pae au Wat Phra Singh, et débordent sur quelques pâtés de maisons des deux côtés de Th Phra Pokklao. De nombreux articles, dont des écharpes en coton, des sandales en cuir et des sculptures sur bois, sont faits main à Chiang Mai et aux alentours.

Si vous n'êtes pas en ville le dimanche, arpentez la Saturday Walking Street (p. 149) dans Th Wualai.

WAT PHRA SINGH — Temple

(วัดพระสิงห์ ; Th Singharat ; don apprécié). Temple le plus visité de Chiang Mai, le Wat Phra Singh doit sa notoriété au Phra Singh (Bouddha Lion), la statue du Bouddha la plus révérée de la ville ; il se distingue également par son architecture et une belle collection d'art classique lanna.

Le Phra Singh est conservé dans le Wihan Lai Kham, une petite chapelle au fond du jardin, à côté du *chédi* (stupa). Son toit à trois niveaux et ses pignons sculptés sont caractéristiques du style lanna. À l'intérieur, de somptueuses décalques *lai·krahm* (à l'or) ornent le mur du fond.

Le principal *chédi* du wat, de style lanna classique avec sa base octogonale, fut érigé par le roi Pa Yo en 1345 en l'honneur de son père. Plus près de l'entrée, le principal *wí·hăhn* (sanctuaire) renferme un bouddha plus grand mais moins important, le Thong Thip.

CENTRE CULTUREL ET ARTISTIQUE DE CHIANG MAI — Musée

(หอศิลปวัฒนธรรมเชียงใหม่ ; ☎0 5321 7793 ; Th Ratwithi ; adulte/enfant 90/40 B ; ⏲8h30-17h mar-dim). Ce centre offre une bonne introduction à l'histoire de la ville. Le 1er étage présente une exposition intéressante sur la religion et la culture du nord du pays. Au 2e étage, les salles ont été transformées en reconstitutions historiques d'un ancien village lanna, d'un temple et d'un train. De cet étage, vous pourrez apprécier la beauté de cet édifice postcolonial, l'ancienne préfecture, de 1924. Il a été primé par la Société royale des architectes siamois en 1999 pour sa restauration architecturale fidèle.

WAT CHEDI LUANG — Temple

(วัดเจดีย์หลวง ; Th Phra Pokklao ; don apprécié). Autre temple vénérable, le Wat Chedi Luang est construit autour d'un *chédi* de style lanna de 1441, partiellement en ruine, qui aurait été l'un des plus hauts bâtiments de l'ancienne Chiang Mai. Le fameux Phra Kaew (Bouddha d'émeraude), aujourd'hui dans le Wat

Chiang Mai et ses environs

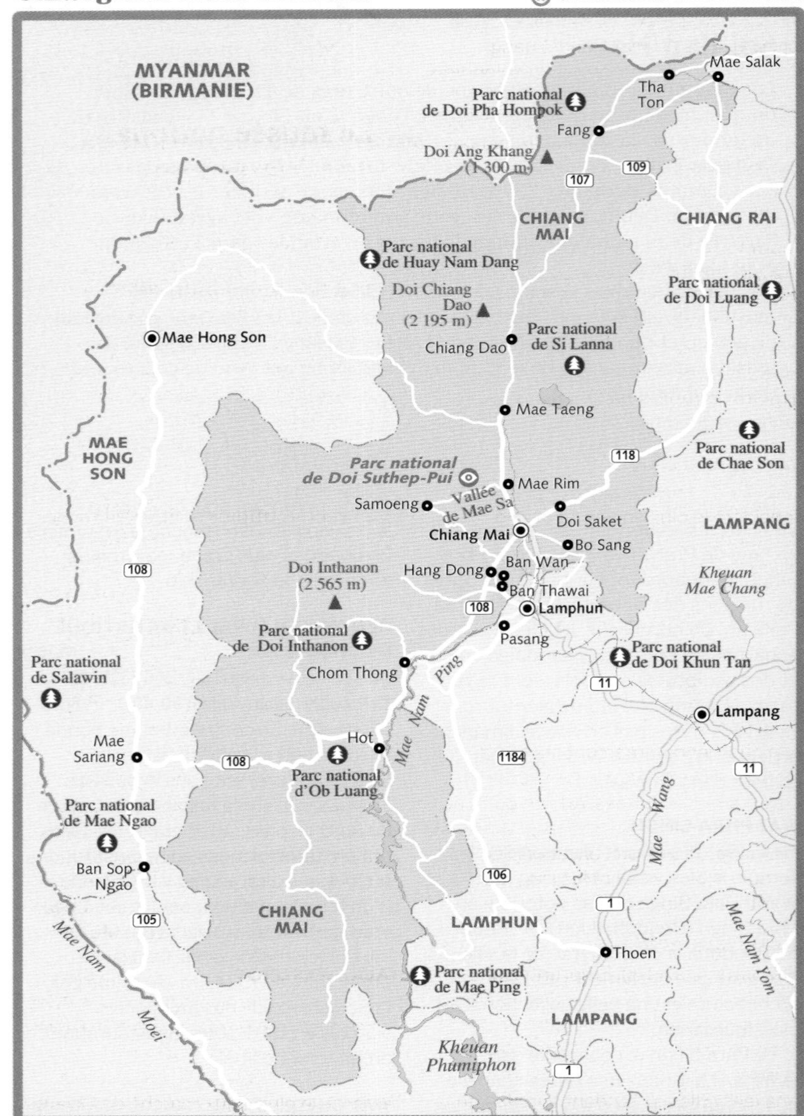

Phra Kaew (p. 74) à Bangkok, se tenait dans la niche est en 1475. À sa place se tient une réplique en jade, offerte par le roi en 1995 pour célébrer les 600 ans du *chédi* (selon certaines estimations) et les 700 ans de la ville.

Le *làk meu·ang* (ou pilier de la ville, qui renfermerait le dieu gardien de la cité) est enchâssé dans un petit bâtiment à gauche de l'entrée principale.

Vous pouvez discuter avec les moines lors de votre visite (voir l'encadré p. 151).

WAT PHAN TAO Temple

(วัดพันเถา ; **carte p. 148; Th Phra Pokklao ; don apprécié).** Près du Wat Chedi Luang, le Wat Phan Tao comprend un splendide *wí·hăhn* en teck, qui fut jadis une résidence royale et compte aujourd'hui parmi les trésors méconnus de Chiang Mai. Entièrement construit avec des panneaux en teck assemblés et soutenu par 28 énormes piliers en teck, il comporte des bardeaux en forme de naga, incrustés de mosaïques en miroirs colorés. À l'intérieur, vous découvrirez les vieilles cloches du temple, quelques poteries, des bouddhas en bois doré typiques du Nord, ainsi que d'antiques armoires remplies de manuscrits sur feuilles de palmier.

WAT CHIANG MAN Temple

(วัดเชียงมั่น ; **Th Ratchaphakhinai ; don apprécié).** Considéré le plus ancien de la ville et caractéristique de l'architecture religieuse du nord de la Thaïlande, le Wat Chiang Man aurait été édifié par Phaya Mengrai, le fondateur de la ville.

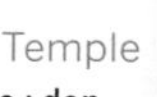

Vaut le détour
Le musée national de Chiang Mai

Créé en 1973 et géré par le département des beaux-arts, le **Musée national de Chiang Mai** (พิพิธภัณฑสถานแห่งชาติเชียงใหม่ ; **0 5322 1308 ; www.thailandmuseum.com ; près de Th Superhighway ; 100 B ; 9h-16h mer-dim)** est le gardien des trésors lanna et le conservateur de l'histoire de la Thaïlande du Nord. Il complète parfaitement le Centre culturel et artistique de Chiang Mai (p. 145) avec plus d'œuvres d'art et d'antiquités, et présente des expositions qui ne se limitent pas à la municipalité. La section d'art lanna, la plus soignée, comprend une sélection de bouddhas de tous styles, avec des explications sur les différentes périodes et influences.

Est de la vieille ville et au bord de la rivière

Passer par Pratu Tha Phae conduit à un quartier commerçant standard de magasins en béton à 2 étages et d'avenues encombrées. Au sud du Talat Warorot, le marché de nuit s'installe dans Th Chang Khlan (voir l'encadré p. 164). Le cours sinueux de la Mae Ping constitue un autre atout du secteur.

WIANG KUM KAM Ruines historiques

(เวียงกุมกาม ; **8h-17h).** Empruntez une carriole à cheval (200 B) et appréciez le rythme paisible, tandis que le cocher échange des plaisanteries avec les paysans qui vivent parmi les ruines excavées. Elles s'étendent sur plus de 3 km² et se composent essentiellement de fondations en brique semi-enterrées. Leur importance historique dépasse de loin leur attrait, mais le village alentour ajoute au charme du trajet.

Wiang Kum Kam fut le premier site de peuplement dans la région de Chiang Mai, fondé par les Môn en tant que cité satellite du royaume de Hariphunchai. Occupée par Phaya Mengrai en 1286, elle fut la capitale lanna pendant 10 ans avant la construction de Chiang Mai. La cité fut abandonnée au XVIe siècle en raison d'une inondation majeure, due au changement du cours de la Mae Ping.

TALAT WAROROT Marché

(ตลาดวโรรส ; **carte p. 148 ; angle Th Chang Moi et Th Praisani ; 6h-17h).** En suivant Th Chang Moi vers la rivière, vous découvrirez une activité frénétique autour du Talat Warorot, le plus vieux marché de Chiang Mai et le plus connu, appelé *gàht lŏo·ang* ("grand marché") en thaï du Nord. L'animation alentour et dans le quartier voisin rend difficile de définir les limites du marché.

Centre de Chiang Mai

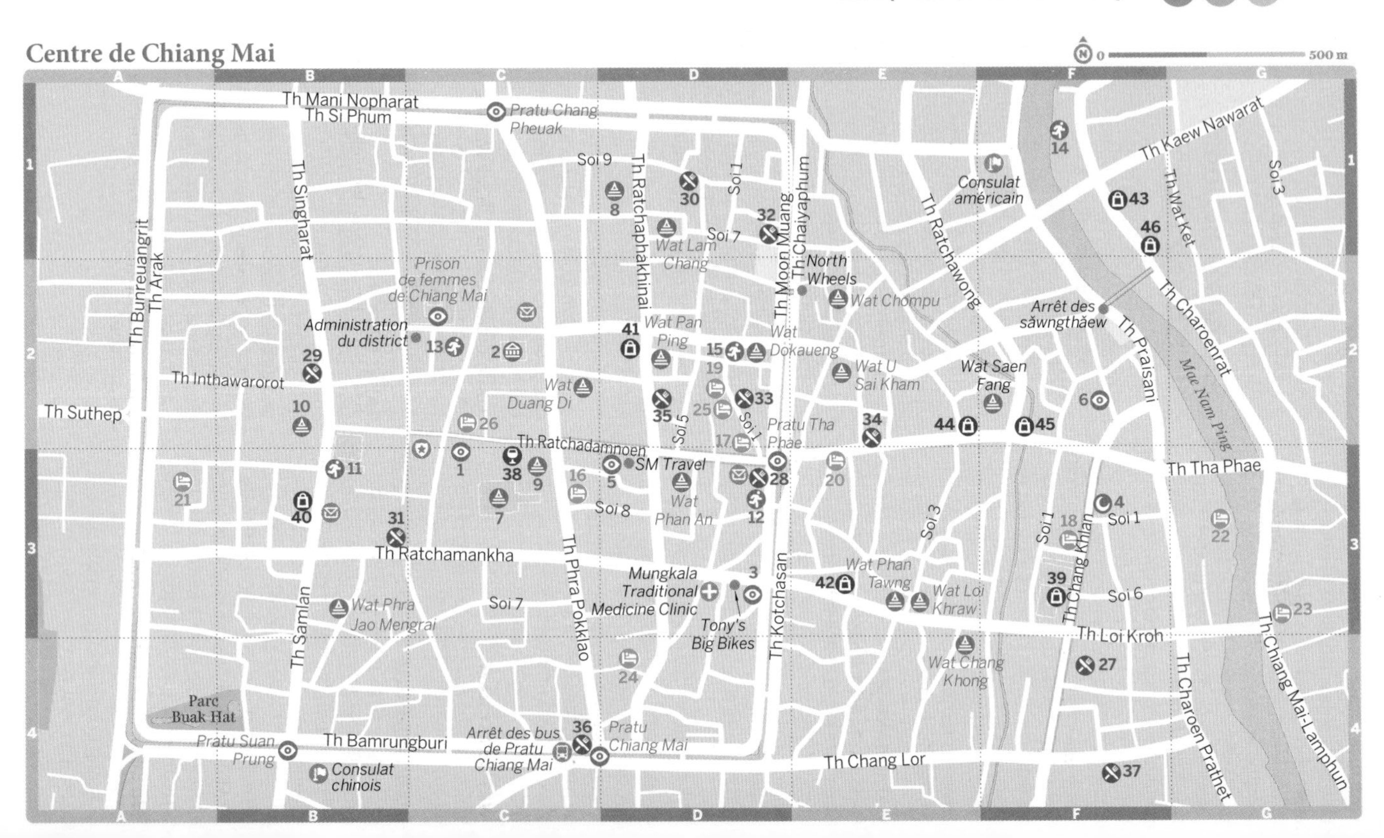

Centre de Chiang Mai

À voir

1 Bureau du Baan Chang Elephant Park C3
2 Centre culturel et artistique de Chiang Mai C2
3 Billetterie de l'Elephant Nature Park D3
4 Matsayit Chiang Mai F3
5 Sunday Walking Street D3
6 Talat Warorot F2
7 Wat Chedi Luang C3
8 Wat Chiang Man D1
9 Wat Phan Tao C3
10 Wat Phra Singh B2

Activités

11 Chiang Mai Mountain Biking B3
12 Chiang Mai Thai Cookery School D3
13 Centre de massage de la prison de femmes de Chiang Mai C2
14 Scorpion Tailed River Cruise F1
15 Siam River Adventures D2

Où se loger

16 3 Sis C3
17 Awanahouse D2
18 dusit D2 Chiang Mai F3
19 Mini Cost D2
20 Mo Rooms E3
21 Rachamankha A3
22 River View Lodge G3
23 Riverside House G3
24 Sa Thu Boutique House D4
25 Vieng Mantra D2
26 Villa Duang Champa C2

Où se restaurer

27 Marché de nuit d'Anusan F4
28 AUM Vegetarian Food D3
29 Baan Nok Noodle B2
30 Blue Diamond D1
31 Heuan Phen B3
32 House D1
33 Lert Ros D2
34 Ratana's Kitchen E2
35 Safe House Court D2
36 Talat Pratu Chiang Mai C4
37 Whole Earth Restaurant F4

Où prendre un verre

Tea House .... (voir 45)
38 Writer's Club & Wine Bar C3

Achats

39 Marché de nuit de Chiang Mai F3
40 Dor Dek Gallery B3
41 Freedom Wheel Chairs Workshop D2
Kesorn .... (voir 45)
42 KukWan Gallery E3
43 La Luna Gallery F1
44 Lost Heavens E2
45 Siam Celadon F2
46 Sop Moei Arts F1

WAT KETKARAM Temple

(แม่ปิง/วัดเกตการาม ; Th Charoenrat). La Mae Ping (voir l'encadré p. 153) traverse Chiang Mai. La rive est de la rivière, en face du Talat Warorot, fut peuplée par des commerçants chinois et des missionnaires occidentaux. Aujourdhui, le quartier est appelé Wat Ket, le surnom du Wat Ketkaram tout proche. Construit au XVe siècle, ce temple renferme un musée de trésors éclectiques.

Sud de la vieille ville

SATURDAY WALKING STREET Marché

(ถนนเดินวันเสาร์ ; Th Wualai; 16h-24h sam). La rue piétonne Saturday Walking Street est réputée offrir un artisanat plus authentique et une ambiance moins commerciale que la Sunday Walking Street. Cette réputation est sans doute un peu exagérée car la plupart des vendeurs travaillent sur les deux marchés. Cependant, le quartier ancien et ses boutiques d'argenterie, les vieilles dames vêtues de soie et l'atmosphère plus paisible rendent la promenade agréable.

WAT SISUPHAN Temple

(วัดศรีสุพรรณ ; Soi 2, Th Wualai ; don apprécié). Fondé en 1502, ce wát conserve peu d'éléments d'origine, hormis quelques pilliers en teck et les poutres du *wí·hăhn*. L'*ubosot* (chapelle) voisine serait la seule salle d'ordination en argent du pays (il s'agit en fait d'un mélange d'aluminium, d'argent composé et d'argent pur) ; le résultat de la récente rénovation est splendide. Le temple propose des discussions avec les moines et des cours de méditation (voir l'encadré p. 151). Le Wat Sisuphan est l'un des rares à Chiang Mai où l'on peut assister au Poy Luang (ou Poy Sang Long), l'intronisation de style shan au noviciat d'un groupe de jeunes garçons, fin mars.

Ouest de la vieille ville

WAT SUAN DOK Temple

(วัดสวนดอก ; Th Suthep ; don apprécié). Ce temple, construit en 1373 sur le site d'un ancien jardin d'ornement, n'a pas l'intérêt architectural des temples de la vieille ville, mais il séduit les photographes par ses *chédi* blanchis à la chaux qui se détachent sur les cimes bleues du Doi Suthep et du Doi Pui.

Le Wat Suan Dok est aussi relié spirituellement au temple bâti sur le Doi Suthep grâce à une relique apportée par Phra Sumana Thera, un moine de Sukhothai. Selon la légende, la relique se dupliqua miraculeusement : l'une fut enchâssée dans le grand *chédi* central

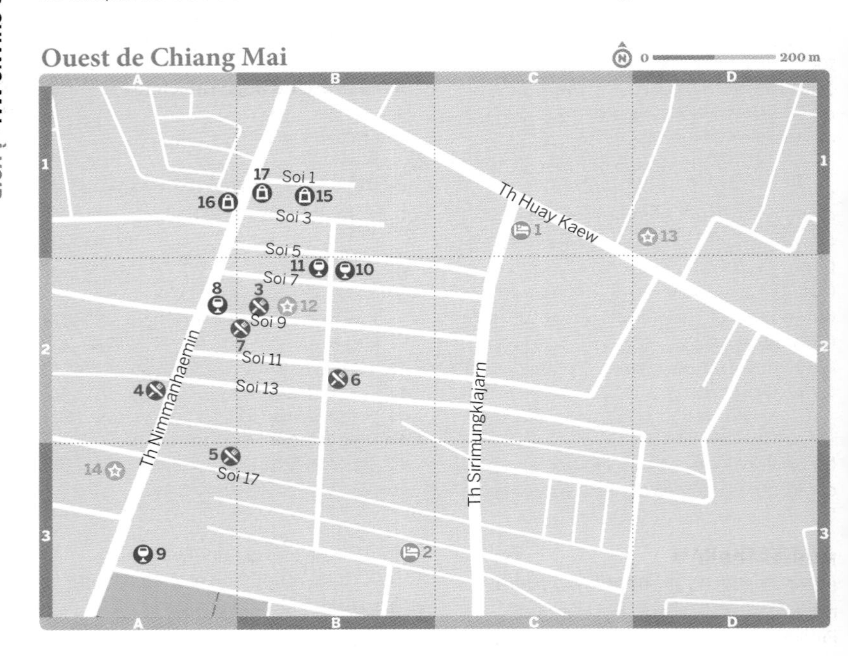

Ouest de Chiang Mai

Où se loger
1 H ... C1
2 Pann Malee Home ... B3

Où se restaurer
3 94 Coffee ... B2
4 Burmese Restaurant ... A2
5 Khun Churn ... A3
6 Su Casa ... B2
7 Wawee Coffee ... B2

Où prendre un verre
8 At 9 Bar ... A2
9 Glass Onion ... A3
10 Outdoors ... B2
11 Pinocchio's ... B2

Où sortir
12 Monkey Club ... B2
13 Sudsanan ... D1
14 Warm-Up ... A3

Achats
15 Adorn with Studio Naenna ... B1
16 Ginger ... A1
17 Srisanpanmai ... B1

(récemment couvert de feuilles d'or), tandis que l'autre servit de "guide" pour fonder le Wat Doi Suthep.

Aujourd'hui, le Wat Suan Dok accueille de nombreux moines et novices, dont beaucoup étudient à l'université bouddhique Mahachulalongkorn du monastère. Des étrangers viennent souvent pour des discussions avec les moines (voir l'encadré p. 151) et pour des retraites de méditation en anglais.

CHIANG MAI ZOO Zoo

(สวนสัตว์/แหล่งเพาะพันธุ์ไม้ป่าเขตร้อนเชียงใหม่ ; ☎0 5322 1179 ; www.chiangmaizoo.com ; 100 Th Huay Kaew ; adulte/enfant 100/50 B ; ⏲8h-17h). Au pied du Doi Suthep, le zoo de Chiang Mai occupe un parc luxuriant et abrite de nombreux animaux, plus deux attractions vedettes (des pandas et un aquarium) avec des droits d'entrée séparés. L'aquarium (adulte/enfant 520/390 B), qui posséderait le plus long tunnel d'observation d'Asie (113 m), reproduit les environnements aquatiques de Thaïlande, des rivières du nord aux marais de mangroves et aux côtes océaniques, ainsi que le bassin amazonien.

Nord de la vieille ville

Mieux vaut louer un moyen de transport car les sites au nord de la vieille ville sont trop éloignés pour les visiter à pied.

MUSÉE TRIBAL Musée

(พิพิธภัณฑ์ชาวเขา ; ☎0 5321 0872 ; www.tribalmuseumchiangmai.com ; près de Th Chang Pheauk). Surplombant un lac dans Suan Ratchamangkhala à la lisière nord de la ville, ce musée octogonal possède une collection d'artisanat, de costumes, de bijoux, d'ornements, d'outils agricoles, d'instruments de musique et d'objets de cérémonie. Il était fermé pour rénovation lors de notre passage.

Activités

Les montagnes, les rivières et les chemins alentour favorisent la vogue des sports extrêmes, qui ont commencé à supplanter les treks traditionnels.

La campagne est idéale pour les sorties en deux-roues. Le Doi Suthep (p. 155), l'espace vert le plus proche de la ville, est réputé pour le VTT. À moto ou à vélo, la boucle Mae Sa-Samoeng constitue la plus proche et la plus belle escapade dans les montagnes.

Chiang Mai est l'une des meilleures destinations pour "rencontrer" des éléphants.

Les amateurs de varappe se rendent à Crazy Horse Buttress, une impressionnante série de falaises calcaires derrière Tham Meuang On, près de Sankamphaeng, à 45 km à l'est de Chiang Mai. Si le paysage n'est pas aussi fabuleux qu'à Krabi, l'ascension offre une belle vue sur la campagne environnante.

Le rafting fait également partie des possibilités. La Mae Taeng coule au nord de Chiang Mai et traverse les parcs nationaux de Doi Chiang Dao et de Huai Nam Dang. La rivière est tumultueuse et jalonnée de rapides 9 mois par an (de juillet à mars), une saison étonnamment longue dans un climat de mousson. Avant de choisir un tour-opérateur, renseignez-vous sur ses standards de sécurité et de formation.

Avec les moines

Certains temples proposent des discussions avec les moines, au cours desquels un moine ou un novice répondent aux questions des étrangers sur leur vie quotidienne, les enseignements bouddhiques ou l'art de s'envelopper dans les robes.

En signe de respect, adoptez une tenue correcte, épaules et genoux couverts. Les femmes doivent éviter tout contact avec les moines ou leurs effets personnels et ne jamais leur tendre un objet directement.

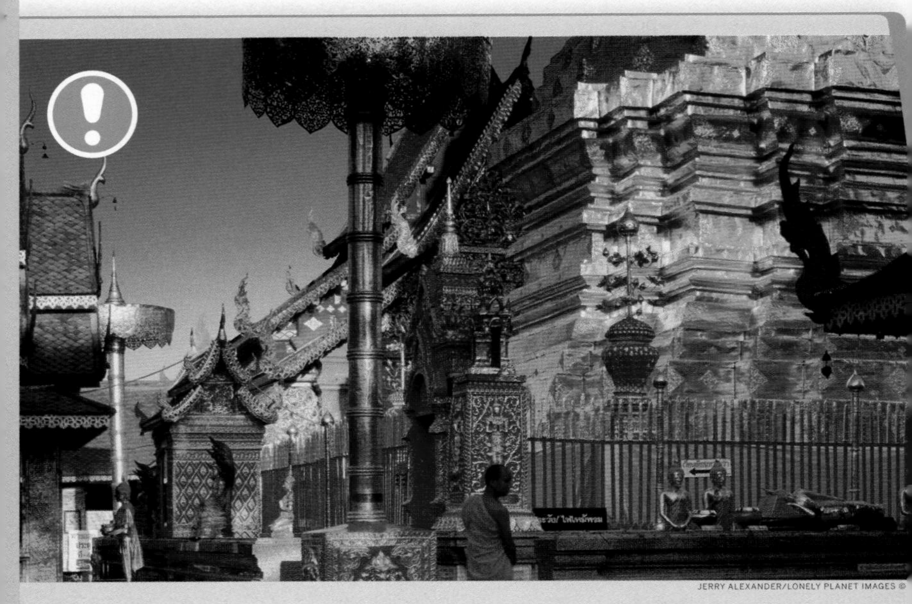

JERRY ALEXANDER/LONELY PLANET IMAGES ©

À ne pas manquer Le Wat Phra That Doi Suthep

Tel un phare projetant une lumière apaisante sur les plaines urbaines en contrebas, le Wat Suthep trône majestueusement au sommet du Doi Suthep et se distingue clairement de Chiang Mai. C'est l'un des temples les plus sacrés du Nord et les pèlerins thaïlandais affluent pour prier devant les reliques bouddhiques enchâssées dans le *chédi* doré.

Une histoire fabuleuse présida à la construction du wát en 1383, sous le roi Keu Naone. Un moine venu de Sukhothai ordonna au roi lanna de transférer dans la montagne l'une des reliques miraculeuses conservées au Wat Suan Dok et d'y fonder un temple. La relique fut placée sur le dos d'un éléphant blanc, qu'on laissa vagabonder jusqu'à ce qu'il "choisisse" le site du futur wát. L'éléphant mourut au sommet du Doi Suthep, à 13 km à l'ouest de Chiang Mai, et le temple fut édifié à cet endroit durant l'année de la chèvre.

Un épuisant escalier de 306 marches, bordé de rampes-naga, grimpe jusqu'au temple (un bus transporte les moins sportifs pour 20 B).

INFOS PRATIQUES

วัดพระธาตุดอยสุเทพ ; entrée 30 B

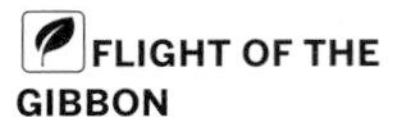

FLIGHT OF THE GIBBON Tyrolienne

(☎08 9970 5511 ; www.treetopasia.com ; Mae Kampong ; circuit 3 heures 3 000 B). Ce tour-opérateur de Chiang Mai possède une tyrolienne qui traverse la canopée à 1 300 m d'altitude. Près de 2 km de câbles jalonnés de 18 plates-formes suivent la crête et le parcours qu'emprunterait un gibbon pour descendre la montagne de branche en branche.

ELEPHANT NATURE PARK Parc d'éléphants

(carte p. 148 ; réservations ☎0 5320 8246 ; www.elephantnaturepark.org ; 1 Th Ratchamankha ; circuits 1/2 jours 2 500/5 800 B). Khun Lek (Sangduen Chailert) a reçu de nombreuses récompenses pour sa réserve d'éléphants dans la vallée de Mae Taeng, à 60 km de Chiang Mai (1 heure 30 de route). Ce parc boisé procure un environnement semi-sauvage à des éléphants qui ont subi de mauvais traitements ou trop vieux pour travailler. Les visiteurs peuvent aider à les laver et à surveiller le troupeau, mais il n'y a ni spectacle ni promenade sur leur dos.

BAAN CHANG ELEPHANT PARK Parc d'éléphants

(carte p. 148 ; ☎0 5381 4174 ; www.baanchangelephantpark.com ; circuit journée 1-2 pers 4 200 B). Au cours de la journée, vous vous occuperez d'un éléphant (nourriture et bain), son comportement et son mode de vie vous seront expliqués et vous le monterez à cru pour une promenade dans la jungle. Le parc combat tout enseignement de tours aux éléphants. Il se tient à Mae Taeng, à 50 minutes au nord de Chiang Mai.

PEAK Varappe

(☎0 5380 0567 ; www.thepeakadventure.com ; cours d'escalade 1 800-2 500 B). Cours pour débutants et grimpeurs expérimentés à Crazy Horse Buttress, ainsi que divers circuits aventure : quad, trekking, rafting et cours de survie dans la jungle.

SIAM RIVER ADVENTURES Rafting

(carte p. 148 ; ☎089 515 1917 ; www.siamrivers.com ; 17 Th Ratwithi ; circuit à partir de 1 800 B). Ce tour-opérateur jouit de la meilleure réputation en matière de sécurité. Les guides sont formés au sauvetage en eaux vives et une partie de l'équipe est postée aux passages dangereux avec des cordes de sauvetage. Les circuits peuvent se combiner avec un trek à dos d'éléphant et des nuits dans des villages.

CHIANG MAI MOUNTAIN BIKING VTT

(carte p. 148 ; ☎08 1024 7046 ; www.mountainbikingchiangmai.com ; 1 Th Samlan ; circuit à partir de 1 450-2 700 B). Divers circuits guidés à VTT (ou VTT et marche) de tout niveau dans le Doi Suthep.

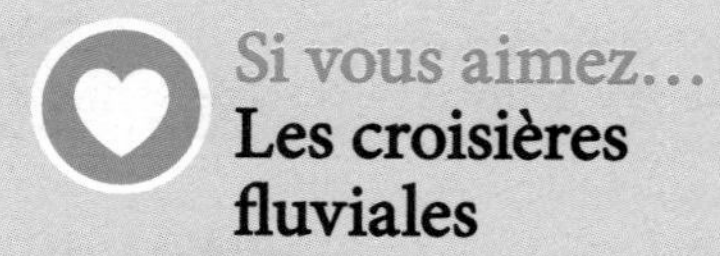

Si vous aimez… Les croisières fluviales

La Mae Ping traverse un paysage essentiellement rural, avec des petites maisons sur pilotis le long des berges herbeuses. Des circuits en bateau font découvrir la rivière en journée et en soirée.

1 **SCORPION TAILED RIVER CRUISE** **(carte p. 148 ; ☎08 1960 9398 ; www.scorpiontailed.com ; Th Charoenrat ; 500 B).** Privilégie l'histoire de la rivière et utilise des embarcations traditionnelles, appelées *scorpion-tailed boats* (bateaux à queue de scorpion). Les croisières (1 heure 30, 5 par jour) partent de la jetée du Wat Srikhong, près du Rim Ping Condo, et font halte pour une collation au Scorpion Tailed Boat Village, un village partenaire.

2 **MAE PING RIVER CRUISES** **(☎0 5327 4822 ; www.maepingrivercruise.com ; Wat Chaimongkhon, 133 Th Charoen Prathet).** Offre des croisières dans la journée (450 B, 2 heures) à bord de *long-tail boats* couverts. Les bateaux font halte dans une petite ferme pour déguster des fruits après une promenade dans la campagne. La croisière "dîner thaï" (550 B, 1 heure 30) comprend un menu.

CLICK & TRAVEL Vélo

(☎0 5328 1553 ; www.clickandtravelonline.com ; circuits 950-1 500 B). Spécialisé dans des circuits culturels à vélo (adaptés aux familles) d'une demi-journée et d'une journée dans Chiang Mai, à la découverte de temples et de sites en dehors du centre-ville.

Cours

MÉDITATION BOUDDHISTE

Les temples suivants proposent des cours de méditation et des retraites *vipassana* en anglais. Les participants doivent porter des vêtements blancs, en vente dans les temples.

Conformément aux préceptes bouddhistes, les cours sont gratuits, mais les dons appréciés. Consultez les divers sites Internet pour la description des cours et les horaires.

WAT SISUPHAN Méditation

(☎ **0 5320 0332 ; 100 Th Wualai).** Cours d'introduction à la méditation de 2 heures avec les 4 postures : debout, en marche, assis et allongé.

WAT SUAN DOK Méditation

(☎ **0 5380 8411 poste 114 ; www.monkchat.net ; Th Suthep).** Retraite de méditation hebdomadaire de 2 jours, les mardi et mercredi, qui dure 4 jours à la fin de chaque mois, du mardi au vendredi.

CUISINE

Les cours de cuisine thaïlandaise font partie des classiques de Chiang Mai. Des dizaines d'écoles en proposent, généralement à 1 000 B la journée, en ville ou dans la campagne alentour. Les élèves apprennent à utiliser les herbes et les épices, visitent un marché local, préparent un repas thaïlandais qu'ils dégustent et repartent avec un petit livre de recettes.

CHIANG MAI THAI COOKERY SCHOOL Cuisine

(carte p. 148 ; ☎ 0 5320 6388 ; www.thaicookeryschool.com ; réservations 47/2 Th Moon Muang). L'une des premières écoles de cuisine de Chiang Mai bénéficie d'un cadre rural en dehors de la ville. Une partie des bénéfices contribue à l'éducation d'enfants défavorisés.

THAI FARM COOKING SCHOOL Cuisine

(carte p. 148 ; ☎ 08 7174 9285 ; www.thaifarmcooking.com ; réservations 2/2 Soi 5, Th Ratchadamnoen). Les cours se déroulent dans une ferme bio, à 17 km de Chiang Mai.

Où se loger

Les voyageurs à petit budget profitent de la concurrence entre les innombrables pensions, qui fait baisser les prix. Les hôtels de charme, de catégories moyenne et supérieure, sont nombreux. Quant à la catégorie supérieure, elle comprend essentiellement de grands hôtels d'affaires. Les hôtels de charme qui allient intimité, anciens éléments

Cours de cuisine thaïlandaise

ANDERS RYMAN/ALAMY©

MIKEL BILBAO GOROSTIAGA-TRAVELS/ALAMY ©

À ne pas manquer Le parc national de Doi Suthep-Pui

Dominant la ville tels des esprits protecteurs, le Doi Suthep (1 676 m) et le Doi Pui (1 685 m), les sommets sacrés de Chiang Mai, furent utilisés comme un compas divin par les fondateurs de la cité pour déterminer un emplacement favorable.

Couvrant en partie les montagnes, le **parc national**, d'une superficie de 265 km², compte des secteurs sauvages, des villages montagnards et des sites touristiques, dont le Wat Phra That Doi Suthep (p. 152). La plupart des visiteurs restent sur la route principale, visitent le temple, le palais d'hiver et l'un des villages hmong et ne s'aventurent pas dans la forêt.

La montagne s'élève des plaines humides dans la fraîche (et parfois froide) ceinture de nuages, où la mousse prospère dans les virages alors que la brume recouvre la route ; le versant oriental reste vert et frais presque toute l'année. Plus de 300 espèces d'oiseaux et près de 2 000 espèces de fougères et de fleurs profitent de ces variations climatiques. Pendant la saison des pluies, les papillons sont aussi nombreux que les fleurs.

La randonnée à pied ou à VTT, le camping et l'observation des oiseaux font partie des activités. Parmi les cascades du parc, **Nam Tok Monthathon** (où l'on paie l'entrée au parc), à 2,5 km de la route asphaltée vers le Doi Suthep, est l'une des plus belles, avec des bassins remplis d'eau toute l'année, plus propices à la baignade pendant ou juste après la mousson.

Le droit d'entrée au parc se paie à certaines cascades. Les sites payants le long de la route principale disposent de leur propre billetterie.

À 16 km au nord-ouest du centre de Chiang Mai, le parc est desservi par des *sŏrng·tăa·ou* collectifs qui partent de l'entrée principale de l'université de Chiang Mai dans Th Huay Kaew. Vous pouvez également louer un *sŏrng·tăa·ou* (pick-up de passagers) pour environ 500 B (aller-retour) ou une moto pour beaucoup moins.

INFOS PRATIQUES

อุทยานแห่งชาติดอยสุเทพ - ปุย ; ☎ 0 5321 0244 ; adulte/enfant moins de 14 ans 100/50 B, voiture 30 B ; ⌚ 8h-crépuscule

lanna et équipements modernes sont bien plus séduisants. En haut de l'échelle se tiennent les complexes hôteliers qui ont recréé un village, avec rizières et architecture traditionnelle.

Vieille ville

De multiples pensions se situent dans les *soi* résidentiels près de Th Moon Muang.

MINI COST Hôtel **$$**

(carte p. 148 ; ☎ 0 5341 8787 ; www.minicostcm.com ; 19/4 Soi 1, Th Ratchadamnoen ; ch 750-1 050 B ; ❄ @). Cet hôtel de style appartement loue des chambres modernes agrémentées de couleurs douces et de touches thaïlandaises. Très bien situé dans une rue calme, à courte distance de Pratu Tha Phae, il propose des chambres à moins de 1 000 B.

VILLA DUANG CHAMPA Hôtel **$$**

(carte p. 148 ; ☎ 0 5332 7199 ; www.duangchampa.com ; 82 Th Ratchadamnoen ; ch 2 500 B, ch pension 700 B ; ❄ @). Ce petit hôtel très plaisant occupe un bâtiment de style colonial, simple, spacieux et doté de volets. Les chambres disposent presque toutes d'un coin salon ; la ravissante n°1 possède un balcon privé avec des sièges confortables. Préférez l'hôtel car les chambres sombres et exiguës de la pension n'ont aucun intérêt.

VIENG MANTRA Hôtel **$$$**

(carte p. 148 ; ☎ 0 5332 6640 ; www.viengmantra.com ; 9 Soi 1, Th Ratchadamnoen ; ch 2 000-4 500 B ; ❄ @ 📶 🏊). Cette oasis, nichée dans un jardin verdoyant, est un havre de paix dans l'agitation du Soi 1. Le bâtiment de style lanna, aux lignes fluides et épurées, marie bois et béton. Les chambres, réparties autour de la piscine de la cour intérieure, sont dotées de balcons avec sièges moelleux.

3 SIS Hôtel **$$**

(carte p. 148 ; ☎ 0 5327 3243 ; www.the3sis.com ; 1 Soi 8, Th Phra Pokklao ; d 1 300-1 800 B ; ❄ @ 📶). Les grandes chambres du bâtiment en façade, avec fenêtres à double vitrage, offrent le meilleur rapport qualité/prix. Celles du "Vacation Lodge", avec parquets, réfrigérateur et TV câblée ne manquent pas d'attraits ; les sdb sont correctes, mais vérifiez l'état de la douche.

SA THU BOUTIQUE HOUSE Hôtel **$$**

(carte p. 148 ; ☎ 0 5390 3737 ; www.sathuboutique.com ; 31 Soi Prapokklao, Th Ratchaphakhinai ; ch superior/deluxe 1 200/1 800 B ; 🏊). À l'écart de l'agitation de Th Ratchaphakhinai, ce charmant hôtel ouvert récemment est superbement conçu et tenu par un personnel efficace. Les chambres "deluxe" sont les plus plaisantes, avec des portes-fenêtres

Trekking à Chiang Mai

La plupart des tour-opérateurs de Chiang Mai proposent des circuits identiques : 1 heure de minibus jusqu'à Mae Taeng ou Mae Wang (selon la durée du circuit), une courte marche jusqu'à un camp d'éléphants, 1 heure à dos d'éléphant jusqu'à une cascade, 1 heure de rafting et une nuit dans un village de tribu montagnarde ou à proximité.

Chiang Mai n'est pas le seul point de départ pour des treks à la rencontre des tribus montagnardes, mais le plus facile d'accès. La plupart des pensions de la ville se chargent des réservations en échange d'une commission (qui compense le faible coût des chambres). Comptez environ 1 000 B pour un trek d'une journée et 1 500 B pour un trek de 3 jours, transport, guide et déjeuner compris, ainsi que l'hébergement pour le trek de 3 jours (les prix sont un peu plus élevés en haute saison). Des treks plus chers offrant davantage d'intérêt peuvent être proposés ; renseignez-vous.

ouvrant sur des petites cours. Décor minimaliste et équipements branchés. Seul inconvénient : les sdb minuscules.

RACHAMANKHA Hôtel **$$$**
(☎0 5390 4111 ; www.rachamankha.com ; 6 Th Ratchamankha ; ch à partir de 6 000 B ; ❄@📶🏊). Réalisé par Ong-ard Satrabhandu, l'architecte du Tamarind Village, le Rachamankha ressemble à un ancien monastère de Lampang. Bien que l'hôtel soit très réputé, ses chambres surprennent par leur simplicité. Si les supérieures sont plutôt petites, les "deluxe", plus spacieuses, s'agrémentent de lits à baldaquin et des vastes sdb. La bibliothèque, avec son éclairage tamisé et son odeur de bois ciré, est la plus belle pièce de l'établissement.

AWANAHOUSE Pension **$**
(carte p. 148 ; ☎0 5341 9005 ; www.awanahouse.com ; 7 Soi 1, Th Ratchadamnoen ; ch 225-850 B ; ❄@🏊). Cette petite pension est devenue un immeuble standard à plusieurs étages dans un *soi* calme ; Un peu institutionnel, l'Awana possède de grandes chambres lumineuses, dont certaines avec balcon, TV et réfrigérateur. L'agréable toit-terrasse offre la vue sur les montagnes alentour.

Est de la vieille ville

Moins pittoresque que le centre historique, Th Tha Phae est tout aussi pratique pour découvrir les sites, profiter de la vie nocturne et même plus proche du marché de nuit. Des hôtels d'affaires, avec centre d'affaires et salles de conférences, se regroupent à proximité du marché de nuit.

MO ROOMS Hôtel **$$**
(carte p. 148 ; ☎0 5328 0789 ; www.morooms.com ; 263/1-2 Th Tha Pae ; ch petite/moyenne/grande 2 800/3 200/3 500 B ; ❄@🏊). Unique à Chiang Mai, cet hôtel design constitue un excellent choix pour les amateurs d'art. Les 12 chambres sont décorées sur le thème des animaux du zodiaque chinois, chacune par un artiste local selon son propre signe.

Si vous aimez… Les massages et les soins

Si Chiang Mai possède quelques spas exceptionnels, la ville se distingue par les massages thaïlandais à l'ancienne. De nombreux temples de la vieille ville ont une *săhlah* (ou *sala*) de massage, perpétuant l'ancienne tradition qui fait des monastères les dépositaires des connaissances et des techniques de soin.

1 **CENTRE DE MASSAGE DE LA PRISON DE FEMMES DE CHIANG MAI**
(carte p. 148 ; 100 Th Ratwithi ; massage pieds/traditionnel 150-180 B ; 🕘8h-16h30). Les détenues de cette prison prodiguent d'excellents massages des pieds et du corps dans le cadre de leur programme de réinsertion. L'argent gagné leur est remis à leur sortie.

2 **DHEVA SPA**
(☎0 5388 8888 ; www.mandarinoriental.com/chiangmai/spa/ ; Mandarin Oriental Dhara Dhevi, 51/4 Th Chiang Mai-San Kamphaeng ; soins à partir de 3 500 B). Le plus beau spa de Chiang Mai permet de profiter de l'environnement luxueux du Mandarin Oriental Dhara Dhevi sans y passer la nuit.

BAAN KAEW GUEST HOUSE Pension **$$**
(☎0 5327 1606 ; www.baankaew-guesthouse.com ; 142 Th Charoen Prathet ; ch 800 B ; ❄📶). Le bâtiment à deux étages se tient en retrait de la rue, derrière la maison du propriétaire. Les chambres sont plutôt standard, avec réfrigérateur et TV câblée. Celles en étage, claires et spacieuses, disposent d'un petit balcon. D'un bon rapport qualité/prix, cette pension très accueillante s'agrémente d'un jardin et se situe dans un endroit paisible, en face de l'embarcadère des croisières fluviales et de l'élégant Wat Chaimongkhon.

DUSITD2 CHIANG MAI Hôtel **$$$**
(carte p. 148 ; ☎0 5399 9999 ; www.dusit.com ; 100 Th Chang Khlan ; ch à partir de 3 500 B ; ❄@📶🏊). Très design, la réception

Si vous aimez… Les repas dans les marchés

Les marchés couverts de Chiang Mai offrent toutes les possibilités de restauration, des nouilles du petit-déjeuner aux en-cas et aux repas en soirée.

1 **TALAT PRATU CHIANG MAI** **(carte p. 148 ; Th Bamrungburi ; 4h-12h et 18h-24h).** Tôt le matin, ce grand marché de Chiang Mai offre des produits frais et des plats préparés. Si vous souhaitez faire un don aux moines, venez tôt et repérez la femme qui vend des assortiments spéciaux pour les dons (20 B). L'effervescence se calme vers midi et reprend le soir quand un grand marché de nuit s'installe de l'autre côté de la rue.

2 **TALAT THANIN** **(près Th Chang Pheuak ; 5h-début de soirée).** Les amateurs seront impressionnés par ce marché couvert bien organisé et propre.Dans la section des plats préparés, vous découvrirez les dernières tendances culinaires. Plus loin, le centre de restauration couvert prépare à la demande nouilles et plats sautés.

3 **TALAT TON PHAYOM** **(Th Suthep).** C'est à la fois un marché local et l'endroit où les Thaïlandais d'autres provinces achètent des souvenirs. Faites un tour dans le secteur des produits alimentaires conditionnés pour découvrir les cadeaux comestibles, comme les sacs de *kâap mŏo* et de *sâi òo·a*.

de cet hôtel sophistiqué impressionne. Les chambres "deluxe", avec canapé et coussins le long des fenêtres qui donnent sur le Doi Suthep, sont très plaisantes, mais laissez-vous tenter par une suite, sorte de mini-appartement.

Au bord de la rivière

RIVERSIDE HOUSE Pension $

(hors carte p. 148 ; 0 5324 1860 ; www.riversidehousechiangmai.com ; 101 Th Chiang Mai-Lamphun ; ch 500-800 B ;). À côté de la TAT, cette pension accueillante et professionnelle propose des chambres agréables, bien aménagées et très propres, autour d'un joli jardin. Les plus chères sont les meilleures, dans un nouveau bâtiment au fond de la propriété, avec un balcon commun en façade et des balcons privés à l'arrière. Une adresse recommandée.

RIVER VIEW LODGE Hôtel **$$**

(hors carte p. 148 ; 0 5327 1109 ; www.riverviewlodgch.com ; 25 Soi 4, Th Charoen Prathet ; ch 1 500-2 200 B ; P). Cet hôtel en bord de rivière met l'accent sur le charme et l'hospitalité à l'ancienne. Les chambres, simples et spacieuses, sont un peu trop chères, mais le vaste jardin est superbe. Asseyez-vous au bord de la piscine pour l'admirer et vous apprécierez le calme de l'impasse.

BAAN ORAPIN B&B **$$**

(0 5324 3677 ; www.baanorapin.com ; 150 Th Charoenrat ; ch 2 100-3 400 B ;). Affaire familiale, le Baan Orapin comprend une majestueuse maison en teck entourée d'un joli jardin, qui appartient à la famille depuis 1914. Les 15 luxueuses chambres d'hôtes sont installées dans des bâtiments modernes, répartis dans divers endroits de la propriété.

Ouest de la vieille ville

Les prix sont un peu plus élevés dans ce quartier, proche de l'université de Chiang Mai. C'est l'endroit de la ville le plus animé en soirée.

H Hôtel **$$**

(carte p. 150 ; 0 5322 0444 ; www.h-designhotel.com ; 1 Th Sirimungklajarn ; ch à partir 1 590 B ;). Ce nouvel hôtel cubiste en béton est une trouvaille. L'architecte a privilégié l'espace : toutes les chambres sont immenses, dotées de sdb modernes et spacieuses. De plus, le personnel fait l'impossible pour satisfaire la clientèle. Pour trouver le H, repérez le Mango Chilli Un restaurant est installé au rez-de-chaussée.

PANN MALEE HOME Pension $$
(carte p. 150 ; ☎ 0 5328 9147 ; www.pannmalee.com ; près de Soi 17, Th Nimmanhaemin ; ch 1 000-1 400 B ; ❄). Cette maison de ville reconvertie conserve l'atmosphère douillette d'un foyer familial, avec des chambres meublées différemment selon les goûts éclectiques de la famille propriétaire. Les plus chères correspondent à plus d'espace, moins d'escaliers et un cadre un peu plus soigné.

Où se restaurer

Les modestes établissements familiaux et les habituels espaces de restauration en plein air prédominent. Vous pouvez également explorer les marchés et les gargotes de *kôw soy* (ou *khao soi*), la spécialité régionale – des nouilles au curry habituellement accompagnées de légumes saumurés et d'une épaisse sauce au piment rouge.

Vieille ville

SAFE HOUSE COURT Thaïlandais $
(carte p. 148 ; 178 Th Ratchaphakhinai ; plats 50-80 B; 🕒7h-22h). Plutôt qu'un plat occidental ou un sandwich, choisissez parmi les spécialités thaïlandaises bien préparées et bon marché : plats régionaux avec ou sans viande, salades épicées, etc.

BAAN NOK NOODLE Nouilles $
(carte p. 148 ; Th Singharat ; nouilles 25-35 B ; 🕒10h-18h, fermé mer). Pour manger sur le pouce, peut-être après la visite du proche Wat Phra Singh, les habitants recommandent cette gargote de nouilles, servies dans un bouillon (de porc) clair ou pimenté, ou sans viande. Le *tom yum baan nok,* avec des petites nouilles, est sa spécialité.

LERT ROS Thaïlandais du Nord-Est $
(carte p. 148 ; Soi 1, Th Ratchadamnoen ; petits/grands 30/50 B ; 🕒13h-21h). Des poissons entiers grillés sur des braseros en devanture signalent ce restaurant sans prétention. Divers plats de riz et de viande très épicés, des tilapias entiers et du *sôm·đam* (salade de papaye verte relevée) sont préparés à la mode du Nord-Est. L'endroit est très fréquenté ; venez tôt ou en fin de service.

HOUSE Fusion asiatique $$$
(carte p. 148 ; ☎ 0 5341 9011 ; 199 Th Moon Muang ; plats 200-800 B ; 🕒18h-23h). Ancienne résidence d'un prince birman en exil, cette demeure du milieu du XXe siècle, aujourd'hui décorée d'éléments coloniaux, abrite un excellent restaurant. La carte, inspirée de tout le Pacifique, combine agneau et saumon importés aux épices et techniques culinaires locales.

Étal de produits cuisinés
OLIVER STREWE/LONELY PLANET IMAGES ©

RACHAMANKHA Thaïlandais $$$
(carte p. 148 ; ☎0 5390 4111 ; Rachamankha Hotel, 6 Th Ratchamankha ; plats 300-1 000 B). Niché derrière le Wat Phra Singh, dans le somptueux jardin de l'hôtel du même nom, il offre une cuisine raffinée, des nappes blanches et une atmosphère d'antan. La carte, essentiellement thaïlandaise, comporte des touches birmanes, yunnanaises et européennes.

HEUAN PHEN Thaïlandais du Nord $
(carte p. 148 ; ☎0 5327 7103 ; 112 Th Ratchamankha ; plats 50-150 B ; déj et dîner). Dans ce restaurant renommé, tout est spectacle, de la cuisine du Nord aux groupes de visiteurs et à la salle remplie d'antiquités. Essayez le jaque vert avec une pâte épicée. Le déjeuner est servi dans une grande cantine à l'avant.

FERN FOREST CAFE Café $
(2/2 Soi 4, Th Singharat ; desserts 70 B ; 8h30-20h30). Ce café sert de succulents desserts occidentaux (tel le gâteau aux carottes) et des sandwichs. Installez-vous sur les coussins ou profitez de la fraîcheur du jardin en sirotant un jus de fruits ou un café.

AUM VEGETARIAN FOOD Végétarien $
(carte p. 148 ; 66 Th Moon Muang ; plats 50-60 B ; 8h-17h;). Les délices végétariens d'AUM s'adressent au voyageur soucieux de sa santé : café bio du Laos, jus de fruits de saison et divers plats sautés thaïlandais, soupes, salades et riz.

BLUE DIAMOND Boulangerie $
(carte p. 148 ; 35/1 Soi 9, Th Moon Muang ; plats 50-60 B ; 7h-21h lun-sam). Populaire mais un peu moins bondé que d'autres adresses de voyageurs alentour, le Blue Diamond sert une cuisine de qualité qui lui vaut une clientèle fidèle. Idéal pour le petit-déjeuner, avec du pain maison et du café local, il est également plaisant au déjeuner pour une salade ou un plat thaïlandais végétarien.

Est de la vieille ville

DA STEFANO Italien $$
(☎0 5387 4187 ; 2/1-2 Th Changmoi Kao ; plats 180-250 B ; 11h30-23h). Ce restaurant italien sans prétention, avec des tableaux de la Méditerranée accrochés aux murs, se niche dans un *soi* juste à l'extérieur de la vieille ville. Tout est excellent sur la carte et vous ne pouvez pas vous

Restaurant au bord de la rivière

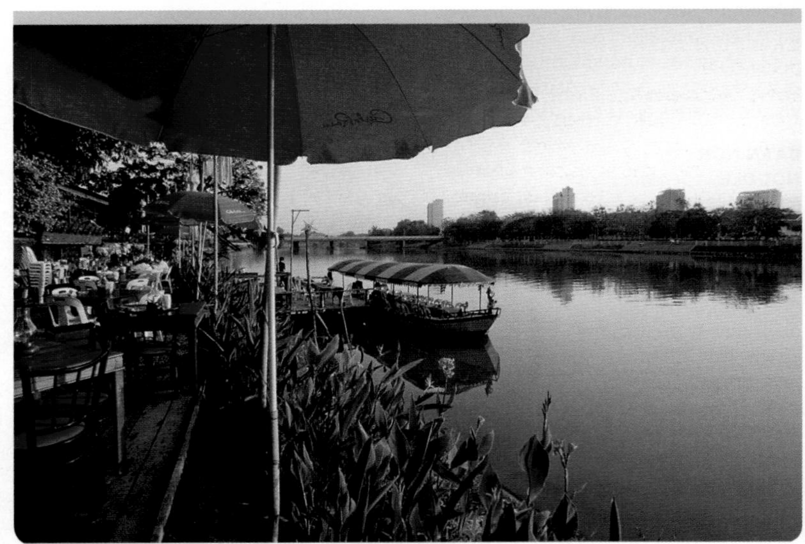

ALAIN EVRARD/LONELY PLANET IMAGES ©

tromper ; nous avons particulièrement apprécié les lasagnes et le tiramisu.

ANTIQUE HOUSE Thaïlandais du Nord **$$**
(71 Th Charoen Prathet ; plats 80-200 B ; déj et dîner). Venez plutôt le soir dans cette belle maison en teck à deux étages, ornée d'antiquités et agrémentée d'un jardin, pour profiter de la magie du cadre et de la musique douce.

WHOLE EARTH RESTAURANT Indo-thaïlandais **$$**
(carte p. 148 ; 88 Th Si Donchai ; plats 150-350 B ; 11h-22h). Des lianes, des bassins à carpes et des arbres parsemés d'orchidées composent le jardin de cette maison en teck coloré. Le personel attentionné et les plats délicatement exotiques (indo-thaïlandais et végétariens) en font un endroit idéal pour une grande occasion.

LA-OWN Thaïlandais **$**
(Th Charoen Prathet ; plats 40-80 B ; déj et dîner). D'alléchants arômes émanent de ce restaurant accueillant. Les plats, principalement à base de poisson ou de poulet, sont soigneusement préparés ; nous avons apprécié le riz sauté aux fruits de mer et basilic.

MARCHÉ DE NUIT D'ANUSAN Marché d'alimentation **$$**
(carte p. 148 ; Anusan Night Bazaar, Th Chang Khlan ; plats 100-350 B ; dîner). Anusan est un marché d'alimentation animé, réputé pour ses restaurants de poisson sino-thaïlandais. Essayez le **Lena Restaurant**, où vous pourrez vous régaler de succulentes crevettes grillées (300 B/kilo) ou d'un poisson aux épices et feuilles de basilic.

RATANA'S KITCHEN International-thaïlandais **$**
(carte p. 148 ; 320-322 Th Tha Phae ; plats 30-150 B ; 7h30-23h30). Pour échapper à la fournaise de la mi-journée, entrez dans la Ratana's Kitchen, proche de Pratu Tha Phae. Sans être extraordinaire, la cuisine est bonne et les prix raisonnables.

Au bord de la rivière

Au-delà de Saphan Nakhon Ping, Th Faham est le haut lieu de l'appétissant *kôw soy* (curry de nouilles, un plat du Nord). Le **Khao Soi Lam Duan (Th Faham ; plats 40-60 B)**, qui sert également des *kà·nŏm rang pêung* (littéralement pâtisserie-ruche, une gaufre parfumée à la noix de coco), le **Khao Soi Samoe Jai (Th Faham ; plats 30-65 B)** et le **Khao Soi Ban Faham (Th Faham ; plats 35-55 B)** bordent aussi cette rue.

CHEDI Indo-thaïlandais **$$$**
(0 5325 3333 ; 123 Th Charoen Prathet ; plats 500-1 000 B ; dîner). Hommage au modernisme le plus ambitieux de Chiang Mai, le Chedi a transformé l'ancien consulat britannique en une sculpture minimaliste avec un sobre jardin zen. Il propose une bonne cuisine indienne (des lecteurs recommandent le *jinga masala*) et une carte de vins de qualité. Les prix sont exorbitants, mais le cadre est superbe, en bord de rivière avec des bougies qui flottent sur l'eau, et le service irréprochable. Vous pourrez en profiter sans vous ruiner en vous contentant d'un verre au bar.

RIVERSIDE BAR & RESTAURANT International-thaïlandais **$$**
(Th Charoenrat ; plats 100-200 B ; 10h-13h). Vaste ensemble de bâtiments en bois, ce restaurant est prisé depuis plus de 20 ans. La cuisine – thaïlandaise, occidentale et végétarienne – est une attraction mineure si on la compare à l'ambiance conviviale du lieu. Des habitués dînent sur le bateau, avant la croisière de 20h.

Ouest de la vieille ville

PALAAD TAWANRON Thaïlandais **$$**
(0 5321 6039 ; Th Suthep ; plats 120-320 B ; déj et dîner). La carte comporte de nombreux poissons et fruits de mer, tels que le poisson tête-de-serpent, les écrevisses et le bar. Une grande terrasse surplombe un petit bassin et Chiang Mai au-delà.

KHUN CHURN Végétarien **$**
(carte p. 150 ; Soi 17, Th Nimmanhaemin ; buffet 100 B ; déj ;). L'un des meilleurs restaurants proposant des buffets, il offre de nombreux plats végétariens et salades bien préparés, avec jus de fruits compris. La terrasse ombragée incite à s'attarder.

SU CASA Tapas **$$**
(carte p. 150 ; 0 5381 0088 ; 28 Soi 11, Th Nimmanhaemin ; tapas 70-100 B ; déj et dîner). Le chef de ce joyeux restaurant méditerranéen combine produits frais locaux et ingrédients importés pour concocter des tapas et des entrées inventives. Goûtez le poulpe au citron et l'excellent chorizo.

PUN PUN Thaïlandais, végétarien **$**
(Wat Suan Dok, Th Suthep ; plats 30-40 B ; petit-déj et déj ;). Cette gargote en plein air prépare une cuisine végétarienne simple, épicée et délicieuse ; le *sôm·đam* est excellent, de même que les jus de fruits mixés. De Th Suthep, entrez dans le Wat Suan Dok et dépassez le temple ; elle se situe sur la droite, après le bureau des "discussions avec les moines".

ROYAL PROJECT RESTAURANT Thaïlandais du Nord **$$**
(Th Huay Kaew ; plats 70-300 B ; 9h-18h). Cet établissement du Projet royal, qui soutient diverses initiatives agricoles dans le pays, sert une bonne cuisine thaïlandaise.

BURMESE RESTAURANT Birman **$**
(carte p. 150 ; angle Th Nimmanhaemin et Soi 14 ; plats 30 B ; déj et dîner). Derrière une gargote aux chaises en plastique qui vend des fritures, ce restaurant sommaire propose une délicieuse cuisine birmane à petits prix. Essayez la salade de feuilles de tamarinier (notre préférée), le curry d'abats de chèvre ou les boulettes de poisson-chat en sauce.

D-LO Birman **$**
(Soi près de Th Huay Kaew ; plats 30-50 B ; déj et dîner). D'après les connaisseurs, ce nouveau restaurant birman propose une

À gauche Restauration, Ping River **Ci-dessous** Dîner au restaurant

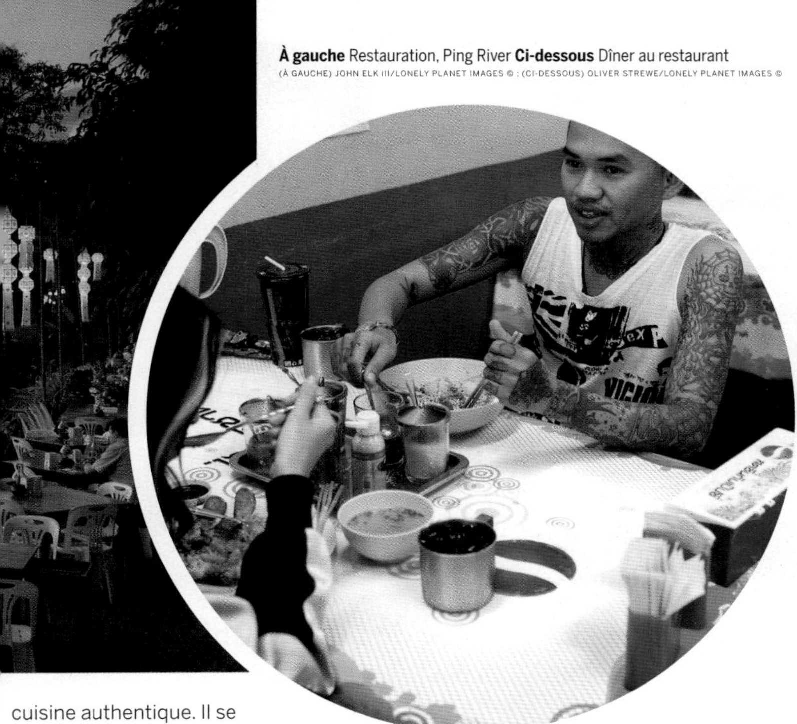

cuisine authentique. Il se tient dans une ruelle proche de la Th Huay Kaew. Repérez le panneau indiquant le Holiday Garden Hotel : le D-Lo est à mi-chemin de l'hôtel, du côté droit.

Où prendre un verre

PUB Pub

(189 Th Huay Kaew). Dans un vieux cottage de style Tudor en retrait de la rue, cette vénérable institution s'efforce de recréer l'atmosphère d'un pub anglais. Les expatriés s'y retrouvent pour le happy hour du vendredi en évoquant le bon vieux temps devant une Tiger glacée.

WRITER'S CLUB & WINE BAR Bar

(carte p. 148 ; 141/3 Th Ratchadamnoen). Tenu par un ancien correspondant étranger, ce bar sans prétention, prisé des expatriés, offre un bon choix de bières et de cocktails ainsi que des plats de pub anglais.

AT 9 BAR Bar

(carte p. 150 ; Th Nimmanhaemin & Soi 9 ; 18h-24h). Grimpez au dernier étage jusqu'à ce bar en plein air pour siroter une Chang à la pression en observant l'animation de Th Nimmanhaemin.

GLASS ONION Bar

(carte p. 150 ; Rooms Boutique Mall, Th Nimmanhaemin ; 20h-tard). Au bout du passage bordé de boutiques, ce petit salon-bar de style années 1960 est fréquenté par des adultes qui souhaitent converser en buvant un cocktail. Les gays sont bienvenus et le vendredi est la soirée des femmes. Happy hour de 19h à 21h.

PINOCCHIO'S Bar

(carte p. 150 ; Soi 7, Th Nimmanhaemin). Autre grand bar en plein air, très animé le week-end en soirée. Plutôt haut de gamme, le Pinocchio's est rempli d'étudiants thaïlandais.

VIVIANE PONTI/LONELY PLANET IMAGES ©

À ne pas manquer **Le marché de nuit de Chiang Mai**

Le marché de nuit de Chiang Mai constitue l'une des principales distractions nocturnes de la ville, surtout pour les familles. Sa tradition remonte à l'époque où les caravanes du Yunnan faisaient étape à Chiang Mai, sur l'ancienne route marchande entre Simao (Chine) et Mawlamyaing (Myanmar).

Les vendeurs s'installent le long de Th Chang Khlan, entre Th Tha Phae et Th Loi Kroh, et proposent les souvenirs habituels. Le marché de nuit couvert abrite essentiellement des magasins d'antiquités et d'artisanat. En face, le Galare Night Bazaar vend des vêtements haut de gamme et des objets d'intérieur. Dans le marché Anusan, plus aéré, se regroupent des marchands de coiffes traditionnelles, de savons sculptés et d'autres produits artisanaux. Si la qualité et les prix n'ont rien extraordinaire, la diversité des marchandises, la foule et l'ambiance animée rendent ces marchés attrayants.

INFOS PRATIQUES

carte p. 148 ; Th Chang Khlan ; 🕒19h-24h

OUTDOORS Bar
(carte p. 150 ; Soi 7, Th Nimmanhaemin).
Voilà un autre grand bar, qui attire une clientèle de Thaïlandais, d'expatriés et de touristes.

CAFÉS ET SALONS DE THÉ

Presque une attraction à lui seul, le Soi Kaafae (ruelle du Café, dans le Soi 9, Th Nimmanhaemin) abrite deux cafés animés, avec terrasses verdoyantes et un grand nombre de Thaïlandais pianotant sur leur ordinateur portable. D'un côté de la rue, le **Wawee Coffee** (carte p. 150 ; Soi 9, Th Nimmanhaemin) fait partie d'une chaîne locale qui a débuté au Mae Sa Elephant Camp avant d'essaimer dans tout le pays. Le **94° Coffee** (carte p. 150 ; Soi 9, Th Nimmanhaemin) se trouve de l'autre côté de la rue.

TEA HOUSE Salon de thé

(carte p. 148 ; Th Tha Phae ; 9h30-18h). Les montagnes du Nord produisent également du thé de l'Assam. Dans un superbe cadre de l'époque victorienne, vous pourrez boire une tasse de thé au jasmin en grignotant un en-cas. Le salon de thé partage l'espace avec Siam Celadon.

Où sortir

SUDSANAN Musique live

(carte p. 150 ; Th Huay Kaew). Au bout d'une allée en face d'une station-service Shell, cette maison en bois joliment éclairée accueille des Thaïlandais aux cheveux longs et des expatriés, qui viennent applaudir musiciens et chanteurs. Le répertoire varie de la samba aux *pleng pêu·a chee·wít* (chansons pour la vie).

RIVERSIDE BAR & RESTAURANT Musique live

(9-11 Th Charoenrat). Dans un cadre superbe au bord de la Mae Ping, le Riverside est l'un des plus anciens bar de musique live de la ville. Le groupe vedette, composé de hippies thaïlandais vieillissants, reprend les succès du répertoire rock classique, parfait antidote au trop-plein d'électro.

WARM-UP Discothèque

(carte p. 150 ; 0 5340 0676, 306 253 ; 40 Th Nimmanhaemin). Branché et prisé de la jeunesse dorée, le Warm-Up est l'une des meilleures discothèques de Chiang Mai.

MONKEY CLUB Discothèque

(carte p. 150 ; 7 Soi 9, Th Nimmanhaemin). Combinant dîner, danse et musique live dans un jardin tropical superbement éclairé, le Monkey Club attire des étudiants fortunés et quelques expatriés, qui peuvent passer du jardin au bar vitré et au club.

GALLERY Musique live

(27 Th Charoenrat). Musique traditionnelle tous les soirs de 19h à 21h, dans un cadre verdoyant en bord de rivière.

Achats

Principal centre d'artisanat du pays, Chiang Mai est entourée de petites manufactures et d'ateliers. La ville compte plusieurs secteurs commerçants : notamment le marché de nuit à l'est de la vieille ville (p. 164) et la Saturday Walking Street (p. 149) dans Th Wualai.

Est de la vieille ville

LOST HEAVENS Arts tribaux

(carte p. 148 ; 228-234 Th Tha Phae). Cette boutique se spécialise dans l'art tribal raffiné, dont des textiles, des tapis et des antiquités, ainsi que dans les objets rituels des Yao (également appelés Mien).

KESORN Arts tribaux

(carte p. 148 ; 154-156 Th Tha Phae). Bonne adresse pour les collectionneurs, ce magasin encombré vend des objets anciens depuis des années. Il se spécialise principalement dans les tissus, les perles et l'artisanat des tribus montagnardes.

SIAM CELADON Céramiques

(carte p. 148 ; www.siamceladon.com ; 158 Th Tha Pae ; 8h-18h). Cette entreprise bien établie vend une belle collection de céramiques céladon dans un ravissant bâtiment en teck de l'époque victorienne. Vous pouvez déguster un thé anglais dans la Tea House Siam Celadon (p. 165) attenante.

KUKWAN GALLERY Textiles, cadeaux

(carte p. 148 ; 37 Th Loi Kroh). Dans ce joli bâtiment en teck, légèrement en retrait de la rue, KukWan vend du coton et de la soie au mètre, ainsi que des écharpes, des dessus-de-lit et des nappes dans des coloris subtils.

DOR DEK GALLERY Artisanat, cadeaux

(carte p. 148 ; 08 9859 6683 ; Th Samlan). Cette galerie vend de l'artisanat réalisé par des enfants des rues qu'emploie la Volunteers for Children Development Foundation. Les bénéfices des ventes sont partagés entre l'enfant artisan, le fonds du programme éducatif et l'achat de fournitures. Sacs, porte-monnaie et cadeaux pour enfants sont très intéressants.

Au bord de la rivière

LA LUNA GALLERY Art

(carte p. 148 ; ☎ 0 5330 6678 ; www.lalunagallery.com ; 190 Th Charoenrat). Dans la rangée d'anciennes maisons de négoce (*shophouses*) de la rive est, cette galerie professionnelle expose des artistes émergents d'Asie du Sud-Est. Nombre de toiles abordent un thème social et donnent un aperçu des différents styles artistiques de la région.

VILA CINI Textiles

(☎ 0 5324 6246 ; www.vilacini.com ; 30-34 Th Charoenrat). La Vila Cini vend de superbes soies et cotons tissés main, qui rappellent la marque Jim Thompson. Le cadre ajoute à la beauté des textiles : une splendide maison en teck avec des sols en marbre et un escalier étroit qui mène à une cour.

SOP MOEI ARTS Textiles

(carte p. 148 ; ☎ 0 5330 6123 ; www.sopmoeiarts.com ; 150/10 Th Charoenrat). De nombreuses boutiques vendent de l'artisanat des tribus montagnardes, mais celle-ci a apporté une touche moderne aux réalisations des Pwo Karen, une tribu de la province de Mae Hong Son. Parmi les ravissants textiles : des housses de coussin, du linge de table et des tentures.

Ouest de la vieille ville

Proche de l'université de Chiang Mai, Th Nimmanhaemin est le quartier branché de la ville. Des galeries marchandes sont remplies d'échoppes de vêtements et de boutiques de cadeaux.

SRISANPANMAI Soie

(carte p. 150 ; 6 Soi 1, Th Nimmanhaemin). Spécialisée dans les soieries fabriquées selon les anciennes traditions, cette boutique présente des motifs multicolores du Myanmar aux panneaux à larges bordures de Chiang Mai.

ADORN WITH STUDIO NAENNA Textiles

(carte p. 150 ; 22 Soi 1, Th Nimmanhaemin). Les couleurs subtiles des soies et des cotons proviennent de pigments naturels et les étoffes sont le résultat d'un projet de tissage villageois initié par Patricia Cheeseman, une spécialiste des textiles thaï-lao.

GINGER Vêtements, accessoires

(carte p. 150 ; 6/21 Th Nimmanhaemin). Pour une soirée, faites votre choix parmi les robes scintillantes, les mules étincelantes, les bijoux fabuleux et les accessoires colorés.

Renseignements

Tourism Authority of Thailand **(TAT ; ☎ 0 5324 8604 ; Th Chiang Mai-**

Vêtements tribaux, Talat Warorot (p. 147)

Marché de nuit de Chiang Mai (p.164)

ANTONY GIBLIN/LONELY PLANET IMAGES ©

Lamphun ; 8h30-16h30). Informations touristiques et recommandation de guides.

Police touristique (**0 5324 7318, urgence 24h/24 1155 ; Th Faham ; 6h-24h).** Personnel parlant plusieurs langues.

Depuis/vers Chiang Mai

Avion

Des vols réguliers desservent l'**aéroport international de Chiang Mai** (**carte p. 146 ; www.chiangmaiairportonline.com**), à 3 km au sud de la vieille ville. Sauf mention contraire, les compagnies aériennes suivantes passent toutes par l'aéroport Suvarnabhumi à Bangkok.

Bangkok Airways (**0 5328 9338-9 ; www.bangkokair.com**). Vols quotidiens pour Bangkok et Ko Samui.

China Airlines (**0 5322 34012250 9898 ; www.china-airlines.com**). Vols pour Taipei chaque semaine.

Nok Air (**1318 ; www.nokair.com**). Vols pour Bangkok (aéroport de Don Muang). Nok Air est une filiale de Thai Airways.

Orient Thai Airlines (**1126 ; www.flyorientthai.com**). Vols 4 fois par jour pour Bangkok (aéroport de Don Muang) et 3 fois par semaine pour Pai (assurés par Kan Air).

Silk Air (**0 5390 4985 ; www.silkair.com**). Vols pour Singapour 3 fois par semaine.

Thai Airways International (**THAI ; 0 5321 1044/7 ; www.thaiair.com**). Au moins 6 vols quotidiens pour Bangkok.

Bus

Arcade Bus Terminal (**Th Kaew Nawarat**). La gare des bus longue distance de Chiang Mai se situe à 3 km de la vieille ville.

Gare routière de Chang Pheuak (**hors carte p. 148 ; Th Chang Pheuak**). Pour rejoindre les localités de la province de Chiang Mai, rendez-vous dans cette gare au nord de la vieille ville.

Train

La **gare ferroviaire** (**carte p. 146 ; Th Charoen Muang**) est à environ 2,5 km à l'est de la vieille ville.

Tous les trains à destination de Chiang Mai partent de la gare Hua Lamphong à Bangkok. Lors de nos recherches, 6 trains partaient chaque jour de Bangkok pour Chiang Mai (et autant en sens inverse) et le trajet durait de 12 à 15 heures.

Il devient très difficile de réserver une couchette sans s'y prendre longtemps à l'avance ;

des groupes louent parfois des wagons entiers et les places s'arrachent durant les fêtes comme Songkran (mi-avril), Chulalongkorn (octobre) et le Nouvel An chinois (fin février-début mars).

Comment circuler

Depuis/vers l'aéroport

Un seul service de taxis agréés dessert l'aéroport et facture 150 B. De nombreux hôtels et pensions offrent le transfert de l'aéroport.

Moto

Des agences le long de Th Moon Muang et quelques pensions louent des Honda Dream 100 cm³ pour 130 à 150 B par jour (automatique 200 B) et des Honda ou Yamaha 125-150 cm³ pour 250 B. Quelques établissements louent des motos 400 cm³ pour 600 à 900 B et des 650 cm³ pour 1 300 B.

Sŏrng·tăa·ou, túk-túk et săhm·lór

Les *sŏrng·tăa·ou* sont des taxis collectifs : vous leur faites signe, vous indiquez votre destination au chauffeur et, s'il va dans cette direction, il acquiesce. En chemin, il peut prendre d'autres passagers. Un court trajet revient à 20 B par personne (par exemple entre la vieille ville et la rivière ou Th Nimmahemin à l'ouest) et un trajet plus long à partir de 40 B.

Les túk-túk se louent comme un taxi uniquement et sont plus chers que les *sŏrng·tăa·ou*. Dans les quartiers de noctambules, la plupart des conducteurs de túk-túk demandent allègrement 100 B la nuit.

Vélo

Le vélo constitue un bon moyen de se déplacer dans Chiang Mai. Quelques pensions et diverses échoppes le long de la douve est louent des vélos brinquebalants sans vitesse pour environ 60 B par jour. **Chiang Mai Mountain Biking** (**carte p. 146 ; ☎0 5381 4207 ; www.mountainbikingchiangmai.com ; 1 Th Samlan**) loue des VTT et des vélos classiques bien entretenus, et organise des circuits à VTT dans la région.

Autre établissement bien situé, **SM Travel** (**carte p. 148 ☎0 5320 6844 ; 87 Th Ratchadamnoen**) loue des vélos un peu moins chers et plus quelconques (VTT de 100 à 200 B).

Voiture et camion

L'une des agences les plus réputées, **North Wheels** (**carte p. 148 ; ☎0 5387 4478 ; www.northwheels.com ; 70/4-8 Th Chaiyaphum**) livre et vient chercher la voiture à votre hôtel, offre un

Stupas, parc national de Doi Inthanon

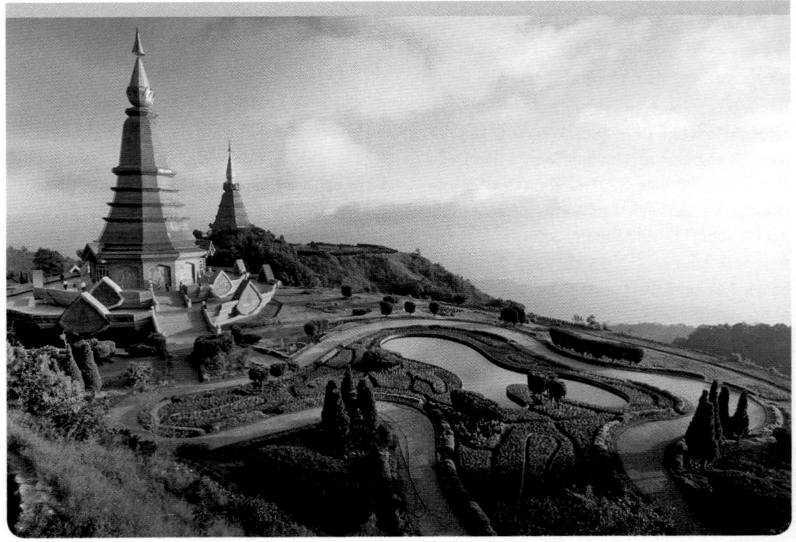

FELIX HUG/LONELY PLANET IMAGES ©

service d'assistance 24h/24 et une assurance tous risques. Autre bonne adresse, **Thai Rent a Car** (**Petchburee Car Rent ; ☎0 5328 1345 ; www.thairentacar.com ; 81/1 Th Arak**) se tient dans le coin sud-ouest de la vieille ville.

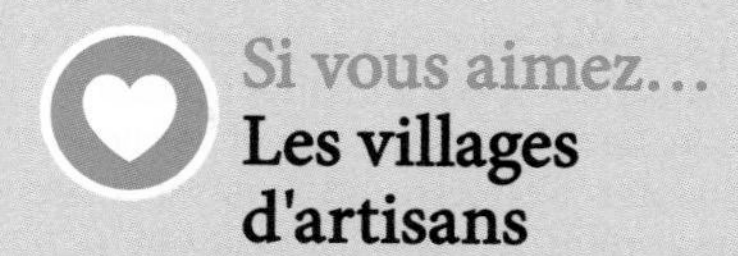

Si vous aimez...
Les villages d'artisans

Si vous aimez les marchés du week-end (Saturday et Sunday Walking Streets) et le marché de nuit de Chiang Mai (p. 164), ne manquez pas ces villages d'artisans :

1 **BO SANG**
(carte p. 146). Le "village des ombrelles" est un marché touristique où de nombreuses boutiques d'artisanat vendent ombrelles peintes, éventails, argenterie, statues, porcelaine et laques.

2 **SAN KAMPHAENG**
Un autre village d'artisans près de Bon Sang, connu pour ses ateliers de tissage du coton et de la soie, et pour ses boutiques de tissus.

3 **HANG DONG**
(carte p. 146). La Route 108 est une véritable "autoroute du meuble" avec magasins et ateliers spécialisés en arts décoratifs, bois sculptés, antiquités et meubles modernes.

4 **BAN THAWAI**
(carte p. 146). Un marché long de 3 km, très plaisant pour les piétons, avec toutes sortes de boutiques de décorations d'intérieur.

ENVIRONS DE CHIANG MAI

Parc national de Doi Inthanon อุทยานแห่งชาติดอยอินทนนท์

Le Doi Inthanon (ou Doi In), haut de 2 565 m, est le point culminant du pays. Le **parc national** (**☎0 5328 6730 ; adulte/enfant 200/100 B, voiture/moto 30/20 B ; 🕗8h-crépuscule**), d'une superficie de 1 000 km², entoure le sommet et comporte des chemins de randonnée, des cascades et 2 stupas monumentaux érigés en l'honneur du roi et de la reine. Les touristes et les habitants de Chiang Mai y viennent en nombre, en particulier pendant les vacances du Nouvel An, quand le gel fait son apparition.

L'intérêt du parc est d'aller le plus haut possible pour découvrir la faune et la flore d'un climat plus frais, qui change de la chaleur accablante des plaines. Les Thaïlandais en profitent pour poser pour une photo parmi les conifères et les rhododendrons. Près du sommet, un *chédi* est dédié à Inthawichayanon, l'un des derniers rois lanna. De là, une jolie promenade en planches traverse l'épaisse forêt jusqu'à un café, l'inévitable boutique de souvenirs et le début du **chemin Ang Ka**, une passerelle de 360 m au-dessus d'un marais frangé de mousse.

Le parc fait partie des sites favoris des naturalistes et ornithologues de toute l'Asie du Sud-Est.

Vallée de Mae Sa น้ำตกแม่สา

La boucle Mae Sa-Samoeng, l'une des escapades montagneuses les plus accessibles, conduit de la plaine développée aux hauts plateaux boisés proches de la frontière. Longue de 100 km, elle constitue une excursion d'une journée avec un véhicule privé. **Golden Triangle Rider** (**www.gt-rider.com**) publie une carte détaillée de la région.

Sortez de Chiang Mai vers le nord par la Rte 107 (Th Chang Pheuak) en direction de Mae Rim, puis prenez à gauche la Rte 1096. La route devient plus champêtre, mais jalonnée d'attractions touristiques : plantations d'orchidées, parcs de papillons ou fermes de serpents.

À courte distance après un camp d'éléphants, les **Queen Sirikit Botanic Gardens** (**☎0 5384 1000 ; www.qsbg.org ; Rte 1096 ; adulte/enfant 30/10 B ; 🕗8h30-17h**), un jardin botanique à flanc de montagne de 227 ha, abritent diverses plantes locales et exotiques à des fins de conservation et de recherche. La route qui y conduit offre une vue splendide. Elles renferment, entre autres, des nénuphars et des lotus, dont certains avec des feuilles énormes et des fleurs sur deux ou trois niveaux ; ne manquez pas l'immense serre tropicale dotée d'une cascade et d'une plateforme surélevée qui permet d'admirer la forêt en contrebas. Les motos sont interdites.

Après le jardin botanique, la route grimpe dans la fertile **vallée de Mae Sa**, un bassin d'altitude jadis planté de pavots à opium. Les agriculteurs des tribus montagnardes ont aujourd'hui planté leurs champs en terrasses de poivriers, de choux et d'arbres fruitiers, dont les produits sont vendus sous le label Doi Kham.

À la lisière ouest de la vallée, le **Proud Phu Fah** (**☎0 5387 9389 ; www.proudphufah.com ; Km 17, Rte 1096 ; ch 4 500-7 000 B ;** ❄@📶🏊) est un hôtel de charme avec des villas confortables, dotées d'un patio au bord de l'eau et conçue pour donner l'illusion de dormir en pleine nature. Le restaurant en plein air sert une bonne cuisine thaïlandaise (plats 100-150 B) et jouit d'une belle vue sur la vallée.

Chiang Dao เชียงดาว

Dans une jungle luxuriante, niché contre les falaises calcaires d'une haute *doi* (montagne), Chiang Dao constitue une escapade très prisée depuis Chiang Mai, quand la chaleur écrase les plaines. Les hébergements attirent des familles et des voyageurs trentenaires à la recherche de bonne cuisine et d'ambiance champêtre.

À voir

THAM CHIANG DAO Grotte

(**ถ้ำเชียงดาว ; 20 B**). Dans la chaleur de la journée, l'endroit le plus frais de la ville est la grotte Chiang Dao, un réseau souterrain qui s'étendrait sur 10 à 14 km dans le Doi Chiang Dao.

DOI CHIANG DAO Montagne

(ดอยเชียงดาว). Le Doi Chiang Dao (ou Doi Luang), qui culmine à 2 195 m, fait partie du parc national de Doi Chiang Dao. Le sommet, accessible en 2 jours de marche, offre une vue spectaculaire. Le versant sud de la montagne est réputé l'un des endroits les plus accessibles au monde pour voir la sittelle géante et le faisan de Hume. Les pensions locales peuvent organiser des treks de 2 jours et des sorties d'observation des oiseaux.

Où se loger

CHIANG DAO NEST Bungalows **$$**

(**☎08 6017 1985 ; http://nest.chiangdao.com ; ch 550-1 600 B ;** @📶🏊). Simples et d'un très bon rapport qualité/prix, les bungalows ont des lits confortables et un intérieur impeccable. Les plus éloignés ont une vue limitée, mais plus d'intimité dans un cadre luxuriant.

Ombrelles peintes

Réserve d'éléphants, Chiang Dao

FELIX HUG/LONELY PLANET IMAGES ©

CHIANG DAO RAINBOW Bungalows **$$**
(☎08 4803 8116 ; bung petit/grand 650/750 B, ch 380 B). Les deux vastes bungalows en teck recyclé s'agrémentent de parquets grinçants, de lits à baldaquin et de fenêtres avec volets ouvrant sur des rizières et des montagnes. L'endroit est difficile à trouver : repérez l'embranchement, non loin du croisement de la rocade et de la Rte 107 (presque en face de l'Aurora Resort sur la rocade).

Où se restaurer

CHIANG DAO NEST International **$$$**
(☎0 6017 1985 ; plats 300-500 B ; petit-déj, déj, dîner). Le restaurant du Nest sert une cuisine fusion européenne sophistiquée dans un agréable jardin. Wicha, propriétaire et chef, a été formée en Grande-Bretagne. La carte varie selon les saisons et utilise les meilleurs produits de la région.

CHIANG DAO RAINBOW Thaïlandais, méditerranéen **$$**
(☎08 4803 8116 ; menu 250 B). Chaudement recommandé, ce restaurant propose deux cartes : nord-thaïlandaise et gréco-méditerranénne.

Comment s'y rendre et circuler

Chiang Dao se situe à 72 km au nord de Chiang Mai le long de la Rte 107.

Chiang Rai et le nord de la Thaïlande

Si les "montagnes" du nord de la Thaïlande ne semblent guère impressionnantes, les vallées fertiles qui les traversent sont le berceau de l'essentiel de la culture thaïe, d'où leur importance pour le peuple thaïlandais.

Ces collines anciennes constituent une destination idéale pour découvrir un autre aspect du pays. Visiter un temple bouddhique à Lampang, faire du vélo en admirant les vestiges de Sukhotai ou siroter un café produit à Chiang Rai font partie des attraits, généralement simples et gratifiants, du Nord. Pour ceux qui recherchent des activités plus sportives, la topographie accidentée de la région offre de multiples possibilités, telles que le rafting à Pai ou le trekking à Mae Hong Son.

Forte de tous ces atouts, cette région hors des sentiers battus vous permettra de vivre une expérience culturelle à part.

Temples, Sukhothai (p. 205)
JEAN-PIERRE LESCOURRET/LONELY PLANET IMAGES ©

Jeune femme akha, Chiang Rai

KYLIE MCLAUGHLIN/LONELY PLANET IMAGES ©

Chiang Rai et le nord de la Thaïlande

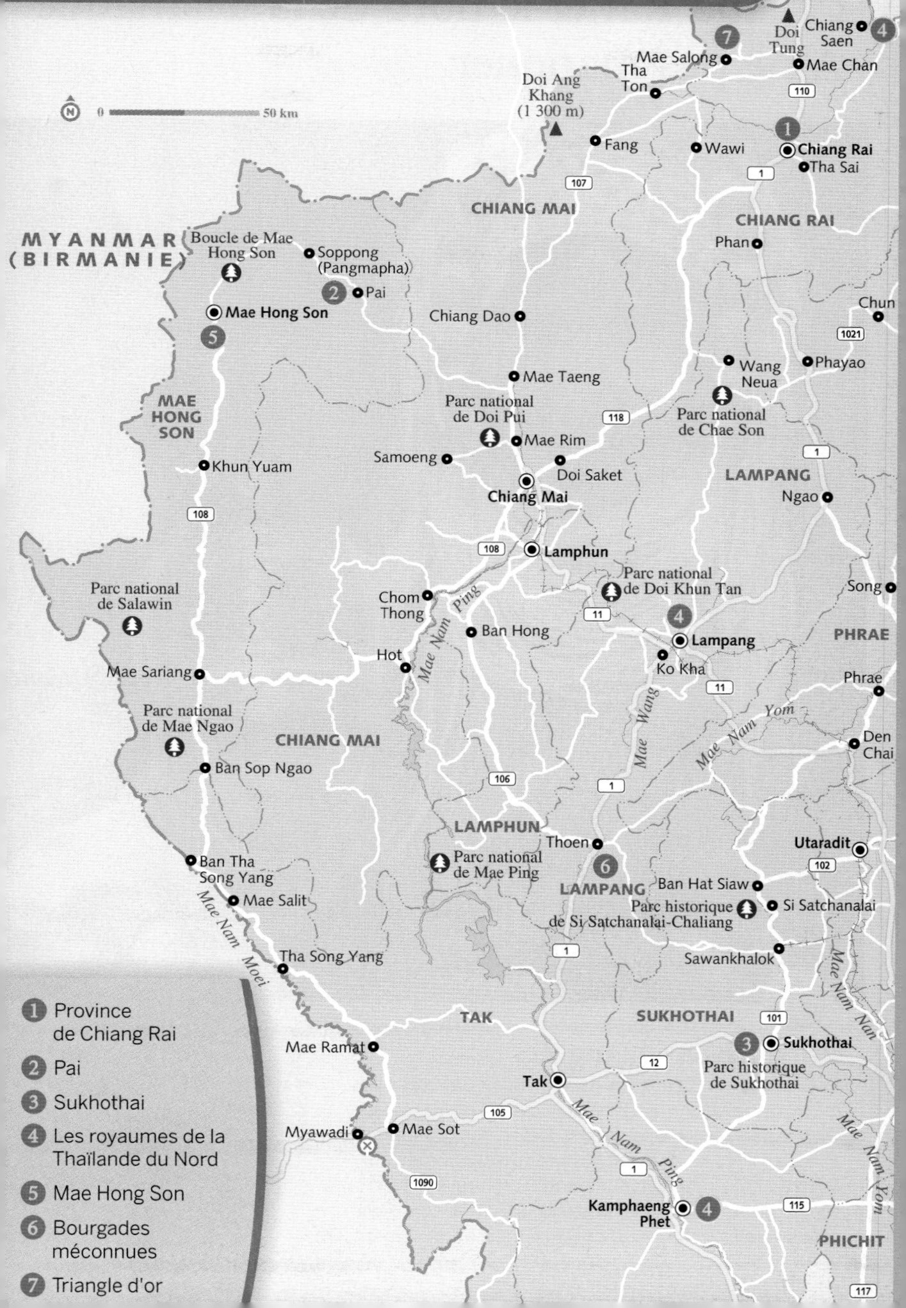

1. Province de Chiang Rai
2. Pai
3. Sukhothai
4. Les royaumes de la Thaïlande du Nord
5. Mae Hong Son
6. Bourgades méconnues
7. Triangle d'or

Chiang Rai et le nord de la Thaïlande À ne pas manquer

1 Province de Chiang Rai

La province de Chiang Rai partage des frontières avec le Laos et le Myanmar (Birmanie). C'est un lieu à part. On y trouve des champs et des forêts, des montagnes et des plaines, et diverses ethnies montagnardes qui luttent pour préserver leur identité culturelle et leur mode de vie traditionnel. **Ci-dessus** Femme akha et son enfant **En haut à droite** Phu Chi Fa **En bas à droite** Champs près de Mae Salong (p. 196)

Nos conseils
MEILLEURE PÉRIODE De novembre à février, pour la fraîcheur du climat
L'ASTUCE Apprenez à connaître la culture et les traditions locales avant d'y aller
Voir p. 186

Province de Chiang Rai par Parisudha Sudhamongkala (Moo)

DIRECTRICE DE LA MIRROR FOUNDATION

1 PHU CHI FAH

Le sommet du Phu Chi Fah offre une vue splendide à la frontière du Laos. Mieux vaut le découvrir en hiver, lorsque la vallée est couverte de brume au petit matin, et que le soleil levant fait resplendir le ciel limpide. Peu d'Occidentaux viennent voir cette montagne. Elle est à 2-3 heures de route de Chiang Rai. Arrivez sur place dès 4h afin d'atteindre le sommet avant le lever du soleil.

2 LA CUISINE LOCALE

Délicieuse, la cuisine thaïlandaise du Nord est différente des plats classiques thaïs. Goûtez aux spécialités culinaires de Chiang Rai dans des restaurants comme Lung Eed Locol Food (p. 193). En achetant des produits locaux, vous participez à la préservation du mode de vie rural.

3 LES VILLAGES DES ETHNIES MONTAGNARDES

Dans les villages des ethnies montagnardes, le logement chez les habitants permet de mieux appréhender leurs cultures et leurs traditions. La Mirror Foundation (p. 191), entre autres, organise des circuits écotouristiques et œuvre en faveur de la justice sociale, en offrant notamment une éducation de base aux villageois et en promouvant l'artisanat.

4 LES PAYSAGES RURAUX

La province de Chiang Rai comporte des sites merveilleux : des collines et montagnes comme le Doi Tung (p. 224), qui forment les frontières avec la Birmanie et le Laos ; le Mékong, qui coule à Chiang Saen (p. 200) et matérialise la lisière nord de la province ; et enfin des plantations de café, de thé, et des rizières, très escarpées.

5 MAE SALONG

Mae Salong (p. 196) est une petite bourgade proche de la frontière birmane. Elle fut colonisée par l'armée chinoise après la défaite infligée par les communistes. Comptant à l'origine sur la culture du pavot, Mae Salong est aujourd'hui un important centre de culture du thé et, en saison, s'orne de magnifiques cerisiers en fleurs.

Pai

La paisible Pai, nichée dans un paysage de vallée montagneuse au nord-ouest de Chiang Mai, est un lieu de repos et de détente (et même de fête) pour les citadins des plaines. Il vaut mieux planifier son séjour pour profiter des curiosités de la localité, dans leur versant spirituel aussi bien que social. **Ci-dessous** Pai Canyon **En haut à droite** Rafting (p. 222) **En bas à droite** Femme lahu et son bébé

Nos conseils

MEILLEURE PÉRIODE De novembre à février, pour la fraîcheur du climat **L'ASTUCE** Prenez le temps d'observer, d'écouter et de vous imprégner de la nature **Voir p. 221**

2

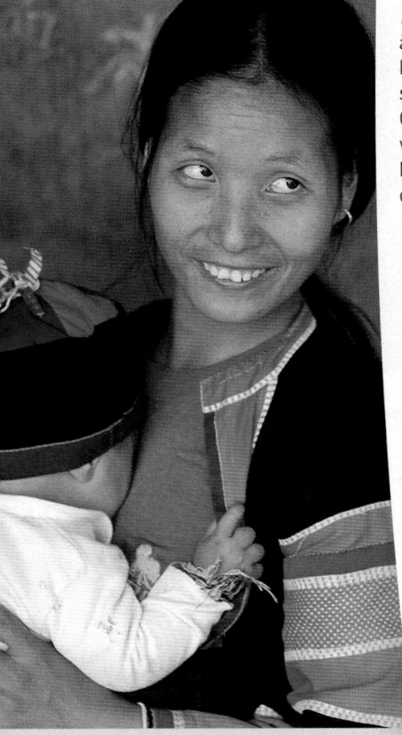

Ma sélection

Pai par Payoong (Pin) Zathu

PROPRIÉTAIRE DU PAIRADISE RESORT

1 LA RIVIÈRE PAI

Descendre la rivière Pai en rafting et en kayak (p. 222) jusqu'à Mae Hong Son est un moment de pur plaisir. La rivière est paisible, le paysage magnifique et le camping dans la jungle me rappelle l'époque où je voyageais avec mon père, accompagnés par notre éléphant. Mon père travaillait pour une exploitation forestière, avant leur interdiction, et il s'est ensuite reconverti dans le tourisme en emmenant des visiteurs faire des excursions à dos d'éléphant. Comme j'ai aussi travaillé comme guide de randonnée, je connais assez bien ces forêts.

2 VALLÉE DE PAI

La vallée de Pai est une attraction en soi. Se déplacer à moto donne l'occasion d'explorer la campagne et de voir le changement des saisons. À la saison des pluies, la forêt se remplit de champignons et de pousses de bambou. Certaines randonnées forestières (p. 223) montrent la vallée sous une autre perspective. Et, en dehors de la localité de Pai, on trouve des sources chaudes (p. 222) et des cascades (p. 221), dont on peut profiter à tout moment.

3 VILLAGES TRIBAUX DES MONTAGNES

Sept ethnies vivent rassemblées dans une seule et même petite vallée – un véritable exploit. Mon père est karen, ma mère est chan, et moi, je suis le fruit de l'harmonie ethnique qui règne à Pai. Comme mon père possédait des éléphants, nous connaissons de nombreux villages tribaux dans les montagnes, et je suis toujours heureux de pouvoir rendre visite à de vieux amis. Pour les touristes, une visite à Ban Santichon (p. 222), village yunnanais, est un moyen parmi d'autres de découvrir notre diversité ethnique. On peut aussi faire des randonnées vers les villages de la vallée.

4 FARNIENTE

L'un des slogans de la ville, "Do nothing in Pai" ("À Pai, ne faites rien"), invite les visiteurs à ralentir le rythme et à profiter de petits plaisirs simples, par exemple observer le moment où la lumière change de couleur au-dessus des collines.

Sukhothai

Vous jugez peut-être avoir eu votre compte de monuments en ruine à Ayuthaya, mais l'ancienne capitale de Sukhothai (p. 205) mérite vraiment l'effort. La vieille cité est installé dans un parc paisible invitant à la méditation – l'ambiance parfaite pour contempler ces monuments solennels et superbes. Les représentations du Bouddha encore visibles expriment la quintessence de la tradition artistique de Sukhothai : élégance et fluidité dan l'immobilité. Autre atout : ces vestiges sont rarement bondés. Fidèles, Wat Mahathat (p. 207), Sukho

3

4 Les royaumes de la Thaïlande du Nord

Si Sukhothai a été le premier royaume "thaï", les vallées à travers lesquelles le ancêtres des Thaïs migrèrent depuis l sud de la Chine ont vu naître nombre de petits royaumes régionaux, qui ont contribué à l'émergence de l'identité thaïe. Des monuments, témoignages ces modestes puissances, sont visible à Kamphaeng Phet (p. 214), Chiang Sae (p. 200) et Lampang (p. 187). Kamphaeng P

AUSTIN BUSH/LONELY PLANET IMAGES ©

Une plongée en Birmanie à Mae Hong Son 5

Nichée dans les montagnes dominant le Myanmar (Birmanie), la capitale provinciale de Mae Hong Son (p. 216) est si éloignée des plaines qu'on s'imagine avoir franchi la frontière. Flânez sur les marchés pour goûter à des en-cas birmans, promenez-vous au milieu de temples ressemblant étrangement à ceux de la Birmanie, ou randonnez entre sommets boisés et vallées. Temple bouddhique près de Mae Hong Son

PETER STUCKINGS/LONELY PLANET IMAGES ©

6 Des bourgades méconnues

Les petites villes méconnues du nord de la Thaïlande offrent un aperçu de la vie quotidienne. Sur le chemin de Sukhothai, Phitsanulok (p. 202) est réputée dans le pays pour le Wat Phra Si Ratana Mahathat et son splendide bouddha doré. Et puis, sur la route de Chiang Mai, Lampang (p. 187) se distingue par ses temples en teck et ses calèches tirées par des chevaux, parfaites pour flâner à travers la ville. Wat Phra Si Ratana Mahathat, Phitsanulok

7 Le Triangle d'or

Cette région, à la confluence de la Thaïlande, du Laos et du Myanmar (Birmanie), était autrefois un lieu phare de la culture du pavot. Cette page est à présent tournée, et deux musées de Sop Ruak (p. 224), "centre" officiel de la région, retracent l'histoire du commerce illicite de l'opium. Non loin se trouvent Mae Sai (p. 198), ville frontalière délabrée, et Mae Salong (p. 196), un village yunnanais. Feuilles de thé, Mae Salong

Chiang Rai et le nord de la Thaïlande : le best of

Escapades avec vue

- **Mae Salong** (p. 196). Longez la crête sinueuse qui sépare en deux ce village peuplé d'une ethnie chinoise.
- **Mae Hong Son** (p. 216). Grimpez le long d'une route de montagne tout en virages pour rejoindre cet avant-poste d'altitude.
- **Doi Tung** (p. 224). Vous côtoierez le Myanmar (Birmanie) en allant de Mae Sai jusqu'à cette région jadis productrice d'opium.

Spécialités culinaires

- **Laap Khom Huay Pu** (p. 225). Un restaurant de Pai, ville du tofu, où l'on sert de succulents plats de viande.
- **Lung Eed Locol Food** (p. 193). Spécialités du Nord et de Chiang Rai.
- **Sue Hai** (p. 198). Délicieuses nouilles maison yunnanaises.
- **Bamee Chakangrao** (p. 216). Des nouilles maison servies dans des bols de bouillon fumant.

Temples

- **Wat Phra Si Ratana Mahathat** (p. 213). Abrite le fameux bouddha en bronze de Phitsanulok.
- **Wat Rong Khun** (p. 196). Temple blanc ultramoderne proche de Chiang Rai.
- **Wat Jong Kham et Wat Jong Klang** (p. 216). Temples à plusieurs niveaux très ornementés au bord d'un beau lac à Mae Hong Son.
- **Wat Mahathat** (p. 207). Renferme le célèbre Bouddha de Sukhothai.

Marchés

Rue piétonnière de Lampang (p. 188). Une rue pleine de cachet dans un quartier commerçant.

Rue piétonnière de Chiang Rai (p. 195). Circulation automobile interdite le samedi soir : place au shopping et aux étals de nourriture.

Marché de pierres précieuses de Mae Sai (p. 199). Vente et achat de pierres étincelantes dans les ruelles de cette ville frontalière.

Marchés de nuit de Phitsanulok (p. 204). La vie provinciale dans toute sa splendeur sur les divers marchés et bazars de nuit.

À gauche Wat Phra Si Ratana Mahathat (p. 202), itsanulok **Ci-dessus** Paysan, Mae Salong (p. 196)

Ce qu'il faut savoir

À PRÉVOIR

- **Un mois avant** Approfondissez vos connaissances sur l'histoire et la culture du nord de la Thaïlande.
- **Une semaine avant** Planifiez votre itinéraire.
- **La veille** Achetez vos tickets de bus et/ou de train directement à la station.

ADRESSES UTILES

- **Tourism Authority of Thailand – Lampang** (TAT ; ☎0 5423 7229 ; Th Thakhrao Noi ; ⏰10h-16h lun-sam)
- **TAT – Chiang Rai** (☎0 5374 4674 ; Th Singhaclai ; ⏰8h30-16h30)
- **TAT – Phitsanulok** (☎0 5525 2742 ; 209/7-8 Th Borom Trailokanat ; ⏰8h30-16h30)
- **TAT – Sukhothai** (☎0 5561 6228 ; Th Jarot Withithong ; ⏰8h30-16h30)
- **Kamphaeng Phet Tourist Information Centre** (⏰8h-16h30)
- **TAT – Mae Hong Son** (www.travelmaehongson.org)

COMMENT CIRCULER

- **Avion** Vols pour Mae Hong Son de Chiang Mai ; ou pour Bangkok de Chiang Mai ou Chiang Rai.
- **Bus** Nombreuses possibilités vers toutes les régions depuis Chiang Mai.
- **Bicyclette et moto** Bon moyen de voir les villes.
- **Sŏrng·tăa·ou** Camionnettes (pick-up) servant de taxis collectifs et de bus publics.
- **Train** Trains de nuit de Bangkok à Chiang Mai avec connexions à Phitsanulok et Lampang.
- **Túk-túk** Pour se déplacer en ville ; négociez.

MISES EN GARDE

- **Postes de contrôle** Ayez votre pièce d'identité car il y a des postes de contrôle militaires près de la frontière.
- **Tenue vestimentaire** À la saison fraîche (de novembre à janvier), prévoyez un blouson et des chaussettes.
- **Sûreté à moto** Portez un casque et des vêtements protecteurs.
- **Randonnée** Évitez de faire de la randonnée pendant la saison chaude (de mars à mai) et pendant la saison des pluies (de juin à octobre) ; randonnez toujours avec un guide de la TAT (Tourism Authority of Thailand).
- **Cascades** Bouillonnantes pendant et juste après la saison des pluies (de juin à décembre).

Suggestions d'itinéraires

Vous pouvez au choix visiter les anciennes capitales et parcs historiques du pays, ou bien mettre le cap sur la région frontalière du Triangle d'or, ancien centre de production de l'opium devenu une sage région agricole.

DE PHITSANULOK À LAMPANG

Sur les traces du passé

En voyageant au nord de Bangkok, vous traversez le berceau de la nation thaïe. Si vous voyagez en train, descendez dans la ville provinciale de **(1) Phitsanulok**, accessible également en bus depuis Sukhothai. Les touristes thaïlandais s'y arrêtent pour visiter le Wat Phra Si Ratana Mahathat et manger des *gŏoay·đĕe·o hôy kăh* (litt., nouilles "aux jambes pendantes").

Continuez sur **(2) Sukhothai** pour 2-3 jours de pérégrinations entre les ruines. La dynastie de Sukhothai a duré 200 ans, incluant le règne du roi Ramkhamhaeng (1275-1317), à qui l'on attribue la naissance de l'écriture thaïe. Dans la campagne plus reculée se trouve le **(3) parc historique de Si Satchanalai-Chaliang**, où vous pourrez admirer d'autres ruines et le travail des potiers. Les terres environnantes sont le grenier à riz du pays.

Faites un détour par **(4) Kamphaeng Phet**, agréable bourgade provinciale dotée de ruines de l'époque de Sukhothai. Mettez ensuite cap au nord jusqu'à **(5) Lampang**, autre cité historique emplie de temples en teck.

En haut à gauche Parc historique de Kamphaeng Phet (p. 215)
En haut à droite Champs près de Chiang Rai (p. 190)

7 JOURS

DE CHIANG RAI À SOP RUAK

En route vers le nord de Chiang Rai

Chiang Rai, province la plus septentrionale de Thaïlande, a toujours été un lieu de passage, emprunté par les immigrés thaïs provenant du sud de la Chine, les caravanes de la Route de la soie et les mules portant l'opium en provenance du Triangle d'or.

Depuis **(1) Chiang Rai**, faites une randonnée de plusieurs jours guidée par des membres d'une ONG ayant des liens authentiques avec les villages des ethnies montagnardes.

Passez une journée à **(2) Mae Salong**, un village chinois perché sur la crête de la montagne entouré de plantations de thé. Ou installez-vous un jour ou deux à **(3) Mae Sai**, porte d'entrée de l'ancienne région du Triangle d'or de la province de Chiang Rai. Visitez en voiture **(4) Doi Tung**, où la culture du café a remplacé celle du pavot.

Poursuivez jusqu'à la ville-frontière de **(5) Chiang Saen**, au bord du Mékong, pour voir ses nombreux temple et les barges qui apportent par voie fluviale des denrées venues de l'intérieur de la Chine. Faites une excursion d'une journée à **(6) Sop Ruak**, "centre" officiel du Triangle d'or dont les musées retracent l'histoire de la production illicite d'opium dans la région.

Découvrir Chiang Rai et le nord de la Thaïlande

Les incontournables

- **Chiang Rai** (p. 190). Ville-frontière réputée pour la culture du café, la randonnée et le Triangle d'or.
- **Kamphaeng Phet** (p. 214). Ravira les amateurs de temples.
- **Mae Hong Son** (p. 216). Paysage accidenté, influences birmanes et ville de Pai.
- **Phitsanulok** (p. 202). Pour son célèbre temple bouddhique et l'accès ferroviaire à Sukhothai.

Wat Phra Si Ratana Mahathat (p.202), Phitsanulok
AUSTIN BUSH/LONELY PLANET IMAGES ©

Histoire

L'ascension et le déclin de diverses principautés indépendantes ont modelé l'histoire du nord de la Thaïlande. Le royaume môn d'Hariphunchai (aujourd'hui Lamphun), qui domina de la fin du VIIIe siècle au XIIIe siècle, eut l'une des plus fortes influences culturelles dans la région.

En 1238, Sukhothai se déclara royaume indépendant sous le règne de Si Intharathit et étendit rapidement sa domination. Pour cette raison et pour l'influence du royaume sur l'art et la culture thaïs modernes, Sukhothai est considéré comme le premier véritable royaume thaï. En 1296, le roi Mengrai fonda Chiang Mai après avoir conquis Hariphunchai.

Plus tard, Chiang Mai, alliée à Sukhothai aux XIVe et XVe siècles, intégra le plus vaste royaume de Lan Na Thai ("Million de rizières thaïes"), communément appelé Lanna. Ce royaume connut son apogée au XVe siècle. Au XVIe siècle, profitant du déclin des alliances thaïes, les Birmans s'emparèrent de Chiang Mai en 1556 et contrôlèrent le Lanna durant les deux siècles suivants. Après la prise d'Ayuthaya par les Birmans en 1767, les Thaïs se regroupèrent et, sous le roi Kawila, reprirent Chiang Mai en 1774 et repoussèrent les Birmans au nord.

À la fin du XIXe siècle, Rama V de Bangkok s'efforça de réunir le Nord et le Centre afin de parer à la menace de colonisation. L'achèvement de la voie ferrée du Nord jusqu'à Chiang Mai en 1921 renforça ces liens jusqu'à ce que les provinces du Nord intègrent le royaume de Siam au début du XXe siècle.

Langue

Les dialectes thaïs régionaux varient grandement et sont parfois incompréhensibles pour un Thaïlandais d'une autre région. Le *găm méuang,* le dialecte du Nord, ne fait pas exception ; en plus d'une gamme de tons totalement différente, il possède un riche vocabulaire spécifique. Son rythme est plus lent que celui des trois autres dialectes principaux, une caractéristique qui reflète la décontraction et l'insouciance de ses locuteurs.

Le dialecte du Nord emploie de plus son propre système d'écriture, basé sur un ancien alphabet môn, jadis uniquement utilisé pour les écrits bouddhiques.

PROVINCE DE LAMPANG

Lampang ลำปาง

59 000 HABITANTS

Éléphants travaillant dans la forêt, élégantes demeures d'anciens barons du bois et temples imposants (souvent en bois) de la période Lanna, Lampang semble réunir, de manière très plaisante, tous les clichés du nord de la Thaïlande.

Histoire

Si la province était déjà habitée au VIIe siècle durant la période Dvaravati, la légende veut que la cité de Lampang ait été fondée par le fils de la reine Chama Thewi d'Hariphunchai et qu'elle ait eu un rôle important dans l'histoire du royaume d'Hariphunchai (VIIIe-XIIIe siècle).

Au tournant du XXe siècle, Lampang et la proche Phrae devinrent un centre important de négoce du teck. Une grande compagnie britannique fit venir des contremaîtres birmans spécialisés pour former des bûcherons birmans et thaïlandais. Ces contremaîtres bien payés, ainsi que des marchands de teck birmans qui commerçaient à Lampang, financèrent la construction de plus d'une dizaine de *wát* ; ceux qui subsistent qui comptent parmi les plus beaux de la ville.

À voir

WAT PHRA KAEW DON TAO Temple

(วัดพระแก้วดอนเต้า ; 20 B ; 6h-18h). De 1436 à 1468, ce *wát* fut parmi les quatre temples du Nord à abriter le Bouddha d'Émeraude (actuellement dans le Wat Phra Kaew à Bangkok ; voir p. 74). Le *chédi* principal témoigne de l'influence d'Hariphunchai, tandis que le *mondòp* (petit bâtiment carré coiffé d'une flèche) adjacent date de 1909 ; décoré de mosaïques en verre typiquement birmanes, il renferme un bouddha de style Mandalay. Le **Musée lanna (don à l'entrée ; 7h-18h)** du *wát* possède une collection d'antiquités lanna, essentiellement des objets religieux et des sculptures sur bois.

BAAN SAO NAK Musée

(บ้านเสานัก ; 85 Th Radwattana ; 50 B ; 10h-17h). Dans le vieux quartier Wiang Neua (cité Nord), Baan Sao Nak fut construit en 1895 dans le style lanna traditionnel. Immense maison en teck soutenue par 116 piliers carrés, elle appartint jadis à une *kun·yĭng* (femme noble) locale et sert aujourd'hui de musée. Entièrement meublée d'antiquités birmanes et thaïlandaises, cette splendide demeure est entourée d'un jardin particulièrement soigné.

Activités

CALÈCHES Promenade guidée

Lampang est surnommée dans tout le pays Meuang Rot Mah ("cité des Calèches") car c'est la seule ville où l'on trouve encore des calèches, aujourd'hui réservées aux touristes. Comptez 150 B pour une promenade de 15 minutes en ville, 200 B pour un circuit de 30 minutes le long de la Mae Wang.

SAMAKHOM SAMUNPHRAI PHAK NEUA Massages

(enseigne en thaï ; ☎08 9758 2396 ; 149 Th Pratuma ; massage 300 B/heure, sauna 150 B ; ⌚8h-19h30). À côté du Wat Hua Khuang dans le quartier Wiang Neua, accessible via Th Pamaikhet, cet établissement rustique propose des massages et des saunas aux herbes traditionnels. La course en moto-taxi coûte environ 20 B.

Achats

RUE PIÉTONNE Marché

Peut-être inspirée par le succès des marchés de rue de Chiang Mai, Lampang possède désormais le sien le long de la charmante Th Talad Gao (également appelée Kat Korng Ta). Jalonnée d'anciennes maisons de négoce (*shophouses*) de styles anglais, chinois et birman, la rue est fermée à la circulation les samedi et dimanche de 16h à 22h et se remplit de stands de souvenirs, d'artisanat et de restauration. De même, Th Wang Nuea devient une "**rue culturelle**" le vendredi de 18h à 21h et le dimanche de 6h à 9h.

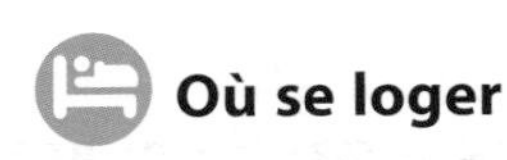

Où se loger

RIVERSIDE GUEST HOUSE Pension $$

(☎0 5422 7005 ; www.theriverside-lampang.com ; 286 Th Talad Gao ; ch 350-900 B, ste 1 800 B ; ❄📶). Dans un cadre verdoyant, cet ensemble de maisons en bois rénovées est de loin l'hébergement le plus plaisant de Lampang.

WIENGLAKOR HOTEL Hôtel $$$

(☎0 5431 6430-5 ; www.wienglakor.com ; 138/35 Th Phahonyothin ; ch 1 000-1 700 B, ste 3 000 B, petit-déj compris ; ❄@📶). Meilleure adresse dans la catégorie supérieure, le Winglakor possède une réception joliment décorée sur le thème du teck et des temples du Nord, un concept repris dans les chambres.

PIN HOTEL Hôtel $$

(☎0 5422 1509 ; 8 Th Suandawg ; ch 600-900 B, ste 1 300-1 800 B, petit-déj compris ; ❄@📶). Les chambres, impeccables, spacieuses et intimes, sont dotées d'une grande sdb, de la TV sat et d'un minibar. Un bon choix dans la catégorie moyenne.

Rue piétonne, Lampang

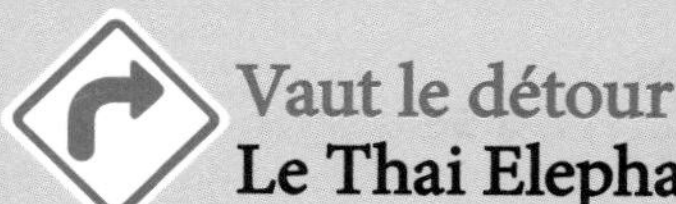

Vaut le détour
Le Thai Elephant Conservation Center

À Amphoe Hang Chat, à 33 km de Lampang, ce centre de préservation des d'éléphants **(TECC ; ☎ 0 5424 7876 ; www.thailandelephant.org ; enfant/adulte avec navette 40/80 B ; ⌚ bain des éléphants 9h45 et 13h15, spectacles 10h, 11h et 13h30)** unique en son genre promeut le rôle de l'éléphant d'Asie dans l'écotourisme et soigne des pachydermes malades venus de toute la Thaïlande.

Dans ce centre de 122 ha, le spectacle avec les éléphants est moins touristique et plus pédagogique qu'ailleurs, montrant leur travail avec des troncs d'arbre, et même leurs talents pour la peinture ou pour jouer sur des xylophones géants.

Pour ceux qui souhaitent approfondir la connaissance des pachydermes, la **Mahout Training School (☎ 0 5424 7875 ; www.thailandelephant.org ; 1/2/3/30 jours 3 500/5 800/8 500/100 000 B)** du TECC offre un éventail de formations d'un jour à un mois afin de faire de vous transformer en *kwahn cháhng* (cornac) expérimenté. Les bénéfices du centre financent l'hôpital des éléphants, qui s'occupe de pachydermes âgés, abandonnés ou malades de tout le pays.

Où se restaurer

Ville relativement petite, Lampang possède néanmoins un bon choix de restaurants qui proposent diverses cuisines, des spécialités du Nord aux plats occidentaux.

Pour faire vos courses ou découvrir la cuisine locale, faites un tour au **marché du soir (Th Ratsada ; ⌚ 16h-20h)** qui offre tous les soirs des paniers fumants de riz gluant et des dizaines d'accompagnements.

AROY ONE BAHT Thaïlandais $

(angle Th Suandawg et Th Thipchang ; plats 15-40 B ; ⌚ 16h-24h). Il semble que certains soirs tout Lampang se retrouve dans cette vaste maison en bois pour se régaler d'une cuisine savoureuse à petits prix, servie avec célérité dans un cadre plaisant.

PAPONG Thaïlandais du Nord $

(125 Th Talad Gao ; plats 30-40 B ; ⌚ déj et dîner). Ne manquez pas cette gargote fréquentée qui sert des *kà·nŏm jeen* (nouilles de riz fraîches agrémentées de divers curries). Vous la repérerez à la rangée de marmites en terre dans lesquelles mijotent les curries ; pour commander, désignez ce qui vous inspire.

RIVERSIDE BAR & RESTAURANT International-thaïlandais $$

(328 Th Thipchang ; plats 80-210 B ; ⌚ déj et dîner). Très prisée des étrangers, de passage ou résidents, cette construction en bois semble sur le point de s'écrouler dans la Mae Wang. Musique live, bar bien fourni et longue carte de plats locaux et occidentaux attirent les foules.

Renseignements

La Siam City Bank et la Krung Thai Bank font partie des nombreuses banques avec DAB qui bordent Th Boonyawat.

Khun Manee

Lampang est réputée pour ses *kôw đaan*, des gâteaux de riz frit nappés de sucre de palme ; vous pourrez en observer la confection dans cette **fabrique (enseigne en thaï ; 35 Th Ratsada)** accueillante ; repérez la flèche jaune.

M@cnet (Th Chatchai ; 15 B/h ; 9h-22h). Accès Internet.

Poste (Th Prisnee ; 8h30-16h30 lun-ven, 9h-12h sam)

Sanuksabai (8 Th Suandawg ; 8h-17h lun-sam). À côté du Pin Hotel, cette agence vend des billets d'avion.

Bureau de la Tourism Authority of Thailand (TAT ; centre d'appel national 1672, Lampang 0 5423 7229 ; Th Thakhrao Noi ; 10h-16h lun-sam). Vous trouverez une carte correcte de la région et des renseignements sur les sites et les activités.

Depuis/vers Lampang

Avion

L'aéroport de Lampang est à 1,5 km du centre-ville, à l'extrémité est de l'Asia 1 Hwy. Un *sŏrng·tăa·ou* de l'aéroport au centre-ville revient à 50 B.

Bangkok Airways (centre d'appel national 1771, Lampang 0 5482 1522 ; www.bangkokair.com ; aéroport de Lampang) offre des vols entre Lampang et l'aéroport Suvarnabhumi à Bangkok (2 405 B, 1 heure, 1/jour), et entre Lampang et Sukhothai (1 915 B, 30 min, 1/jour).

Bus

La gare routière de Lampang se tient à près de 2 km du centre-ville, au coin de l'Asia 1 Hwy et de Th Chantarasurin (20 B en *sŏrng·tăa·ou* collectif).

Train

Éloignée des hôtels, la **gare ferroviaire** (0 5421 7024 ; Th Phahonyothin) de Lampang date de 1916. Parmi les principales destinations figurent Bangkok (256-1 272 B, 12 heures, 6/jour) et Chiang Mai (23-50 B, 3 heures, 6/jour).

PROVINCE DE CHIANG RAI

Chiang Rai

เชียงราย

62 000 HABITANTS

Si vous prenez le temps de l'explorer, vous découvrirez une ville charmante à l'ambiance détendue, avec de bons hôtels et d'excellents restaurants. De plus, elle constitue une base logique pour des excursions dans des coins les plus reculés de la province.

Fondée par Phaya Mengrai en 1262, Chiang Rai faisait alors partie du royaume lanna lao-thaï. Elle ne devint territoire siamois qu'en 1786, puis une province en 1910.

À voir

MUSÉE OUB KHAM — Musée

(พิพิธภัณฑ์อูบคำ ; www.oubkhammuseum.com ; 81/1 Military Front Rd ; adulte/enfant 300/200 B ; 8h-18h). Ce musée privé possède une impressionnante collection d'objets provenant de tous les coins de l'ancien royaume lanna. Les pièces, dont il n'existe parfois qu'un seul

Cuisine thaïlandaise

JOHN ELK III/LONELY PLANET IMAGES ©

Bus au départ de Lampang

DESTINATION	PRIX	DURÉE	FRÉQUENCE
Bangkok	347-625 B	9 heures	départs fréquents 7h30-11h30 et 6h30-21h
Chiang Mai	67-134 B	2 heures	toutes les heures 8h-20h30
Chiang Rai	143 B	3 heures 30	15h30, 18h30 et 21h30
Phitsanulok	193 B	4 heures 30	toutes les heures 5h-19h
Sukhothai	162 B	3 heures 30	toutes les heures 5h-19h

exemplaire, vont d'une spatule en os de singe utilisée par la famille royale pour goûter les aliments à un imposant trône sculpté de Chiang Tung (Myanmar). La visite guidée obligatoire (proposée en anglais) comprend le passage par une grotte artificielle dorée qui contient plusieurs bouddhas, avec lumières disco et fausses torches !

Le musée, à 2 km du centre-ville, peut être difficile à trouver ; en túk-túk, comptez environ 50 B.

MUSÉE ET CENTRE DE FORMATION DES TRIBUS MONTAGNARDES Musée

(พิพิธภัณฑ์และศูนย์การศึกษาชาวเขา ; carte p. 192 ; www.pdacr.org ; 3e ét., 620/25 Th Thanalai ; 50 B ; 9h-18h lun-ven, 10h-18h sam-dim). Ce musée et centre d'artisanat est intéressant à visiter avant de partir à la rencontre des tribus montagnardes. Géré par une association à but non lucratif, la Population & Community Development Association (PDA), sa présentation visuelle laisse un peu à désirer, mais il contient de multiples informations sur les diverses ethnies du pays et leurs problèmes. Le conservateur, passionné pour son musée, vous parlera des tribus montagnardes, de leur histoire, des courants récents et des projets que le musée aide à financer. La PDA organise aussi des treks chaudement recommandés.

WAT PHRA KAEW Temple

(วัดพระแก้ว ; carte p. 192 ; entrée libre). Appelé à l'origine Wat Pa Yia (monastère de la Forêt de bambous) en dialecte local, ce temple est le plus vénéré de la ville. Selon la légende, la foudre frappa son *chédi* octogonal en 1434, qui s'effondra et laissa apparaître le Phra Kaew Morakot ou Bouddha d'Émeraude (en jade, en réalité). Après de longues pérégrinations, dont une étape prolongée à Vientiane au Laos (voir l'encadré p. 75), cet emblème national est désormais installé dans le temple du même nom à Bangkok.

Activités

Presque tous les hébergements de Chiang Rai proposent des treks, habituellement dans les secteurs du Doi Tung, du Doi Mae Salong et de Chiang Khong. Les tarifs des tour-opérateurs ci-dessous varient de 2 500 à 4 300 B par personne pour un trek de 3 jours avec 2 participants.

Les agences suivantes ont la réputation d'organiser des treks et des circuits culturels responsables ; dans certains cas, les bénéfices sont directement investis dans des projets de développement des villages.

MIRROR FOUNDATION Trekking

(0 5373 7616 ; www.themirrorfoundation.org ; 106 Moo 1, Ban Huay Khom, Tambon Mae Yao). Si les prix sont un peu plus élevés qu'ailleurs, un trek avec cette ONG à but non lucratif contribue à la formation de guides locaux. Les treks, de 1 à 3 jours, passent par les villages akha, karen et lahu de Mae Yao, au nord de Chiang Rai.

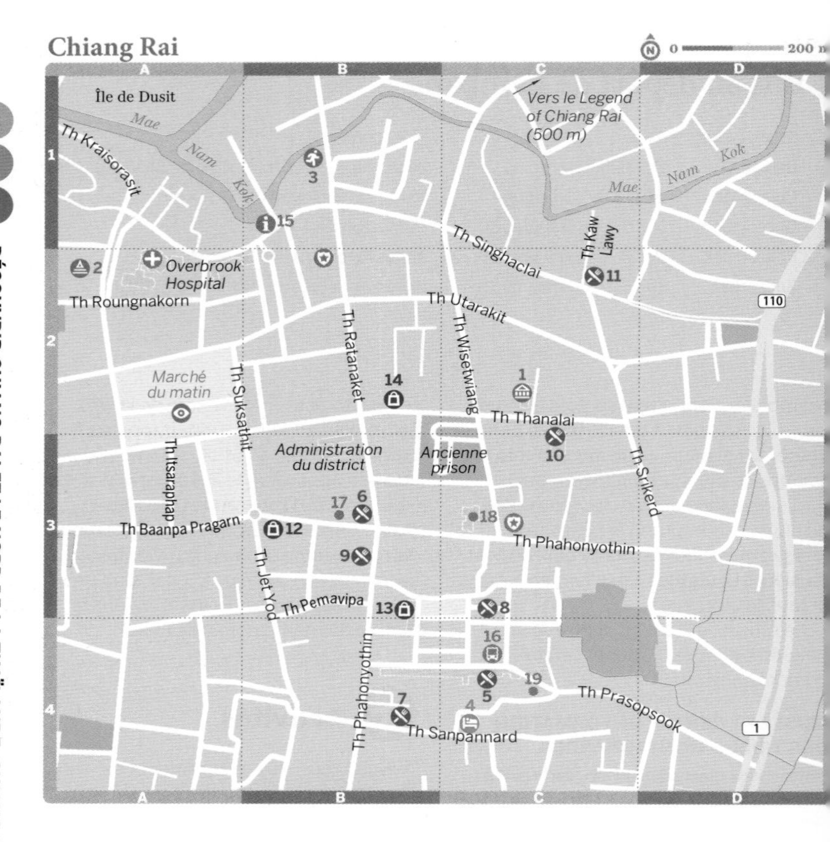

Chiang Rai

À voir

1 Musée et centre de formation des tribus montagnardes C2
2 Wat Phra Kaew A2

Activités

3 Akha Hill House B1
PDA Tours & Travel .... (voir 1)

Où se loger

4 Baan Warabordee C4

Où se restaurer

5 BaanChivitMai Bakery C4
6 Doi Chaang B3
7 Nam Ngiaw Paa Nuan B4
8 Marché de nuit C3
9 Old Dutch B3
10 Phu-Lae C3
11 Somkhuan Khao Soi C2

Achats

12 Fair Trade Shop B3
13 Marché de nuit B3
14 Walking Street B2

Renseignements

15 Bureau de la Tourism Authority of Thailand (TAT) B1

Transports

16 Gare routière C4
17 Fat Free B3
18 North Wheels C3
19 Sombat Tour C4

PDA TOURS & TRAVEL Trekking
(carte p. 192 ; ☎0 5374 0088 ; www.pda.or.th/chiangrai/package_tour.htm ; 3e ét., 620/25 Th Thanalai, Centre de formation et musée des tribus montagnardes ; 9h-18h lun-ven, 10h-18h sam-dim). Cette ONG propose des treks de 1 à 3 jours. Les bénéfices sont investis dans des projets communautaires : information sur le sida, dispensaires, bourses scolaires et installation de banques gérées par les villages.

AKHA HILL HOUSET Trekking
(carte p. 192 ; ☎08 9997 5505 ; www.akhahill.com ; Akha Hill House). Les treks de 1 à 7 jours commencent par la remontée de la rivière en *long-tail boat*, suivis d'une randonnée jusqu'à l'Akha Hill House (à 1 500 m d'altitude) et alentour, à 23 km de Chiang Rai. Une partie des revenus des pensions et de leurs activités finance une école locale.

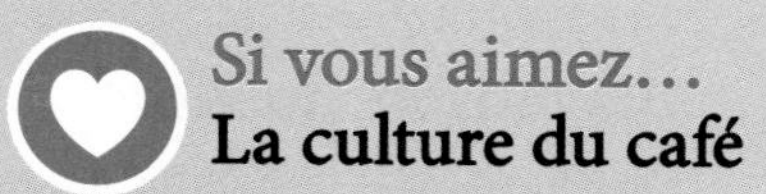

Si vous aimez... La culture du café

Le nombre de bons cafés de style occidental surprend dans une ville de la taille de Chiang Rai. Cela est dû en grande partie au fait que les meilleurs cafés du pays proviennent des coins les plus reculés de la province. Parmi les meilleures adresses :

1 **BAANCHIVITMAI BAKERY**
(carte p. 192 ; www.baanchivitmai.com ; Th Prasopsook ; 7h-21h lun-sam ;). Dans cette boulangerie fréquentée, vous pourrez accompagner un délicieux café local d'une authentique pâtisserie suédoise. Les bénéfices sont versés à BaanChivitMai, une organisation qui gère des logements et des projets d'éducation pour les enfants vulnérables, orphelins ou atteints du sida.

2 **DOI CHAANG**
(carte p192 ; 542/2 Th Ratanaket ; 7h-23h ;). Doi Chaang est la marque phare des cafés de Chiang Rai, et se vend aujourd'hui jusqu'en Europe et en Amérique du Nord.

Où se loger

Les deux principaux secteurs d'hébergement se regroupent dans le centre, autour de Th Jet Yod et près de Th Phahonyothin.

LEGEND OF CHIANG RAI Hôtel $$$
(hors carte p. 192 ; ☎0 5391 0400 ; www.thelegend-chiangrai.com ; 124/15 Moo 21, Th Kohloy ; ch 3 900-5 900 B, villa 8 100 B ;). Dans ce complexe haut de gamme, à 500 m au nord de Th Singhaclai, près de la rivière, on a l'impression d'être dans un village lanna traditionnel. Les chambres ont une jolie terrasse et une sdb avec une grande douche. Villas avec piscine privée.

BAAN WARABORDEE Hôtel $$
(carte p. 192 ; ☎0 5375 4488 ; baanwarabordee@hotmail.com ; 59/1 Th Sanpannard ; ch 600-800 B ;). Ce charmant petit hôtel occupe une villa moderne à 3 étages, avec des chambres fraîches, ornées de boiseries sombres et de tissus lumineux. Les accueillants propriétaires vous renseigneront sur la région.

Où se restaurer

Au marché de nuit, les stands de restauration proposent toutes sortes d'en-cas et de plats, des *wonton* (raviolis) frits aux poissons frais, que l'on peut déguster sur les tables voisines. Plusieurs restaurants sont installés dans Th Phahonyothin et alentour, à proximité du marché de nuit.

LUNG EED LOCOL FOOD Thaïlandais du Nord $
(Th Watpranorn ; plats 30-60 B ; 11h45-21h lun-sam). Un menu en anglais est affiché sur le mur de ce restaurant servant de délicieux plats locaux. Ne manquez pas le sublime *lâhp gài,* du poulet frit émincé avec des herbes, des échalotes et de l'ail. Le Lung Eed Locol Food se situe dans Th Watpranorn, près du croisement de la Superhighway.

La cuisine du Nord

Traditionnellement, les habitants du Nord privilégient le *kôw nĕe·o* (riz gluant), appelé ici *kôw nêung*, et utilisent rarement le lait de coco. La cuisine du nord de la Thaïlande est sans doute l'une des moins épicées du pays, préférant des saveurs amères ou amères/relevées.

Relativement peu de restaurants servent des spécialités du Nord, plus souvent vendues par des stands de rue dans des sacs "à emporter". Si vous dénichez un restaurant local, voici quelques plats à découvrir :

- *Gaang hang·lair* – d'origine birmane (*hang* est une déformation du birman *hin*, curry), un riche curry de porc souvent servi lors des fêtes et cérémonies.
- *Kâap mŏo* – couenne de porc rissolée, croustillante, servie souvent en accompagnement.
- *Kôw soy* – plat de nouilles au curry très prisé, sans doute d'origine birmane et introduit dans le Nord par des marchands chinois.
- *Kà·nŏm jeen nám ngée·o* – de fines nouilles de riz fraîches servies dans un bouillon de tomate semblable à un curry, particulièrement riche et relevé.
- *Lâhp kôo·a* (litt., *lâhp* frit) – la fameuse salade thaïlandaise servie avec de la viande émincée (bœuf ou porc) sautée avec des herbes amères et des épices séchées.
- *Nám prík nùm* – piments verts, échalotes et ail sont grillés puis écrasés en une pâte qui accompagne riz gluant, légumes blanchis et couenne de porc frite.
- *Nám prík òrng* – sauce pimentée d'origine shan avec tomates et porc haché.

NAM NGIAW PAA NUAN Vietnamien-thaïlandais du Nord **$**

(carte p. 192 ; Th Sanpannard ; plats 10-100 B ; 9h-17h). Un peu dissimulé, ce restaurant propose un mélange unique de plats vietnamiens et nord-thaïlandais. La bonne cuisine, le service sympathique et l'ambiance rustique font regretter qu'il n'ouvre pas en soirée.

PAA SUK Thaïlandais du Nord **$**

(enseigne en thaï ; Th Sankhongnoi ; plats 10-25 B ; 8h-15h lun-sam). Tenu par la même famille depuis trois générations, ce restaurant immensément populaire se spécialise dans un plat local, le *kà·nŏm jeen nám ngée·o*, un bouillon clair de porc ou de bœuf et de tomates, servi sur des nouilles de riz fraîches. Il se tient entre les Soi 4 et Soi 5 de Th Sankhongnoi (appelée Th Sathanpayabarn au croisement de Th Phahonyothin) ; pour trouver le Paa Suk, repérez l'enseigne jaune.

PHU-LAE Thaïlandais du Nord **$$**

(carte p. 192 ; 673/1 Th Thanalai ; plats 80-320 B ; déj et diner ;). Ce restaurant climatisé est très prisé des touristes thaïlandais pour sa savoureuse cuisine du Nord, un peu embourgeoisée. Parmi les plats locaux recommandés figurent le *gaang hang·lair*, de la poitrine de porc en curry à la birmane, servi ici avec de l'ail saumuré, et les *sâi òo·a*, des saucisses aux herbes.

OLD DUTCH Néerlandais-international **$$**

(carte p. 192 ; 541 Th Phahonyothin ; plats 150-300 B ;). Confortable et apprécié des étrangers, ce restaurant constitue un bon choix si vous souhaitez changer du riz. Il offre divers plats bataves et occidentaux bien préparés et comprend une bonne boulangerie.

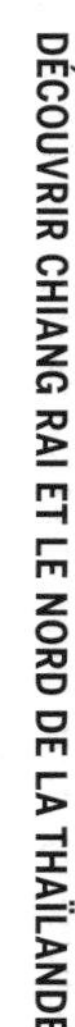

SOMKHUAN KHAO SOI Thaïlandais du Nord **$**

(carte p. 192 ; Th Singhaclai ; plats 25 B ; 🕒8h-15h lun-ven). D'un stand de rue sous deux gros arbres, le sympathique M. Somkhuan propose de savoureux bols de *kôw soy*, un curry de nouilles nord-thaïlandais.

Achats

RUE PIÉTONNE Marché

(carte p. 192 ; Th Thanalai ; 🕒16h-22h sam). Si vous êtes sur place un samedi soir, ne manquez pas de flâner dans la *Walking Street*, un vaste marché de rue qui propose tous les produits de Chiang Rai, de l'artisanat aux plats locaux. Il s'étend le long de Th Thanalai, depuis le musée des Tribus montagnardes jusqu'au marché du matin.

FAIR TRADE SHOP Artisanat

(carte p. 192 ; www.ttcrafts.co.th ; 528/8 Th Baanpa Pragarn ; 🕒9h-17h lun-sam). Vêtements tribaux aux couleurs vives et toutes sortes d'objets. Les bénéfices servent à financer divers projets de développement.

MARCHÉ DE NUIT Marché

(carte p. 192 ; 🕒18h-23h). Le marché de nuit s'installe à côté de la gare routière, près de Th Phahonyothin. Moins important que celui de Chiang Mai, c'est un bon endroit pour trouver de l'artisanat.

Renseignements

Services médicaux

Overbrook Hospital
(carte p. 192 ; ☎0 5371 1366 ; www.overbrookhospital.com ; Th Singhaclai). Un hôpital moderne où l'on parle anglais.

Depuis/vers Chiang Rai

Avion

L'**aéroport de Chiang Rai** (☎0 5379 8000) se situe à environ 8 km au nord de la ville. De l'aéroport, la course en taxi jusqu'au centre-ville revient à 200 B.

Aéroport Don Muang de Bangkok (1 550 B, 1 heure 15, 2/j) via **One-Two-Go** **(Orient Thai ; ☎ centre d'appel national 1126 ; www.flyorientthai.com ; aéroport de Chiang Rai)**

Aéroport Suvarnabhumi de Bangkok (2 164-3 120 B, 1 heure 15, 6/j) via **Air Asia** **(☎centre d'appel national 02 515 9999, Chiang Rai 0 5379 3543 ; www.airasia.com ; aéroport de Chiang Rai)** et **THAI** **(☎centre d'appel national 02 356 1111 ; www.thaiair.com)** ; centre-ville **(☎0 5371 1179 ; 870 Th Phahonyothin ; 🕒8h-17h lun-ven)** ; aéroport **(☎0 5379 8202 ; 🕒8h-20h)**

Chiang Mai (1 399 B, 40 min, 2/j) via **Kan Air** **(☎centre d'appel national 02 551 6111, Chiang Rai 0 5379 3339 ; www.kanairlines.com ; aéroport de Chiang Rai)**

Cuisine de la Thaïlande du Nord

Vaut le détour
Le Wat Rong Khun

À 13 km au sud de Chiang Rai se dresse le **Wat Rong Khun** (**วัดร่องขุ่น ;"Wat blanc" ; entrée libre**), temple inhabituel et très fréquenté. Alors que la plupart des temples comptent des siècles d'histoire, la construction de celui-ci a débuté en 1997, sous la direction de Chalermchai Kositpipat, un peintre thaïlandais renommé devenu architecte.

Vu de loin, le *wát* semble en porcelaine scintillante, un effet est dû à une combinaison de chaux et d'éclats de miroir. Franchissez un pont bordé de sculptures de bras tendus (symbolisant le désir) pour entrer dans le sanctuaire, où l'artiste a peint des scènes contemporaines représentant le *samsara* (le cycle des renaissances et des illusions).

Pour rejoindre le temple, prenez l'un des bus réguliers qui circulent entre Chiang Rai et Chiang Mai ou Phayao et demandez à descendre au Wat Rong Khun (20 B).

Comment circuler

Une course dans le centre de Chiang Rai coûte environ 40 B en túk-túk et 20 B par personne en *sŏrng·tăa·ou* collectif.

Fat Free (**0 5375 2532 ; 542/2 Th Baanpa Pragarn ; 80-450 B/j ; 8h30-18h**) loue des vélos, et **ST Motorcycle** (**0 5371 3652 ; 1025/34-35 Th Jet Yod ; 150-1 000 B/j ; 8h-20h**) des motos bien entretenues.

Les sociétés de location de voitures suivantes disposent d'agences à Chiang Rai :

North Wheels (**0 5374 0585 ; www.northwheels.com ; 591 Th Phahonyothin ; 8h-18h**)

Thai Rent A Car (**0 5379 3393 ; www.thairentacar.com ; aéroport de Chiang Rai ; 7h-18h**)

Mae Salong (Santikhiri) แม่สลอง (สันติคีรี)

20 000 HABITANTS

Pour un avant-goût de Chine sans traverser de frontières, rendez-vous dans cette bourgade pittoresque, perchée dans les collines derrière Chiang Rai.

À voir

Marchés

Un petit **marché du matin** se tient entre 6h et 8h au carrefour en T proche de la Shin Sane Guest House. Intéressant, il attire des citadins et des montagnards des districts environnants. À l'extrémité sud de la ville, un **marché** s'installe toute la journée et réunit des vendeurs d'artisanat des tribus montagnardes, des échoppes de thé et quelques gargotes.

Temples

Dépassez le marché et grimpez les 718 marches (ou suivez la route en voiture) qui mènent au **Wat Santikhiri** pour découvrir une vue superbe. Le *wát* de style chinois appar tient au courant mahayana.

Plus haut après le Khumnaiphol Resort, un **point de vue** et quelques échoppes de thé avoisinent la **tombe** d'un fameux général du GMD (Guomindang) ; elle est parfois gardée par un soldat qui vous racontera (en thaï ou en yunnanais) l'histoire du Guomindang dans la région. Dans la même veine, au sud de l'embranchement vers la tombe, le **musée-mémorial des Martyrs chinois**, un bâtiment de style chinois élaboré, est plus un mémorial qu'un musée.

Activités

La Shin Sane Guest House et la Little Home Guesthouse disposent de cartes gratuites indiquant les itinéraires approximatifs vers des villages akha, mien, lisu, lahu et chan de la région.

Bus au départ de Chiang Rai

Les bus qui desservent des localités dans la province de Chiang Rai, ainsi que les bus lents avec ventilateur à destination de Chiang Mai et Lampang partent de la gare routière dans le centre-ville.

Pour Bangkok, le bureau de **Sombat Tour** (☎0 5371 4971 ; Th Prasopsook ; ⏲6h-19h) se tient en face de la gare routière inter-provinces, où il n'y a que des bus VIP ; les autres bus pour Bangkok partent tous de la nouvelle gare routière.

DESTINATION	PRIX	DURÉE	FRÉQUENCE
Chiang Khong	65 B	2 heures 30	toutes les heures 5h20-17h45
Chiang Mai	142 B	7 heures	toutes les 45 min 6h30-12h
Chiang Saen	32 B	1 heure 30	toutes les 20 min 6h20-18h30
Lampang	102 B	5 heures	toutes les 45 min 6h30-12h
Mae Sai	39 B	1 heure 30	toutes les 20 min 6h-20h

Si vous allez au-delà de Chiang Rai (ou si vous êtes pressé), vous devrez vous rendre à la **nouvelle gare routière** (☎0 5377 3989), à 5 km au sud de la ville sur la Hwy 1. Des *sŏrng·tăa·ou* la relient à l'ancienne gare de 5h à 21h (10 B, 20 min).

DESTINATION	PRIX	DURÉE	FRÉQUENCE
Bangkok	448-716 B	11-12 heures	toutes les heures 7-11h30 et 18h30-21h
Chiang Mai	142-263 B	3-7 heures	toutes les heures 6h30-17h45
Kamphaeng Phet	280 B	7 heures	7h, 8h30, 13h
Khon Kaen	316-553 B	11-12 heures	9h, 10h15, toutes les 2 heures 14h- 21h
Nakhon Ratchasima (Khorat)	473-710 B	12-13 heures	6h15, 11h30, 13h30, 15h30, 17h, 19h
Lampang	102-286 B	4-5 heures	toutes les heures 6h-15h45
Mae Sai	26-84 B	1 heure-1 heure 30	toutes les 15 min 6h-18h
Mae Sot	354-455 B	12 heures	7h45, 8h15
Phayao	44-141 B	1 heure 30-2 heures	toutes les heures 6h-19h30
Phrae	148-244 B	4 heures	toutes les heures 6h-19h30
Phitsanulok	249-374 B	6-7 heures	toutes les heures 6h-19h30
Sukhothai	223-244 B	8 heures	7h30, 8h30, 10h30, 14h30

La Shin Sane Guest House organise des **treks à cheval** de 3-4 heures jusqu'à 4 villages voisins (500 B).

Où se restaurer

Une petit-déjeuner chinois classique au marché du matin – des *bah·tôrng·gŏh* (beignets chinois) accompagnés de lait de soja chaud – est parfait pour bien commencer la journée. Nombre de touristes thaïlandais viennent à Mae Salong pour savourer des plats yunnanais comme les *màn·tŏh* (petits pains cuits à la vapeur), servis avec du jambonneau braisé et des légumes marinés, ou du poulet noir mijoté avec des herbes chinoises. Les nouilles de blé aux œufs maison sont une autre spécialité de Mae

La Chine loin de la Chine

Mae Salong fut fondée à l'origine par le 93e régiment du Guomindang (GMD), qui s'était réfugié au Myanmar après la révolution chinoise de 1949. Il fut forcé de quitter la Birmanie en 1961 quand le gouvernement de Rangoon décida de ne plus tolérer la présence du GMD dans le nord du pays. Rejoignant le nord de la Thaïlande avec des caravanes de chevaux, les anciens soldats et leurs familles s'installèrent dans des villages de montagne et recréèrent une société semblable à celle qu'ils avaient abandonnée au Yunnan.

Le gouvernement thaïlandais leur accorda le statut de réfugiés dans les années 1960 et tenta de les intégrer dans la nation. Ces efforts n'eurent guère de succès jusqu'à la fin des années 1980, le GMD restant fortement impliqué dans le trafic de l'opium au cœur du Triangle d'or aux côtés de Khun Sa, le prétendu seigneur de l'opium, et de l'Armée shan unie (ASU). En raison d'une topographie montagneuse accidentée et de l'absence de routes goudronnées, Mae Salong restait quasiment coupée du monde extérieur et les Yunnanais pouvaient prétendre ignorer le souhait des autorités thaïlandaises d'éradiquer la culture du pavot et de pacifier la région.

Afin d'éradiquer la culture du pavot et le trafic plus récent du *yah bâh* (métamphétamines), le gouvernement a lancé des programmes agricoles de substitution pour encourager les tribus montagnardes à cultiver le thé, le café, le maïs et les arbres fruitiers.

Salong et s'accompagnent d'un bouillon de porc avec une pâte de piments ; plusieurs restaurants en proposent.

D'innombrables maisons de thé vendent des thés locaux (essentiellement oolong et jasmin) et offrent des dégustations gratuites.

SUE HAI Chinois $

(plats 60-150 B ; 7h-21h). Centrale, cette boutique de thé et gargote yunnanaise tenue par une famille dispose d'une carte en anglais de spécialités locales, tels le délicieux porc frit avec du piment frais. Vous pouvez aussi choisir un bol copieux de savoureuses nouilles maison.

NONG IM PHOCHANA Chinois $

(plats 60-150 B ; déj et dîner). Juste en face du Khumnaiphol Resort à l'extrémité sud de la ville, ce restaurant en plein air sert principalement des plats à base de légumes produits localement.

Depuis/vers Mae Salong

Pour rejoindre Mae Salong en bus, prenez à Chiang Rai un bus à destination de Mae Sai jusqu'à Ban Pasang (20 B, 30 min, toutes les 20 min 6h-16h), puis un *sŏrng·tăa·ou* bleu jusqu'à Mae Salong (60 B, 1 heure, 7h-17h).

À Mae Salong, les *sŏrng·tăa·ou* à destination de Ban Pasang stationnent près du 7-Eleven ; ils cessent de circuler vers 17h mais vous pouvez très bien en louer un dans l'un ou l'autre sens pour 500 B.

Mae Sai แม่สาย

22 000 HABITANTS

À première vue, la ville la plus septentrionale du pays semble se limiter à un grand marché en plein air. Elle constitue toutefois une base pratique pour explorer le Triangle d'or, le Doi Tung et Mae Salong.

Où se loger

KHANTHONGKHAM HOTEL Hôtel **$$**
(☎0 5373 4222 ; www.kthotel.com ; 7 Th Phahonyothin ; ch 800-950 B, ste 1 300-1 650 B ; ❄@📶). Cet hôtel a des chambres immenses, joliment décorées de boiseries claires et de tentures marron. L'absence de fenêtres dans nombre de chambres constitue cependant un inconvénient.

Où se restaurer

Un vaste **marché de nuit** (🕐17h-23h) s'installe tous les soirs le long de Th Phahonyothin. Dans la journée, plusieurs **stands d'en-cas et de boissons** (Th Phahonyothin) se tiennent devant le poste de police.

BISMILLAH HALAL FOOD Musulman-thaïlandais **$**
(Soi 4, Th Phahonyothin ; plats 25-40 B ; 🕐6h-18h). Tenu par des musulmans birmans, ce petit restaurant propose un excellent *biryani* et bien d'autres spécialités, des *roti* aux *samosa*.

Achats

Si le commerce est omniprésent à Mae Sai, la plupart des marchandises n'ont guère d'intérêt pour les voyageurs occidentaux. Le petit marché de pierres précieuses, en face du poste de police, attire des marchands venus d'aussi loin que Chanthaburi. Flânez le long du Soi 4 pour découvrir des stands de pierres semi-précieuses de chaque côté de la rue.

Depuis/vers Mae Sai

Dans Th Phahonyothin, près du Soi 8, un panneau indique "bus stop". De là, des *sŏrng·tăa·ou* desservent Sop Ruak (45 B, toutes les 40 min, 8h-13h) et continuent jusqu'à Chiang Saen (50 B).

Si vous allez à Bangkok, vous pouvez éviter le trajet jusqu'à la gare routière en achetant vos billets à **Chok-Roong Tawee Tour** (enseigne en thaï ; ☎0 5364 0123 ; près angle Th Phahonyothin et Soi 9 ; 🕐8h-17h30), à côté du vendeur de motos.

Destinations desservies de Mae Sai :

Bangkok (483-966 B, 13 heures, départs fréquents 16h-17h45)

Chiang Mai (165-320 B, 5 heures, 5/jour 6h45-15h30)

Marché alimentaire, Mae Sai

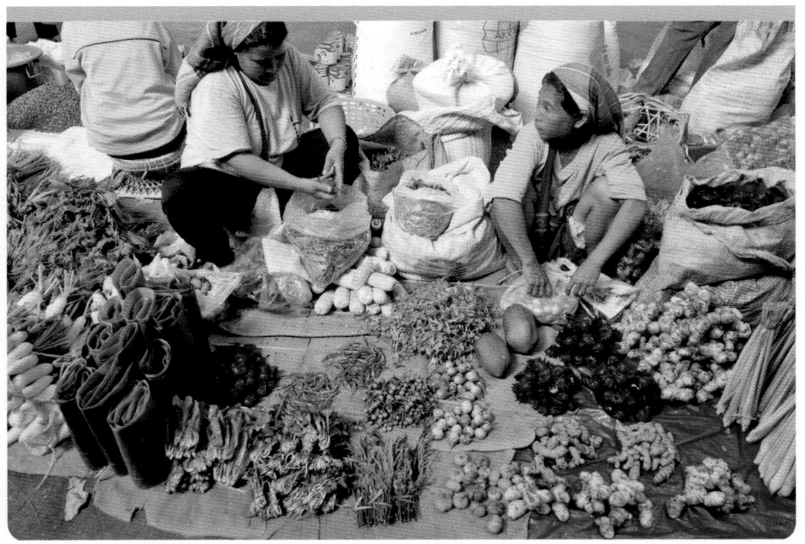

AUSTIN BUSH/LONELY PLANET IMAGES ©

Chiang Rai (39 B, 1 heure 30, toutes les 20 min 5h45-20h)

Chiang Saen เชียงแสน

11 000 HABITANTS

Ville somnolente au bord du Mékong, Chiang Saen fut dès le VIIe siècle le site d'un royaume thaï, dont les ruines – *chédi*, bouddhas, colonnes de *wí·hăhn* et remparts en terre – parsèment la ville moderne. Plus tard, Chiang Saen fut liée à divers royaumes du nord de la Thaïlande, au Myanmar au XVIIIe siècle, et ne fit partie du Siam que dans les années 1880.

Empruntant l'ancienne route marchande sino-siamoise, d'énormes barges venues de Chine accostent aujourd'hui à Chiang Saen, apportant toutes sortes de produits, des fruits aux pièces détachées de moteurs.

À voir et à faire

WAT CHEDI LUANG Temple

(วัดเจดีย์หลวง ; **entrée libre**). Derrière le musée à l'est, les ruines du Wat Chedi Luang comprennent un *chédi* octogonal de 18 m de style Chiang Saen classique ou lanna. Les archéologues divergent sur la date précise de sa construction, mais s'accordent pour la situer entre le XIIe et le XIVe siècles.

WAT PA SAK Temple

(วัดป่าสัก ; **entrée libre**). À 200 m de la **Pratu Chiang Saen** (l'ancienne porte principale sur le côté ouest de la ville), un **parc historique** (**50 B**) contient les vestiges du Wat Pa Sak, dont 7 monuments reconnaissables. Le principal *chédi* du milieu du XIVe siècle combine des éléments de styles Hariphunchai et Sukhothai avec une possible influence de Bagan ; il conserve de superbes reliefs en stuc.

WAT PHRA THAT CHOM KITTI ET WAT CHOM CHANG Temple

(วัดพระธาตุจอมกิตติ ; **entrée libre**). Les vestiges de ces temples se dressent sur une colline, à environ 2,5 km au nord du Wat Pa Sak. Le *chédi* circulaire du Wat Phra That Chom Kitti serait antérieur à la fondation du royaume ; en contrebas, le *chédi* plus petit appartenait au Wat Chom Chang. La jolie vue sur Chiang Saen et le fleuve a toutefois plus d'intérêt que les bâtiments.

WAT PHA KHAO PAN Temple

(วัดผ้าขาวป้าน ; **entrée libre**). Dans le jardin de ce *wát* en activité proche du fleuve se dresse un magnifique *chédi* de la période lanna. La large base carrée comporte des bouddhas debout de style lanna dans des niches sur les quatre côtés. Le bouddha qui fait face est sculpté dans la posture *mudra* ("appelant la pluie"), les bras tendus le long du corps, une représentation plus courante au Laos qu'en Thaïlande.

MUSÉE NATIONAL DE CHIANG SAEN Musée

(**พิพิธภัณฑสถานแห่งชาติเชียงแสน ; 702 Th Phahonyothin ; 100 B ; 8h30-16h30 mer-dim**). Proche de l'entrée de la ville et relativement petit, ce musée est une excellente source d'information sur la région.

CROISIÈRES SUR LE MÉKONG Croisières fluviales

De la jetée, des vedettes pouvant transporter 5 passagers rallient Sop Ruak (aller/aller-retour 500/600 B par bateau, 1 heure).

Où se loger

CHIANG SAEN RIVER HILL HOTEL Hôtel **$$**

(**0 5365 0826 ; www.chiangsaenriverhill.net ; 714 Th Sukapibansai ; ch avec petit-déj 1 200 B ;**). Si la façade rose et les carrelages se marient plutôt mal aux meubles nord-thaïlandais, cet hôtel est probablement le meilleur de la ville. Il possède des chambres spacieuses, possédant chacune une TV, un réfrigérateur et un petit espace détente.

Où se restaurer et prendre un verre

Des stands de restauration proposent des plats de nouilles et de riz à petits prix dans le marché et aux alentours dans la rue qui longe le fleuve. Vous en trouverez aussi dans l'artère principale qui relie la ville et la nationale, près de l'arrêt de bus ; en soirée, des vendeurs de plats préparés s'y installent jusque vers minuit.

JINDA'S KITCHEN Thaïlandais du Nord **$**
(Rte 1290 ; plats 20-130 B ; 8h-16h). En bord de route, à mi-chemin entre Chiang Saen et Sop Ruak, ce restaurant accueillant sert des plats locaux depuis plus de 50 ans. Essayez les fameux plats de nouilles du Nord comme le *kôw soy* ou le *kà·nŏm jeen nám ngèe·o,* ou choisissez un curry ou une saucisse maison sur la carte en anglais.

KIAW SIANG HAI Chinois **$$**
(enseigne en thaï ; 44 Th Rimkhong ; plats 50-200 B ; 8h-20h). Fréquenté par les marins des bateaux chinois qui font escale à Chiang Saen, ce restaurant offre une longue carte de plats chinois authentiques, ainsi que des nouilles et *wonton* (raviolis) maison. Goûtez le tofu frit relevé à la mode du Sichuān, ou l'une des soupes aux herbes. Le restaurant se reconnaît aux immenses jarres en céramique devant l'entrée.

Renseignements

Centre des visiteurs
(0 5377 7084 ; Th Phahonyothin ; 8h30-16h30). Possède un plan en relief montrant les principales ruines ainsi que des photos de divers *chédi* avant, pendant et après restauration.

Depuis/vers Chiang Saen

Les *sŏrng·tăa·ou* bleus qui rallient Sop Ruak (20 B) et Mae Sai (50 B) stationnent à l'extrémité est de Th Phahonyothin de 7h20 à 12h. Les *sŏrng·tăa·ou* verts à destination de Chiang Khong (100 B) partent d'une station dans Th Rimkhong, au sud du bureau d'immigration en bord de fleuve, de 7h30 à 12h. Après 12h, la seule possibilité consiste à louer le véhicule pour 800 à 1 000 B.

À défaut de gare routière, Chiang Saen possède un abri couvert à l'extrémité est de Th Phahonyothin, où les bus prennent et déposent les passagers. De cet abri, des bus partent fréquemment pour Chiang Rai (37 B, 1 heure 30, 5h30-17h) et 2 fois par jour pour Chiang Mai (2e classe clim/1re classe 165/212 B, 5 heures, 7h15 et 9h).

Pour Bangkok, **Sombat Tour** (08 1595 4616 ; **Th Phahonyothin)** offre chaque jour une douzaine de places dans un bus VIP (920 B, 12 heures, 17h) qui part d'un petit bureau à côté de la Krung Thai Bank.

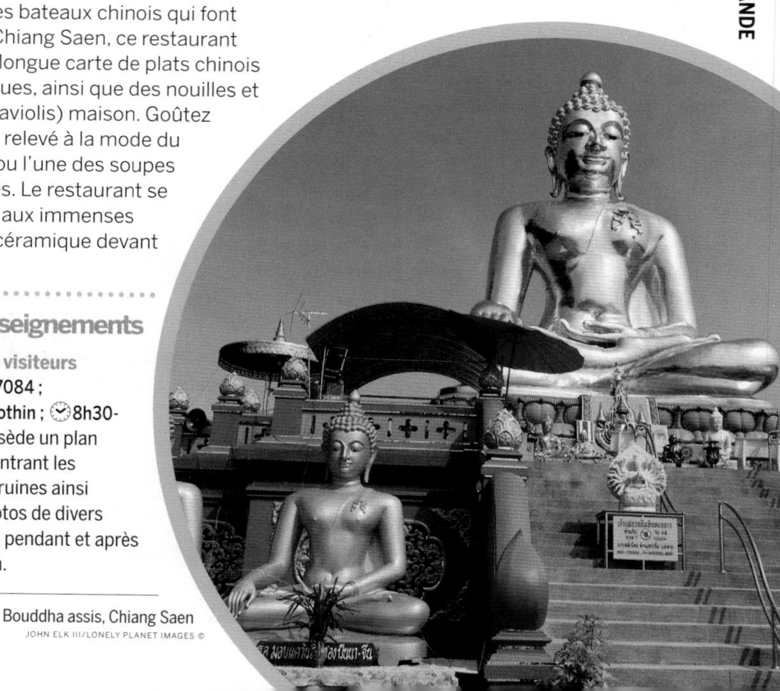

Bouddha assis, Chiang Saen
JOHN ELK III/LONELY PLANET IMAGES ©

Comment circuler

Les motos-taxis et les *săhm·lór* facturent environ 20 B un court trajet en ville. Ils stationnent près et en face de l'arrêt de bus. Un deux-roues est pratique pour explorer les alentours. Motos et VTT peuvent se louer à la boutique de **location de motos** (08 9429 5798 ; 247/1 Th Phahonyothin ; 9h-17h) et à **Angpao Chiangsaen Tour** (0 5365 0143 ; www.angpaochiangsaentour.com ; Th Phahonyothin; 9h-20h). Ce dernier loue également des véhicules avec chauffeur et organise divers circuits dans la région.

PROVINCE DE PHITSANULOK

Phitsanulok พิษณุโลก

84 000 HABITANTS

Relativement peu visitée par les voyageurs indépendants, mais fréquentée par les touristes en circuits organisés, Phitsanulok constitue une base pratique pour explorer les sites historiques de Sukhothai, Si Satchanalai et Kamphaeng Phet.

À voir

WAT PHRA SI RATANA MAHATHAT Temple

(วัดพระศรีรัตนมหาธาตุ ; entrée libre ; 6h-21h). Ce temple est appelé localement Wat Phra Si ou Wat Yai. Si le *wí·hăhn* principal semble petit, il renferme le Phra Phuttha Chinnarat, une des statues du Bouddha les plus révérées et copiées de Thaïlande. Ce bouddha en bronze serait le plus important après le Bouddha d'Émeraude du Wat Phra Kaew à Bangkok.

La construction du *wát* fut ordonnée sous le règne de Li Thai en 1357. À son achèvement, Li Thai voulut l'orner de trois statues en bronze de qualité supérieure et fit venir des sculpteurs renommés de Si Satchanalai, Chiang Saen et Hariphunchai (Lamphun), ainsi que 5 prêtres brahmanes. Les deux premières statues furent jugées satisfaisantes à la première fonte, mais la troisième nécessita trois essais avant d'être considérée comme la plus aboutie. Selon la légende, un sage en robe blanche apparut miraculeusement pour

Bâtons d'encens en offrande, Wat Phra Si Ratana Mahathat, Phitsanulok

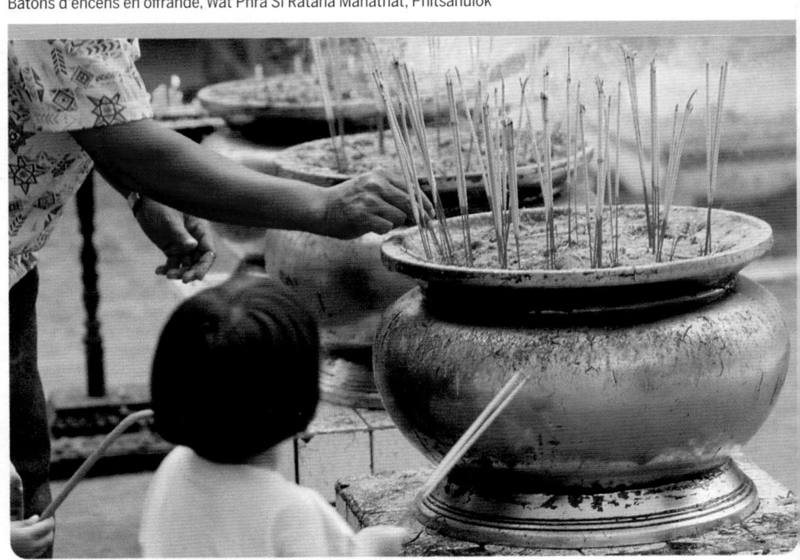

aider à la dernière fonte, puis disparut. Cette dernière statue fut appelée le Bouddha Chinnarat (Roi victorieux) et devint la pièce centrale du *wí·hăhn*.

De style Sukhothai tardif, ce bouddha est unique par le halo semblable à une flamme qui entoure la tête et le torse, puis se transforme en têtes de dragon-serpent de part et d'autre de l'effigie. La tête du Bouddha est un peu plus large que le standard Sukhothai, lui donnant une allure plus imposante.

Essayez de venir au temple tôt, avant 7h du matin, pour découvrir le bouddha dans le calme ou prendre des photos en toute quiétude. Quelle que soit l'heure de votre visite, veillez à votre tenue – ni shorts ni débardeurs.

WAT RATBURANA Temple

(วัดราชบูรณะ ; entrée libre ; 6h-20h30). En face du Wat Phra Si Ratana Mahathat, le Wat Ratburana attire moins de visiteurs, mais se révèle peut-être plus intéressant que son illustre voisin. Vous verrez un grand bateau en bois orné de guirlandes qui servit aux déplacements du roi Rama V lors d'une visite officielle à Phitsanulok.

Aujourd'hui, le bateau est censé exaucer les vœux de ceux qui font un don, et qui rampent 3 ou 9 fois sous toute la longueur de la coque. Près du *wí·hăhn*, un arbre sacré comporte des échelles de chaque côté, que grimpent les visiteurs afin d'y déposer une offrande et faire tinter une cloche avant de redescendre, répétant l'opération à trois ou neuf reprises. À côté de l'arbre, un énorme gong résonne d'un son unique quand on le frotte de manière adéquate.

Près de chacun des sites d'intérêt du Wat Ratburana, un assistant vend des pièces, de l'encens et des fleurs pour les offrandes, et explique aux visiteurs comment effectuer les rituels traditionnels.

Si vous aimez... Les musées

Les musées suivants se situent au sud de Phitsanulok sur Th Wisut Kasat ; un túk-túk pour y aller devrait revenir à 60 B.

1 MUSÉE FOKLORIQUE DU SERGENT-MAJOR THAWI

(26/43 Th Wisut Kasat ; adulte/enfant 50/20 B ; 8h30-16h30). Ce musée présente une remarquable collection d'outils, de textiles et de photos de la province de Phitsanulok. Cet intéressant musée occupe 5 bâtiments de style thaï traditionnel, entourés de jardins soignés. Chaque objet est accompagné d'une légende en anglais.

2 FONDERIE DE BOUDDHAS

(entrée libre ; 8h-17h). De l'autre côté de la rue et appartenant aussi au Dr Thawi, une petite fonderie confectionne des bouddhas en bronze de toutes tailles. Les visiteurs peuvent observer les différentes étapes de la fonte et des photos expliquent le procédé de la cire perdue.

3 JARDIN DES OISEAUX DE THAÏLANDE

(adulte/enfant 50/20 B ; 8h30-17h). Adjacent à la fonderie, ce jardin est le dernier projet du Dr Thawi. Cet ensemble de volières contient des oiseaux originaires de Thaïlande, dont quelques espèces menacées comme la jolie ptilope jambou (*Ptilinopus jambu*) et le calao à casque rond (*Rhinoplax vigil*), à l'allure préhistorique. Malheureusement, les cages sont plutôt petites et ne reflètent pas l'environnement naturel des oiseaux.

Où se loger

GOLDEN GRAND HOTEL Hôtel **$$**

(0 5521 0234 ; www.goldengrandhotel.com ; 66 Th Thammabucha ; ch avec petit-déj 690-850 B ; ❄ @ **).** Les chambres de l'établissement sont impeccables, le personnel sympathique et les étages supérieurs bénéficient d'une superbe sur la ville.

Marché de nuit, Phitsanulok

AUSTIN BUSH/LONELY PLANET IMAGES ©

YODIA HERITAGE HOTEL Hôtel $$$
(☎08 1613 8496 ; www.yodiaheritage.com ; 89/1 Th Phuttha Bucha ; ch 2 950 B, ste 4 200-8 900 B, petit-déj compris ; ❄@🏊). Ce nouvel hôtel de charme est l'hébergement le plus luxueux de Phitsanulok. Situé le long d'un tronçon paisible de la Mae Nam Nan, il propose des suites immenses, avec grandes baignoires et piscine semi-privée.

Où se restaurer

La cuisine a de l'importance à Phitsanulok, qui ne compte pas moins de trois marchés de nuit. Le plus connu, le **bazar de nuit** (plats 40-80 B ; 🕑17h-3h), vend essentiellement des vêtements, avec quelques restaurants en bord de rivière qui se spécialisent dans les *pàk bûng loy fáh* (littéralement "vrilles de liserons d'eau flottant dans le ciel") : le cuisinier les prépare dans un wok et les lance vers un serveur qui les récupère dans une assiette. Un autre **marché de nuit** (plats 20-40 B ; 🕑17h-24h) borde Th Phra Ong Dam au nord de Th Authong, et un troisième **marché de nuit** (plats 20-60 B ; 🕑16h-20h) très animé s'installe au sud de la gare ferroviaire et propose surtout des plats à emporter comme les *kôw nĕe·o hòr,* du riz gluant enveloppé dans des feuilles de bananier avec divers accompagnements ; deux vendeurs se font face près de l'entrée du marché du côté de Th Ekathotsarot.

Autre spécialité de Phitsanulok, les *gŏoay·đĕe·o hôy kăh* (litt., nouilles "jambes pendantes") doivent leur nom à la façon dont les clients s'assoient par terre face à la rivière, les jambes pendantes. Le **Rim Nan** (enseigne en thaï ; 5/4 Th Phaya Sua ; plats 20-35 B ; 🕑9h-16h), au nord du Wat Phra Si Ratana Mahathat, fait partie des quelques restaurants qui offrent des nouilles à déguster jambes pendantes le long de Th Phutta Bucha.

BAN MAI Thaïlandais $$
(93/30 Th Authong ; plats 60-150 B ; 🕑11h-14h et 17h-22h ; ❄). Prisé des habitants, ce restaurant ressemble à une salle à manger familiale : brouhaha des conversations animées, nombreux meubles désuets et un gros chat siamois qui semble régenter la maison. Le Ban Mai se spécialise dans des plats

inhabituels et parfaitement préparés que l'on trouve rarement ailleurs, tels le *gaang pèt Ɓèt yâhng*, un curry de canard fumé, ou le *yam đà·krái*, une "salade" à la citronnelle.

Renseignements

Golden House Tour (**☎0 5525 9973 ; 55/37-38 Th Borom Trailokanat ; ⌚7h-19h lun-sam**). Cette agence de voyages expérimentée vend des billets d'avion et peut organiser des transports en ville et aux alentours.

Bureau de la Tourism Authority of Thailand (**TAT ; ☎centre d'appel national 1672, Phitsanulok 0 5525 2742 ; tatphlok@tat.or.th ; 209/7-8 Th Borom Trailokanat ; ⌚8h30-16h30**). Près de Th Borom Trailokanat ; le personnel serviable propose des cartes gratuites de la ville et la description d'une promenade.

Depuis/vers Phitsanulok

Avion

L'**aéroport** (**☎0 5530 1002**) de Phitsanulok se situe à 5 km au sud de la ville. Golden House Tour possède un panneau à l'aéroport qui indique son service de minibus jusqu'aux hôtels (200 B par pers). En túk-túk, comptez 150 B du centre-ville à l'aéroport.

Nok Air (**☎centre d'appel national 1318 ; www.nokair.co.th ; aéroport de Phitsanulok**) propose des vols entre Phitsanulok et l'aéroport Don Muang de Bangkok (1 290 B, 50 min, 2/jour).

Bus et minibus

La **gare routière** (**☎0 5521 2090**) de Phitsanulok est à 2 km à l'est de la ville sur la nationale 12.

Train

La gare ferroviaire de Phitsanulok, à courte distance des hôtels, comprend une consigne. Gare importante, presque tous les trains en direction du nord ou du sud s'y arrêtent ; parmi les principales destinations desservies de Phitsanulok figurent Bangkok (80-1 164 B, 5-7 heures, 11/jour) et Chiang Mai (143-1 145 B, 7-9 heures, 6/jour).

Comment circuler

Les *săhm·lór* demandent à partir de 60 B pour une course en ville. Devant la gare ferroviaire, un panneau indique les prix des túk-túk pour diverses destinations en ville.

Budget (**☎0 5530 1020 ; www.budget.co.th**) possède un bureau à l'aéroport qui loue des voitures à partir de 1 500 B par jour.

PROVINCE DE SUKHOTHAI

Sukhothai

สุโขทัย

37 000 HABITANTS

Le royaume de Sukhothai (Aube du bonheur) prospéra du milieu du XIIIe siècle à la fin du XIVe siècle. Cette période est souvent considérée comme l'âge d'or de la civilisation thaïlandaise ;

Bus au départ de Phitsanulok

DESTINATION	PRIX	DURÉE	FRÉQUENCE
Bangkok	224-380 B	5 heures	toutes les heures 7h20-24h
Chiang Rai	249-320 B	5 heures	toutes les heures 8h-24h
Chiang Mai	211-317 B	6 heures	toutes les heures 8h-24h
Kamphaeng Phet	53-74 B	3 heures	toutes les heures 5h-18h
Lampang	155-265 B	4 heures	toutes les heures 8h-24h
Sukhothai	28-50 B	1 heure	toutes les heures 5h40-18h

l'art sacré et l'architecture de l'époque correspondent au style thaïlandais le plus classique. Les vestiges du royaume, aujourd'hui appelés *meuang gòw* (vieille ville), comportent 45 km² de ruines en partie reconstruites et sont l'un des sites anciens les plus visités du pays.

À 12 km à l'est du parc historique sur la Mae Nam Yom, la Nouvelle Sukhothai, une ville marchande, n'offre guère d'intérêt. Cependant, accueillante et détendue, bien desservie par les transports et dotée d'hébergements attrayants, elle constitue une bonne base pour explorer les ruines de la vieille ville.

Histoire

La région fut le site d'un empire khmer jusqu'en 1238, quand deux dirigeants thaïs, Pho Khun Pha Muang et Pho Khun Bang Klang Hao, décidèrent de s'allier pour former un nouveau royaume thaïlandais.

La dynastie de Sukhothai dura 200 ans et compta 9 souverains. Le plus fameux fut le roi Ramkhamhaeng, qui régna de 1275 à 1317 et aurait développé la première écriture thaïe ; ses écrits sont considérés comme la première littérature thaïe. Ramkhamhaeng agrandit son royaume, qui dépassait alors la superficie de la Thaïlande actuelle. Par la suite, Sukhothai fut absorbée par Ayuthaya en 1438.

À voir

Les ruines de Sukhothai, classées au patrimoine mondial, comptent parmi les sites les plus impressionnants du pays. Le **parc historique de Sukhothai** (อุทยานประวัติศาสตร์สุโขทัย) comprend les vestiges de 21 sites historiques et 4 grands étangs à l'intérieur des remparts, plus 70 sites dans un rayon de 5 km.

L'architecture des temples se caractérise par un *chédi* classique en bouton de lotus, avec une flèche conique surmontant une structure carrée sur une base à 3 niveaux. Certains sites présentent d'autres formes architecturales, introduites ou modifiées durant l'époque, comme les *chédi* en forme de cloche cinghalais et ceux à 2 niveaux de style Srivijaya.

Malgré sa popularité, la vaste étendue du parc permet habituellement une exploration solitaire. Certaines des ruines les plus imposantes se situent à l'extérieur des remparts ; un vélo ou une moto vous permettront de toutes les découvrir.

Les vestiges se divisent en cinq zones ; un droit d'entrée de 100 B est demandé pour chacune des zones centrale, nord et est.

ZONE CENTRALE

La principale **zone** **(carte p. 207 ; 100 B, plus 10/30/50 B par vélo/moto/voiture ; 6h30-20h)** du

Moines bouddhistes, Sukhothai (p. 205)
JEAN-PIERRE LESCOURRET/LONELY PLANET IMAGES ©

Parc historique de Sukhothai

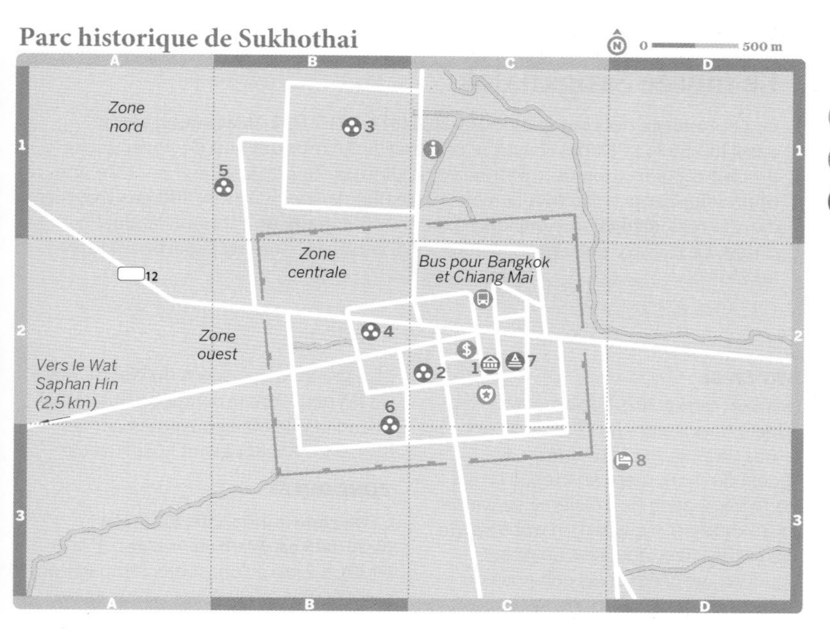

parc historique abrite les ruines les plus imposantes, qui sont également les mieux préservées.

WAT MAHATHAT Temple

(วัดมหาธาตุ ; carte p. 207). Achevé au XIIIe siècle, le plus grand *wát* de Sukhothai est entouré de murs en brique (206 m de long et 200 m de large) et de douves qui représenteraient le mur extérieur de l'univers et l'océan cosmique. Les flèches des *chédi* adoptent la forme classique d'un bouton de lotus, et quelques-uns des majestueux bouddhas d'origine subsistent parmi les colonnes du *wí·hăhn* en ruine. Le monastère, souvent considéré comme le centre spirituel et administratif de l'ancienne capitale, compte quelque 198 *chédi*.

MUSÉE NATIONAL RAMKHAMHAENG Musée

(พิพิธภัณฑสถานแห่งชาติรามคำแหง ; carte p. 207 ; 0 5561 2167 ; 150 B ; 9h-16h). Bon point de départ pour explorer le parc historique, ce musée contient une réplique de la célèbre stèle de Ramkhamhaeng, qui serait le premier exemple d'écriture thaïe, parmi une imposante collection d'antiquités de Sukhothai.

Parc historique de Sukhothai

À voir

1 Musée national Ramkhamhaeng ... C2
2 Wat Mahathat ... C2
3 Wat Phra Phai Luang ... B1
4 Wat Sa Si ... B2
5 Wat Si Chum ... B1
6 Wat Si Sawai ... B2
7 Wat Trapang Thong ... C2

Où se loger

8 Orchid Hibiscus Guest House ... D3
Thai Thai ... (voir 8)

WAT SI SAWAI Temple

(วัดศีรสวาย ; carte p. 207). Juste au sud du Wat Mahathat, ce sanctuaire des XIIe et XIIIe siècles, un ancien temple hindou construit par les Khmers, comprend trois tours de style khmer ainsi que des douves.

Le musée Sangkhalok

Ce petit **musée (hors carte p. 210 ; ☎0 5561 4333 ; 203/2 Mu 3, Th Muangkao ; adulte/enfant 100/50 B ; ⏰8h-17h)** constitue une excellente introduction au plus fameux produit d'exportation du royaume de Sukhothai : la céramique. Il possède une impressionnante collection de poteries thaïlandaises vieilles de 700 ans trouvées dans la région, ainsi que quelques pièces du Vietnam, de Birmanie et de Chine. Le 2e étage présente des poteries décoratives, dont de superbes et rares bouddhas.

WAT SA SI Temple

(วัดสระศรี ; carte p. 207). Également appelé "monastère de l'Étang sacré", le Wat Sa Si se tient sur une île, à l'ouest du monument en bronze du roi Ramkhamhaeng (le troisième souverain de Sukhothai). Il s'agit d'un *wát* de style Sukhothai classique avec un grand bouddha, un *chédi* et les colonnes du *wí·hăhn* en ruine.

WAT TRAPANG THONG Temple

(วัดตระพังทอง ; carte p. 207). À côté du musée, ce petit *wát* en activité, doté de beaux reliefs en stuc, est accessible par une passerelle sur le grand bassin à lotus qui l'entoure. Ce dernier, site original de la fête de Loi Krathong en Thaïlande, alimente Sukhothai en eau.

ZONE NORD

Cette **zone (carte p. 207 ; 100 B, plus 10/30/50 B par vélo/moto/voiture ; ⏰7h30-17h30)**, située à 500 m au nord des remparts de la vieille ville, se rejoint facilement à vélo.

WAT SI CHUM Temple

(วัดศรีชุม ; carte p. 207). Au nord-ouest de la vieille ville, ce *wát* renferme un imposant *mon·dòp* avec un bouddha assis de 15 m en brique et en stuc. Les archéologues pense qu'il s'agit du "Phra Achana", mentionné dans la fameuse inscription de Ramkhamhaeng.

WAT PHRA PHAI LUANG Temple

(วัดพระพายหลวง ; carte p. 207). À l'extérieur des remparts, ce *wát* un peu isolé comprend 3 tours de style khmer du XIIe siècle, plus grandes que celles du Wat Si Sawai. Ce fut peut-être le centre de Sukhothai, quand la ville était gouvernée par les Khmers d'Angkor avant le XIIIe siècle.

ZONE OUEST

Cette **zone (carte p. 207 ; 100 B, plus 10/30/50 B par vélo/moto/voiture ; ⏰7h30-17h30)**, à 2 km à l'ouest des remparts au point le plus éloigné, est la plus vaste. Outre le Wat Saphan Hin, elle contient plusieurs ruines sans grand intérêt. Vous aurez besoin d'un vélo ou d'une moto pour l'explorer.

WAT SAPHAN HIN Temple

(วัดสะพานหิน ; hors carte p. 207). Le nom de ce *wát* ("pont de pierre"), sur la crête d'une colline qui s'élève à 200 m au-dessus de la plaine, fait référence au chemin et à l'escalier en ardoise qui y conduisent. Il se trouve à 3 km à l'ouest des remparts et offre une belle vue sur les ruines de Sukhothai au sud-est et les montagnes au nord et au sud.

Du temple d'origine ne restent que quelques *chédi* et le *wí·hăhn* en ruine, qui se résume à deux rangées de colonnes en latérite encadrant un bouddha debout haut de 12,50 m sur une terrasse en brique.

Activités

CYCLING SUKHOTHAI Circuits à vélo

(hors carte p. 210 ; ☎0 5561 2519 ; www.cycling-sukhothai.com ; demi-journée/journée 600/750 B, circuit crépuscule 300 B).

Cycliste belge enthousiaste, Ronny Hanquart vit à Sukhothai depuis près de 20 ans et propose divers circuits à vélo amusants et instructifs dans la région. Les itinéraires sont établis selon des thèmes, tels le circuit Dharma et Karma qui comprend la visite de l'étrange **Wat Tawet**, un temple aux statues décrivant l'enfer bouddhique, ou le circuit du Parc historique, avec des haltes dans des *wát* et des villages peu visités.

Où se loger

Les nombreux hôtels et pensions, propres et accueillants, offrent pour beaucoup de jolis bungalows et divers services gratuits : transfert de la gare routière, accès Wi-Fi et prêt de vélos.

Des hôtels en nombre croissant sont installés près du parc, pour la plupart haut de gamme. Les prix grimpent pendant la fête de Loi Krathong.

New Sukhothai

RUEAN THAI HOTEL Hôtel **$$$**

(carte p. 210 ; ☎0 5561 2444 ; www.rueanthaihotel.com ; 181/20 Soi Pracha Ruammit ; ch 1 200-3 600 B ; ❄@📶🏊). Au premier regard, ce beau complexe peut se confondre avec un temple ou un musée. Les chambres du dernier étage, typiquement thaïlandaises, s'agrémentent d'anciens meubles en teck et débordent de cachet. Celles qui bordent la piscine sont un peu plus modernes. À l'arrière, un bâtiment en béton abrite de simples chambres climatisées. Appelez pour que l'on vienne vous chercher gratuitement à la gare routière.

AT HOME SUKHOTHAI Hôtel **$**

(carte p. 210 ; ☎0 5561 0172 ; www.athomesukhothai.com ; 184/1 Th Vichien Chamnong ; ch avec petit-déj 400-800 B ; ❄@📶). Vieille de 50 ans, la maison d'enfance du propriétaire semble flambant neuve après rénovation. Le mélange réussi de meubles en bois anciens et modernes contribue à l'ambiance chaleureuse des chambres confortables.

LOTUS VILLAGE Hôtel **$$**

(carte p. 210 ; ☎0 5562 1484 ; www.lotus-village.com ; 170 Th Ratchathani ; ch et bung avec petit-déj 720-2 850 B ; ❄@📶). Le nom de Lotus Village convient bien à ce paisible enclos de bungalows en bois surélevés, avec des chambres plus petites dans une jolie maison en bois. L'ensemble est décoré selon un thème birman/indien.

Wat Mahathat (p.207), parc historique de Sukhothai
ANDERS BLOMQVIST/LONELY PLANET IMAGES ©

New Sukhothai

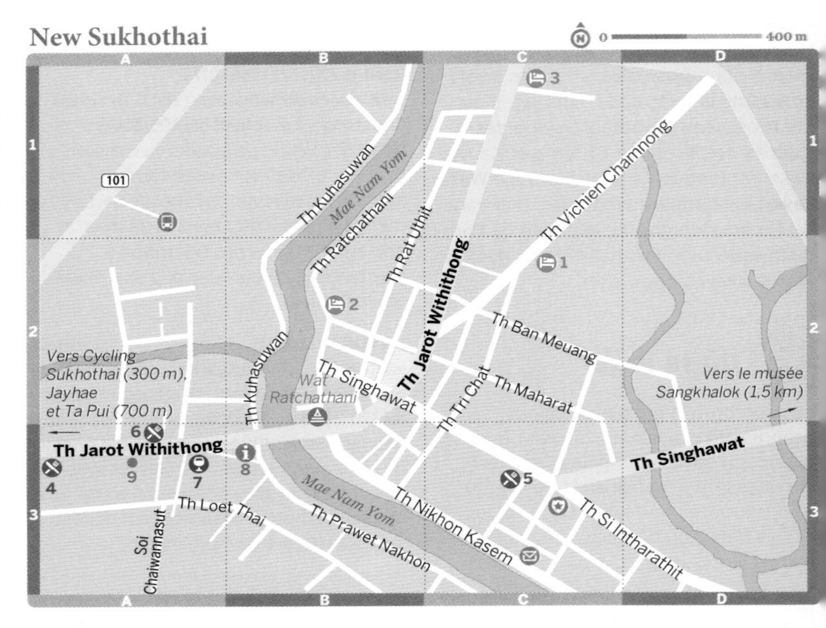

New Sukhothai

Où se loger

1 At Home Sukhothai C2
2 Lotus Village B2
3 Ruean Thai Hotel C1

Où se restaurer

Chopper Bar .... (voir 7)
4 Chula A3
5 Dream Café C3
6 Marché de nuit A3

Où prendre un verre

7 Chopper Bar A3

Renseignements

8 Bureau de la Tourism Authority of Thailand (TAT) B3

Transports

9 Sŏrng•tăa•ou pour le parc historique de Sukhothai A3

Parc historique de Sukhothai

ORCHID HIBISCUS GUEST HOUSE Hôtel **$$**

(carte p. 207 ; ☎0 5563 3284 ; orchid_hibiscus_guest_house@hotmail.com ; 407/2 Rte 1272 ; ch/bung 900/1 300 B ; ❄ @ 📶 🏊). Cet ensemble de chambres et de bungalows est installé dans un jardin paisible et soigneusement entretenu, autour d'une piscine. D'une propreté irréprochable, les chambres diffèrent par leur conception et leur décor.

L'hôtel se trouve sur la Rte 1272, à environ 500 m de la Rte 12 ; l'embranchement se situe entre le km 48 et le km 49.

THAI THAI Hôtel **$$**

(carte p. 207 ; ☎08 4932 1006 ; thai_thai_guest house@hotmail.com ; Rte 1272 ; bung avec petit-déj 1 000-1 200 B ; ❄ @ 📶). À côté de l'Orchid Hibiscus, le Thai Thai possède 10 bungalows en bois avec TV, réfrigérateur, eau chaude et clim. dans un joli jardin.

Où se restaurer et prendre un verre

La spécialité de Sukhothai est le *gŏo·ay đĕe·o sù·kŏh·tai*, ou "nouilles à la mode de Sukhothai", servies dans un bouillon légèrement sucré avec des morceaux de porc, des cacahuètes pilées et des haricots verts émincés. Vous pourrez goûter ce plat au **Jayhae** (hors carte p. 210 ; Th Jarot Withithong ; plats 25-40 B ; 7h-16h) et au **Ta Pui** (hors carte p. 210 ; Th Jarot Withithong ; plats 25-35 B ; 7h-15h), qui se font face dans Th Jarot Withithong, à environ 1,3 km à l'ouest de la Mae Nam Yom.

Ne manquez par le petit **marché de nuit** (carte p. 210 ; Th Jarot Withithong) de New Sukhokai.

DREAM CAFÉ Thaïlandais **$$**
(carte p. 210 ; 86/1 Th Singhawat ; plats 80-150 B ; déj et dîner ;). De beaux meubles éclectiques et de nombreux bibelots donnent l'impression de manger dans un musée ou une boutique d'antiquités. Le personnel est sympathique et compétent, et la cuisine délicieuse. La carte présente les bases de la cuisine thaïlandaise et explique dans quel ordre commander les plats et comment les déguster. Essayez l'un des excellents *yam* (salades thaïlandaises), ou l'un des plats de poisson d'eau douce, la spécialité locale.

CHULA Thaïlandais **$**
(carte p. 210 ; Th Jarot Withithong, New Sukhothai ; plats 30-90 B ; déj et dîner). Ce restaurant, prisé des habitants, propose une bonne cuisine. Faites votre choix parmi les plats préparés, ou désignez les ingrédients crus que l'on fera sauter devant vous.

CHOPPER BAR Bar
(carte p. 210 ; Th Prawet Nakhon, New Sukhothai ; 17h-0h30). Du crépuscule au cœur de la nuit, habitants et voyageurs se retrouvent dans ce bar, à proximité du petit quartier des pensions, pour un repas et/ou un verre sur fond de musique live.

Renseignements

Tourism Authority of Thailand (TAT ; centre d'appel national 1672, Sukhothai 0 5561 6228 ; Th Jarot Withithong ; 8h30-16h30). Près du pont dans New Sukhothai, ce nouveau bureau offre un bon choix de cartes et de brochures.

Depuis/vers Sukhothai

Avion

L'aéroport de Sukhothai se tient à 27 km de la ville près de la Rte 1195, à 11 km de Sawankhalok. Un service de minibus (180 B) relie l'aéroport et New Sukhothai. **Bangkok Airways** (centre d'appel national 1771, Sukhothai 0 5564 7224 ; www.bangkokair.com ; aéroport de Sukhothai) offre des vols pour l'aéroport international Suvarnabhumi de Bangkok (3 480 B, 1 heure 20, 2/jour) et pour Lampang (2 115 B, 30 min, 1/jour).

Bus au départ de Sukhothai

DESTINATION	PRIX	DURÉE	FRÉQUENCE
Bangkok	255-380 B	6-7 heures	toutes les 30 min 7h50-23h
Chiang Mai	218 B	6 heures	toutes les 30 min 7h15-16h30
Chiang Rai	249 B	9 heures	6h40, 9h, 11h30
Kamphaeng Phet	55-70 B	1 heure 30	7h50-23h
Lampang	162 B	3 heures	toutes les 30 min 7h15-16h30
Phitsanulok	28-39 B	1 heure	toutes les 30 min 6h-18h
Sawankhalok	19-27 B	1 heure	toutes les heures 6h-18h
Si Satchanalai	46 B	1 heure 30	11h

Droits d'entrée

Un droit d'entrée de 220 B donne accès à Si Satchanalai, au Wat Chao Chan (à Chaliang) et au Centre d'étude et de conservation des fours de Sangkalok à Si Satchanalai.

Bus

La **gare routière** (✆0 5561 4529 ; Rte 101) de Sukhothai se trouve à un peu moins de 1 km au nord-ouest du centre de la ville.

Comment circuler

Une course en *săhm·lór* dans New Sukhothai ne devrait pas dépasser 40 B. Des *sŏrng·tăa·ou* circulent fréquemment entre et le parc historique (20 B, 30 min, 6h-17h30) ; ils partent dans Th Jarot Withithong près du Poo Restaurant et font halte à la gare routière.

Louer un véhicule de la gare routière au centre de New Sukhothai revient à 60 B. Les motos-taxis demandent 40 B. Si vous allez directement à la vieille ville, comptez 180/150 B en *sŏrng·tăa·ou*/moto-taxi.

Le vélo constitue sans doute le meilleur moyen d'explorer le parc historique ; des échoppes louent des bicyclettes pour 30 B par jour à l'entrée du parc.

Le Poo Restaurant et presque toutes les pensions de New Sukhothai louent des motos à partir de 250 B les 24 heures.

Parc historique de Si Satchanalai-Chaliang อุทยานประวัติศาสตร์ศรีสัชนาลัย

Nichées dans les collines à 50 km au nord de Sukhothai, les ruines des antiques cités de Si Satchanalai et de Chaliang (XIIIe-XVe siècles) sont de même style que celles du parc historique de Sukhothai, mais dans un cadre plus paisible.
Le parc, d'une superficie d'environ 720 ha, est entouré de douves de 12 m de large. Chaliang, à 1 km au sud-est, est une cité plus ancienne (du XIe siècle), mais ses deux temples datent du XIVe siècle. Les vestiges d'une ancienne fabrique de poteries se trouvent également au nord du parc.

Wat Phra Si Ratana Mahathat (p. 202), Phitsanulok

À voir

Si Satchanalai

Cette **zone (100 B, plus 50 B/voiture ; 8h-16h30)** contient la plupart des ruines. Dans le parc, un **centre d'information (8h30-17h)** distribue des cartes gratuites et présente une petite exposition sur l'histoire et les sites. Vous pouvez louer un vélo près de l'entrée (20 B).

WAT CHANG LOM Temple

(วัดช้างล้อม). Ce beau temple, au centre de la cité de Si Satchanalai, comporte un *chédi* en forme de cloche entouré d'éléphants, mieux conservé que son homologue à Sukhothai. Une inscription précise que le temple fut érigé par le roi Ramkhamhaeng entre 1285 et 1291.

WAT KHAO PHANOM PHLOENG Temple

(วัดเขาพนมเพลิง). Sur la colline qui surplombe le Wat Chang Lom, les vestiges du Wat Khao Phanom Phloeng comprennent un *chédi*, un grand bouddha assis et des colonnes en pierre qui soutenaient jadis le toit du *wí·hăhn*. Sur la colline un peu plus élevée à l'ouest du Phanom Phloeng, un grand *chédi* de style Sukhothai est tout ce qu'il reste du Wat Khao Suwan Khiri.

WAT CHEDI JET THAEW Temple

(วัดเจดีย์เจ็ดแถว). À côté du Wat Chang Lom, ces ruines comportent 7 rangées de *chédi*, dont le plus grand est une copie de celui du Wat Mahathat à Sukhothai. Un intéressant *wí·hăhn* en brique et plâtre présente des fenêtres à barreaux imitant des lattes de bois (une ancienne technique indienne utilisée dans tout le Sud-Est asiatique). Un *prasat* (petit bâtiment cruciforme avec une flèche effilée) et un *chédi* coiffent le toit.

WAT NANG PHAYA Temple

(วัดนางพญา). Au sud du Wat Chedi Jet Thaew, ce *chédi* de style cinghalais fut construit au XVe ou au XVIe siècle, un peu plus tard que les autres monuments de Si Satchanalai. Les reliefs en stuc du grand *wí·hăhn* en latérite devant le *chédi* – abrité par un toit en tôle – datent de la période d'Ayuthaya, quand Si Satchanalai s'appelait Sawankhalok. Les forgerons du district réalisent toujours un motif appelé *nahng pá·yah*, inspiré de ces reliefs.

Vaut le détour
Le musée national Sawanworanayok

À Sawankhalok, près du Wat Sawankhalam sur la rive ouest de la rivière, ce **musée d'État (0 5564 1571 ; 69 Th Phracharat, Sawankhalok ; 50 B ; 9h-16h)** possède une impressionnante collection d'antiquités du XIIe au XVe siècle. Le rez-de-chaussée est consacré aux céramiques de la région, tandis que l'étage présente plusieurs superbes bouddhas en bronze et en pierre de la période Sukhothai.

Chaliang

Ce site plus ancien, à courte distance à vélo de Si Satchanalai, possède deux temples notables. Le droit d'entrée n'est pas systématiquement perçu au Wat Chao Chan.

WAT PHRA SI RATANA MAHATHAT Temple

(วัดพระศรีรัตนมหาธาตุ ; 20 B ; 8h-17h). Ces ruines se composent d'un grand *chédi* en latérite (datant de 1448-1488) entre deux *wí·hăhn*. L'un des *wí·hăhn* renferme un grand bouddha assis des style Sukhothai, un bouddha debout plus petit et un bas-relief du fameux Bouddha marchant, typique du style fluide de Sukhothai. L'autre *wí·hăhn* contient des statues moins exceptionnelles.

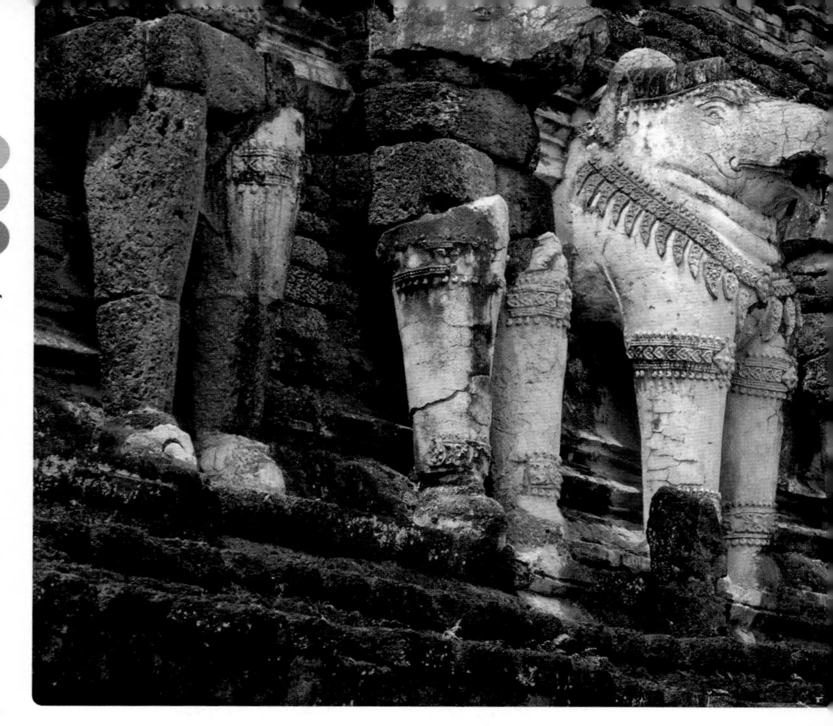

WAT CHAO CHAN Temple
(วัดเจ้าจันทร์ ; 100 B ; ⏲8h-17h). À 500 m à l'ouest du Wat Phra Si Ratana Mahathat, ce temple en ruine se distingue par une grande tour de style khmer restaurée, similaire à celles de Lopburi et probablement construite sous le règne du roi khmer Jayavarman VII (1181-1217). Sur la droite, le *wí·hăhn* sans toit conserve les contours en latérite d'un grand bouddha debout, effacé par l'érosion et les intempéries.

Fours de Sawankhalok

Jadis, plus de 200 énormes **fours de potier** (entrée libre) bordaient les rives de la Mae Nam Yom aux alentours de Si Satchanalai. En Chine – le principal importateur de poteries thaïlandaises durant les périodes de Sukhothai et d'Ayuthaya –, ces poteries étaient appelées "Sangkalok". La région produit toujours des céramiques et un artisan local continue de cuire ses pièces dans un four à bois souterrain.

Outre le centre, plusieurs fours difficilement reconnaissables jalonnent la route au nord de Si Satchanalai.

CENTRE SI SATCHANALAI POUR L'ÉTUDE ET LA CONSERVATION DES FOURS DE SANGKALOK Musée
(ศูนย์ศึกษาและอนุรักษ์เตาสังคโลก ; 100 B ; ⏲9h-16h). À 5 km au nord-ouest des ruines de Si Satchanalai, ce centre possède des fours de potiers excavés et de nombreux exemples de poteries intactes. L'exposition est intéressante malgré l'absence de commentaires en anglais.

PROVINCE DE KAMPHAENG PHET

Kamphaeng Phet กำแพงเพชร

30 000 HABITANTS

À mi-chemin entre Bangkok et Chiang Mai, Kamphaeng Phet, qui signifie "mur de Diamant", joua un rôle important dans la défense du royaume de Sukhothai,

À gauche Ruines, parc historique de Kamphaeng Phet
Ci-dessous Jeunes Thaïlandais faisant un vœu, Kamphaeng Phet
(À GAUCHE) AUSTIN BUSH/LONELY PLANET IMAGES © ; (CI-DESSOUS) AUSTIN BUSH/LONELY PLANET IMAGES ©

et plus tard de celui d'Ayuthaya, contre les intrusions birmanes ou lanna. Cette ancienne cité fortifiée conserve une partie de ses remparts, ainsi que d'imposantes ruines de plusieurs édifices religieux.

À voir

PARC HISTORIQUE DE KAMPHAENG PHET Parc historique
(อุทยานประวัติศาสตร์กำแพงเพชร ; ☎0 5571 1921 ; 100-150 B, moto/voiture 20/50 B ; 🕗8h-17h). Inscrit au patrimoine mondial de l'Unesco, ce parc abrite les vestiges de constructions du XIVe siècle, soit à peu près l'époque du royaume de Sukhothai. Des monuments bouddhiques furent édifiés à Kamphaeng Phet jusqu'à la période d'Ayuthaya, presque 200 ans plus tard, et possèdent des éléments des styles de Sukhothai et d'Ayuthaya, aboutissant à une forme d'art sacré unique en Thaïlande.

Où se loger

THREE J GUEST HOUSE Pension $
(☎0 5571 3129 ; www.threejguesthouse.com ; 79 Th Rachavitee ; ch 250-700 B ; ❄ @ 📶). Dans un joli jardin, des sentiers mènent aux bungalows en rondins bien tenus agrémentés d'une terrasse, avec une impeccable sdb commune pour les moins chers et la climatisation pour les plus chers. Très accueillant et sympathique, le propriétaire peut organiser un séjour dans son hôtel campagnard, près de Klong Wang Chao.

CHAKUNGRAO RIVERVIEW Hôtel $$
(☎0 5571 4900-8 ; www.chankungraoriverview.com ; 149 Th Thesa ; ch 1 000-1 300 B, ste 5000B,petit-déjcompris; ❄ @ 📶). Derrièreune façade quelconque, l'hôtel le plus luxueux de Kamphaeng Phet offre de jolies chambres.

Où se restaurer et prendre un verre

Un marché de nuit animé s'installe tous les soirs près de la rivière, juste au nord du Navarat Hotel.

BAMEE CHAKANGRAO Thaïlandais $

(enseigne en thaï ; Th Ratchadamnoen ; plats 25-30 B ; 8h30-15h). Ce restaurant réputé est l'un des meilleurs endroits pour déguster des *bà·mèe* (fines nouilles de blé aux œufs), une spécialité locale. Vous pouvez aussi commander un satay de porc.

KAMPHAENG PHET PHOCHANA Thaïlandais $

(enseigne en thaï ; plats 25-50 B ; 6h-1h). Ce restaurant sert une grande variété de plats thaïlandais, du *pàt tai* au *kôw man gài* (riz au poulet à la mode du Hăinán), ainsi que du *chŏw góoay*, une gelée d'herbes fabriquée localement. Repérez la façade arc-en-ciel près du rond-point.

MAE PING RIVERSIDE Restaurant, bar

(enseigne en thaï ; 50/1 Moo 2, Nakhon Chum ; plats 40-120 B ; déj et dîner). Bière à la pression, musique live, cuisine correcte et brise fraîche. Un établissement le long de la rue parallèle à la rivière.

Renseignements

Centre d'information touristique (8h-16h30). En face du Musée national ; dispose de cartes et de brochures. Un autre centre, spécialisé sur l'histoire, est installé au nord du rempart.

Depuis/vers Kamphaeng Phet

La **gare routière (0 5579 9844)** est à environ 1 km à l'ouest de la Mae Nam Ping. Des *sŏrng·tăa·ou* desservent Sukhothai (39 B, 2 heures, toutes les heures 13h-20h)

Comment circuler

Pour rallier la ville depuis la gare routière, le moins cher est de prendre un *sŏrng·tăa·ou* rouge (15 B/pers) jusqu'au rond-point de l'autre côté de la rivière, puis un *săhm·lór* qui vous déposera n'importe où en ville pour 20 à 30 B. Les motos-taxis demandent 40 B entre la gare routière et la plupart des hôtels du centre-ville.

PROVINCE DE MAE HONG SON

Mae Hong Son แม่ฮ่องสอน

6 000 HABITANTS

Entourée de montagnes, la lointaine Mae Hong Son correspond à l'image que se font de nombreux voyageurs d'une ville du Nord. L'influence birmane palpable et une ambiance de ville-frontière confortent cette image, que ne vient troubler quasiment aucun túk-túk ou rabatteur. Pour autant, vous ne serez pas en territoire inconnu ; des circuits organisés y viennent depuis des années et ses activités sont diverses : du spa au trekking.

Histoire

Mae Hong Son a été isolée de la Thaïlande géographiquement, culturellement et politiquement durant la majeure partie de sa courte existence. Fondée en tant que centre de dressage d'éléphants au début du XIXe siècle, elle ne changea guère jusqu'en 1856, quand des combats en Birmanie provoquèrent l'arrivée de milliers de Shan dans le secteur. Durant les années qui suivirent, Mae Hong Son prospéra grâce à l'exploitation du bois et demeura un royaume indépendant jusqu'en 1900, quand le roi Rama V incorpora la région dans le royaume thaïlandais.

À voir

Avec leurs couleurs vives, leurs *chédi* chaulés et leurs scintillants ornements en zinc, les temples de style birman-shan de Mae Hong Son évoquent le Myanmar.

WAT JONG KHAM ET WAT JONG KLANG Temples

(วัดจองคำ/วัดจองกลาง ; entrée libre). Le Wat Jong Kham fut construit il y a près de 200 ans par des Thaï Yaï (Shan),

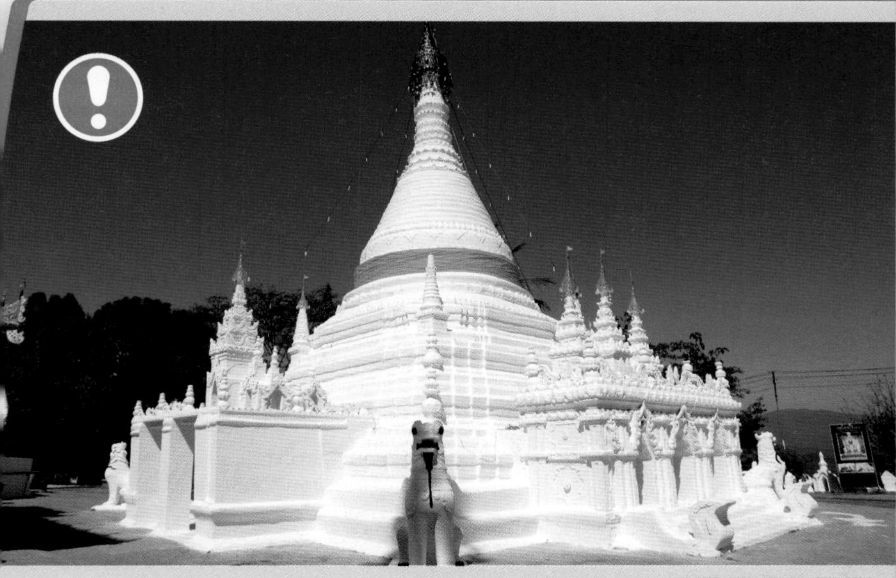

JOHN BORTHWICK/LONELY PLANET IMAGES ©

À ne pas manquer Le Wat Phra That Doi Kong Mu

Grimpez le Doi Kong Mu (1 500 m), à l'ouest de la ville, pour visiter ce **wát** (วัดพระธาตุดอยกองมู ; **entrée libre**) bâti par les Shan, également appelé Wat Plai Doi. La vue sur la mer de brume qui emplit la vallée le matin est impressionnante ; à d'autres moments de la journée, vous découvrirez une belle vue sur la ville et les vallées alentour. Deux *chédi* shan, édifiés en 1860 et 1874, conservent les cendres de moines de l'État Shan au Myanmar. Derrière le wát, vous découvrirez un grand bouddha debout élancé et la vue sur l'ouest de la crête.

qui composent environ la moitié de la population de la province. Quant au Wat Jong Klang, il possède des peintures *jataka* sur verre datant d'un siècle ; dans son **musée** (**don apprécié ;** ⌚**8h-18h**) vous admirerez des poupées en bois de Mandalay, vieilles de 150 ans, qui représentent des personnages parmi les plus angoissants de la roue de la vie. Sachez que plusieurs parties du Wat Jong Klang sont interdites aux femmes, comme souvent dans les temples birmans-shan.

Éclairés la nuit, les temples se reflètent dans la Nong Jong Kham, une vue prisée des photographes.

Activités

La situation de Mae Hong Son à la lisière de la jungle montagneuse en fait une excellente base pour des treks. Le trekking n'est pas aussi développé qu'ailleurs et les visiteurs prêts à marcher dans la boue découvriront une nature pratiquement intacte et des villages isolés.

Les excursions en *long-tail boat* sur la proche Mae Pai connaissent un succès croissant et sont proposées par les mêmes tour-opérateurs et pensions qui proposent des treks depuis Mae Hong Son.

NATURE WALKS Trekking
(☎0 5361 1040, 08 9552 6899 ; www.trekkingthailand.com). Si ici les treks sont plus chers qu'ailleurs, John, natif de Mae Hong Son, est le meilleur guide de la ville. Ils varient de la marche d'une journée dans la nature à des randonnées de plusieurs jours à travers la province. Également au programme, des circuits nature sur mesure, telle la découverte des orchidées de mars à mai.

FRIEND TOUR Trekking
(☎0 5361 1647 ; PA Motorbike, 21 Th Pradit Jong Kham ; 7h30-19h30). Forte de 20 ans d'expérience, cette agence recommandée propose des treks, des promenades à dos d'éléphant, du rafting et des excursions d'une journée.

NAM RIM TOUR Trekking
(☎0 5361 4454 ; 21 Th Pradit Jong Kham ; 8h-17h). Une autre agence locale qui peut organiser divers circuits.

POOKLON COUNTRY CLUB Spa
(☎08 6198 0722 ; Ban Mae Sanga ; 8h-18h30). Ce "country club" se targue d'être le seul spa thaïlandais à prodiguer des soins à base de boue. Découverte par des géologues en 1995, la boue est pasteurisée et mélangée à des plantes avant d'être utilisée dans divers soins (visage 60 B). Bains d'eau thermale (60 B), et massage le week-end (200 B l'heure).

Pooklon se situe à 16 km au nord de Mae Hong Son, dans le district de Mok Champae.

Où se loger

Comme c'est une ville touristique, les prix varient selon les saisons ; en dehors de la haute saison (novembre à janvier), demandez une réduction.

RESIDENCE@MAEHONGSON Hôtel $$
(☎0 5361 4100 ; www.theresidence-mhs.com ; 41/4 Th Ni-wet Pi-sarn ; ch 900-1 400 B ;). L'un des établissements les plus récents, ce bâtiment jaune vif renferme 11 chambres attrayantes, avec meubles en teck et nombreuses fenêtres. Un toit-terrasse ensoleillé, un propriétaire sympathique qui parle anglais et le prêt gracieux de vélos constituent des atouts supplémentaires.

ROMTAI Hôtel $$
(☎0 5361 2437 ; www.maehongson-romtai.com ; Th Chamnansathit ; ch 600-1 200 B, bung 1 500-1 700 B ;). Caché derrière les temples en bord de lac, cet hôtel possède une réception quelconque et une grande variété d'hébergements, des grandes chambres propres aux bungalows qui donnent sur un jardin luxuriant avec des bassins à poissons.

FERN RESORT Hôtel $$$
(☎0 5368 6110 ; www.fernresort.info ; 64 Moo 10, Tambon Pha Bong ; bung avec petit-déj 2 500-3 500 B ;). Établi de longue date, ce complexe respectueux de l'environnement est l'un des hébergements les plus plaisants de la région. Les 40 élégants bungalows en bois de style shan sont disséminés parmi des rizières en terrasses et des cours d'eau. À proximité, des chemins conduisent au parc national de Mae Surin. Afin de promouvoir un tourisme bénéficiant aux communautés, la plupart des employés viennent des villages voisins. À 7 km au sud de la ville, le personnel du Fern vient gratuitement vous chercher à l'aéroport ou à la gare routière ; des navettes qui circulent régulièrement depuis/vers la ville font halte au Fern Restaurant.

SANG TONG HUTS Hôtel $$
(☎0 5362 1680 ; www.sangtonghuts.com ; Th Makhasanti ; bung 800-3 000 B ;). Dans un endroit boisé à la sortie de la ville, cet établissement plein de cachet propose des bungalows spacieux et bien conçus. L'adresse est prisée des habitants de Mae Hong Son, aussi vaut-il mieux réserver. Le Sang Tong se trouve à 1 km au nord-est de Th Khunlum Praphat, près de Th Makhasanti ; si vous allez vers Pai, tournez à gauche au feu de croisement le plus au nord de la ville et suivez les panneaux.

Marché du soir, Mae Hong Son

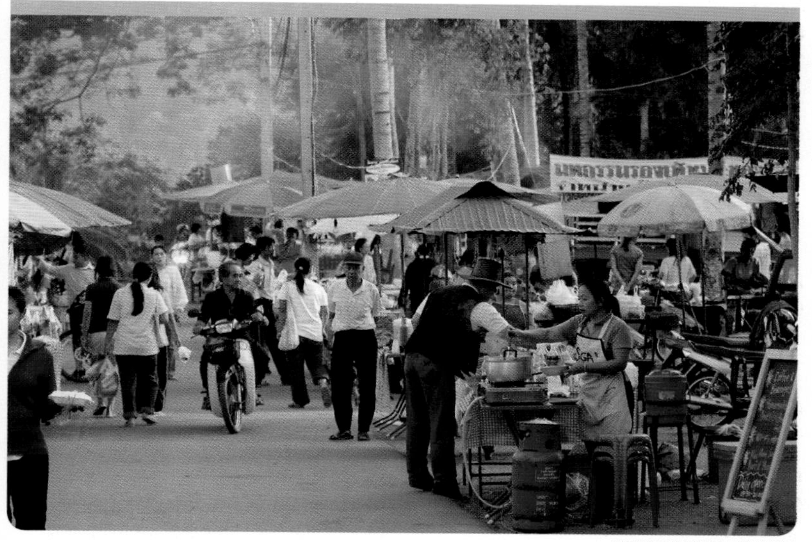

AUSTIN BUSH/LONELY PLANET IMAGES ©

Où se restaurer et prendre un verre

Le marché du matin est un endroit idéal pour un petit-déjeuner. À l'extrémité nord, plusieurs stands proposent des plats inhabituels, tel le *tòo·a òon,* des nouilles birmanes accompagnées d'un épais gruau de pois chiches, de légumes frits, de tofu et de gâteaux de farine de pois chiches. Dans la même rangée, d'autres échoppes vendent une version locale des *kà·nŏm jin nám ngée·o,* souvent garnies de *kahng pòrng,* des beignets de légumes shan.

La ville compte également deux bons marchés de nuit : celui proche de l'aéroport offre essentiellement des plats nord-thaïlandais à emporter ; l'autre, à l'extrémité sud de Th Khunlum Praphat, propose de la cuisine thaïlandaise plus standard.

BAN PHLENG Thaïlandais du Nord **$**
(enseigne en thaï ; 108 Th Khunlum Praphat ; plats 45-100 B ; déj et dîner lun-sam). Fréquenté, ce restaurant en plein air offre quelques savoureux plats locaux, identifiés par la mention "Maehongson style" sur la carte en anglais. Repérez les fanions blancs en bord de rue juste au sud de la ville.

MAE SI BUA Thaïlandais du Nord **$**
(51 Th Singhanat Bamrung ; plats 20-30 B ; déj). Mme Bua prépare chaque jour une impressionnante palette de curries, soupes et sauces shan. Goûtez le succulent *gaang hang·lair,* un riche curry de poitrine de porc dont la saveur rappelle la sauce barbecue à l'américaine.

FERN RESTAURANT International-thaïlandais **$$**
(Th Khunlum Praphat ; plats 70-180 B ; 10h30-22h). Le restaurant le plus huppé de Mae Hong Son offre un service professionnel et une cuisine correcte. La longue carte comprend des plats thaïlandais, locaux et même européens. Musique live certains soirs.

SUNFLOWER CAFÉ Bar
(Th Pradit Jong Kham ; 7h-24h). Ce café en plein air combine musique live, vue sur le lac et bière à la pression. Il sert aussi des repas (35-180 B) et organise des excursions.

Rizières près de Pai

KYLIE MCLAUGHLIN/LONELY PLANET IMAGES ©

Renseignements

Hôpital Srisangwal (☎0 5361 1378 ; Th Singhanat Bamrung). Un hôpital bien équipé avec un service d'urgences.

Bureau de la Tourism Authority of Thailand (TAT ; ☎ centre d'appel national 1672, Mae Hong Son 0 5361 2982 ; www.travelmaehongson.org ; Th Ni-wet Pi-sarn ; 8h30-16h30). Brochures et cartes touristiques à disposition.

Depuis/vers Mae Hong Son

Avion

Nombre de voyageurs préfèrent gagner du temps en prenant l'avion entre Chiang Mai et Mae Hong Son. **Kan Air** (☎centre d'appel national 02 551 6111, Mae Hong Son 0 5361 3188 ; www.kanairlines.com ; aéroport de Mae Hong Son) et **Nok Air** (☎centre d'appel national 1318, Mae Hong Son 0 5361 2057 ; www.nokair.co.th ; aéroport de Mae Hong Son) proposent 4 vols quotidiens (1 590-1 890 B, 35 min).

Un túk-túk jusqu'au centre de Mae Hong Son revient à 80 B.

Bus

La gare routière de Mae Hong Son se situe à 1 km au sud de la ville. **Prempracha Tour** (☎0 5368 4100) gère les services de bus dans la province et **Sombat Tour** (☎0 5361 3211) gère les bus entre Mae Hong Son et Bangkok.

Quelques autres destinations au départ de Mae Hong Son :

Bangkok (de 718 à 838 B, 15 heures, 3 départs 14h-16h)

Chiang Mai (route nord, 127 B, 8 heures, 8h30 et 12h30)

Chiang Mai (route sud, 178 B, 9 heures, départs fréquents 6h-21h)

Pai (70 B, 4 heures 30, 8h30 et 12h30)

Minibus

Des minibus climatisés, un moyen de transport prisé dans la province, partent également de la gare routière.

Chiang Mai (250 B, 6 heures, toutes les heures 7h-15h)

Pai (150 B, 2 heures 30, toutes les heures 7h-16h)

Soppong (150 B, 1 heure 30, toutes les heures 7h-16h)

Comment circuler

Le centre de Mae Hong Son s'explore facilement à pied et la ville fait partie des rares endroits en Thaïlande où les motos-taxis n'attendent pas à chaque coin de rue. La plupart des sites d'intérêt se trouvant à l'extérieur de la ville, louer un vélo ou une moto se révèle pratique.

PA Motorbike (**0 5361 1647 ; 21 Th Pradit Jong Kham ; 7h30-19h30**). En face de la Friend House, il loue des motos (250 B par jour) et des Jeep (1 500-2 500 B par jour).

PJ (**08 4372 6967 ; Th Khunlum Praphat ; 8h-19h30**). Location de motos (150 B par jour).

Titan (**Th Khunlum Praphat ; 10h-22h**). Location de VTT de bonne qualité (80 B par jour).

Pai

ปาย

2 000 HABITANTS

Cette splendide bourgade située dans une vallée entourée de montagnes compte nombre d'hébergements paisibles installés en dehors de l'artère principale. La scène artistique et musicale est très dynamique. Les racines shan de la ville se remarquent dans ses temples, ses ruelles tranquilles et un pittoresque marché l'après-midi.

À voir

Autour de Pai, quelques cascades méritent le détour, surtout après la saison des pluies (d'octobre à début décembre). La plus proche et la plus visitée, la **Nam**

Pai, un paradis ?

En septembre 2005, une série de glissements de terrain et d'inondations ont dévasté Pai, emportant plusieurs pensions et détruisant les ponts. La ville n'a cependant pas tardé à se redresser ; nombre de bâtiments endommagés ont été reconstruits. Aujourd'hui, les touristes, étrangers et thaïlandais, sont revenus.

Malgré sa forte popularité, Pai demeure un exemple positif de développement touristique en Thaïlande. La préservation de la nature et de la culture est depuis longtemps un élément fondamental du secteur touristique. La ville a su rester fidèle à ses racines paysannes, qui constituent la base d'une scène artistique et musicale vibrante.

Le tourisme a également apporté la prospérité à une communauté agricole, auparavant isolée. Le prix des terrains s'est envolé dans les quartiers les plus convoités, nombre d'habitants travaillent dans le secteur du tourisme, ou complètent leurs revenus en vendant de l'artisanat. Les routes et d'autres infrastructures ont été améliorées et, en 2007, l'aéroport commercial de Pai a accueilli les premiers vols.

D'autre part, cet afflux de visiteurs a engendré de nouveaux problèmes. La ville connaît des difficultés pour traiter le nombre croissant de déchets et d'eaux usées. Les habitants se plaignent de la musique et des fêtes, qui les empêchent de dormir. L'usage de la drogue se répand. La police municipale n'a pas très bonne réputation, de la brève fermeture de bars en raison de danses prétendument "illicites" au tir mortel sur un touriste canadien début 2008.

Les heures de fermeture des bars sont plus surveillées qu'avant, le traitement des eaux usées est en passe de devenir obligatoire et une nouvelle décharge est envisagée. Si la cote de popularité de Pai perdure, espérons que la ville pourra maintenir le même niveau de développement responsable qui en fait aujourd'hui une destination si courue.

Tok Mo Paeng, possède quelques bassins propices à la baignade. Elle se situe à 8 km de Pai sur la route du Wat Nam Hoo – une longue marche mais un trajet plaisant à vélo ou à moto. À peu près à la même distance dans la direction opposée, la **Nam Pembok** se trouve près de la route de Chiang Mai.

WAT PHRA THAT MAE YEN Temple
(วัดพระธาตุแม่เย็น). Perché sur une colline, ce temple offre une belle vue sur la vallée. Du principal carrefour de la ville, parcourez 1 km vers l'est, traversez un cours d'eau et un village et grimpez les 353 marches qui conduisent au sommet. Vous pouvez aussi emprunter la route asphaltée (400 m) qui suit un autre itinéraire.

BAN SANTICHON Village
(บ้านสันติชน). À 4 km de Pai, Ban Santichon, un village du Guomindang, offre un petit marché, une délicieuse cuisine yunnanaise, des promenades à cheval et des **bungalows en adobe** (☎08 1024 3982 ; bung 1 000-1 500 B) qui rappellent le Yunnan.

SOURCES THERMALES DE THA PAI Sources thermales
(บ่อน้ำร้อนท่าปาย ; adulte/enfant 200/100 B ; 6h-19h). De l'autre côté de la Mae Nam Pai, à 7 km au sud-est de la ville par une route asphaltée, un parc bien tenu renferme des sources thermales, à 1 km de la route. Une jolie rivière le traverse et se mêle aux sources par endroits, créant d'agréables piscines naturelles. L'eau est également canalisée vers quelques spas voisins.

Activités

Massages

En ville, de nombreux établissements offrent des massages thaïlandais traditionnels pour 150 B l'heure.

PAI TRADITIONAL THAI MASSAGE Massages
(PTTM ; ☎0 5369 9121 ; www.pttm1989.com ; 68/3 Soi 1, Th Wiang Tai ; massage 1 heure/1 heure 30/2 heures 180/270/350 B, sauna 80 B, cours massage 3 jours 2 500 B ; 9h-21h). Établi de longue date par un couple de Pai, cet établissement propose des massages traditionnels du Nord, ainsi qu'un sauna (saison fraîche uniquement) aux *sà·mŭn·prai* (plantes médicinales).

Le cours de massage de 3 jours commence chaque lundi et vendredi (3 heures par jour).

Rafting et kayak

Le rafting et, dans une moindre mesure, le kayak le long de la Mae Nam Pai durant la saison des pluies (approximativement de juin à février) sont des activités appréciées. L'itinéraire le plus prisé part de Pai jusqu'à Mae Hong Son et, selon le niveau de la

Nam Tok Mo Paeng, Pai
KYLIE MCLAUGHLIN/LONELY PLANET IMAGES ©

rivière, traverse des rapides de niveau I à V. Les tarifs tout compris (équipement de rafting, matériel de camping, sacs étanches et assurance) varient de 1 200 à 1 500 B par personne pour une excursion d'une journée et de 1 800 à 2 500 B par personne pour 2 jours.

PAI ADVENTURE Rafting
(0 5369 9385 ; www.thailandpai.net ; Th Chaisongkhram). Ce tour-opérateur recommandé organise des sorties de rafting de 1 à 3 jours qui peuvent se combiner avec du trekking et d'autres activités.

THAI ADVENTURE RAFTING Rafting
(0 5369 9111 ; www.thairafting.com ; Th Chaisongkhram). Ce tour-opérateur français organise des sorties de 1 à 3 jours, avec en chemin découverte d'une cascade, d'un récif fossile et de sources thermales, ainsi qu'une nuit dans le camp permanent de l'agence en bord de rivière.

Trekking

Les treks guidés tout compris coûtent de 700 à 1 000 B par personne et par jour en groupe de deux ou plus. Presque tous passent par des villages lisu, lahu et karen aux alentours de Soppong.

Cours

PAI COOKERY SCHOOL Cuisine thaïlandaise
(08 1706 3799 ; Soi Wanchaloem ; cours 600-1 000 B ; 11h-13h et 14h-18h30). Établie depuis 10 ans, cette école propose des cours apprenant à confectionner de 3 à 6 plats, avec un tour au marché pour acheter les ingrédients. Réservez la veille.

MAM YOGA HOUSE Yoga
(08 9954 4981 ; www.mamyoga.paiexplorer.com ; Th Rangsiyanon ; cours 1 journée à partir de 200 B ; 10h-12h et 15h-17h). Juste au nord du poste de police, Mam propose des cours de hatha yoga en petits groupes.

S WIRASUT Boxe thaïlandaise
(08 0678 5269 ; cours 400 B ; 8h-12h et 14h-17h). Chalee et Kot enseignent la boxe thaïlandaise dans ce gymnase rustique à 1 km de la ville, à l'embranchement juste avant Fluid.

Où se loger

Rappelez-vous que les prix varient fortement ; pratiquement tous les établissements de catégories moyenne et supérieure les baissent jusqu'à 60% en basse saison.

RIM PAI COTTAGE Hôtel $$$
(0 5369 9133 ; www.rimpaicottage.com ; Th Chaisongkhram ; bung avec petit-déj 1 300-5 000 B ;). Les bungalows douillets sont répartis dans un joli secteur boisé et isolé le long de la Nam Pai. D'innombrables endroits en bord de rivière invitent à la détente et une ambiance de village règne sur l'ensemble. Excellent choix en basse saison, quand les prix baissent fortement.

PAI RIVER VILLA Hôtel $$
(0 5369 9796 ; www.wangchangpuek.com ; ch 1 000 B, bung 1 200-2 500 B, petit-déj compris ;). Les bungalows en bord de rivière comptent parmi les meilleurs de catégorie moyenne. Ceux avec clim., spacieux et attrayants, possèdent de larges balcons avec vue sur la rivière et la montagne. Ceux avec ventilateur sont nettement plus petits. Une maison adjacente abrite 11 chambres.

PAI COUNTRY HUT Hôtel $
(08 4046 4458 ; Ban Mae Hi ; bung avec petit-déj 500 B ;). Très simples et propres, ces bungalows en bambou comprennent sdb et hamacs. En retrait de la rivière parmi d'autres établissements similaires, le Pai Country est le plus plaisant du secteur.

BULUNBURI Hôtel $$$
(0 5369 8302 ; www.bulunburi.com ; 28 Moo 5 Ban Pong ; bung avec petit-déj 1 350-3 300 B ; @). Dans une petite vallée isolée de rizières et de ruisseaux, son emplacement bucolique séduit autant que son hébergement. L'hôtel se trouve à 2,5 km du centre-ville sur la route de Mae Hong Son ; repérez l'embranchement bien signalé à 1 km de Pai.

Si vous aimez… Les villes-frontières

Si vous aimez l'atmosphère de ville-frontière que dégage Mae Sai (p. 198), alors plongez plus loin dans le Triangle d'or :

1 PALAIS D'ÉTÉ ROYAL DE DOI TUNG
(0 5376 7011 ; www.doitung.org ; 70 B ; 6h30-17h). Ce palais royal situé au sommet du Doi Tung est maintenant ouvert au public.Un projet agricole royal a aidé les agriculteurs locaux à faire la transition entre production d'opium et cultures légales.

2 SOP RUAK
Les frontières du Myanmar (Birmanie), de la Thaïlande et du Laos se rencontrent dans ce "centre" officiel du Triangle d'or. Pour commémorer la grande époque, vous y trouverez une **Maison de l'opium** (www.houseofopium.com ; 50 B ; 7h-19h) et un Hall de l'opium (300 B ; 8h30-16h, mar-dim), et pourrez participer à des croisières sur le Mékong (circuit 1 heure, 400 B/bateau). Enfin, passez la nuit au très chic **Anantara Golden Triangle Resort & Spa** (0 5378 4084 ; www.anantara.com ; ch 16 500, ste 18 000 B, petit-déj inclus ;).

PAIRADISE Hôtel **$$**
(0 5369 8065 ; www.pairadise.com ; 98 Moo 1 Ban Mae Hi ; bung 800-1 500 B ;). Prisé des Occidentaux passionnés de yoga et de méditation, cet hôtel soigné surplombe la vallée de Pai du haut d'une crête à la sortie de la ville. Les bungalows, stylés et spacieux, s'agrémentent de peintures murales représentant des lotus, de superbes sdb rustiques et de terrasses avec hamacs. Ils entourent un bassin alimenté par une cascade et propice à la baignade. L'hôtel se trouve à moins de 1 km à l'est de Pai.

SUN HUT Hôtel **$$**
(0 5369 9730 ; www.thesunhut.com ; 28/1 Ban Mae Yen ; bung avec petit-déj 900-1 900 B ;). Dans un cadre de jungle et traversé par un ruisseau, ce complexe rustique, établi de longue date, est unique dans la région. Les bungalows sont bien espacés et les plus chers bénéficient d'un porche. Au personnel charmant s'ajoutent un jardin bio, un restaurant végétarien et un agréable espace commun avec hamacs. L'hôtel se tient à 300 m à l'est de la Mae Nam Pai sur la route qui conduit aux sources thermales de Tha Pai.

AMY'S EARTH HOUSE Pension **$$**
(08 6190 2394 ; www.amyshouse.net ; Ban Mae Khong ; bung 600 B ;). L'Amy's, qui serait le premier hébergement en adobe de Pai, a des bungalows sans prétention et spacieux, avec douches à ciel ouvert, sur le versant d'une colline qui surplombe la vallée. Il se trouve à 3,5 km du centre-ville, près de la route de Mae Hong Song ; la bifurcation est bien signalée juste après la piste de l'aéroport, à 1,3 km de Pai.

PAI TRESHOUSE Hôtel **$$$**
(08 1911 3640 ; www.paitreehouse.com ; 90 Moo 2 Mae Hi ; bung avec petit-déj 1 200-12 000 B ;). Le rêve de tout enfant : des cabanes dans un vieil arbre gigantesque. Si ces 3 cabanes recherchées sont occupées, vous aurez le choix entre de jolis bungalows, pour la plupart proches de la rivière. Dans ce vaste domaine à l'ambiance familiale, vous trouverez également des éléphants et des pontons flottants sur la Mae Nam Pai. L'hôtel est à 6 km de Pai, juste avant les sources thermales de Tha Pai.

Où se restaurer

Si Pai compte un grand nombre de restaurants, la qualité est souvent médiocre. La cuisine thaïlandaise est généralement quelconque et, bizarrement, les restaurants chinois ou israéliens comptent parmi les meilleurs. En dehors de la saison touristique (approximativement de novembre à février), nombre des bonnes tables sont fermées. Les adresses indiquées ci-dessous ouvrent a priori toute l'année.

Plats yunnanais-musulman

JERRY ALEXANDER/LONELY PLANET IMAGES ©

Dans la journée, vous trouverez des plats à emporter au **marché Saengthongaram** (Th Khetkelang). Pour acheter des spécialités locales, essayez le **marché du soir** (gàht láang ; Th Raddamrong) qui s'installe tous les après-midi de 15h au crépuscule. Chaque soir durant la saison touristique, plusieurs stands de restauration vendent nourriture et boissons dans Th Chaisongkhram et Th Rangsiyanon.

LAAP KHOM HUAY PU Thaïlandais du Nord $

(enseigne en thaï ; Ban Huay Pu ; plats 35-60 B ; 9h-22h). Bonne adresse pour les carnivores, ce restaurant est renommé pour son *lâhp kôo·a*, de la viande émincée (bœuf ou porc) sautée avec des herbes et des épices. Accompagné d'un panier de riz gluant, d'une assiette d'herbes amères et d'une Singha fraîche, c'est le meilleur repas que vous dégusterez à Pai. L'établissement se situe sur la route de Mae Hong Son, à 1 km au nord de la ville, juste après l'embranchement vers Belle Villa et Baan Krating.

MAMA FALAFEL Israélien $

(Soi Wanchaloem ; menus 80-90 B ; 11h-20h). Cette sympathique adresse de Pai prépare des falafels, de l'houmous, des schnitzel et d'autres spécialités juives/moyen-orientales depuis 2002. Les menus sont copieux et savoureux.

KHANOM JEEN NANG YONG Thaïlandais $

(enseigne en thaï ; Th Chaisongkhram ; plats 20 B ; déj et dîner). Cet endroit se spécialise dans les *kà·nŏm jeen*, de fines nouilles de riz servies dans un bouillon. Les *kà·nŏm jeen nám ngée·o,* riches et relevées, sont succulentes avec de la couenne frite. Ne vous souciez pas du nom exact ; montrez simplement la marmite d'argile dont le contenu vous tente. Dans le même bâtiment que Pai Adventure.

JE-IN PAI Végétarien $

(Th Raddamrong ; plats 40-80 B ; 10h-20h ;). En face du District Office, cette gargote en plein air sert de délicieux plats thaïlandais végétariens à prix doux. Au déjeuner, choisissez parmi les plateaux en devanture.

NONG BEER Thaïlandais $

(angle Th Khetkalang et Th Chaisongkhram ; plats 30-60 B ; ⌚10h-20h). Cet endroit très fréquenté ressemble à une aire de restauration : vous devez acheter des tickets, puis vous servir. Il offre une cuisine thaïlandaise authentique et bon marché, du *kôw soy* aux curries accompagnés de riz.

WITCHING WELL International $

(Th Wiang Tai ; plats 40-8 B). Tenue par des étrangers, une excellente adresse pour d'authentiques sandwichs, pâtes et pâtisseries, ou des petits-déjeuners que vous ne trouverez pas ailleurs.

Où prendre un verre et sortir

En règle générale, dans le centre de Pai, la plupart des bars à cocktails en plein air ou installés dans des vans VW bordent Th Chaisongkhram. Les bars à reggae décontractés se regroupent dans Th Wiang Tai. Les bars-restaurants de style "pension" se trouvent plutôt dans Th Rangsiyanon. Enfin, quelques bars avec musique live se tiennent à l'extrémité est de Th Ratchadamnoen.

BEBOP Musique live

(Th Rangsiyanon ; ⌚18h-1h). Adresse légendaire prisée des voyageurs, le Bebop propose tous les soirs de la musique live à partir de 21h – blues, R&B et rock.

TING TONG Bar

(Th Rangsiyanon ; ⌚19h-1h). Vaste ensemble de terrasses en bambou, de plates-formes en ciment et de tables cachées sous de gros arbres, l'un des plus grands bars de la ville privilégie le reggae/dub et accueille parfois des musiciens.

Renseignements

Pai Explorer (www.paiexplorer.com) est la carte locale gratuite en anglais. Distribuée dans la ville, *Pai Events Planner* (PEP), une carte mensuelle gratuite, répertorie les événements culturels, les destinations de voyage et l'ouverture de restaurants et de bars.

Depuis/vers Pai

Avion

L'aéroport de Pai se situe à 1,5 km au nord de la ville le long de la Rte 1095. **Kan Air** (☎centre d'appel national 02 551 6111, Pai 0 5369 9955 ; www.kanairlines.com ; aéroport de Pai) offre un vol quotidien pour Chiang Mai (1 890 B, 25 min).

Bus

De la petite gare routière de Pai, des bus ordinaires (avec ventil.) et des minibus (au propane) desservent Chiang Mai et des localités de la province de Mae Hong Son.

Rafting (p. 222), rivière Pai, Pai
JOHN BORTHWICK/LONELY PLANET IMAGES ©

Chiang Mai (72-150 B, 3-4 heures, départs fréquents 8h-16h)

Mae Hong Son (70 B, 4 heures 30, 11h et 13h)

Minibus

Des minibus partent également de la gare routière. Vous pouvez aussi vous adresser à **aYa Service** (**☎0 5369 9940 ; www.ayaservice.com ; 22/1 Moo 3 Th Chaisongkhram**), qui propose des minibus climatisés pour Chiang Mai (150 B, 3 heures, toutes les heures 8h-16h), un pour Chiang Rai (550 B, 5 heures) et Mae Sai (850 B, 6 heures) à 5h30, et un pour Chiang Khong (650 B, 7 heures) à 20h.

Chiang Mai (150 B, 3 heures, toutes les heures 7h-16h30)

Mae Hong Son (150 B, 2 heures 30, toutes les heures 8h30-17h30)

Comment circuler

La majeure partie de Pai peut s'explorer à pied. Pour les excursions aux alentours, vous pouvez louer vélos ou motos dans plusieurs endroits.

aYa Service (**☎0 5369 9940 ; www.ayaservice.com ; Th Chaisongkhram ; vélos 80-700 B/24 heures**). Une agence qui tourne bien, avec plus de 100 vélos. D'autres établissements similaires sont installés à proximité.

North Wheels (**www.northwheels.com ; Th Khetkelang ; moto/voiture 150/1 500 B les 24 heures ; ⏲7h-20h**)

Ko Samui et la côte du golfe

La côte du golfe de Thaïlande marie à merveille confort et escapades en bord de mer, de la station balnéaire internationale à des îles plus secrètes entourées de coraux.

Lieu de villégiature apprécié par les souverains (tous les monarques thaïlandais depuis Rama IV y ont fait bâtir une résidence) et les classes privilégiées, le nord du golfe est appelé "côte royale". Aujourd'hui, les touristes thaïlandais l'investissent à leur tour pour profiter du superbe littoral, mais aussi pour rendre hommage à leurs rois vénérés. Ce parfait mariage entre sites culturels et plages tropicales est facile d'accès depuis Bangkok.

La côte sud du golfe s'enorgueillit d'un tiercé imbattable : Ko Samui, Ko Pha-Ngan et Ko Tao. Ces îles paradisiaques drainent des millions de touristes chaque année avec leurs plages de sable fin, leurs eaux émeraude, leurs fêtes trépidantes et leurs spots de plongée et de snorkeling de classe internationale.

Ko Tao (p. 264)

Parc national maritime d'Ang Thong (p. 267)
BARRY MASON/ALAMY ©

Ko Samui et la côte du golfe

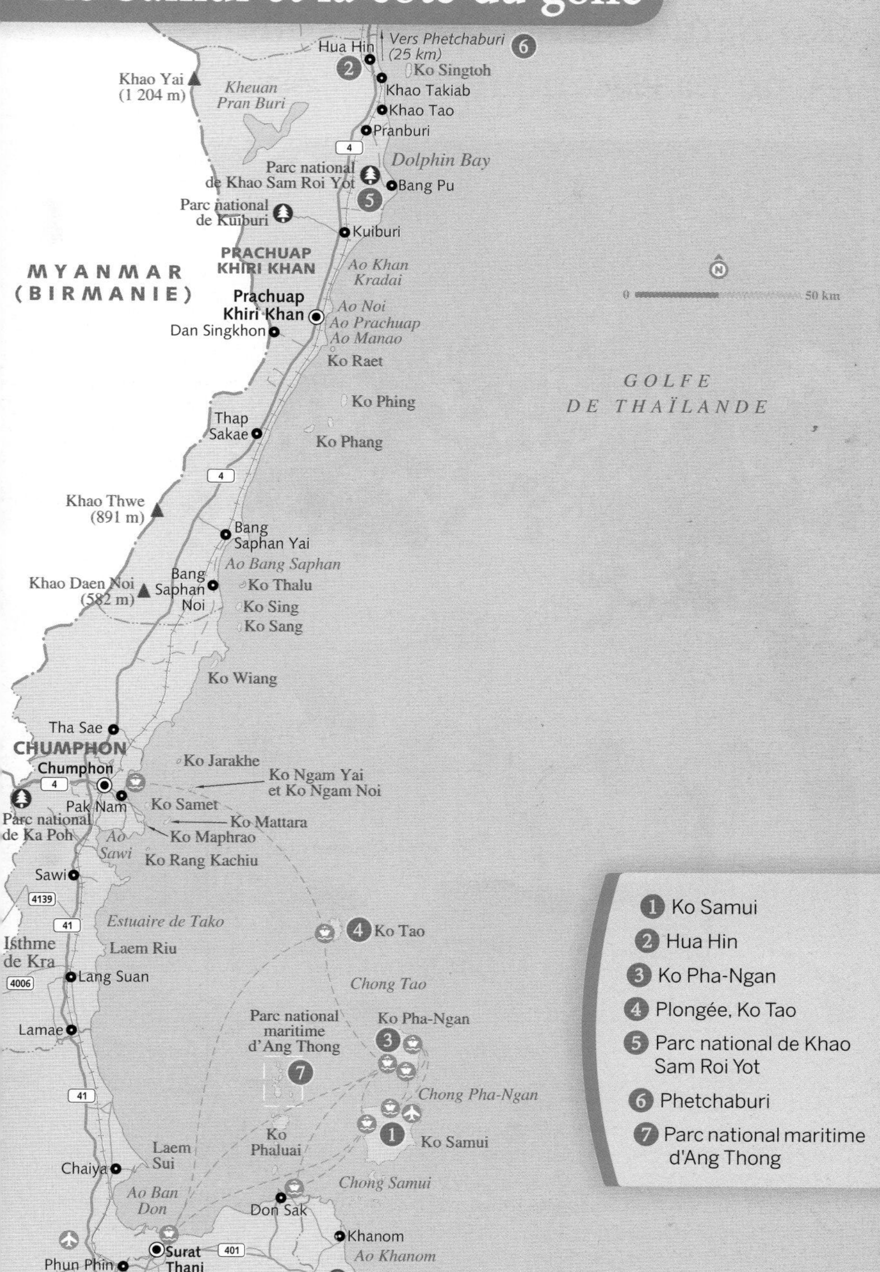

Ko Samui et la côte du golfe À ne pas manquer

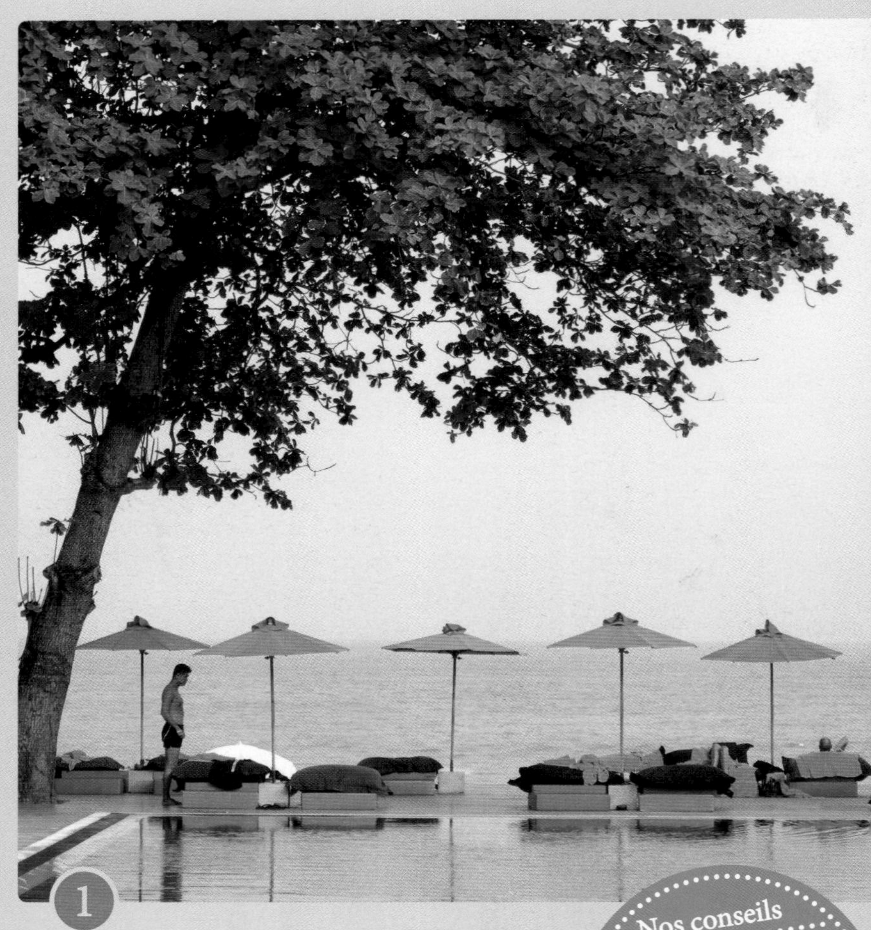

1

Ko Samui

Vrai paradis tropical, Ko Samui possède des plages superbes, une jungle fantastique et un mode de vie traditionnel. On y mange bien, certaines plages sont très fréquentées, mais d'autres coins plus tranquilles donnent l'impression d'être un naufragé sur une île déserte. **Ci-dessus** Le Library (p. 252), Chaweng **En haut à droite** Zazen (p. 257), Bo Phut **En bas à droite** Baigneurs, jungle de l'intérieur de Ko Samui

Nos conseils

MISE EN ROUTE Regardez les programmes télévisés de Samui Channel et *My Green Journey*

L'ASTUCE À moto, montrez-vous particulièrement vigilant sur Samui

Voir p. 250

Ko Samui par Saithip Noochsamnieng

DIRECTRICE DE SAMUI DIGITAL
ET DU PROGRAMME *MY GREEN JOURNEY*

1 NAM TOK HIN LAT

Samui ne se résume pas à des plages de sable blanc et à des eaux turquoise. On trouve encore à l'intérieur des terres des étendues de jungle cachant des cascades et des piscines naturelles qui s'étagent sur un terrain accidenté. Nam Tok Hin Lat (p. 250) est accessible par un agréable sentier de randonnée. Il faut environ une heure depuis la route pour rejoindre la cascade où vous attend une rafraîchissante piscine naturelle.

2 BO PHUT

La plage septentrionale de Bo Phut (p. 253) et son pittoresque Fisherman's Village (ce village était traditionnellement peuplé de pêcheurs) est certainement l'un des endroits les plus romantiques de Samui. On y trouve une foule de petits restaurants cosy (p. 255) pour dîner aux chandelles et prendre un verre au coucher du soleil. Malgré le tourisme, le village a conservé nombre de ses habitants, et parmi eux, beaucoup vivent ici depuis des générations. Comme les habitants âgés refusent d'être dérangés par le bruit des pubs et des bars, l'endroit est calme et paisible. Le village a également su marier tourisme moderne et mode de vie traditionnel.

3 HUA THANON

Hua Thanon (p. 256) conserve une bonne part de sa diversité culturelle puisque Chinois, musulmans et bouddhistes vivent en harmonie dans ce village de pêcheurs. Les anciens bateaux de pêche sont amarrés dans les eaux peu profondes du port et un marché vend des spécialités locales.

4 CHOENG MON

Choeng Mon (p. 253) est depuis toujours ma petite plage secrète à moi. J'aime tout particulièrement celle située juste derrière l'hôtel Imperial Boat House. Il y a sur place un petit restaurant tenu par un habitant qui pêche lui-même le poisson qu'il sert à ses clients. Parfois, à marée basse, on peut rejoindre à pied une petite île voisine appelée Ko Fan.

Hua Hin

Destination préférée de l'élite de Bangkok (et de la famille royale) pour le week-end, Hua Hin est idéale si vous avez peu de temps pour la plage et envie de confort haut de gamme. Cette station balnéaire, la plus proche de la capitale, se distingue par ses longues plages de sable, sa cuisine à base de fruits de mer exceptionnels et sa sophistication citadine.

Nos conseils

MISE EN ROUTE Les hôtels au sud de la station balnéaire sont plus isolés **L'ASTUCE** Partez à la découverte de la côte au sud de Hua Hin **Voir p. 244**

2

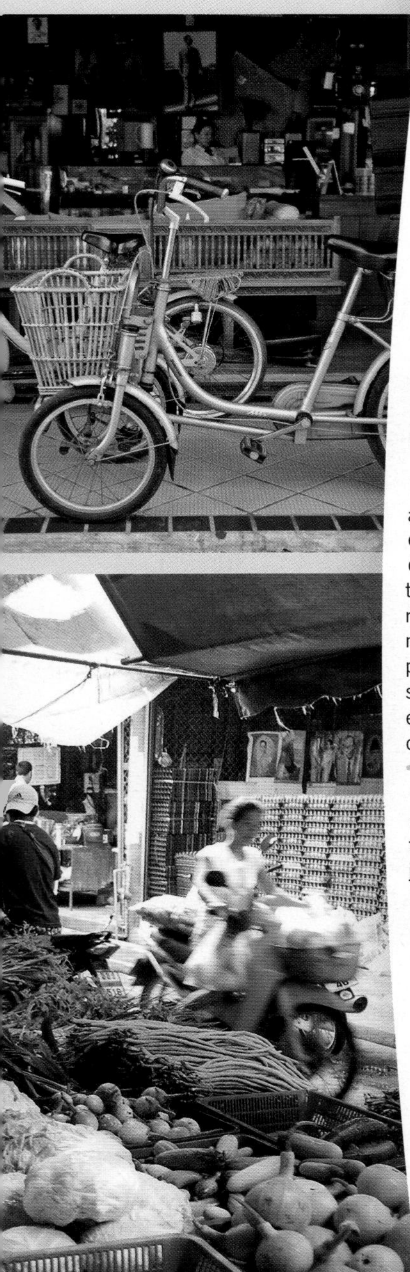

Ma sélection

Hua Hin par Siranee Meesith

DIRECTRICE ADJOINTE, TOUR DE ASIA BICYCLING TOURING ET HUA HIN BIKE TOURS

1 HUA HIN BEACH

La longue côte longeant la ville démarre au sud du port à hauteur d'un promontoire rocheux auquel la ville doit son nom (Hua Hin signifie "Tête en pierre"). De là, la plage de Hua Hin (p. 244) s'étire sur des kilomètres jusqu'à Khao Takiab, qui s'orne d'un bouddha géant.

2 JEK PIA COFFEESHOP

À Hua Hin, quand on n'a pas envie de cuisiner, on va au Jek Pia Coffeeshop (p. 247). Ce modeste restaurant en plein air sert le petit-déjeuner et le dîner. Le matin, c'est l'occasion d'une véritable immersion dans la cuisine thaïlandaise. Le Jek Pia sert les plats de nouilles et de riz que l'on mange traditionnellement au petit-déjeuner, notamment des soupes au riz, ou bien du poulet ou du porc sauté accompagné de riz. Un vrai petit-déjeuner s'accompagne d'un café à la thaïlandaise (très corsé et très sucré). Après un repas au Jek Pia, l'idéal, c'est de se balader le long de la plage de Hua Hin.

3 BAAN SILAPIN

Le village artistique de Baan Silapin (p. 245) est toujours très agréable à visiter le samedi pour son (mini) jazz-band et ses cours d'art à destination des enfants. De très belles peintures sont à vendre, mais l'on n'est pas poussé à l'achat. On peut se contenter de jeter un coup d'œil, et puis, si on est inspiré, prendre un cours. Khun Nang donne des cours d'art plastique pour adultes les mardi et jeudi, et pour enfants le samedi.

4 HUA HIN À VÉLO

Tout dans la ville de Hua Hin est accessible à vélo. Et en dehors, les routes et les sentiers sont encore plus propices à la balade. J'adore faire du vélo d'autant que, même s'il fait chaud en Thaïlande, pédaler permet de bénéficier d'une petite brise rafraîchissante. On peut tout à fait opter pour un circuit organisé, ou louer soi-même un vélo (p. 249).

Se prélasser à Ko Pha-Ngan

Ko Pha-Ngan (p. 259), destination prestigieuse pour des générations de globe-trotters, est une île décontractée, connue pour son cadre pittoresque et sa tradition de farniente. La péninsule sablonneuse de Hat Rin accueille les folles fêtes de la pleine lune, qui ont tout de fêtes estudiantines bien arrosées, tandis que le calme de la côte nord et de la côte est se prête idéalement au repos le plus absolu.

3

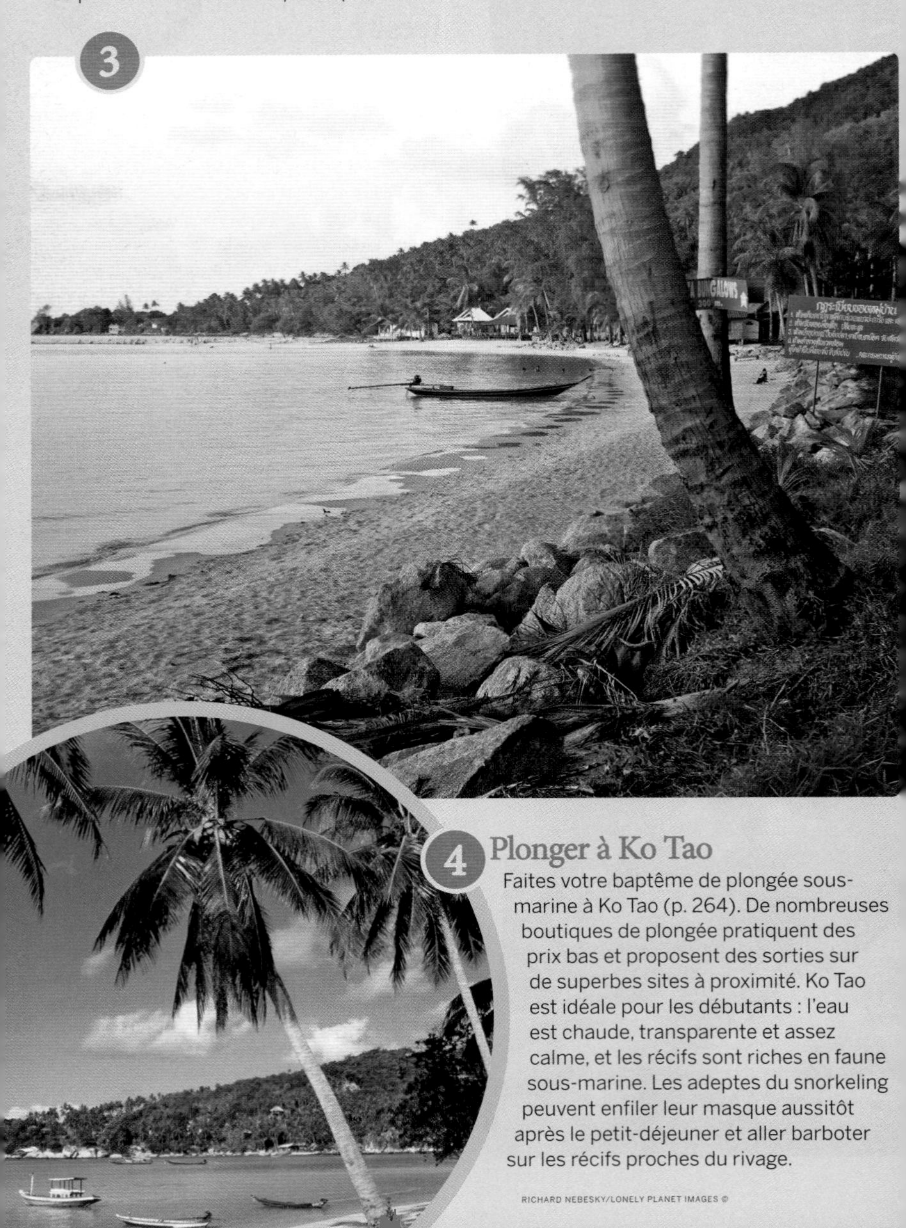

4 Plonger à Ko Tao

Faites votre baptême de plongée sous-marine à Ko Tao (p. 264). De nombreuses boutiques de plongée pratiquent des prix bas et proposent des sorties sur de superbes sites à proximité. Ko Tao est idéale pour les débutants : l'eau est chaude, transparente et assez calme, et les récifs sont riches en faune sous-marine. Les adeptes du snorkeling peuvent enfiler leur masque aussitôt après le petit-déjeuner et aller barboter sur les récifs proches du rivage.

RICHARD NEBESKY/LONELY PLANET IMAGES ©

Khao Sam Roi Yot

5

Ce parc national (p. 248) au sud de Hua Hin regrouperait 300 montagnes. Vous pourrez grimper dans les hauteurs afin d'admirer ces sommets ou bien vous enfoncer dans leurs entrailles. Pour couronner le tout, de belles plages frangent ces tours de calcaire. Les mangroves de l'intérieur du parc sont le fief des oiseaux migrateurs. Tham Phraya Nakhon (p. 248)

6

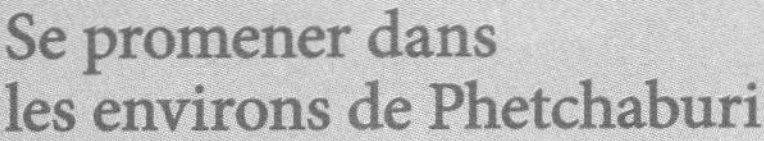

Se promener dans les environs de Phetchaburi

Excursion aisée depuis Hua Hin ou Bangkok, Phetchaburi (p. 242) était le refuge royal de Rama IV (le roi Mongkut). La colline au centre de la ville était coiffée du palais du roi, installé de sorte à contempler les cieux étoilés, le passe-temps préféré du monarque. Non loin, des montagnes renferment plusieurs grottes que les eaux souterraines ont superbement sculptées. Tham Khao Luang (p. 242)

7

Le parc national maritime d'Ang Thong

Vous voguerez ici entre les mystérieuses îles calcaires du parc national maritime d'Ang Thong (p. 267). Des plages de sable blond frangent ces pics imposants, façonnés par les vagues depuis des millénaires. Il suffira de pagayer encore un peu pour voir de près les créatures et plantes marines qui s'accrochent aux falaises, résistant chaque jour au reflux de la marée.

Ko Samui et la côte du golfe : le best of

Spots de plongée et de snorkeling

- **Ko Tao** (p. 264). Pour les débutants qui souhaitent faire leur baptême de plongée ; snorkeling possible depuis le rivage.
- **Ko Pha-Ngan** (p. 260). Pour des plongées très plaisantes loin des foules.
- **Parc national maritime d'Ang Thong** (p. 267). Snorkeling et kayak sont ici prétextes à l'exploration d'un paysage fait de falaises de calcaire et de mer bleu azuré.

Dégustation de fruits de mer

- **Hua Hin** (p. 246). Dîner en compagnie de touristes thaïlandais dans la capitale des fruits de mer.
- **Ko Samui** (p. 255). Superbe station insulaire, à la réputation culinaire bien établie.
- **Ko Tao** (p. 266). Cette île rustique a la réputation d'offrir une fine cuisine, ainsi que de savoureuses spécialités régionales.

Faire la fête

- **Ko Pha-Ngan** (p. 263). Peinture corporelle fluo, jongleurs de feu, rythmes endiablés et réjouissances alcoolisées chaque mois dans les raves parties de Ko Pha-Ngan.
- **Woo Bar** (p. 258). Pour siroter des cocktails en regardant le soleil disparaître dans la mer.
- **Chaweng** (p. 258). La plage la plus populaire de Ko Samui est en ébullition de jour comme de nuit : bars de plage, discothèques tonitruantes et fêtards de toutes sortes.

Spas et centres de soin

Spa Resort (p. 253) Au bord de l'eau, le premier centre de soin de Ko Samui axé sur la santé et le bien-être.

Tamarind Retreat (p. 253). Un spa installé entre arbres et rochers dans ce *resort* chic de Ko Samui.

Sanctuary (p. 262). L'hommage de Ko Pha-Ngan à tout ce qui est sain et d'influence New Age.

À gauche Marché au poisson **Ci-dessus** Parc national maritime d'Ang Thong (p. 267)

(À GAUCHE) AUSTIN BUSH/LONELY PLANET IMAGES © ; (CI-DESSUS) NOBORU KOMINE/LONELY PLANET IMAGES ©

Ce qu'il faut savoir

À PRÉVOIR

Un mois avant Réservez votre hébergement et vos billets de train et d'avion.

Une semaine avant Réservez votre excursion de plongée.

La veille Achetez vos billets combinés de bus/bateau par l'entremise des tour-opérateurs.

ADRESSES UTILES

Tourism Hua Hin (www.tourismhuahin.com)

Hua Hin Observer (www.observergroup.net)

Backpackers Centre (www.backpackersthailand.com)

Koh Tao Community (www.kohtao-community.com)

COMMENT CIRCULER

Bateau Relie le continent (Chumphon et Surat Thani) aux îles de Ko Samui, ainsi que les îles entre elles.

Bus Trajets sur le continent ; dessert Bangkok et les villes portuaires des deux côtes.

Moto Pour voyager seul sur les îles.

Sŏrng·tăa·ou Camionnettes (pick-up) utilisées comme taxis partagés et comme bus publics.

Train Pour voyager de nuit de Bangkok à Chumphon et de Bangkok à Surat Thani.

Túk-túk Pour voyager en ville ; pensez à négocier.

MISES EN GARDE

Circuler à moto Portez un casque et des vêtements de protection, conduisez avec prudence par temps de pluie, et ne déposez pas d'objets de valeur dans les paniers installés à l'avant.

Drogues N'achetez pas de drogues, en particulier sur Ko Pha-Ngan.

Voyageuses Soyez prudentes en rentrant des bars de Ko Samui et de Ko Pha-Ngan. Évitez de bronzer les seins nus.

Billets de bus/bateau Procurez-vous vos billets à l'avance pour éviter les opérateurs privés indélicats.

Suggestions d'itinéraires

Offrez-vous un long week-end ou une escapade de cinq jours pour profiter des meilleurs atouts de la côte du golfe de Thaïlande. Lorsque vous reviendrez une deuxième fois, vous pourrez vous contenter des joies de la plage.

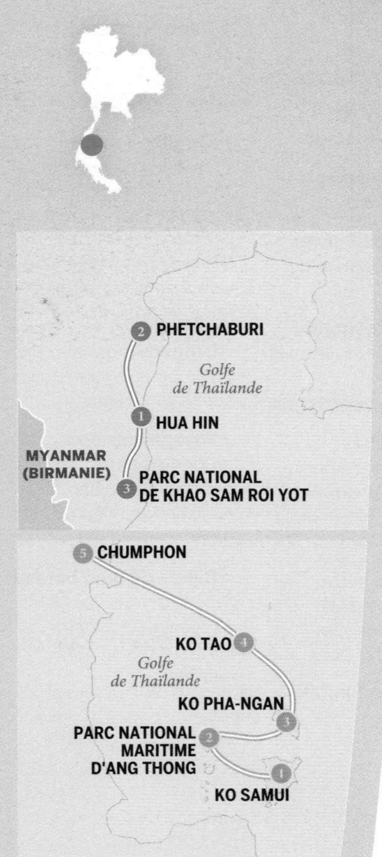

3 JOURS

DE HUA HIN À PHETCHABURI

Courte détente balnéaire

Si vous êtes pressé, **(1) Hua Hin**, facile d'accès depuis Bangkok, ne nécessite pas de prendre le ferry. Les hôtels du front de mer répondent aux standards internationaux et les marchés alimentaires de nuit suffisent à se sentir dépaysé. Pour de nombreux Thaïs, d'ailleurs, le marché de nuit constitue l'unique raison de venir. Mais la plage du continent, avec son sable doux et son promontoire rocheux agrémenté d'un bouddha en or et d'un temple au sommet, compte parmi les autres attraits. C'est la destination rêvée pour marier les curiosités et commodités citadines aux distractions sur la côte.

Délaissez un peu les plages pour un peu de culture en allant à **(2) Phetchaburi**, ville provinciale voisine dotée d'une colline coiffée d'un palais et d'un temple troglodytique aux airs de sculpture de Gaudi.

Passez une journée au **(2) parc national de Khao Sam Roi Yot**, réserve montagneuse aux grottes calcaires, où se trouve le plus grand marais d'eau douce du pays qui abrite de nombreuses espèces d'oiseaux.

À gauche Tham Phraya Nakhon (p. 248), parc national de Khao Sam Roi Yot **À droite** Parc national maritime d'Ang Thong (p. 267)

DE KO SAMUI À CHUMPHON

Les sœurs Samui

Première île de la côte, **(1) Ko Samui** propose une gamme de services suffisamment complète pour plaire à tout le monde. Installez-vous à Chaweng, au cœur de l'animation, sur une fabuleuse plage en demi-lune. Ou bien en retrait sur les plages du nord, Mae Nam et Bo Phut, pas aussi spectaculaires, mais plus "villageoises". Essayez l'une des nombreuses cures de l'île, pour vous initier au yoga sur la plage ou au jeûne de trois jours. Louez une moto afin de faire le tour des petits villages assoupis et isolés dans la partie sud de l'île.

Nagez entre les îles calcaires montagneuses aux formes étranges du **(2) parc national maritime d'Ang Thong**, excursion prisée depuis Samui.

Si vous avez le temps, prenez le ferry pour **(3) Ko Pha-Ngan** pour assister à une rave party sur la plage. Admirez le lever du soleil et reprenez le ferry vers Samui pour un repos bien mérité.

Consacrez deux ou trois jours à un circuit snorkeling ou plongée sur **(4) Ko Tao**, petite île entourée de jardins de coraux éclatants. La côte ouest est tout entière consacrée à la plongée, tandis que les criques rocheuses de la côte est raviront les amateurs de solitude. Gagnez en ferry le port continental de **(5) Chumphon** pour rentrer à Bangkok en train de nuit.

Découvrir Ko Samui et la côte du golfe

Les incontournables

- **Hua Hin** (p. 244). Pour ses fruits de mer… et ses hôtes royaux.
- **Chumphon** (p. 249). Sur le continent, lieu de transit vers Samui.
- **Ko Tao** (p. 264). Île où la plongée sous-marine est reine.
- **Ko Pha-Ngan** (p. 259). Ambiance paisible, idéale pour se détendre.
- **Ko Samui** (p. 250). Une superbe île-resort très bien organisée.
- **Surat Thani** (p. 269). Sur le continent, lieu de transit vers les îles Samui et la côte d'Andaman.

Ko Samui (p. 250)
-SID-/DREAMSTIME ©

Phetchaburi (Phetburi) เพชรบุรี

46 600 HABITANTS

Aisément accessible depuis Bangkok, Phetchaburi attire tous les voyageurs avides de culture. Elle abrite des temples et des palais, comme Ayuthaya, se trouve à proximité de jungles et de sanctuaires troglodytiques, et possède un accès à la côte. Sans oublier ses marchés animés, ses maisons de négoce (*shophouses*) et ses groupes d'étudiants en excursion.

À voir et à faire

THAM KHAO LUANG Grotte

(ถ้ำเขาหลวง ; 8h-18h). Rama IV appréciait cette caverne envahie de stalactites, qui figure parmi les sites troglodytiques les plus remarquables du pays. On accède à la grotte, à 4 km au nord de la ville, par des marches raides. La statue du Bouddha trônant au centre semble se parer de lueurs célestes lorsque l'orifice au plafond (en forme de cœur) filtre la lumière du soleil. À l'extrémité de la grotte, une rangée de bouddhas assis projette des ombres sur la paroi.

PHRA RAM RATCHANIWET Site historique

(พระรามราชนิเวศน์ ; palais Ban Peun ; 0 3242 8083 ; 50 B ; 8h-16h lun-ven). Cet édifice Art déco est à 1 km au sud de la ville. Sa construction, décidée par Rama V (qui mourut peu après) commença en 1910. Les architectes allemands qui le réalisèrent profitèrent de l'occasion pour utiliser les dernières innovations en matière de construction et d'aménagement intérieur.

TRAVEL INK ©

À ne pas manquer
Le parc historique de Phra Nakhon Khiri

Royalement installé au sommet du Khao Wang (la colline du Palais), ce parc national domine la ville de son opulence discrète. Le palais et les temples alentour ont été édifiés en 1859 par Rama IV (le roi Mongkut) pour ses séjours hors de Bangkok. Ce havre haut perché lui permettait d'assouvir sa passion pour l'astronomie.

Mêlant les styles européens et chinois, l'édifice se compose de vastes salles ornées de meubles royaux. Des chemins pavés mènent, au travers de la colline boisée, jusqu'à trois promontoires surmontés d'un chédi. Transperçant le ciel, la flèche blanche du **Phra That Chom Phet** est visible de la ville en contrebas.

Le site est accessible par deux côtés. Sur le devant, on monte à pied depuis Th Ratwithi par un chemin ardu fréquenté par des singes au comportement imprévisible. De l'autre côté de la colline, un **funiculaire** (aller adulte/enfant 40 B/gratuit ; 8h30-17h30) vous hissera jusqu'au sommet. Le parc étant un lieu d'excursion de groupes scolaires, vous risquez fort d'être autant photographié que les monuments historiques.

Le lundi, les étals habituels (avec nourriture et vêtements) s'installent pour un **marché de nuit**.

INFOS PRATIQUES

อุทยานประวัติศาสตร์พระนครคีรี ; 0 3240 1006 ; 150 B ; 8h30-17h

Depuis/vers Phetchaburi

La plupart des bus climatisés et des minibus à destination du sud prennent les voyageurs à l'extérieur de la ville, dans Th Phetkasem, devant le grand magasin Big C. Cha-am (50 B, 40 min, départ fréquents) et Hua Hin (50 B, 2 heures), entre autres, sont desservies.

La course en moto-taxi depuis/vers le centre coûte 50 B environ.

De nombreux trains circulent depuis/vers Bangkok (gare de Hualamphong). Les tarifs sont fonction du type de train et de la classe (3e classe 84-144 B, 2e classe 188-358 B, 3 heures).

Comment circuler

La course en moto-taxi en ville revient entre 40 et 50 B. Tarif similaires en *sŏrng·tăa·ou*.

Hua Hin หัวหิน

98 900 HABITANTS

La plus ancienne station balnéaire offre une ambiance cosmopolite, des marchés animés, de vastes plages et des services modernes – ici, pas d'écoulement d'eaux usées au milieu de la plage.

Les grandes chaînes hôtelières internationales sont présentes à Hua Hin, et de nombreux étrangers choisissent de se retirer dans les résidences des environs. Le week-end, la bourgeoisie de Bangkok investit les lieux et transforme certains quartiers en petits Sukhumvit.

Les transports publics sont bon marché et on trouve partout des fruits de mer abordables. Enfin, il est bien moins long, et moins cher, de venir ici depuis Bangkok que de gagner les îles plus au sud.

À voir

Hua Hin possède des plages immenses où l'on se baigne en toute sécurité. C'est par ailleurs l'un des endroits de la péninsule où il pleut le moins. En période de tempête, méfiez-vous des méduses.

Hua Hin-ville เมืองหัวหิน

Ancien village de pêcheurs, la ville de Hua Hin a conservé son vieux quartier des maisons de négoce (*shophouses*) en teck, quadrillé de *soi* étroits, ses maisons sur les pontons, transformées en restaurants et pensions, et un port de pêche animé.

HAT HUA HIN Plage

(หาดหัวหิน ; accès public par l'extrémité est de Th Damnoen Kasem). Si, depuis l'entrée principale, la plage de Hua Hin semble surfaite, surmontez votre déception et profitez des scènes de la vie locale.

Pour se baigner et prendre le soleil, continuez vers le sud. Déroulant un long ruban de sable blanc et fin devant des eaux gris-vert calmes, la plage se poursuit sur 5 km, jusqu'à Khao Takiab, un promontoire orné d'un bouddha.

Hua Hin

EDWARDKARA/DREAMSTIME ©

HUA HIN HILLS VINEYARD Vignoble
(ไร่องุ่นหัวหินฮิลล์ วินยาร์ด ; ☎08 1701 8874 ; www.huahinhillsvineyard.com ; Th Hua Hin-Pa Lu-U ; ⏲10h-18h). Cette propriété viticole nichée dans une superbe vallée montagneuse à 45 km à l'ouest de Hua Hin. Le sol de sable et de schiste permet la production de plusieurs cépages originaires de la vallée du Rhône, commercialisés sous le label Monsoon Valley.

Une navette part du magasin **Hua Hin Hills Wine Cellar** (☎0 3252 6351, Market Village, Th Phetkasem, South Hua Hin) à 10h30 et 15h (retour à 13h30 et 18h). L'aller-retour coûte 200 B.

Sud de Hua Hin

Au sud de Hua Hin, plusieurs plages encadrées de caps et de pointes spectaculaires offrent, le temps d'une excursion, un agréable moment de détente.

KHAO TAKIAB Point de vue
(เขาตะเกียบ). Dressée à l'extrémité sud de la plage de Hua Hin, à 7 km au sud de la ville, la "montagne des baguettes" est ornée d'un immense bouddha debout. Un temple sino-thaïlandais (**Wat Khao Lat**) ainsi qu'une colonie de singes (méfiance !) occupent le sommet de la colline (272 m), d'où la vue est splendide.

HAT KHAO TAO Plage
(à 13 km au sud de Hua Hin). S'étirant sur plusieurs kilomètres de Khao Takiab à Khao Tao (la "montagne de la tortue"), cette bande de sable reste délicieusement à l'écart de la civilisation : ici, il n'y a ni grands immeubles, ni chaises longues, ni vendeurs de sarongs, ni cavaliers.

Activités

Hua Hin est un spot de kitesurf idéal grâce à ses vents réguliers soufflant pendant une longue période de l'année. Elle a vu construire également le premier parcours de golf du pays, privilégié par les golfeurs du monde entier.

Vaut le détour
Baan Silapin

Tawee Kase-ngam, un artiste-peintre local, a créé ce **village d'artistes** (บ้านศิลปิน ; ☎0 3253 4830 ; www.huahinartistvillage.com ; Th Hua Hin-Pa Lu-U ; ⏲10h-17h mar-dim) dans un lieu boisé à 4 km à l'ouest de Th Phetkasem. On peut découvrir dans les galeries et ateliers les travaux de 21 artistes ayant préféré au rythme effréné de la scène de Bangkok l'environnement calme de Hua Hin, entre mer et montagnes. Un peu à l'écart, des cases d'argile abritent les sculptures amusantes de Nai Dee et de Mae A-Ngoon. Professeur patient et charismatique, Khun Nang donne des **cours d'arts plastiques** (9h30-11h30 ; 300/200 B adultes/enfants) pour adultes (mardi et jeudi) et enfants (samedi).

KITEBOARDING ASIA Kitesurf
(☎08 8230 0016 ; www.kiteboardingasia.com ; South Hua Hin ; stage débutants 11 000 B). Cette société créée il y a 10 ans possède quatre boutiques sur la plage qui louent du matériel et proposent des cours.

HUA HIN GOLF CENTRE Golf
(☎0 3253 0476 ; www.huahingolf.com ; Th Selakam ; ⏲12h-22h). Le personnel sympathique de cette boutique spécialisée saura vous orienter vers les terrains les plus abordables, les mieux entretenus et les plus à l'abri des facéties des singes. Location de matériel de golf et excursions.

BLACK MOUNTAIN GOLF COURSE Golf
(☎0 3261 8666 ; www.bmghuahin.com ; green fee 2 500 B). Le tout nouveau parcours fait l'unanimité chez les golfeurs.

HUA HIN BIKE TOURS Vélo
(☎08 1173 4469 ; www.huahinbiketours.com ; 4/34 Soi Hua Hin 96/1, Th Phetkasem, South Hua Hin ; sorties 1 500-2 500 B). Le tandem mari et femme qui tient cette boutique propose des circuits (une demi-journée, une journée, plusieurs jours) à la découverte des curiosités de Hua Hin et de ses environs.

Où se loger

BAAN BAYAN Hôtel $$$
(☎0 3253 3540 ; www.baanbayan.com ; 119 Th Phetkasem, South Hua Hin ; ch 4 000-11 000 B ;). Cette villa coloniale du début du XXe siècle est idéale pour les voyageurs désirant goûter au luxe sans les inconvénients d'un grand complexe. Les chambres sont spacieuses et reposantes. Le personnel se met en quatre et la plage est à deux pas.

BAAN LAKSASUBHA Hôtel $$$
(☎0 3251 4525 ; www.baanlaksasubha.com ; Th 53/7 Naresdamri ; ch 4 200-7 900 B ;). Propriété d'un aristocrate de Bangkok, ce petit *resort* jouxtant le Sofitel loue des bungalows très commodes pour les familles, à la déco très sobre. Des allées serpentent dans le jardin pour vous conduire à la piscine et à la plage. Salle équipée de jeux et de livres réservée aux enfants.

VERANDA LODGE Hôtel $$$
(☎0 3253 3678 ; www.verandalodge.com ; 113 Soi Hua Hin 67, Th Phetkasem, South Hua Hin ; ch 3 000-5 000 B ;). Un hôtel de luxe en bord de mer qui ne pratique pas des prix astronomiques. Il offre plusieurs types d'hébergements, de la chambre moderne au bungalow haut de gamme.

Où se restaurer

MARCHÉ DE NUIT Poisson $$
(Th Dechanuchit entre Th Phetkasem et Th Sasong ; plats à partir de 60 B ; 17h-24h). Attrait majeur de Hua Hin, au même titre que la plage, le marché nocturne de la ville est le lieu de rendez-vous des habitants pour dîner. Les plus fortunés feront honneur aux étals de langoustes et de grosses crevettes, mais les petits stands de plats sautés au wok sont tout aussi appétissants et savoureux.

Marché au poisson et aux fruits de mer

ANTONIOSEN/DREAMSTIME ©

SANG THAI RESTAURANT Thaïlandais **$**
(Th Naresdamri ; plats 120-350 B ; déj et dîner). Le Sang Thai est l'un des nombreux bons restaurants des quais. La vue est imprenable et le poisson entier cuit à la vapeur arrive sur votre table encore tout frémissant.

JEK PIA COFFEESHOP Poisson **$$**
(51/6 Th Dechanuchit ; plats 80-160 B ; déj et dîner). Cette institution cinquantenaire s'est fait, comme d'autres, une spécialité des fruits de mer sautés au wok.

HUA HIN KOTI Poisson **$$**
(0 3251 1252 ; 16/1 Th Dechanuchit ; plats 80-250 B ; déj et dîner). Ce restaurant sino-thaïlandais installé en face du marché de nuit est un haut lieu de la cuisine nationale. Les Thaïlandais se délectent des bouchées de porc frites, tandis que les étrangers se jettent sur la *dôm yam gûng* (soupe de crevettes à la citronnelle).

Renseignements

Services médicaux

San Paolo Hospital (**0 3253 2576 ; 222 Th Phetkasem**). Juste au sud de la ville. Dispose d'un service des urgences.

Bangkok Hospital Hua Hin (**0 3261 5800 ; www.bangkokhospital.com/huahin ; Th Phetkasem entre Soi Hua Hin 94 et 106**). Le tout nouvel établissement de la chaîne hospitalière de luxe.

Offices du tourisme

Office du tourisme de Hua Hin (**0 3251 1047 ; angle Th Phetkasem et Th Damnoen Kasem, Hua Hin ; 8h30-16h30 lun-ven**). Bien situé. Dispose d'un autre bureau (**0 3252 2797 ; Th Naebkehardt, Hua Hin ; 9h-19h30 lun-ven, 9h30-17h sam-dim**).

Depuis/vers Hua Hin

Avion

L'aéroport (**www.huahinairport.com**) se trouve à 6 km au nord de la ville, mais il n'est desservi que par des vols charters de la compagnie Nok Mini (**0 2641 4190 ; www.nokmini.com**).

Bus

Au départ de la gare routière (**Th Phetkasem entre Soi Hua Hin 94 et 98**), au sud de la ville, des bus longue distance desservent les destinations suivantes :

Chiang Mai (785 B, 12 heures, 3/jour)

Phuket (856 B, 9 heures, 1 bus de nuit)

Surat Thani (480 B, 7 heures, 2/jour)

D'autres bus à destination de Bangkok (160 B, 3 heures, ttes les 2 heures de 8h à 21h) partent d'un bureau (**Th Sasong**) de la compagnie en ville à proximité du marché de nuit.

Les bus ordinaires démarrent d'un terminal (**angle Th Phetkasem et Th Chomsin**) situé au nord du marché et se rendent notamment à :

Cha-am (50 B, 30 minutes). Minibus en direction du Terminal Sud de Bangkok (Sai Tai Mai) et le monument de la Victoire (180 B, 3 heures, toutes les 30 minutes de 4h à 20h) part d'un bureau sur Th Naebkehardt.

Lomprayah (**0 3253 3739 ; Th Narasdamri**) propose une liaison bus-bateau de Hua Hin à Ko Tao (1 000 B, 8 heures 30 ; 1 départ le matin, 1 le soir).

Phetchaburi (50 B, 1 heure 30)

Train

De nombreux trains circulent depuis/vers la gare Hualamphong de Bangkok (2e classe 212-302 B, 3e classe 94-154 B, 4 heures) et desservent les autres gares de la ligne sud.

Comment circuler

Des *sŏrng·tăa·ou* verts partent de l'angle de Th Sasong et Th Dechanuchit, près du marché de nuit, et prennent Th Phetkasem en direction du sud pour rejoindre Khao Takiab (20 B). Les bus à destination de Pranburi partent du même endroit.

Plusieurs enseignes sur Th Damnoen Kasem louent des motos (250 à 500 B/jour). L'agence de location de voitures Thai Rent A Car (**0 2737 8888 ; www.thairentacar.com**) offre un service professionnel, des prix compétitifs et des véhicules bien entretenus.

Si vous aimez… Les refuges balnéaires

Si vous aimez la longue côte de sable de Hua Hin, explorez la charmante Pranburi, à 35 km au sud de Hua Hin, plus facile d'accès en transport privé.

1 AWAY HUA HIN
(☎08 9144 6833 ; www.away-huahin.com ; sud de Khao Kalok ; ch à partir de 5 000 B ; ❄ 📶 🏊). Ces sept superbes demeures anciennes ont été reconstruites dans un petit coin de paradis en bord de mer.

2 LA A NATU BED & BAKERY
(☎0 3268 9941 ; www.laanatu.com ; sud de Khao Kalok ; ch à partir de 5 000 B ; ❄ 📶). Un village de riziculteurs… décliné en version luxe. Cerise sur le gâteau : une plage semi-privée à vos pieds.

3 DOLPHIN BAY RESORT
(☎0 3255 9333 ; www.dolphinbayresort.com ; Dolphin Bay ; ch à partir de 1 500 B ; ❄ @ 🏊). Le *resort* qui a placé Dolphin Bay dans la catégorie des destinations familiales a des airs de camp de vacances sobre. Succès assuré auprès de votre progéniture.

4 BRASSIERE BEACH
(☎0 3263 0555 ; www.brassierebeach.com ; Dolphin Bay ; ch à partir de 5 000 B ; ❄). Intimité et cachet se conjuguent à merveille dans ces neuf villas de stuc posées au pied du parc national de Khao Sam Roi Yot, face à une plage isolée.

Parc national de Khao Sam Roi Yot อุทยานแห่งชาติเขาสามร้อยยอด

De hauts éperons de calcaire composent le paysage rocheux de ce **parc** (☎0 3282 1568 ; adulte/enfant 200/100 B), dont le nom signifie "la montagne aux 300 pics". Les ornithologues et les amateurs de nature s'en donneront à cœur joie dans les grottes, sur les plages et dans les marais côtiers de cet espace protégé de 98 km^2. Le parc, qui renferme des entreprises d'élevage de crevettes, est une destination d'excursions prisée à partir de Hua Hin.

À voir et à faire

HAT LAEM SALA Plage

La plage sablonneuse de Laem Sala est encadrée sur trois côtés de collines calcaires et de casuarinas. Elle n'est pas accessible par la route classique. Suivez l'embranchement qui part de Tham Kaew vers l'océan où vous trouverez des restaurants en bord de plage ; vous êtes ici à Bang Pu, d'où il est possible de louer un bateau pour Laem Sala (300 B aller-retour). Sinon, le sentier escarpé vous conduira en 20 minutes à la plage. Là vous attendent un petit centre des visiteurs, un restaurant, des bungalows et un camping.

THAM PHRAYA NAKHON Grotte

Cette grotte, un lieu de pèlerinage, est le site le plus prisé du parc. Un *săh·lah* (salle de réunion ou de repos) royal aménagé pour Rama V en 1890 y est baigné par les rayons du soleil. Le sentier de 450 m, qui part de Hat Laem Sala, est raide, rocheux et parfois glissant : chaussez-vous correctement. Lorsque vous arrivez au niveau de deux grandes grottes avec des dolines, la salle de rassemblement est la seconde.

THUNG SAM ROI YOT Observation des oiseaux

Protégé au niveau national, le plus grand marais d'eau douce du pays offre un habitat à de nombreux oiseaux chanteurs, oiseaux aquatiques, amphibiens et autres espèces. Il s'étend dans le secteur occidental du parc, accessible par la Hwy 4 (Th Phetkasem) au niveau du km 275,6 ; gardez votre ticket d'entrée pour éviter d'avoir à payer deux fois.

Depuis/vers le parc national de Khao Sam Roi Yot

Le plus commode pour visiter le parc, situé à 40 km de Hua Hin, est de disposer d'un transport privé. La bifurcation pour l'entrée nord du parc se trouve au km 256 de la Hwy 4 (Th Phetkasem). L'entrée sud se situe au km 286,5.

Les agences de Hua Hin organisent des excursions à la journée. **Hua Hin Bike Tours** (08 1173 4469 ; **www.huahinbiketours.com ; excursions 1 500-2 500 B**) propose des circuits à pied ou à vélo.

Chumphon

ชุมพร

56 000 HABITANTS

Chumphon est une ville de transit pour les voyageurs depuis/vers Ko Tao, au large, et Ranong et Phuket, à l'ouest.

Où se loger

MORAKOT HOTEL Hôtel $$

(0 7750 2999 ; **102-112 Th Tawee Sinka ; ch 800-950 B** ;). Récemment rénové, le grand bâtiment vert citron est une adresse de catégorie moyenne très fiable.

CHUMPHON GARDENS HOTEL Hôtel $$

(0 7750 6888 ; **66/1 Th Tha Taphao ; ch 500 B** ;). Vous pourrez regarder la TV câblée dans l'une des chambres spacieuses du Gardens.

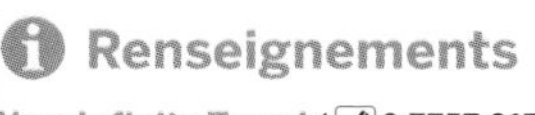

Renseignements

New Infinity Travel (0 7757 0176 ; **68/2 Th Tha Taphao ; 8h-22h** ; @). Excellente agence de voyages. Le personnel est très compétent et aimable. Il y a aussi 4 chambres à louer, et des livres à vendre.

Depuis/vers Chumphon

Avion

Solar Air (0 7755 8212 ; **www.solarair.co.th**) assure une liaison quotidienne avec Bangkok (1 heure, 2 900 B).

Bateau

Il existe quantité de possibilités pour rallier Ko Tao (p. 264) – encore que les bateaux circulent essentiellement le matin et le soir. La plupart du temps, le prix du billet comprend le transfert jusqu'à l'embarcadère.

Bateau lent (250 B, 6 heures, 24h) – l'option la moins chère, la plus lente et la plus plaisante : sur le pont ouvert du bateau de pêche.

Car ferry (350 B, 6 heures, 23h lun-dim) – plus confortable que l'option précédente, avec possibilité de couchette ou de matelas.

Bateau express Songserm (450 B, 3 heures, 7h) – une liaison plus rapide, au départ de Tha Talaysub, à une dizaine de kilomètres de la ville.

Catamaran Lomprayah (600 B, 1 heure 45, 7h et 13h) – bus-bateau très populaire au départ de Tha Tummakam, à 25 km de la ville ; la billetterie se trouve derrière la gare routière de Chumphon.

Bus

Il y a plusieurs arrêts de bus en ville, qui vous éviteront peut-être le trajet jusqu'au terminal principal. **Choke Anan Tour** (0 7751 1757 ; ***soi* prenant dans Th Pracha Uthit**), dans le centre, assure des liaisons quotidiennes vers :

Singe, parc national de Khao Sam Roi Yot

Terminal Sud (Sai Tai Mai) de Bangkok (375 à 550 B, 8 heures, 5 bus/jour)

Ranong (320 B ; 2 heures ; 4 bus/jour)

Phuket (320 B ; 3 heures 30 ; 4 bus/jour)

À 700 m au sud-est de la gare ferroviaire, **Suwannatee Tour** (☎0 7750 4901) dessert les destinations suivantes :

Terminal Sud (Sai Tai Mai) de Bangkok (270-405 B bus 2e classe-VIP, 3 bus/jour)

Prachuap Khiri Khan (120 B)

Hua Hin (170 B)

Phetchaburi (205 B)

Il existe de nombreuses compagnies de minibus. Les départs ont lieu depuis leurs locaux :

Surat Thani (170 B, 3 heures, ttes les heures). Départ d'un *soi* sans nom donnant dans Th Krom Luang Chumphon, près d'un opticien.

Ranong (120 B, 2 heures 30, ttes les heures de 7h à 15h). Départ de Th Tha Taphao ; arrivée à la gare routière de Ranong (à l'extérieur de la ville).

Train

Des trains circulent fréquemment entre Chumphon et Bangkok (2e classe 292-382 B, 3e classe 235 B, 7 heures 30). Comptez 440-770 B en train-couchette.

Les trains rapides et express en direction du sud, les seuls comportant des 1re et 2e classes, sont moins fréquents, et réserver une place à partir de Chumphon peut être difficile en novembre-février.

Ko Samui เกาะสมุย

40 250 HABITANTS

Ko Samui vous permet de choisir le style d'aventure qui vous convient. Vue sur la mer, massage quotidien, valet personnel, sommelier ? Voici les clés de votre villa avec piscine. Vous voulez raviver votre aura ? Prenez place pour une séance de yoga avant votre session nettoyage du côlon de l'après-midi. Vous êtes venu faire la fête ? Défoulez-vous sur la plage au milieu de voyageurs ravis de passer un bon moment.

À voir

Ko Samui est une île assez grande – la route qui fait le tour de l'île fait presque 100 km.

CHAWENG Plage

(carte p. 251). C'est le site le plus populaire de Samui, et la plus longue et plus belle plage de l'île. Le sable est doux et les eaux étonnamment claires, au vu du nombre de bateaux et de baigneurs.

HIN-TA ET HIN-YAI Curiosités

(carte p. 251). Au sud de Lamai, la deuxième plus grande plage de Samui, vous verrez deux célèbres formations rocheuses baptisées Hin-Ta et Hi-Yai, "grand-père" et "grand-mère". Leurs formes rappelant des parties génitales suscitent de nombreux gloussements chez les visiteurs.

HUA THANON Village

Juste derrière Lamai, Hua Thanon accueille une dynamique communauté musulmane, dont les bateaux de pêche forment une véritable galerie de motifs sophistiqués.

BO PHUT Village

Bien que les plages du nord aient un sable moins fin et ne soient pas aussi marquantes que celles de l'est, elles sont agréables et offrent une très jolie vue sur Ko Pha-Ngan. Bo Phut se distingue grâce à son charmant village de pêcheurs : un ensemble d'étroites boutiques chinoises transformées en *resorts* tendance et en hôtels de charme.

NAM TOK NA MUANG Cascades

(carte p. 251). C'est la plus haute cascade de Samui (30 m), au centre de l'île, à environ 12 km de Na Thon. L'eau dévale de sublimes roches violettes, et le bassin se prête parfaitement à la baignade. Même si c'est la cascade la plus pittoresque, c'est la moins fréquentée de Samui.

NAM TOK HIN LAT Cascades

(carte p. 251). Près de Na Thon, le site vaut une visite si vous avez un après-midi à tuer avant de reprendre un bateau

Ko Samui

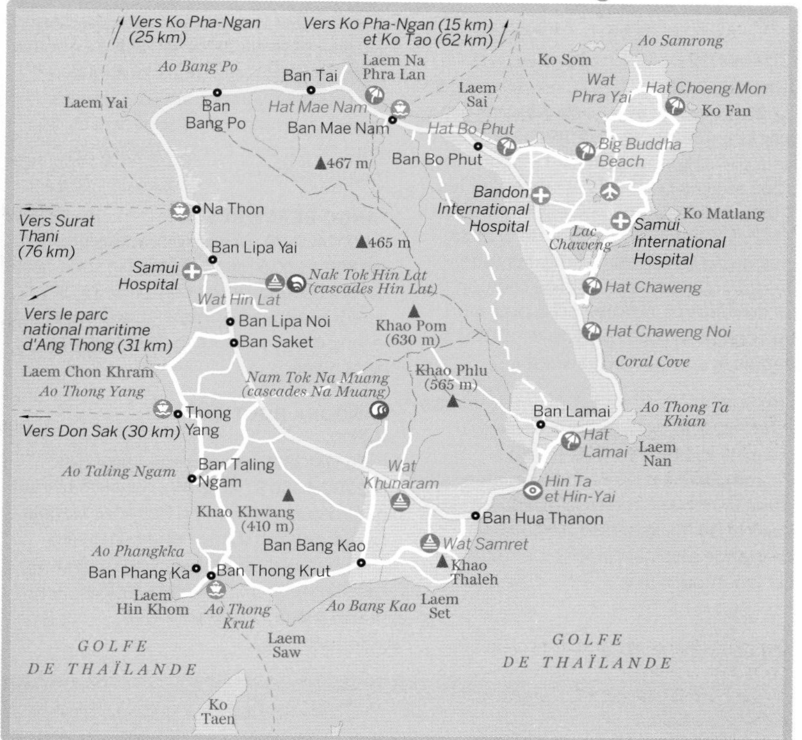

pour le continent. Après une randonnée assez vigoureuse, vous aurez bien mérité une baignade dans le bassin qui s'étend en bas des chutes. Ne manquez pas le temple bouddhique parsemé de petits panneaux où sont inscrites des formules édifiantes. Prévoyez de bonnes chaussures.

Activités

Si la plongée est pour vous essentielle, allez à Ko Tao et restez-y le temps de vivre votre aventure sous-marine. Si vous ne disposez que de peu de temps et ne voulez pas quitter Samui, de nombreux opérateurs vous emmèneront jusqu'aux sites de plongée (pour un coût plus élevé, bien sûr).

La compétition est féroce dans le domaine des hôtels 5 étoiles à Samui, ce qui signifie que les spas sont de grande qualité. Le Spa Resort de Lama a été le premier établissement du genre sur l'île, et il est toujours aussi réputé pour son efficace programme de détox.

100 DEGREES EAST Plongée
(**☎ 0 7742 5936 ; www.100degreeseast.com ; Bang Rak**). Chaudement recommandé.

BLUE STARS Kayak, snorkeling
(**☎ 0 7741 3231 ; www.bluestars.info ; excursion 2 600 B**). Les amateurs de snorkeling et de kayak réserveront sans hésitation une excursion d'une journée à l'étonnant parc national marin d'Ang Thong. Blue Stars, basé à Hat Chaweng, sur Ko Samui, propose des excursions guidées en kayak de mer.

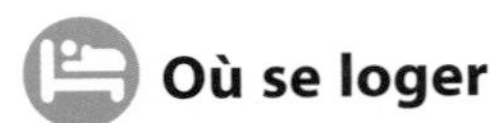

Où se loger

Chaweng

JUNGLE CLUB Bungalows **$$**
(08 1894 2327 ; **www.jungleclubsamui.com** ; **bung 800-4 500 B** ; @). Ce refuge isolé dans la montagne se taille un franc succès parmi les étrangers et les Thaïlandais. L'ambiance est détendue – les clients flânent autour de la belle piscine ou se reposent sous les toits des *săh·lah* (ou *sala*, salle de réunion ou de repos). Comptez 50 B pour un taxi depuis la route principale et 100 B depuis le centre de Chaweng.

LIBRARY Hôtel **$$$**
(0 7742 2767 ; **www.thelibrary.name** ; **ch à partir de 13 300 B** ; @). Ce complexe est un véritable mirage blanc étincelant, rehaussé de parements noirs et de ravissants stores en bois. La grande piscine, carrelée de rouge, est incontournable.

BAAN CHAWENG BEACH RESORT Hôtel **$$$**
(0 7742 2403 ; **www.baanchawengbeachresort.com** ; **bung 3500-7000 B** ; @). Ce nouvel hôtel, agréable et luxueux, pratique des prix relativement abordables. Les chambres immaculées sont ornées de meubles en teck à la fois modernes et traditionnels.

TANGO BEACH RESORT Hôtel **$$**
(0 7742 2470 ; **www.tangobeachsamui.com** ; **ch 1 600-4 600 B** ; @). Un sans-faute dans sa catégorie, ce complexe refait à neuf propose un chapelet de bungalows le long d'une passerelle en teck qui part de la plage.

PANDORA BOUTIQUE HOTEL Hôtel **$$$**
(0 7741 3801 ; **www.pandora-samui.com** ; **ch 2 700-4 900 B** ;). Aussi charmant que mémorable, l'hôtel Pandora semble tout droit sorti d'une bande dessinée. Les chambres sont décorées dans des tons pastel avec moulures en bois et des pierres posées ici et là.

Chaweng (p. 250), Ko Samui

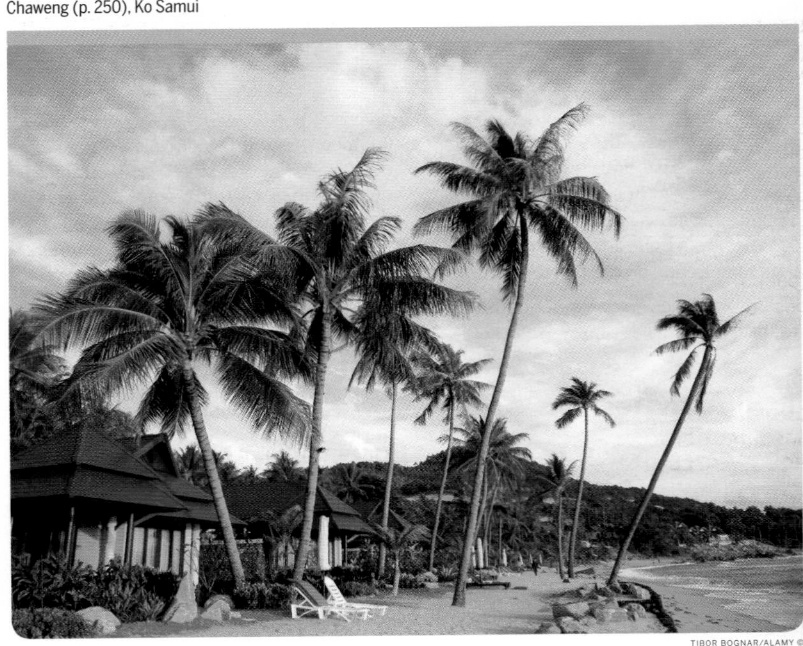

CHAWENG GARDEN BEACH Hôtel $$
(☎ 0 7796 0394 ; www.chawenggarden.com ; ch à partir de 1 850-8 500 B ; ❄ @ ᯤ ≈). Choix prisé par les routards nantis, on y trouve une grande variété de chambres entretenues par un personnel très souriant.

Lamai

ROCKY RESORT Hôtel $$$
(☎ 0 7741 8367 ; www.rockyresort.com ; Hua Thanon ; ch 4 890-17 000 B ; ❄ ᯤ ≈). Notre adresse préférée à Lamai (enfin, au sud de Lamai), où l'ambiance est à la fois haut de gamme et sans prétention. La piscine est creusée au milieu de rochers imitant la plage rocailleuse voisine.

SAMUI JASMINE RESORT Hôtel $$$
(☎ 0 7723 2446 ; ch et bung 3 800-5 000 B ; ❄ ᯤ ≈). Ce petit hôtel au milieu de la plage de Lamai a un très bon rapport qualité/prix. Choisissez les chambres les moins chères – la plupart ont une belle vue sur la mer et la piscine cristalline.

SPA RESORT Bungalows $$
(☎ 0 7723 0855 ; www.spasamui.com ; Lamai North ; bung 800-2 800 B ; ❄ ᯤ). Ce centre de bien-être propose une multitude de forfaits dans un cadre étrangement quelconque comparé aux autres lieux de Lamai. Il y a le choix entre massages, dépollution "aqua detox", hypnothérapie et yoga, entre autres. Le centre est très fréquenté, il vaut mieux réserver (par e-mail). On peut s'inscrire à un des programmes sans résider dans l'établissement.

Plages du nord

CHOENG MON IMPERIAL BOAT HOUSE HOTEL Hôtel $$$
(☎ 0 7742 5041-52 ; www.imperialhotels.com ; Hat Choeng Mon ; ch 4 000-5 500 B, ste bateau 6 000-6 700 B ; ❄ ᯤ ≈). Retraite sophistiquée comprenant un hôtel de 3 étages et de nombreux bungalows indépendants faits à partir de barges de rizière en teck, dont les proues ont été transformées en d'étonnants patios. Des canons en cuivre lancent des jets d'eau dans la piscine en forme de bateau.

Si vous aimez... Les centres de soins

Prenez soin de vous à Samui, où vous pourrez pratiquer le yoga, vous faire masser et participer à un programme de "désintoxication" et de bien-être.

1 **TAMARIND RETREAT**
(☎ 0 7723 0571 ; www.tamarindretreat.com). À l'abri de la plage au cœur d'une silencieuse plantation de cocotiers, ces quelques pavillons et studios de massage se fondent dans le paysage : murs et sols en granite pour certains, bassins privés ou sdb extérieures pour les autres.

2 **YOGA THAILAND**
(☎ 0 7792 0090 ; www.yoga-thailand.com ; Phang Ka ; retraite à partir de 680 € ; ❄ @ ᯤ). Bien caché sur la côte sud, cet établissement entre dans la nouvelle ère des "vacances thérapeutiques" avec équipement dernier cri et équipe de formateurs dévoués.

3 **ABSOLUTE SANCTUARY**
(☎ 0 7760 1190 ; www.absoluteyogasamui.com). Ce qui fut un sympathique studio de massage est devenu un gigantesque centre avec pléthore d'hébergements et un programme complet de détox et de bien-être.

BO PHUT

La plage n'est pas époustouflante, mais c'est à Bo Phut que l'on trouve l'hébergement le plus dynamique de tout Samui. Un chapelet de cottages de charme débute à l'intérieur de Fisherman's Village et s'étire le long de la plage.

L'HACIENDA Pension $$
(☎ 0 7724 5943 ; www.samui-hacienda.com ; ch 1 400-3 500 B ; ❄ ᯤ ≈). L'arche et la couleur ocre donnent à l'entrée un petit air de mission espagnole. Le même genre

de décor orne les 8 jolies chambres, avec des petites touches d'originalités comme des murs de sdb en galet et des lampes en bambou translucides. Une charmante surprise vous attend sur le toit.

ZAZEN Hôtel **$$$**
(**0 7742 5085 ; www.samuizazen.com ; ch 6 010-17 200 B ;**). Cet hôtel est devenu le summum des établissements de charme de Samui. Chaque coin et recoin a été soigneusement pensé et décoré avec goût. Le minimalisme asiatique y rencontre le rococo moderne dans un mélange de murs écarlates, de déesses en terre cuite et de touches de feng shui. Les clients se détendent au bord de la piscine sur des fauteuils ombragés par des parasols. Mieux vaut réserver bien en avance, afin de profiter de meilleurs tarifs.

LODGE Hôtel **$$**
(**0 7742 5337 ; www.apartmentsamui.com ; ch 1 400-2 500 B ;**). Autre très bon choix à Bo Phut, le Lodge ressemble à un pavillon de chasse colonial aux murs pâles et aux poutres sombres. Chaque chambre est ornée de tapisseries et dispose d'un balcon donnant sur la plage. Les "pent-huts" de l'étage supérieur sont très spacieuses. Réservation indispensable – l'endroit semble toujours complet.

MAE NAM ET BANG PO

MAENAM RESORT Bungalows **$$**
(**0 7742 5116 ; www.maenamresort.com ; bung 1 400-3 000 B ;**). Des cottages en écorce de palmier, disposés en rangées dans un jardin privé aux allures de jungle. Meublés de bois et d'osier, leurs tarifs se déclinent en fonction de leur proximité avec la plage. Les suites sont une aubaine pour les familles.

SHANGRILAH Bungalows **$**
(**0 7742 5189 ; bung 300-2 000 B ;**). Paradis des baroudeurs, ces huttes, dans un état correct, sont parmi les moins chères de la région.

À gauche Chaweng (p. 250), Ko Samui
Ci-dessous Embarcadère, Bo Phut (p. 250), Ko Samui

Où se restaurer

Sous l'influence du continent, Samui est parsemée de boutiques *kôw gaang* (riz et curry), en général un étal en bois arborant de grandes marmites de currys du sud du pays. Les clients arrêtent leur moto, soulèvent les couvercles et font leur choix parmi les mets aux couleurs vives. Les boutiques *kôw gaang* sont nombreuses sur la rocade (Rte 4169) et sont à sec dès 13h.

Attirés par des rémunérations élevées et un climat de rêve, des chefs de classe mondiale font régulièrement leur apparition sur l'île.

Chaweng

Pour la meilleure ambiance, quittez la route et allez vers la plage, où de nombreux bungalows ont dressé des tables sur le sable et diffusent une lumière féerique le soir venu.

MARCHÉ DE LAEM DIN Marché **$**
(plats à partir de 30 B ; 4h-18h, marché de nuit 18h-2h). Marché animé, Laem Din regorge de fruits, de légumes frais et de viande. Achetez un kilo d'oranges vertes sucrées ou flânez au milieu des étals. Pour dîner, allez au marché de nuit d'à côté et goûtez le poulet frit et les currys.

PAGE Cuisine fusion asiatique **$$$**
(plats 180-850 B ; petit-déj, déj et dîner). Si vous ne pouvez vous permettre le luxe du Library, prenez un repas dans son restaurant près de la plage. Le déjeuner est un peu plus informel et abordable, mais sans les effets de lumière du soir.

PREGO Italien **$$$**
(www.prego-samui.com ; plats principaux 200-700 B ; dîner). Établissement huppé, proposant des plats italiens raffinés dans une salle à manger où règnent marbre et géométrie. Réservations acceptées pour des repas à 19h et 21h.

DR FROGS Grill $$$
(plats principaux 380-790 B ; ⏲déj et dîner). Situé dans les hauteurs rocheuses, ce grill a une vue somptueuse sur l'océan et sert de délicieux mets internationaux (classiques italiens et thaïlandais). Les steaks et les croquettes au crabe sont exquis. Les propriétaires sont sympathiques. Un de nos restaurants préférés.

BETELNUT@BURI RASA Cuisine fusion asiatique $$$
(plats principaux 600-800 B ; ⏲dîner). Si la cuisine fusion est souvent étonnante, parfois même décevante, Betelnut vous réconciliera assurément avec elle. Le chef Jeffrey Lords est un Américain formé en Europe. Son menu mélange habilement currys et soupe de poisson, papaye et pancetta.

WAVE SAMUI International $
(plats à partir de 60 B ; ⏲petit-déj, déj et dîner). Tout le monde dit que Samui monte en gamme, mais les restaurants les plus fréquentés le soir restent les établissements à l'ancienne comme celui-ci. Cette adresse polyvalente (pension-bar-restaurant) prépare de la cuisine honnête à des prix corrects, et entretient une ambiance de voyage avec sa bibliothèque et un happy hour prisé (15h-19h).

Lamai

Deuxième plage la plus fréquentée de Samui, Lamai propose un assortiment limité de restaurants corrects comparé à Chaweng. La plupart des clients dînent à l'hôtel.

ROCKY'S International $$$
(plats 300-800 B ; ⏲déj et dîner). Sans doute le meilleur restaurant de Lamai, Rocky's propose des plats de gourmets à des prix très abordables pour les touristes. Essayez son filet de bœuf au bleu – un délice. Le mardi, la cuisine thaïlandaise est à l'honneur, avec un menu composé de spécialités locales. Rocky's est situé dans l'hôtel du même nom, au sud de Lamai.

MARCHÉ DE JOUR DE LAMAI Marché $
(plats à partir de 30 B ; ⏲6h-20h). Le marché de Lamai bourdonne d'activité ; on y vend ingrédients aussi bien que plats à emporter. Visitez l'espace couvert pour choisir vos fruits frais ou voir les vendeurs qui cassent les noix de coco pour en recueillir le lait. à côté de la station-service.

MARCHÉ DE HUA THANON Marché $
(plats à partir de 30 B ; ⏲6h-18h). Faites un tour dans ce marché de village un peu au sud de Lamai : vous y découvrirez la cuisine du sud de la Thaïlande. Suivez la route du marché jusqu'à la rangée de boutiques d'alimentation proposant un échantillon de la

Plats thaïlandais

culture alimentaire musulmane : poulet biryani, currys épicés ou riz grillé assorti de noix de coco, de germes de soja, citronnelle et crevettes séchées.

Plages du nord

Certains des établissements les plus élégants de Samui sont situés sur la côte nord. Bo Phut compte plusieurs restaurants branchés pour accompagner les nombreux hôtels de charme.

CHOENG MON

DINING ON THE ROCKS Cuisine fusion asiatique **$$$**
(☎ 0 7724 5678 ; reservations-samui@sixsenses.com ; Choeng Mon ; menus à partir de 2 200 B ; ⌚dîner). Le nec plus ultra des expériences culinaires se trouve ici dans ces 9 vérandas en teck buriné et bambou qui donnent sur le golfe. Après le coucher du soleil (et un verre de vin), les clients ont l'impression d'être embarqués sur un bateau de bois dérivant sur la mer étoilée. Chacun des 6 plats du menu complet à prix fixe sort tout droit de l'imagination de cuisiniers qui ne cessent d'essayer de nouvelles saveurs et textures. Situé dans l'hôtel Six Senses Samui.

BO PHUT

SHACK BAR & GRILL Grill **$$$**
(www.theshackgrillsamui.com ; plats principaux 480-780 B ; ⌚dîner). Ce grill sert incontestablement les meilleurs steaks de l'île, importés des plus grands fournisseurs d'Australie. Les sauces, allant du vin rouge au fromage bleu, sont un véritable tourbillon de saveurs. Installez-vous dans une des alcôves et profitez de la musique jazz. Une ambiance très occidentale, avec une grande variété de convives.

ZAZEN Cuisine fusion asiatique **$$$**
(plats 550-850 B , menu à partir de 1 300 B ; ⌚déj et dîner). Le chef définit sa cuisine de "biologique et orgasmique", et la satisfaction des clients confirme ses dires. Ce lieu romantique offre une vue sur la mer, une agréable lumière tamisée et de la musique douce. Réservation recommandée.

VILLA BIANCA Italien **$$**
(plats à partir de 200 B ; ⌚déj et dîner). Autre fantastique adresse italienne de Samui, Villa Bianca est une mer de nappes blanches et de chaises longues. Le charme de l'osier continue de faire ses preuves.

MAE NAM ET BANG PO

ANGELA'S BAKERY International **$$**
(Mae Nam ; plats 80-200 B ; ⌚petit-déj et déj). Traversez le rideau de plantes suspendues pour entrer dans cette accueillante boulangerie, qui sent bon le pain frais. Ses sandwichs et ses gâteaux remontent le moral de nombreux expatriés.

BANG PO SEAFOOD Poisson **$$**
(Bang Po ; plats à partir de 100 B ; ⌚dîner). Un repas à Bang Po Seafood est un test pour les papilles. L'un des seuls restaurants qui servent des mets traditionnels de Ko Samui composés avec des ingrédients locaux : laitance d'oursin crue, bébés poulpes, eau de mer, noix de coco et curcuma.

Côte ouest

La tranquille côte ouest offre une cuisine parmi les meilleures de Samui. Un marché géant se tient à Nathon, sur Th Thawi Ratchaphakdi – il vaut la peine de s'y arrêter pour un en-cas avant de prendre votre ferry.

FIVE ISLANDS Poisson **$$$**
(www.thefiveislands.com ; Taling Ngam ; plats 150-500 B, excursions 3 000-6 500 B ; ⌚déj et dîner). Five Islands propose une expérience gastronomique tout à fait unique. Avant le repas, un *long-tail boat* vous emmène sur les eaux turquoise pour visiter les Five Sister Islands, où vous découvrirez l'art ancien et peu connu de la récolte des nids pour fabriquer de la soupe, une spécialité chinoise. Le circuit déjeuner part vers 10h, celui du dîner vers 15h. Les clients peuvent dîner sans participer à la visite.

Où prendre un verre et sortir

Chaweng et Lamai

Rien de plus simple que de faire la fête sà Chaweng. La plupart des établissements ouvrent jusqu'à 2h du matin et quelques-uns ne ferment pas.

BEACH REPUBLIC Bar lounge

(Hat Lamai). Identifiable grâce à ses auvents en chaume, ce bar lounge est idéal pour les grandes fêtes, avec sa piscine, ses banquettes confortables et une impressionnante liste de cocktails.

Q-BAR Bar lounge

(www.qbarsamui.com ; Hat Chaweng). Le Q-Bar, sur le lac Chaweng, est un petit îlot de la vie nocturne telle qu'elle se déroule à Bangkok, mais au milieu des cocotiers. L'étage supérieur ouvre ses portes juste avant le coucher du soleil et offre une vue incomparable sur les montagnes, la mer et le ciel du sud de Chaweng. À partir de 22h, les noctambules se dirigent vers la boîte de nuit au sous-sol et dansent au son techno des DJ. Comptez entre 200 et 300 B pour vous y rendre en taxi.

ARK BAR Bar

(www.ark-bar.com ; Hat Chaweng). C'est ici que la fête bat son plein le mercredi soir. Les boissons sont distribuées au bar multicolore orné de lanternes en papier, et les clients se relaxent sur des pyramides de coussins éparpillés sur la plage. La fête commence vers 16h.

GOOD KARMA Bar

(Hat Chaweng). Ouvert toute la journée, ce bar lounge clinquant attire la haute société branchée sur ses sofas à baldaquin.

GREEN MANGO Bar

(Hat Chaweng). L'endroit est si populaire qu'il a donné son nom à tout un *soi*. Le lieu de divertissement préféré de Samui est très grand, très bruyant et très *faràng* (occidentaux). Green Mango conjugue lumières crues, boissons dispendieuses et masses de corps transpirants, bougeant au son de la dance.

Plages du nord et de la côte ouest

WOO BAR Bar lounge

(Mae Nam). Le bar de l'hôtel W donne un nouveau sens au mot "élégance" avec ses banquettes installées au milieu de la grandiose piscine à débordement qui s'étend jusqu'à l'horizon. C'est sans aucun doute le meilleur endroit où déguster un cocktail au coucher du soleil.

NIKKI BEACH Bar lounge

(www.nikkibeach.com/kohsamui ; Lipa Noi). Cette célèbre chaîne de luxe a apporté son savoir-faire sur la côte ouest de Ko Samui. Vous y trouverez tout ce que l'on trouve dans une adresse chic de Saint-Bart' ou de Saint-Tropez : fine cuisine, décor raffiné et une foule de jet-setters.

Renseignements

Désagréments et dangers

Le taux d'accidents routiers mortels à Samui est assez élevé, car un grand nombre de touristes louent des motos avant de se rendre compte que les routes sinueuses, les averses tropicales et la circulation frénétique peuvent être risquées, voire fatales.

Office du tourisme

Tourist Authority of Thailand – Ko Samui (TAT ; ☎0 7742 0504 ; Na Thon ; 8h30-16h30)

Services médicaux

Ko Samui compte quatre hôpitaux privés, tous près du supermarché Tesco-Lotus de Chaweng sur la côte est, fréquentés par la plupart des touristes.

Bandon International Hospital (carte p. 251 ; ☎0 7742 5840, urgences 0 7742 5748)

Bangkok Samui Hospital (carte p. 251 ; ☎0 7742 9500, urgences 0 7742 9555). Les meilleurs conseils médicaux quel que soit votre problème.

Samui International Hospital (carte p. 251 ; ☎0 7742 2272 ; www.sih.co.th ; Hat Chaweng). Service d'ambulances d'urgences, 24h/24, cartes de crédit acceptées. Près de l'Amari Resort à Chaweng.

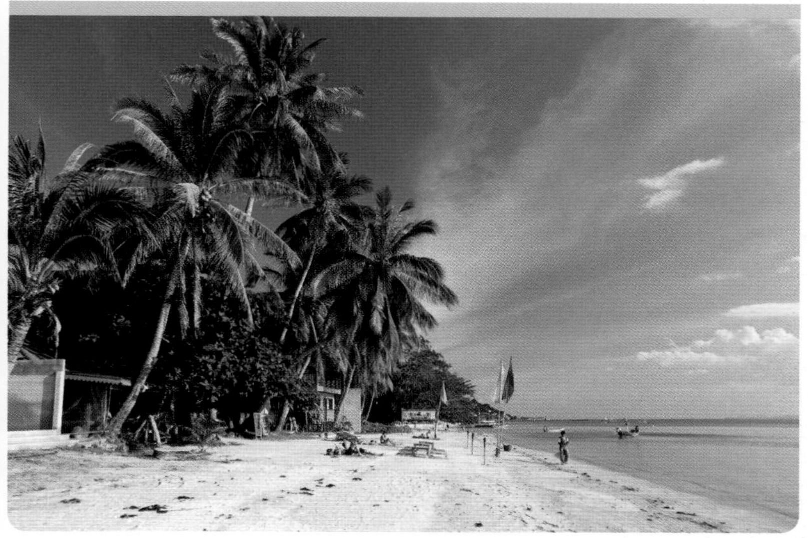

ADS/ALAMY ©

Depuis/vers Samui

Avion

Bangkok Airways (www.bangkokair.com) propose des vols (durée 50 min) entre Samui et l'aéroport Suvarnabhumi de Bangkok toutes les 30 minutes. Bangkok Air propose des vols directs de Samui vers Phuket, Pattaya, Chiang Mai, Singapore et Hong Kong.

Firefly (www.fireflyz.com.my) assure la liaison directe entre Samui et l'aéroport Subang de Kuala Lumpur.

En haute saison, réservez votre vol longtemps à l'avance, car les sièges partent vite. Si les vols pour Samui sont complets, essayez d'aller en avion jusqu'à Surat Thani depuis Bangkok, puis en ferry jusqu'à Samui.

Bateau

Des bateaux relient fréquemment Samui et Surat Thani. Le ferry Seatran, toutes les heures, est une option souvent choisie. Les ferrys mettent entre 1 et 5 heures selon le bateau.

Une dizaine de bateaux relient tous les jours Samui et Ko Pha-Ngan. Ils partent soit de la jetée de Na Thon, Mae Nam, soit de Big Buddha, et mettent entre 20 min et 1 heure (130-250 B). Ko Pha-Ngan compte 2 jetées (Hat Rin et Thong Sala). Les bateaux partant de Big Buddha desservent Hat Rin, et les autres bateaux abordent à Thong Sala. Des mêmes jetées, 6 bateaux circulent chaque jour entre Samui et Ko Tao. Ils mettent entre 1 heure 15 et 2 heures 30.

Comment circuler

Motos Vous pouvez louer des motos (et des vélos) dans presque tous les complexes hôteliers. Comptez 200 B/j, mais, pour des périodes plus longues, essayez de négocier un meilleur tarif.

Sŏrng·tăa·ou Les conducteurs de *sŏrng·tăa·ou* n'auront pas de scrupules à vous surfacturer, mieux vaut toujours se renseigner ailleurs sur les tarifs en vigueur, qui peuvent varier selon la saison. Comptez environ 50 B pour vous déplacer de plage en plage et pas plus de 100 B pour la moitié de la longueur de l'île. Un moto-taxi coûte environ 20 B pour un trajet de 5 minutes.

Taxis Le trafic est un peu chaotique à cause de leur nombre élevé. La course vers l'aéroport coûte environ 500 B. Certaines agences de Chaweng organisent des trajets en minibus pour un moindre prix.

Ko Pha-Ngan

เกาะพงัน

11 000 HABITANTS

Ko Pha-Ngan s'étend dans les eaux cristallines entre Ko Samui, sa grande sœur bobo, et la petite Ko Tao, véritable aimant à plongeurs. Ko Pha-Ngan est plus tranquille et mêle plage, détente et un penchant pour les nuits blanches et les bikini-parties au bord de la piscine.

Le promontoire de Hat Rin est depuis longtemps le lieu emblématique de ce petit paradis. Sunrise Beach a commencé à accueillir des fêtes de la pleine lune de renommée mondiale bien avant la sortie du livre *La Plage* d'Alex Garland. Aujourd'hui, des milliers de personnes enthousiastes continuent de venir vivre cette expérience musicale unique.

Activités

Le nombre de participants par groupe de plongée est réduit à Ko Pha-Ngan, car il y a généralement moins de plongeurs sur cette île. Le site de snorkeling favori est **Ko Ma**, petite île au nord-ouest reliée à Ko Pha-Ngan par un joli banc de sable. Avantage de taille si vous comptez plonger à Ko Pha-Ngan, la proximité avec **Sail Rock** (Hin Bai), peut-être le meilleur site de plongée du golfe de Thaïlande et un lieu de rendez-vous pour les requins-baleines.

LOTUS DIVING Plongée

(☎0 7737 4142 ; www.lotusdiving.net). Ce centre de plongée très réputé emploie d'excellents instructeurs et possède deux magnifiques bateaux (soit deux de plus que la plupart de ses homologues de Ko Pha-Ngan).

ECO NATURE TOUR Circuit organisé

☎08 4850 6273 ; 1 500 B). Très populaire, il propose une excursion "best of" de l'île, qui comprend de la randonnée à dos d'éléphant, du snorkeling et des visites au temple chinois, à un admirable point de vue et à la cascade de Phang. L'excursion part à 9h et revient vers 15h.

Où se loger

Ko Pha-Ngan propose trois types d'hébergement : des huttes petits budgets, des hébergements branchés de catégorie moyenne, ainsi que des établissements luxueux hors de prix.

Ko Pha-Ngan accueille aussi des amateurs de solitude à la recherche d'un bout de sable déserté. C'est justement ce qu'offrent les côtes nord et est – un refuge.

Hébergement sur la côte sud du golfe de Thaïlande, Hat Rin, Ko Pha-Ngan

ANDREW WOODLEY / ALAMY ©

Hat Rin

Les prix que nous mentionnons ici ne sont naturellement plus applicables pendant les fêtes de la pleine lune. Tous les mois, à cette période, les complexes de bungalows imposent une durée minimale de séjour (environ 4 ou 5 jours).

Si vous envisagez d'arriver le jour de la fête (ou même la veille), réservez bien à l'avance, ou vous devrez sans doute dormir sur la plage (ce qui finira peut-être par arriver quoi qu'il en soit).

Les fêtards peuvent également choisir de rester à Samui et de prendre une des vedettes qui partent toutes les heures (à partir de 550 B) pour rejoindre les festivités.

SARIKANTANG Hôtel **$$$**
(☎0 7737 5055 ; www.sarikantang.com ; Hat Seekantang ; bung 1 400-6 200 B ; ❄📶🏊). Cet endroit est particulièrement attrayant. Des cabanes couleur crème, encadrées par des poteaux et des linteaux en teck, sont disposées au milieu des palmiers et d'anciennes statuettes. Les chambres semblent sortir tout droit d'un magazine de décoration.

PHA-NGAN BAYSHORE RESORT Hôtel **$$**
(☎0 7737 5227 ; www.phanganbayshore.com ; Hat Rin Nok ; ch 1 700-3 200 B ; ❄@📶🏊). Après des travaux de restauration (très attendus)en 2009, cet établissement a continué de recevoir son flot de voyageurs, qui ne fait que croître à Hat Rin. La vue dégagée sur la plage et une immense piscine en font l'une des meilleures adresses de Sunrise Beach.

SEA BREEZE BUNGALOW Bungalows **$$**
(☎0 7737 5162 ; Ban Hat Rin ; bung 500-8 000 B ; ❄🏊). Sea Breeze reste très apprécié ; ce labyrinthe de cottages isolés à flanc de coteau est une retraite idéale pour tous les types de voyageurs. De nombreux bungalows, perchés sur pilotis, offrent une vue merveilleuse sur Hat Rin et la mer.

Plages de la côte ouest

L'ambiance est un plaisant mélange entre l'isolement tranquille de la côte est et l'effervescence de Hat Rin, bien que les plages des rives ouest (et notamment vers le sud) manquent de charme, comparé aux autres parties de l'île.

HAT SALAD

L'une des nos plages favorites de la côte ouest, Hat Salad propose un chapelet d'hôtels de qualité au bord de l'eau.

COOKIES SALAD Hôtel **$$**
(☎0 7734 9125, 08 3181 7125 ; www.cookies-phangan.com ; bung 1 500-3 000 B ; 🏊). Ce complexe propose des bungalows de style balinais autour d'une grande piscine sur 2 niveaux, déclinant plusieurs nuances de bleu. Le chaume hirsute et le feuillage tropical dense lui donnent un charme rustique, sans négliger pour autant le confort.

Plages du nord

De Chalok Lam à Thong Nai Pan, la spectaculaire côte nord est une jungle sauvage dotée de plusieurs belles plages isolées – c'est la façade la plus pittoresque de l'île.

BOTTLE BEACH (HAT KHUAT)

Cette dune isolée, à la réputation de discret refuge, est devenue assez populaire. En pleine saison, les hôtels font vite le plein, mieux vaut essayez d'arriver tôt. Prenez un bateau-taxi à Chalok Lam pour 50-120 B (selon le nombre de passagers).

SMILE Bungalows **$**
(☎08 1956 3133 ; smilebeach@hotmail.com ; bung 400-700 B). À l'extrémité ouest de la plage, une série de huttes en bois escalade une colline boisée. Les bungalows sur 2 niveaux (700 B) sont nos préférés.

THONG NAI PAN

Ces plages sont de plus en plus fréquentées car les bungalows en bambou sont rasés pour faire place à de beaux hôtels.

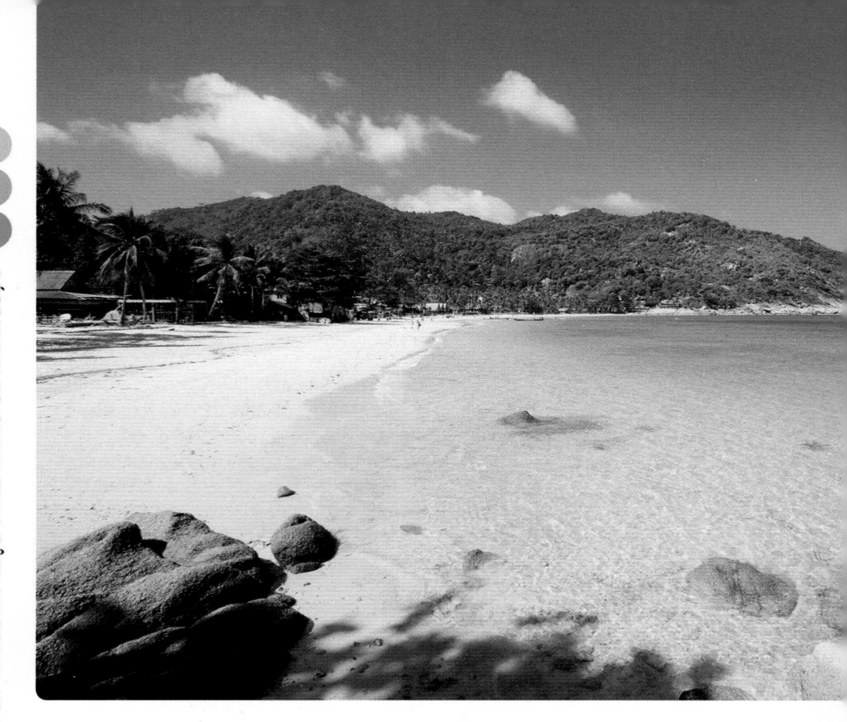

ANANTARA RASANANDA Hôtel **$$$**
(**0 7723 9555 ; www.rasananda.com ; pavillons à partir de 5 000 B ;**). Rasananda représente le futur de Ko Pha-Ngan. Cet établissement, qui a tout d'un 5-étoiles, aligne ces jolies villas sur le sable, la plupart étant équipées de bassins privés.

LONGTAIL BEACH RESORT Bungalows **$**
(**0 7744 5018 ; www.longtailbeachresort.com ; bung 390-1 150 B ;**). Simples et charmants bungalows en chaume et bambou. C'est un des derniers groupes de bungalows de plage du coin. Ici, on peut imaginer comment était Pha-Ngan avant sa reconversion.

Plages de la côte est

Cette côte est un régal pour les Robinson Crusoé en herbe. La plupart du temps, il faut louer un bateau pour accéder aux plages, mais des bateaux-taxis sont disponibles à Thong Sala et à Hat Rin.

HAT THIAN SANCTUARY Bungalows **$$**
(**08 1271 3614 ; www.thesanctuarythailand.com ; dort 200 B, bung 450-5 450 B).** Situé sur la plage la plus mythique d'Hat Thian, cette enclave prône la relaxation. C'est un charmant havre de paix qui propose de superbes bungalows. Fait également office de retraite holistique (cours de yoga et séances detox). Les chambres, éparpillées dans le complexe, épousent le cadre naturel.

Où se restaurer

Ko Pha-Ngan n'est pas à proprement parler une capitale gastronomique, d'autant que la plupart des touristes choisissent de se restaurer à leur hôtel. Les voyageurs qui ont le goût de l'aventure peuvent essayer Thong Sala et la côte sud de l'île.

À gauche Hat Rin (p. 261), Ko Pha-Ngan
Ci-dessous Fête de la pleine lune, Hat Rin, Ko Pha-Ngan
(À GAUCHE) DK / ALAMY © ; (CI-DESSOUS) INGOLF POMPE 17 / ALAMY ©

Où prendre un verre

Hat Rin est au cœur des légendaires fêtes de la pleine lune, et l'ambiance peut devenir assez déchaînée même sans l'influence de la lune. Les sites suivants, à l'exception du Pirates Bar, encadrent la célèbre Sunrise Beach du sud au nord.

ROCK Bar
(Hat Rin). La terrasse surélevée offre une belle vue sur la fête à l'extrême sud de la plage.

CACTUS BAR Bar
(Hat Rin). En plein centre de Hat Rin Nok, Cactus diffuse un bon mélange de vieux tubes, de hip-hop et de R&B.

MELLOW MOUNTAIN Bar
(Hat Rin). Ce lieu psychédélique se situe à l'extrémité nord de Hat Rin Nok et offre une excellente vue sur le chahut d'en bas.

PIRATES BAR Bar
(Hat Chaophao). Ce bar loufoque bâti dans la falaise est une copie d'un bateau de pirates. Sur le pont, à marée haute (et après quelques verres), on se croirait presque en mer. Ce lieu accueille les fêtes toujours appréciées du Moon Set, 3 jours avant celles de la pleine lune.

Renseignements

Désagréments et dangers

Aujourd'hui, il existe des rues goudronnées tout à fait correctes pour rouler en moto, mais la plupart forment néanmoins un labyrinthe de terre et de boue. Par ailleurs, l'île est vallonnée, et même si les routes sont revêtues, la plupart d'entre elles restent quasi impraticables. La route très raide qui mène à Hat Rin en est une parfaite illustration.

Panneaux détaillant différents sites et activités, Ko Tao

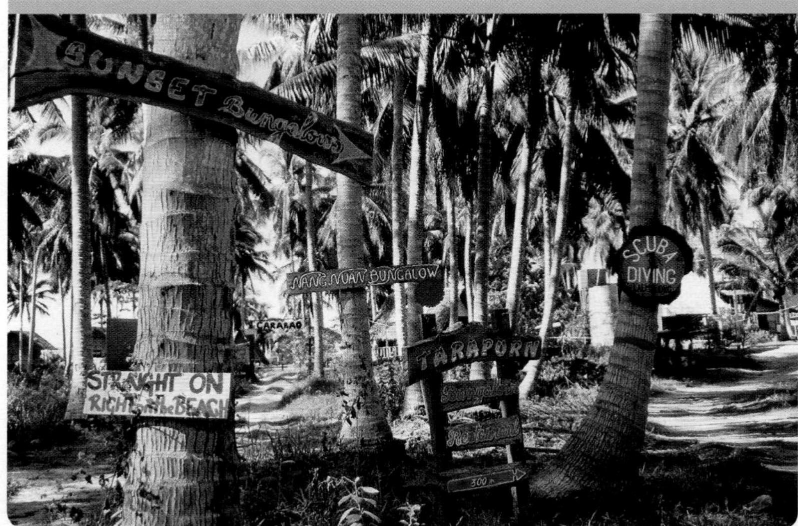

RICHARD NEBESKY/LONELY PLANET IMAGES ©

Depuis/vers Ko Pha Ngan

Une mer agitée cause parfois l'annulation des ferrys entre octobre et décembre.

Ko Samui

On compte une douzaine de départs quotidiens entre Ko Pha-Ngan et Ko Samui. Ces bateaux partent toute la journée de 7h à 18h et mettent entre 20 min et 1 heure. Tous partent soit de Thong Sala, soit de Hat Rin sur Ko Pha-Ngan.

Ko Tao

Les ferrys Lomprayah de Ko Tao partent de Thong Sala à Ko Pha-Ngan à 8h30 et 13h. Ils arrivent à destination à 9h45 et 14h15. Le Seatran quitte Thong Sala à 8h30 et 14h.

Comment circuler

Moto Vous pouvez louer une moto sur l'île pour 150 à 250 B par jour. Si vous souhaitez pratiquer les routes boueuses, nous vous conseillons de louer un modèle de type Honda MTX125.

Sŏrng·tăa·ou Comptez 100 B pour aller de Thong Sala à Hat Rin et environ 150 B pour les plus longues distances.

Bateau-taxi Des *long-tail boats* partent de Thong Sala, Chalok Lam et Hat Rin vers une multitude de destinations lointaines comme Hat Khuat (Bottle Beach) et Ao Thong Nai Pan. Comptez au moins 50 B pour un court trajet et jusqu'à 300 B pour aller plus loin.

Ko Tao

เกาะเต่า

1 400 HABITANTS

Des milliers de visiteurs viennent rendre hommage à ses eaux turquoise, et souvent beaucoup choisissent de rester. Les amateurs de plongée s'ébattent avec les requins et les raies au milieu des enchevêtrements de coraux luisants. Les randonneurs et les ermites peuvent rejouer un épisode de *Lost* au cœur des jungles de la côte. Et quand la solitude commence à peser, direction les bars animés qui restent ouverts jusqu'à l'aube.

Activités

Plongée

C'est votre première fois ? Ko Tao est le meilleur endroit pour un baptême de plongée. L'île émet plus de brevets de plongeurs que tout autre endroit au monde. Les baies peu profondes de l'île sont le lieu idéal pour les débutants qui démarrent la plongée avec scaphandre.

Il y a beaucoup de monde et les hébergements sont souvent complets en décembre, janvier, juin, juillet et août. On constate un pic de fréquentation d'aspirants plongeurs tous les mois après les fêtes de la pleine lune à Ko Pha-Ngan, toute proche.

BAN'S DIVING SCHOOL Plongée
(**✆ 0 7745 6466 ; www.amazingkohtao.com ; plage de Sairee).** Véritable empire en continuelle expansion, Ban délivre plus de certificats de plongée par an que toutes les autres écoles de la planète. Elle a été rénovée en 2009 et s'apparente aujourd'hui à une école de classe internationale.

BIG BLUE DIVING Plongée
(**✆ 0 7745 6415, 0 7745 6772 ; www.bigbluediving.com ; plage de Sairee).** Ce centre de taille moyenne, ni trop petit ni trop grand, s'attire des louanges grâce à son ambiance sympathique et à sa qualité élevée.

CRYSTAL DIVE Plongée
(**✆ 0 7745 6107 ; www.crystaldive.com ; Mae Hat).** Crystal est une école qui rafle toutes les louanges. C'est l'un des plus grands clubs de l'île (et du monde), mais ses excellents instructeurs et ses cours en petits groupes lui donnent un vrai cachet.

Si vous aimez… Les sites de plongée

Chaque école opte pour des sites choisis en fonction des conditions météorologiques et marines de la journée.

1 **CHUMPHON PINNACLE** (profondeur maximale 36 m), à 13 km à l'ouest de Ko Tao, offre des anémones colorées le long de ses 4 pics. Des bancs de carangues géantes, de thons et de gros requins des récifs fréquentent les parages.

2 **JAPANESE GARDENS** (profondeur maximale 12 m), entre Ko Tao et Ko Nang Yuan. Un spot tranquille, idéal pour les débutants. Les coraux colorés abondent.

3 **SAIL ROCK** (profondeur maximale 34 m), près de Ko Pha-Ngan, se caractérise par une imposante cheminée dotée d'un passage vertical. On y croise barracudas et thazards. C'est l'un des meilleurs endroits d'Asie du Sud-Est pour apercevoir des requins-baleines.

4 **SOUTHWEST PINNACLE** (profondeur maximale 33 m) offre aux plongeurs une petite collection de pics servant d'habitat à des mérous géants et à des barracudas.

5 **WHITE ROCK** (profondeur maximale 29 m) arbore des coraux bariolés, des scalaires, des poissons-clowns et des balistes.

Snorkeling

Le snorkeling est une excellente alternative à la plongée, même s'il est parfois dédaigné par les puristes.

La plupart des adeptes choisissent de plonger seuls et se dirigent vers les baies au large de Ko Tao à la nage ou en *long-tail boat* pour atteindre les plus éloignées. Vous pouvez aussi participer à une excursion guidée en réservant dans une agence de voyages locale. Les prix varient entre 500 et 700 B (ce qui comprend en général le matériel, le repas et un guide/capitaine de bateau) avec des arrêts dans plusieurs sites de choix autour de l'île.

Plongée en apnée libre

Depuis quelques années, la plongée en apnée libre (technique d'exploration sous-marine sans scaphandrier) a gagné en popularité. Plusieurs écoles ont ouvert leur porte sur l'île. Nous vous conseillons particulièrement **Apnea Total** (**✆ 08 7183 2321 ; www.apnea-total.com ; Sairee Beach)** et son personnel très compétent qui sait très bien mettre à l'aise les débutants de ce sport palpitant.

Vaut le détour
Ko Nang Yuan

Très photogénique, Ko Nang Yuan, au large de la côte de Ko Tao, est facilement accessible avec le catamaran de Lomprayah, et en bateau-taxi au départ de Mae Hat et de Sairee. **Ko Nangyuan Dive Resort** (0 7745 6088 ; www.nangyuan.com ; bung 1 200-9 000 B ;) possède des bungalows de bois et d'aluminium disposés sur 3 îles coniques reliées par un sublime banc de sable. Le complexe possède aussi le meilleur restaurant de l'île, rien d'étonnant puisque c'est le seul...

Où se loger

Sairee Beach

L'immense Sairee Beach, la plus longue plage de l'île et la plus développée, compte moult centres de plongée, bungalows, agences de voyages, supérettes et cybercafés.

SUNSET BURI RESORT Bungalows $$
(0 7745 6266 ; bung 700-2 500 B ;). Le long sentier vers la plage est parsemé de magnifiques bungalows blancs aux immenses fenêtres et aux toits flamboyants dignes de temples.

KOH TAO CORAL GRAND RESORT Bungalows $$$
(0 7745 6431 ; www.kohtaocoral.com ; bung 3 350-6 950 B ;). Les murs roses de cette adresse accueillent chaleureusement les familles. Les couleurs gaies rehaussées de poutres blanches dominent l'intérieur, et les chambres les plus chères sont de style thaïlandais, avec leurs moulures sombres laquées et leurs objets d'art dorés.

Plages de la côte est

Sereine, la côte est de Ko Tao constitue sans aucun doute le meilleur endroit de la région pour vivre vos fantasmes d'île paradisiaque.

HIN WONG

Pas de plage de sable, mais une côte parsemée de rochers, à l'eau parfaitement transparente. La route de Hin Wong est en partie goudronnée, mais nids-de-poules et côtes raides peuvent vous faire tomber de votre moto.

HIN WONG BUNGALOWS Bungalows $
(0 7745 6006 ; bung à partir de 300 B). De charmantes huttes en bois sont disséminées dans de grandes étendues de terrain tropical sauvage.

TANOTE BAY (AO TANOT)

C'est la seule baie de la côte accessible par une route goudronnée.

FAMILY TANOTE Bungalows $$
(0 7745 6757 ; bung 700-3 500 B). Cet hôtel aux bungalows éparpillés à flanc de colline est géré par une famille locale fière de ses chambres confortables, parfaites pour les amateurs de solitude. Prenez votre masque tuba, la mer est à quelques pas de là. Au restaurant, sur les hauteurs, vous pourrez savourer un succulent repas et profiter de la jolie vue sur la baie.

Où se restaurer

Avec la grande Samui à l'horizon, difficile de croire que la petite Ko Tao tire son épingle du jeu haut la main en matière de gastronomie.

Sairee Beach

DARAWAN International $$
(plats principaux 160-400 B ; déj et dîner). Semblant tout droit venu des rives chics de Samui, ce restaurant haut de gamme est le dernier endroit à la mode. Les plus : les lumières design, les serveurs efficaces et le délicieux hamburger "wagyu".

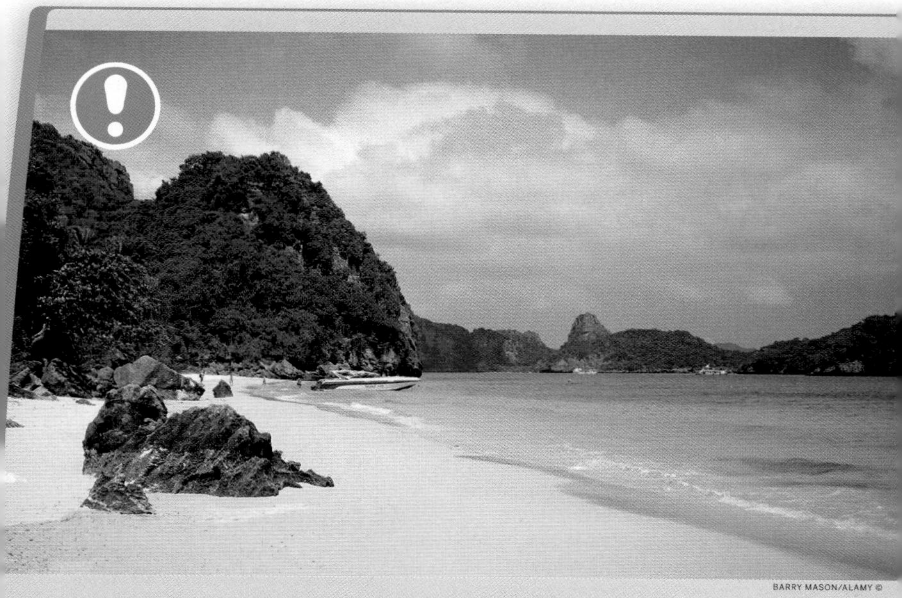

BARRY MASON/ALAMY ©

À ne pas manquer Le parc national maritime d'Ang Thong

La quarantaine d'îles aux rives irrégulières et couvertes de jungle du parc national marin d'Ang Thong s'étendent sur la mer bleue, tel un collier d'émeraudes éparpillées – chaque joyau arborant de véritables falaises calcaires, des lagons cachés et du sable couleur pêche. Février, mars et avril sont les meilleurs mois pour visiter cette réserve déclinant à l'infini le bleu et le vert ; les énormes vagues de la mousson obligent le parc à rester presque toujours fermé en novembre et décembre.

Tous les circuits s'arrêtent au bureau du parc à **Ko Wua Talap**, la plus grande île de l'archipel. Le **point de vue** de l'île est sans doute le plus étonnant de toute la Thaïlande. Le sommet offre une vue dégagée sur les îles proches qui jaillissent des eaux turquoise, formant des motifs anthropomorphes. La promenade jusqu'au point de vue s'effectue sur un sentier abrupt de 450 m, qui prend environ 1 heure. Prévoyez de solides chaussures et marchez lentement sur les affleurements anguleux de calcaire.

La **mer d'émeraude** (également appelée mer intérieure) de Ko Mae Ko est aussi une destination prisée. Ce grand lac au milieu de l'île s'étend sur 250 m par 350 m et arbore des teintes vertes irréelles. On peut regarder mais pas toucher, car le lagon est interdit aux corps impurs. Un autre **point de vue** impressionnant culmine au sommet d'une série d'escaliers non loin.

La meilleure manière d'expérimenter Ang Thong consiste à participer à l'un des nombreux circuits organisés au départ de Ko Samui et de Ko Pha-Ngan. Ils comprennent généralement le déjeuner, le matériel de snorkeling, les transferts d'hôtel et un guide qui devrait s'y connaître. Les centres de plongée de Ko Samui et de Ko Pha-Ngan proposent des expéditions de plongée au parc, mais Ang Thong n'offre pas des sorties de classe internationale que l'on trouve dans les environs de Ko Tao et Ko Pha-Ngan.

INFOS PRATIQUES

อุทยานแห่งชาติหมู่เกาะอ่างทอง

ZANZIBAR Sandwichs $$
(sandwichs 90-140 B ; petit-déj, déj et dîner). L'avant-poste des sandwichs branchés de l'île : un mélange de condiments exotiques entre 2 tranches de pain complet.

KANYA Thaïlandais $
(plats principaux 60-130 B ; petit-déj, déj et dîner). Niché au bout du village de Sairee sur la route vers Hin Wong, Kanya propose une sélection de plats internationaux, mais vous ratez quelque chose si vous ne goûtez pas les savoureux classiques thaïlandais faits maison. Le *đôm yam Ъlah* est divin.

Mae Hat

WHITENING International $$
(plats 160-300 B ; dîner). Dans la journée, on croirait voir un tas de bois flotté échoué sur la plage, mais le soir, ce lieu est à mi-chemin entre un restaurant et un bar chic de bord de mer. Les fines bouches apprécient l'originalité des plats locaux et internationaux. Les amateurs de bière seront, de leur côté, séduits par une atmosphère de plage immaculée sur fond de musique lounge.

PRANEE'S KITCHEN Thaïlandais $
(plats 50-120 B ; petit-déj, déj et dîner ;). Vieille adresse de Mae Hat, Pranee propose des currys succulents et autres mets thaïlandais dans un pavillon à ciel ouvert avec sièges-coussins, tables en bois et télévisions. Diffusion de films anglais le soir à 18h.

Renseignements

Désagréments et dangers

Les routes de Ko Tao sont en très mauvais état, excepté l'artère principale reliant Sairee Beach à Chalok Ban Kao.

Depuis/vers Ko Tao

Régulièrement, les vagues violentes contraignent les ferrys à annuler les départs entre octobre et décembre. Nous conseillons fortement de réserver vos billets plusieurs jours à l'avance si vous souhaitez vous rendre à Ko Tao depuis Ko Pha-Ngan après la fête de la pleine lune.

Bangkok, Hua Hin et Chumphon

Depuis Ko Tao, le catamaran rapide part à destination de Chumphon à 10h15 et 14h45 (1 heure 30), le Seatran quitte l'île à 16h (2 heures), et un rapide de Songserm effectue le même trajet à 14h30 (3 heures). Un bateau part à minuit de Chumphon et arrive tôt le matin. Il revient de Ko Tao à 23h.

Ko Pha-Ngan

Le catamaran Lomprayah assure 2 services par jour, départ de Ko Tao à 9h30 et 15h, arrivée à Ko Pha-Ngan vers 10h50 et 16h10. Le ferry Seatran Discovery propose un service similaire. Le Songserm Express Boat part tous les jours à 10h et arrive à Ko Pha-Ngan à 11h30.

Long-tail boats, Mae Hat

Ko Samui

Le catamaran Lomprayah propose 2 services/jour, au départ de Ko Tao à 9h30 et 15h, arrivée à Samui autour de 11h30 et 16h40. Le ferry Seatran Discovery offre le même genre de service. Le Songserm Express Boat part tous les jours à 10h et arrive à Samui à 12h45.

 Comment circuler

Sŏrng·tăa·ou Les trajets de Sai Ri à Chalok Ban Kao coûtent 80 B/personne, ou 150 B pour les touristes en solo.

Moto Comptez au moins 150 B la journée pour la location d'un scooter et 350 B pour les plus gros modèles.

Bateau-taxi Ils partent de Mae Hat, Chalok Ban Kao et du nord de la Sairee Beach (près du bar Vibe). Comptez 100 B minimum pour aller à Ko Nang Yuan.

Surat Thani

อำเภอเมืองสุราษฎ์ธานี

129 000 HABITANTS

Cette ville bien connue en Thaïlande est surnommée "la ville des bonnes gens". À une époque, Surat Thani était le siège de l'empire antique Srivijaya. Aujourd'hui, ce carrefour animé est devenu une plateforme de transit aussi bien pour les bateaux de marchandises que pour les touristes. Les voyageurs en route vers les îles de Ko Samui, de Ko Pha-Ngan et de Ko Tao, s'y attardent rarement.

 Où se loger

WANGTAI HOTEL Hôtel **$$**

(☎0 7728 3020 ; www.wangtaisurat.com ; 1 Th Talad Mai ; ch 790-2 000 B ; ❄@📶🏊). En face de la TAT, de l'autre côté de la rivière, Wangtai fait de son mieux pour créer une ambiance d'hôtel d'affaires.

 Depuis/vers Surat Thani

En général, si vous quittez Bangkok ou Hua Hin à destination de Ko Samui, de Ko Pha-Ngan ou de Ko Tao, vous opterez pour un bus ou une formule de bateau-bus traversant Chumphon plutôt que Surat. Vous gagnerez ainsi du temps et le trajet sera plus confortable. Les voyageurs depuis et vers Ko Samui traversent généralement sans problème. Pour toute assistance, contactez **Holiday Travel** **(Th Na Meuang)** ou **Pranthip Co** **(Th Talat Mai)**, deux agences fiables et employant du personnel anglophone.

Avion

Bien que les vols de Bangkok vers Surat Thani soient moins chers que les vols vers Samui, le trajet des îles du golfe vers l'aéroport est long. Des navettes quotidiennes traversent Surat en direction de Bangkok avec **Thai Airways International** **(THAI ; ☎0 7727 2610 ; 3/27-28 Th Karunarat).**

Bateau

En pleine saison, des services bus-bateau pour Ko Samui et Ko Pha-Ngan partent directement de la gare ferroviaire de Phun Phin. Attention, prendre la compagnie de ferrys Raja peut s'avérer très frustrant surtout si vous êtes pressé.

Bus et minibus

Les bus pour Andaman (généralement vers Phuket) partent toutes les heures de 7h à 15h30 et s'arrêtent à Takua Pa pour les voyageurs désirant aller au parc national Khao Sok. La "nouvelle" gare routière (désignée ainsi par les habitants alors qu'elle existe en réalité depuis des années) est située à 7 km au sud de la ville en direction de Phun Phin. Ce service central circule depuis et vers Bangkok.

Train

En train, vous arrivez en fait à Phun Phin, ville peu attrayante à environ 14 km à l'ouest de Surat. Nous vous conseillons l'autorail express pour circuler la journée et les couchettes climatisées pour les voyages de nuit.

N50
N50

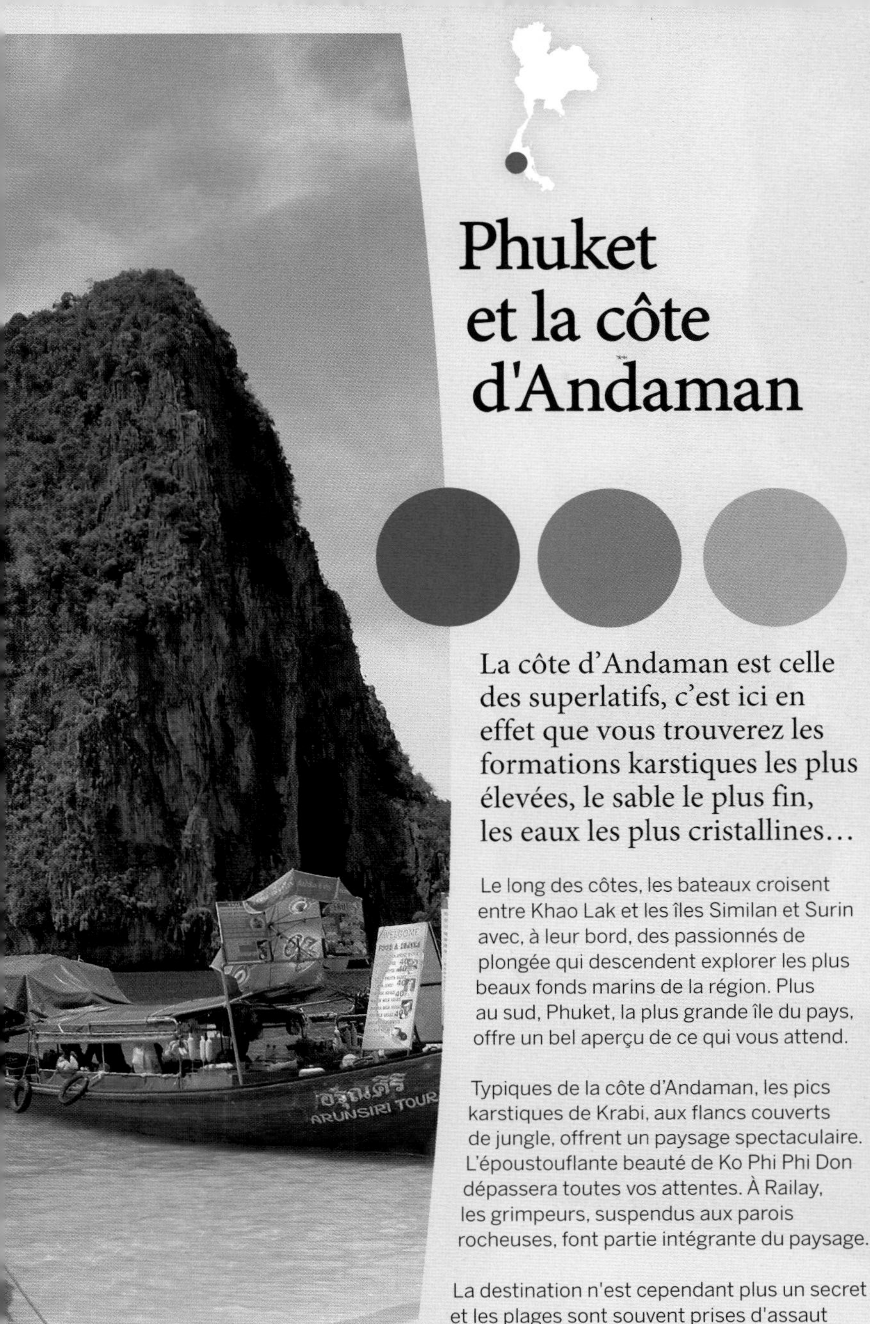

Phuket et la côte d'Andaman

La côte d'Andaman est celle des superlatifs, c'est ici en effet que vous trouverez les formations karstiques les plus élevées, le sable le plus fin, les eaux les plus cristallines…

Le long des côtes, les bateaux croisent entre Khao Lak et les îles Similan et Surin avec, à leur bord, des passionnés de plongée qui descendent explorer les plus beaux fonds marins de la région. Plus au sud, Phuket, la plus grande île du pays, offre un bel aperçu de ce qui vous attend.

Typiques de la côte d'Andaman, les pics karstiques de Krabi, aux flancs couverts de jungle, offrent un paysage spectaculaire. L'époustouflante beauté de Ko Phi Phi Don dépassera toutes vos attentes. À Railay, les grimpeurs, suspendus aux parois rocheuses, font partie intégrante du paysage.

La destination n'est cependant plus un secret et les plages sont souvent prises d'assaut par une foule de voyageurs en tous genres.

Long-tail boats, province de Krabi (p. 307)

Massages thaï

AUSTIN BUSH/LONELY PLANET IMAGES ©

Phuket et la côte d'Andaman

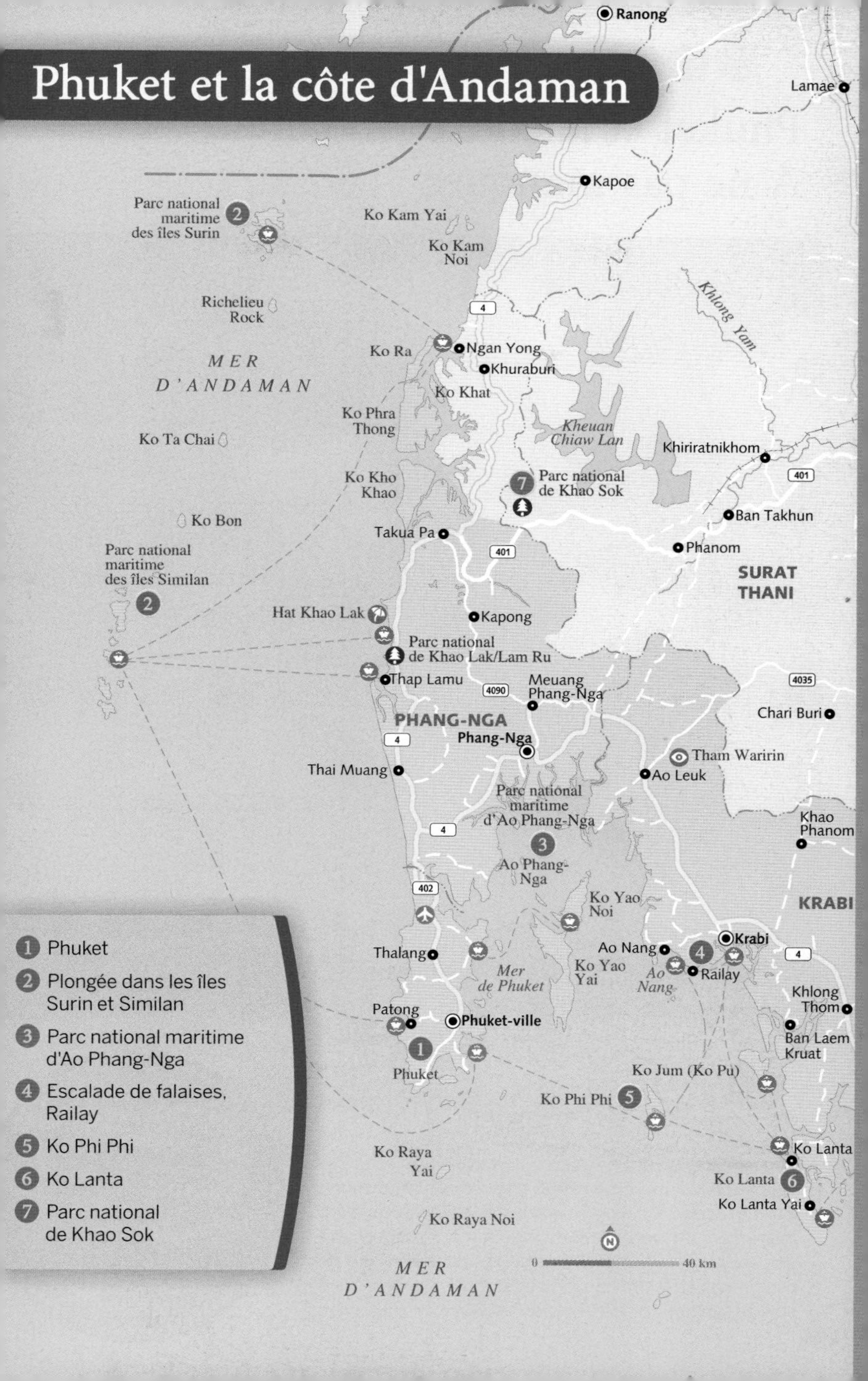

Phuket et la côte d'Andaman À ne pas manquer

1

Phuket

Phuket est à la fois une destination balnéaire et gastronomique. On y trouve en abondance poisson et fruits de mer frais, de même que des produits cultivés localement. Ancien carrefour marchand, Phuket a hérité des traditions culinaires chinoise, indienne, malaise et occidentale. Elle offre aussi la possibilité d'apprendre à cuisiner au bord de la mer. **En bas à droite** Fête végétarienne (p. 295)

Nos conseils

MEILLEURE PÉRIODE De novembre à mars

L'ASTUCE Le repas en Thaïlande est très convivial : commandez et partagez les plats en famille ou avec des amis

Voir p. 290

Ma sélection

Phuket par Rattana Pholtaisong

SECONDE DE CUISINE ET FORMATRICE, MOM TRI'S BOATHOUSE

1 PLAGES DE PHUKET

Le sable blanc, la beauté de la mer et du ciel : Hat Kata (p. 297) est ma plage préférée, et j'ai vraiment de la chance, parce que je peux y faire une pause de temps à autre. Hat Mai Khao (p. 306) est plus tranquille. On est en pleine nature, sans beaucoup d'infrastructures touristiques. Parfois, des tortues viennent pondre leurs œufs.

2 UN DÎNER DE CHEF

Le **Pak Nam Seafood** (☎0 7624 0240 ; **Th Ratsadanuson, Phuket-ville**) est situé dans un village où poissons et fruits de mer passent directement de la mer aux cuisines. Et les tarifs s'adressent aux habitants de Phuket. L'un des plats les plus populaires s'appelle le *gaang sôm blah* (curry de poisson saur à la mode du Sud). Et pour la détente, **At Surakul** (☎0 7630 4409 ; 14/19 Th Vichit, Thalang) programme de la musique folklorique thaïe.

3 PHUKET-VILLE

Pour une séance de shopping, flânez dans les vieilles échoppes de Phuket-ville (p. 294). Outre que beaucoup de bâtiments sont de style sino-portugais, la promenade dans ce quartier historique est un excellent moyen de découvrir de nouveaux restaurants et commerces.

4 COURS DE CUISINE

Les cours de cuisine du Mom Tri's Boathouse (p. 292) sont des ateliers pratiques organisés au bord de la mer. On y explique les bases de la cuisine thaïlandaise, tout en mélangeant les saveurs : sucre, citron et sauce au poisson. Ayant grandi dans le Nord-Est, j'ai fusionné le meilleur de deux mondes différents : Isan et Phuket.

5 FÊTE VÉGÉTARIENNE DE PHUKET

Les Thaïs chinois auraient créé cette fête végétarienne (p. 295) afin de se purifier et d'éloigner le mauvais œil. Il ne faut surtout pas manquer la bataille de dragons. Deux danseurs, costumés en dragon et juchés sur de hauts mâts, tentent de se déséquilibrer l'un l'autre avec une longue perche. Celui qui tombe le premier est récupéré par les membres de son équipe.

Plongée dans les îles Surin et Similan

Ces deux parcs nationaux maritimes abritent les plus beaux sites de plongée du pays. L'eau y est d'un bleu particulièrement limpide. La topographie, la faune et la flore de chaque site sont chaque fois différentes, de sorte qu'ils rivalisent sans problème avec d'autres sites d'Asie du Sud-Est réputés pour une vie marine plus foisonnante.

Nos conseils

MEILLEURE PÉRIODE De décembre à mai

L'ASTUCE Plongez en petit groupe avec un club soucieux de protection environnementale

Voir p. 290 et p. 288

2

Ma sélection

Îles Surin et Similan par Oraya (Gae) Seniwong na Ayutthaya

MONITRICE DE PLONGÉE CHEZ WICKED DIVING, SUR KHAO LAK

1 NORTH POINT

Les gigantesques formations rocheuses de ce site de plongée sont majestueuses. L'eau est le plus souvent d'un beau bleu et très limpide. La plongée commence en eaux profondes et se termine sur un récif affleurant à la surface où il n'est pas rare de croiser des tortues.

2 WEST OF EDEN

Dans cet autre site de formations rocheuses, on peut se laisser porter par le courant (et économiser ses forces pour des plongées ultérieures). Dans la partie la plus profonde, les coraux mous et les gorgones arborent une palette de roses et de pourpres. Ce site présente aussi l'avantage d'être moins fréquenté que d'autres du parc.

3 TACHAI PINNACLE

La partie nord de cette aiguille est très appréciée pour ses bancs de poissons et ses coraux mous. Mais le vrai défi ici, c'est le courant. Plonger sur ce site m'a énormément appris sur les courants : savoir les reconnaître, prédire comment ils évoluent... Même si c'est parfois un peu difficile physiquement, le jeu en vaut toujours la chandelle.

4 RICHELIEU ROCK

C'est sans doute le site de plongée le plus connu de la mer d'Andaman, car on y voit quantité de coraux mous et de bancs de poissons. Richelieu Rock est d'ailleurs un habitat de prédilection pour les gorgones. Revers de la médaille : la popularité du site, très fréquenté lorsqu'arrivent de grands bateaux de croisière organisant des sorties plongée.

5 KO BON RIDGE

Ko Bon étant réputé pour ses raies manta, on y croise pas mal de plongeurs. Mais si c'est un jour calme, se laisser flotter au-dessus de la crête donne tout le temps d'apercevoir d'innombrables poissons. Et il est vrai qu'avec un peu de chance, on peut rencontrer une raie manta. Un régal !

Balade dans la préhistoire

Joyau de Phuket, le parc national maritime d'Ao Phang-Nga (p. 288) consiste en une baie aux eaux turquoise remplie de gigantesques formations karstiques. Ces pics, qui faisaient jadis partie d'une chaîne montagneuse, témoignent de la topographie toujours changeante de la terre. Malgré leur solidité, la mer et la pluie les ont érodés, les constellant de nombreuses grottes.

3

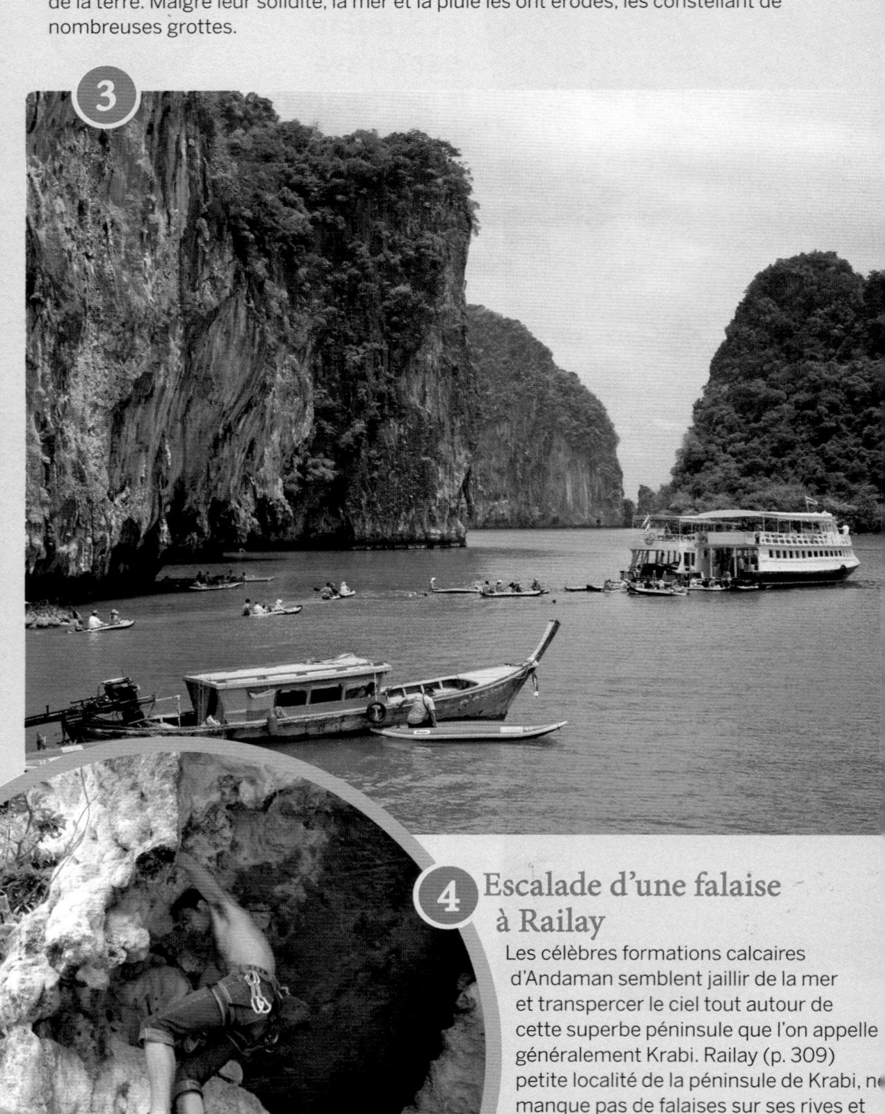

4

Escalade d'une falaise à Railay

Les célèbres formations calcaires d'Andaman semblent jaillir de la mer et transpercer le ciel tout autour de cette superbe péninsule que l'on appelle généralement Krabi. Railay (p. 309) petite localité de la péninsule de Krabi, ne manque pas de falaises sur ses rives et au large. Avec quelques mousquetons, les grimpeurs ont fait de ces parois verticales un défi sportif aux panoramas vertigineux.

MSOSKOLNE/DREAMSTIME ©

En adoration devant Ko Phi Phi 5

Venez vénérer le sable blanc de Ko Phi Phi (p. 311), l'un des plus beaux rivages du monde. Falaises calcaires, rubans d'émeraude, eaux turquoise et sable voluptueux célèbrent les sens. Promenades matinales, baignades l'après-midi et festivités nocturnes... Phi Phi est courtisée par une foule d'adeptes du soleil et de la plage. Autant dire qu'elle n'est plus déserte depuis longtemps.

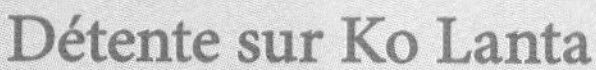

ANDREW BAIN/LONELY PLANET IMAGES ©

6 Détente sur Ko Lanta

Si Ko Phi Phi est trop belle et trop peuplée à votre goût, la placide Ko Lanta (p. 314) devrait vous plaire. Avec ses plages toutes plus belles les unes que les autres, son ambiance décontractée et sa communauté de pêcheurs thaïs musulmans, l'île est un paradis de la détente. C'est l'endroit rêvé pour rattraper des années de lectures en retard ; elles est appréciée des familles comme de ceux qui ont passé l'âge des fêtes de la pleine lune.

7 Bain de boue à Khao Sok

La forêt tropicale intérieure du parc national de Khao Sok (p. 284) représente parfaitement la nature primitive. Entre sentiers boueux et montagnes karstiques évoluent singes, insectes, oiseaux et une fleur péninsulaire malaise rare, la *Rafflesia kerrii*, à l'odeur nauséabonde.

Phuket et la côte d'Andaman : le best o

Plongée et snorkeling

Parc national maritime des îles Surin (p. 287). Les fameux monts sous-marins de Richelieu Rock et les jardins de coraux mous en font une destination de plongée très courue.

Parc national maritime des îles Similan (p. 288). Parc protégé, bonne visibilité et vie marine pour les plongeurs de tout niveau.

Ko Lanta (p. 314). Pinacles sous-marins à Hin Muang et à Hin Daeng, et gros poissons pélagiques.

Paysages karstiques

Parc national maritime d'Ao Phang-Nga (p. 288). Majestueuses îles de forme conique ponctuant une baie couleur d'aigue-marine.

Ko Phi Phi Leh (p. 315). La petite sœur inhabitée de Ko Phi Phi se distingue par ses falaises vertigineuses et ses lagons couleur d'émeraude.

Railay (p. 309). Des affleurements de calcaire propices à l'escalade, au kayak, au snorkeling ou simplement à la contemplation.

Fine cuisine

Rum Jungle (p. 297). Restaurant tropical en plein air servant des fruits de mer et une cuisine méditerranéenne haut de gamme

Ka Jok See (p. 296). Restaurant éclectique au décor original offrant un dîner thaïlandais dans toute sa splendeur.

Tatonka (p. 305). Pour se régaler en plein air d'un menu international.

Spas

- **Bua Luang Spa** (p. 306). Marie le meilleur des soins thaïs et ayurvédiques dans un cadre luxueux.
- **Sala Resort & Spa** (p. 307). Offrez-vous un enveloppement dans ce spa digne des plus grandes célébrités.
- **Hideaway Day Spa** (p. 305). Le premier, et l'un des meilleurs spas, installé dans un cadre paisible, au bord d'une lagune.
- **Raintree Spa** (p. 294). Chic rétro-colonial.

gauche Plongeurs, parc national maritime des îles Surin (p. 287) **Ci-dessus** Railay (p. 309)

Ce qu'il faut savoir

À PRÉVOIR

- **Un mois avant** Réservez votre hébergement.
- **Une semaine avant** Réservez votre sortie de plongée et votre vol intérieur.
- **La veille** Réservez une table dans l'un des restaurants haut de gamme de Phuket.

ADRESSES UTILES

- **Jamie's Phuket** (www.jamie-monk.blogspot.com)
- **One Stop Phuket** (www.1stopphuket.com)
- **Railay.com** (www.railay.com)

COMMENT CIRCULER

- **Bateau** Pour aller là où les routes ne vont pas, moins pratique pendant la saison des pluies (de juin à octobre).
- **Bus** Pour se déplacer entre les villes du continent ou depuis/vers Bangkok.
- **Minibus** Plus rapide et plus flexible que le bus.
- **Moto** Bonne option pour circuler seul sur Phuket et Ko Lanta.
- **Sŏrng·tăa·ou** Camionnettes (pick-up) utilisées comme bus publics sur le continent et à Phuket.
- **Taxi et túk-túk** Onéreux sur les îles ; pensez à négocier.

MISES EN GARDE

- **Plongée** Réservez votre excursion directement à la boutique de plongée sans passer par un intermédiaire.
- **Circuler à moto** Portez un casque et ne mettez pas d'objets de valeur dans le panier à l'avant.
- **Saison des pluies** À l'exception de Phuket, la plupart des commerces d'Andaman ferment entre juin et octobre, la mer étant souvent trop agitée.
- **Noyades** Fréquentes sur les plages à l'ouest de Phuket, en particulier durant la saison des pluies.
- **Bain de soleil** Les femmes éviteront de s'exposer seins nus.

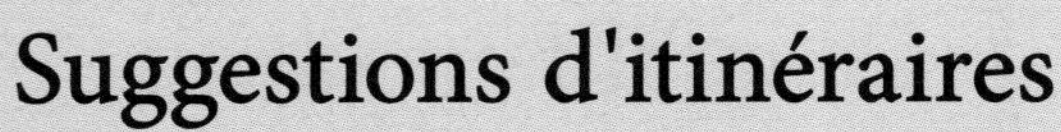

Suggestions d'itinéraires

Vous pouvez passer en coup de vent à Phuket, mais octroyez-vous davantage de temps pour apprécier la côte, sur la terre ferme comme sous l'eau.

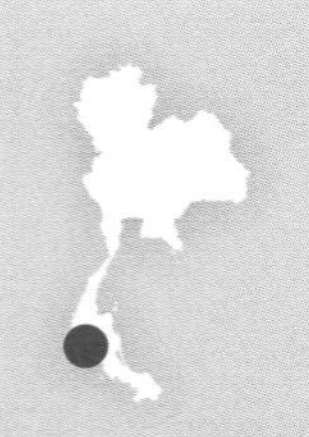

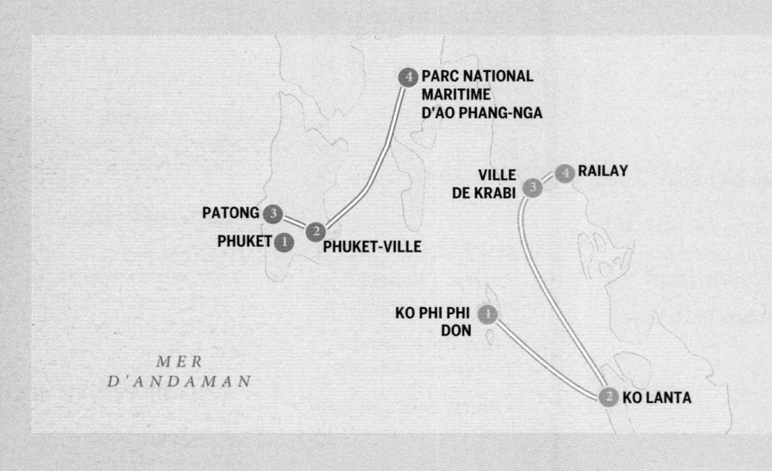

DE PHUKET AU PARC NATIONAL MARITIME D'AO PHANG-NGA
Phuket en bref

Afin de gagner du temps, on peut se rendre en avion de Bangkok à Phuket pour un long week-end. Plus grande île de Thaïlande, **(1) Phuket** compte de belles plages sur sa côte ouest, frangées de grands complexes hôteliers et d'hôtels de charme, et d'eaux aussi chaudes que cristallines. Côté loisirs, Phuket joue dans la catégorie internationale. Outre la baignade et le bronzage, de nombreuses activités s'offrent au visiteur. Accordez-vous une séance au spa, un cours de cuisine et un bon repas.

Découvrez l'architecture sino-portugaise et les sanctuaires chinois de **(2) Phuket-ville** et prenez le temps de savourer la Phuket d'antan dans un petit restaurant ou un café. À ne pas manquer, car Phuket est l'une des rares stations balnéaires du pays dotée d'une longue et riche histoire.

À la nuit tombée, les noctambules descendent sur **(3) Patong**, tapageuse avec ses néons, ses cabarets de travestis, ses boîtes bruyantes et son ambiance interlope de ville portuaire.

Consacrez une journée d'excursion au **(4) parc national maritime d'Ao Phang-Nga**, baie protégée comptant plus de 40 îles karstiques hérissées de pics. De vastes mangroves bordent la baie, fournissant aux villageois des eaux très poissonneuses.

DE KO PHI PHI DON À RAILAY

De “Ko” en “Ko”

Au sud de Phuket, petites îles et plages rapprochées se visitent l'une après l'autre, en quelques sauts de puce.

Depuis Phuket, descendez en bateau à **(1) Ko Phi Phi Don**, reine de beauté des îles thaïlandaises, où confort, festivités et retour à la nature s'équilibrent parfaitement.

Puis prenez le bateau pour **(2) Ko Lanta**, aux sites de plongée exceptionnels. Louez une moto pour parcourir les villages de pêcheurs et les cabanes vendant de la nourriture en bordure de route, et rencontrez les habitants musulmans et bouddhistes, ainsi que les *chow lair* (ou *chao leh ;* nomades de la mer). L'île n'est peut-être pas aussi belle que Phi Phi, mais elle possède énormément de charme.

Un autre voyage en bateau vous emmènera à la **(3) ville de Krabi**, où vous pourrez prendre un *long-tail boat* à destination de **(4) Railay**, petite péninsule étonnante et haut lieu de l'escalade sur parois rocheuses. Les amateurs de kayak observeront le spectacle vu d'en bas. Vous êtes à deux pas de la ville de Krabi, où vous pouvez reprendre un vol pour Bangkok.

Hat Nai Thon (p. 306), parc national de Sirinat

Découvrir Phuket et la côte d'Andaman

Les incontournables

- **Khao Lak** (p. 285). Sur le continent, point de départ des sorties plongée en bateau croisière.
- **Parcs nationaux maritimes des îles Surin et des îles Similan** (p. 287 et p. 288). Sites de plongée hors pair de la mer d'Andaman.
- **Parc national maritime d'Ao Phang-Nga** (p. 288). Baie émaillée d'îles karstiques ; une excursion d'une journée depuis Phuket.
- **Phuket** (p. 290). La station balnéaire numéro un de Thaïlande.

Khao Lak
JOHN ELK III/LONELY PLANET IMAGES ©

PROVINCE DE PHANG-NGA

Parc national de Khao Sok

อุทยานแห่งชาติเขาสก

Cette jungle de plaine, la plus humide de Thaïlande, daterait de plus de 160 millions d'années et serait l'une des forêts pluviales les plus anciennes du monde. Vous y verrez d'impressionnantes formations calcaires et des cascades ruisselant au travers d'épais fourrés.

La meilleure période va de décembre à avril, pendant la saison sèche.

À voir et à faire

La superficie de Khao Sok en fait l'un des derniers habitats des **grands mammifères**. On y retrouve plus de 300 espèces d'oiseaux, 38 variétés de chauves-souris et la rarissime *Rafflesia kerrii*, une fleur géante.

Le lac **Chiaw Lan**, formé en 1982 par un immense barrage de schiste argileux du nom de Ratchaprapha (Kheuan Ratchaprapha ou Chiaw Lan), est situé à 1 heure de route (65 km) à l'est du bureau d'accueil.

La grotte de **Tham Nam Thalu** contient d'étonnantes concrétions calcaires et un réseau de cours d'eau souterrains. Dans la grotte de **Tham Si Ru** convergent 4 galeries souterraines qui servaient d'abri secret aux insurgés communistes entre 1975 et 1982.

Promenades à dos d'éléphant, kayak et rafting sont très prisés dans le parc. Les occasions de pratiquer la randonnée ne manquent pas, et les pensions pourront vous organiser une visite du parc.

Système d'alerte au tsunami

Au matin du 26 décembre 2004, un tremblement de terre au large de l'île indonésienne de Sumatra a projeté d'énormes vagues sur la majeure partie de la côte d'Andaman en Thaïlande, faisant plus de 8 000 victimes et entraînant des millions d'euros de dégâts matériels. En 2005, la Thaïlande inaugura officiellement un système national d'alerte aux catastrophes naturelles, pour pallier le manque de préparation du pays en 2004.Pour les personnes ne parlant pas le thaï, le centre a installé des tours d'alerte le long des plages à haut risque. Celles-ci peuvent diffuser des messages en différentes langues et émettre des signaux lumineux. Un **centre d'appel** (☎1860) est à la disposition du public pour toute question ou information sur une catastrophe potentielle ou en cours.

Où se loger

ART'S RIVERVIEW JUNGLE LODGE Pension $$
(☎08 6470 3234 ; www.krabidir.com/artsriverviewlodge ; bungalows 650 B). Tapie dans la jungle au milieu des singes, et au bord d'une rivière. Bungalows simples et spacieux, avec vue sur la rivière.

JUNGLE HUTS Pension $
(☎0 7739 5160 ; www.khao-sok-junglehuts.com ; huttes 300-1 200 B). Huttes basiques de bon rapport qualité/prix dans une forêt d'arbres fruitiers, près de la rivière ou sur pilotis, reliées par des passerelles.

Renseignements

Le **bureau du parc** (☎0 7739 5025 ; www.khaosok.com ; entrée parc 200 B) et le bureau d'accueil sont à 1,8 km de la Route 401, près de la borne du km 109.

Comment s'y rendre et circuler

Des minibus pour Surat Thani (250 B, 1 heure), Krabi (300 B, 2 heures) et quelques autres destinations partent du parc tous les jours.

Khao Lak

เขาหลัก

Hat Khao Lak est la plage idéale si l'on veut éviter le côté tape-à-l'œil des grandes stations balnéaires de Phuket, sans pour autant renoncer au confort, au shopping et aux services. Avec ses eaux chaudes, ses longues étendues de sable blond et ses collines boisées en arrière-plan, Hat Khao Lak est parfaite pour explorer les îles Similan et Surin, Khao Sok et les parcs nationaux de Khao Lak/Lam Ru ou même Phuket, ainsi que le nord d'Andaman, sur l'eau ou sous l'eau.

Activités

Les excursions de plongée ou de snorkeling d'un jour vers les îles Similan et Surin sont très prisées, mais si vous avez le temps, optez pour une croisière de plusieurs jours. Les îles étant à 60 km du rivage (environ 3 heures en bateau), vous aurez ainsi plus de temps et éviterez la foule. Tous les centres de plongée offrent des croisières pour 10 000/19 000 B pour 2/3 jours et des excursions à la journée pour 4 900 B à 6 500 B.

Durant ces sorties, vous serez réveillé à l'aube et plongerez jusqu'à 4 fois par jour dans l'un des 10 plus beaux sites de plongée au monde.

Bien que s'adressant principalement aux plongeurs, tous les centres proposent du snorkeling sur certaines excursions et croisières pour un prix réduit de l'ordre de 40%. De plus, les agences situées en ville proposent du snorkeling aux îles Similan pour seulement 2 700 B.

WICKED DIVING Plongée
(☎ 0 7648 5868 ; www.wickeddiving.com). Ce centre, très bien organisé et sensible aux enjeux environnementaux, propose des sorties et des croisières plongée et snorkeling sur différents thèmes, tels que requins-baleines et manta, tortues et récifs ou encore requins et raies, en partenariat avec l'organisme **Ecocean** (www.whaleshark.org).

SIMILAN DIVING SAFARIS Plongée
(☎ 0 7648 5470 ; www.similan-diving-safaris.com). Ce prestataire organise des croisières présentant un rapport qualité/prix imbattable. Des excursions à la journée sont également proposées.

Où se loger

LA FLORA RESORT Hôtel $$$
(☎ 0 7642 8000 ; www.lafloraresort.com ; ch 5 700-7 700 B, villas 9 000-10 500 B ; ❄ @ wifi piscine famille). Situé sur Hat Bang Niang, cet hôtel est à la fois chic et extrêmement relaxant, avec ses grandes villas tropicales modernes et ses piscines à débordement donnant sur la mer (sans oublier une piscine pour enfants).

NANGTHONG BEACH RESORT Hôtel $$
(☎ 0 7648 5911 ; www.nangthong2.com ; ch 200-3 000 B ; ❄ @ wifi piscine famille). Cet hôtel, qui offre un service impeccable, constitue sans doute la meilleure option de la plage. Les chambres sont spacieuses et bien équipées. Les grands bungalows, situés dans un jardin fleuri, sont meublés de bois sombre.

GREENBEACH Hôtel $$
(☎ 0 7648 5845 ; greenbeach_th@yahoo.com ; bung 1 300-2 300 B ; ❄ famille). Cet hôtel familial et chaleureux est très bien placé sur la plage de Khao Lak, avec un jardin à l'arrière. Les bungalows en bois avec climatisation et ventilateurs arborent une porte vitrée et une terrasse ombragée donnant sur un immense banian. Même les chambres les plus économiques ont une vue sur la mer.

Parc national maritime des îles Surin

FELIX HUG/LONELY PLANET IMAGES ©

Où se restaurer

MAMA'S RESTAURANT Restaurant **$$**
(Th Petchkasem ; plats 60-300 B). Située face au bateau 813, Mama est imbattable pour les fruits de mer. Ses croquettes de poisson sont divines, de même que sa poêlée de barracuda au curry jaune.

Renseignements

En cas de problème lors d'une plongée, le service d'urgence **SSS Ambulance** (**✆08 1081 9444**) rapatrie les blessés jusqu'à Phuket. Il peut également intervenir en cas d'accidents de la route. À Bang Niang, une infirmière se charge aussi des victimes d'accidents de plongée.

Depuis/vers Khao Lak

Les bus qui circulent sur la Hwy 4 entre Takua Pa (50 B, 45 min) et Phuket (100 B, 2 heures) peuvent s'arrêter à Hat Khao Lak. Les minibus de **Khao Lak Discoveries** vont à l'aéroport de Phuket toutes les heures (600 B, 1 heure 15).

Parc national maritime des îles Surin อุทยานแห่งชาติหมู่เกาะสุรินทร์

À 60 km de la côte thaïlandaise, et à 5 km de la frontière maritime entre la Thaïlande et le Myanmar, ce **parc national** (**www.dnp.go.th ; 400 B ; ⏲mi-nov à mi-mai**) est formé de 5 îles granitiques couvertes de forêts tropicales, de plages de sable blanc s'étirant le long de baies abritées et de promontoires rocheux se jetant dans l'océan. Les eaux du parc hébergent une fascinante faune marine, et la visibilité sous-marine porte souvent à 35 m. Des *chow lair* (ou *chao leh* ; gitans de la mer) vivent dans un village sur le rivage durant la saison de la mousson, entre mai et novembre. Dans la région, ils sont connus sous le nom de Moken, terme dérivé du mot *oken*, qui signifie "eau de mer".

Point de départ vers le parc, l'embarcadère de Khuraburi est à environ 9 km au nord de la ville, de même que le **bureau du parc** (**✆0 7649 1378 ; ✆8h-17h**) sur le continent, où vous trouverez de nombreux renseignements, des cartes et un personnel efficace.

À voir et à faire

PLONGÉE ET SNORKELING

Ko Surin Tai et **HQ Channel** entre les deux îles principales, figurent parmi les sites de plongée du parc. Dans les environs, se trouve également **Richelieu Rock** (un mont sous-marin à 14 km au sud-est), le meilleur spot de plongée de la côte d'Andaman, où l'on observe des requins-baleines en mars et avril. Comme il n'y a pas de centre de plongée dans le parc, il faut réserver votre excursion sur le continent (4 jours de croisière/environ 20 000 B). Voir *Khao Lak* (p. 287).

Le snorkeling n'est plus aussi agréable qu'avant à cause du blanchiment des coraux durs, mais vous pourrez encore admirer des poissons et des coraux mous. Pour être au calme, on peut louer son propre *long-tail boat* dans le parc national (1 000 B la demi-journée) ou, encore mieux, auprès des Moken, au village de **Ban Moken**.

C'est à **Ao Mae Yai**, une vaste baie de l'île nord près de Chong Khod, que nous avons vu les plus beaux coraux mous. La section la plus intéressante se trouve entre les bouées blanches le long de la péninsule nord. **Ao Suthep**, près de l'île sud, attire d'immenses bancs de poissons iridescents et possède des trous bleus à fond lacté.

VISITE DU VILLAGE

Le parc national propose une **visite du village moken** (**300 B/pers**). Vous flânerez dans le village et pourrez même demander aux villageois la permission d'emprunter le sentier de **Chok Madah** (800 m) qui conduit à une plage déserte. La visite démarre à 9h15 (à réserver la veille).

Depuis/vers le parc national maritime des îles Surin

Plusieurs tour-opérateurs offrent des excursions à la journée (2 900 B, nourriture et logement compris) vers le parc. Le meilleur sous tous rapports est **Greenview** (**✆0 7640 1400 ; embarcadère de Khuraburi**).

La vie sauvage dans le parc national d'Ao Pang-Nga

L'environnement calcaire marin du parc convient à de nombreux reptiles : varan du Bengale, lézard volant, serpent à queue plate, couleuvre aquatique et crotale des mangroves. Ouvrez l'œil pour apercevoir un *Varanus salvator* (appelé *hîa*), ou varan malais, pouvant atteindre 2,20 m. À peine plus petit que le dragon de Komodo, il ressemble à un crocodile lorsqu'il nage dans la mangrove.

Parmi les amphibiens de la région, citons la grenouille des marais, la grenouille des buissons et la grenouille mangeuse de crabes. Les espèces d'oiseaux les plus remarquables sont le calao casqué (pouvant atteindre 127 cm de longueur), la salangane à nid blanc (*Aerodramus fuciphagus*), l'orfraie, le pygargue à ventre blanc et le grand héron du Pacifique.

Plus de 200 espèces de mammifères résident dans les forêts de mangrove et dans les îles les plus importantes, dont des gibbons à main blanche, des capricornes de Sumatra et des macaques mangeurs de crabes.

Parc national maritime des îles Similan อุทยานแห่งชาติหมู่เกาะสิมิลัน

Connu des plongeurs du monde entier, le superbe **parc national maritime des îles Similan** (www.dnp.go.th ; 400 B ; nov-mai) se trouve à 60 km au large des côtes. Ces îles de granit sont couvertes de forêts tropicales, bordées de plages de sable blanc et entourées de récifs de corail. Malheureusement, le blanchiment corallien a eu raison de bon nombre de coraux durs, mais la présence de coraux mous intacts et de la faune en font un lieu de plongée très correct.

Hat Khao Lak est le point d'entrée du parc. L'embarcadère est à Thap Lamu, environ 10 km au sud de la ville.

À voir et à faire

Les îles Similan offrent des plongées pour tous les niveaux, à des profondeurs de 2 à 30 m. Vous découvrirez des récifs à **Ko Payu** (île 7) et des tunnels à **Hin Pousar** ("tête d'éléphant"), et une vie sous-marine variée, allant des minuscules serpules aux coraux mous, en passant par les requins-baleines et les bancs de poissons. Aucun équipement de plongée n'étant disponible dans le parc, il faut se joindre à un groupe.

Depuis/vers le parc national maritime des îles Similan

Les agences de Khao Lak (p. 285) et de Phuket (p. 290) organisent des excursions à la journée/de nuit (à partir de 3 000/5 000 B) et des croisières plongée de plusieurs jours (3 jours à partir de 15 000 B). Il vous en coûtera sensiblement la même somme pour rejoindre les îles par vos propres moyens.

Parc national maritime d'Ao Phang-Nga อุทยานแห่งชาติอ่าวพังงา

Créé en 1981 et couvrant 400 km², le **parc national maritime d'Ao Phang-Nga** (0 7641 1136 ; www.dnp.go.th ; 200 B ; 8h-16h) possède de remarquables paysages karstiques. Il comprend plus de 40 îles bordées d'immenses falaises. Plusieurs grottes sont accessibles à marée basse et conduisent à des *hôrng* cachés (lagons encerclés de parois rocheuses). La baie se compose de divers chenaux, parmi lesquels Khlong Ko Phanyi, Khlong Phang-Nga, Khlong Bang Toi et Khlong Bo Saen. Ils traversent dans le sens nord-sud la plus importante forêt de mangrove primaire du pays et servent de voies navigables aux pêcheurs et aux habitants des îles.

Durant la haute saison, la baie est envahie de touristes. Mais si vous y aller tôt le matin ou si vous restez tard, vous pourrez en profiter en toute quiétude. La meilleure façon d'explorer le parc est le kayak.

À voir et à faire

JOHN GRAY'S SEACANOE Kayak de mer

(☎ 0 7622 6077 ; www.johngray-seacanoe.com). John Gray est le plus ancien loueur de kayaks de la baie et demeure le plus soucieux de l'environnement. Il milite pour une plus grande protection des *hôrng*. Son **excursion Hong By Starlight (3 950 B/pers)** permet d'éviter la foule, d'admirer le soleil couchant et de découvrir la fameuse bioluminescence d'Ao Phang-Nga à la nuit tombée. Voir aussi p. 290.

KO NOK ET KO KLUI Îles

Situées à mi-chemin entre Phuket et Krabi, ces deux îles sont éloignées des circuits touristiques. **Ko Klui**, la grande île au nord de Ko Yao Noi, offre un accès à un énorme *hôrng* surnommé **Blue Room** et une plage de sable blanc immaculée où cohabitent de nombreux calaos et singes.

KO PHING KAN (L'ÎLE DE JAMES BOND) Île

La principale attraction touristique du parc est connue sous le nom de l'"île de James Bond". Son nom thaï est **Ko Phing Kan** (litt. "île repliée sur elle-même"). C'est là que fut tourné *L'Homme au pistolet d'or* – aujourd'hui, l'île est envahie par des marchands de coraux et de coquillages.

Comment s'y rendre et circuler

Depuis le centre d'Ao Phang-Nga, roulez vers le sud sur environ 6 km en empruntant la Hwy 4, puis tournez à gauche sur la Route 4144 (direction Tha Dan). Le bureau du parc est à 2,6 km de là. Si vous n'avez pas votre propre moyen de transport, prenez un *sŏrng·tăa·ou* pour Tha Dan (30 B).

Au bureau du parc, vous pouvez louer un bateau (1 500 B, 4 passagers maximum) pour une excursion de 3 heures sur les îles avoisinantes.

Ko Yao เกาะยาว

Des montagnes, des rivages immaculés, une grande variété d'oiseaux et une sympathique population de pêcheurs musulmans... **Ko Yao Yai** et **Ko Yao Noi** offrent de surcroît une vue imprenable sur Ao Phang-Nga. Ces îles font partie du parc national d'Ao Phang-Nga, mais sont plus facilement accessibles depuis Phuket.

Portez des vêtements sobres quand vous n'êtes pas à la plage afin de respecter les coutumes de la population musulmane.

Ko Yao

Activités

Vous pouvez apporter votre VTT ou en louer un (200 B/jour auprès de la plupart des pensions) pour explorer les nombreux chemins de l'île. Il est également possible de se joindre à un groupe d'**Amazing Bike Tours** (☎ 08 7263 2031 ; www.amazingbiketoursthailand.com ; excursion 2 900 B), basé à Phuket.

KOH YAO DIVER Plongée
(☎ 08789 575 517 ; www.kohyaodiver.com). Propose des sorties de plongée à partir des deux îles, entre autres. Une demi-journée de snorkeling (1 700 B, 6 passagers maximum) peut être organisée par les pensions et les capitaines des *long-tail boats* amarrés sur les plages.

MOUNTAIN SHOP ADVENTURES Escalade
(☎ 08 9971 0380, 08 4841 1540 ; www.themountainshop.org ; Tha Khao). Sorties d'escalade dans les environs de Ko Yao Noi à partir de 2 500 B, ainsi que des excursions de pêche, de snorkeling et de kayak.

Depuis/vers Ko Yao

Depuis Phuket

Pour Ko Yao Noi, vous trouverez des *long-tail boats* toutes les heures (150 B, 20 min) et 3 hors-bord par jour (200 B, 20 min) au départ de Tha Bang Rong, au nord de Phuket-ville, entre 7h30 et 17h40.

Pour Ko Yao Yai, empruntez un hors-bord ou un ferry depuis Tha Rasada, près de Phuket-ville. Les ferrys partent à 8h30, 10h30 et 14h (1 heure, 100 B) et les hors-bord à 16h et 17h (30 min, 150 B). Le vendredi, jour de prière, les horaires sont décalés.

PROVINCE DE PHUKET ภูเก็ต

83 800 HABITANTS

Surnommée la "Perle d'Andaman" par les tour-opérateurs, Phuket est *la* destination thaïlandaise pour des vacances au soleil. Mais Phuket est aussi une destination de luxe très à la mode : la jet-set, plus présente que jamais, se rassemble pour des sessions de massages thaïlandais avant de boire des apéritifs à grands traits lors de soirées très *fashion*. Toutefois, nul besoin d'être riche pour venir à Phuket : la plongée en haute mer, les restaurants de qualité et les plages de sable fin sont de nature à satisfaire tout un chacun.

Activités

Plongée et snorkeling

Phuket jouit d'une situation centrale et enviable pour la plongée. Les îles Similan, très recherchées, sont situées au nord, tandis que des dizaines de sites de plongée vous attendent au sud, autour de Ko Phi Phi (p. 311) et Ko Lanta (p. 314).

Une journée de plongée revient à environ 3 500 B pour 2 plongées et l'équipement. On peut se joindre à une expédition à un moindre prix si l'on ne plonge pas ou pour faire du snorkeling.

La côte ouest de Phuket, et plus particulièrement les promontoires rocheux entre les plages, conviennent le mieux au snorkeling.

SEA FUN DIVERS Plongée
(☎ 0 7634 0480 ; www.seafundivers.com ; 29 Soi Karon Nui, Patong). Le professionnalisme de ce centre de plongée est exceptionnel. Normes élevées et service irréprochable.

OFFSPRAY LEISURE Plongée, snorkeling
(☎ 08 1894 1274 ; www.offsprayleisure.com ; 43/87 Chalong Plaza ; excursions à partir de 2 950 B). Ce centre est spécialisé dans les sorties de plongée et de snorkeling en petit groupe vers les récifs autour de Ko Phi Phi.

Kayak de mer

À Phuket, plusieurs compagnies proposent des excursions sur Ao Phang-Nga.

JOHN GRAY'S SEACANOE Kayak
(☎ 0 7625 4505-7 ; www.johngray-seacanoe.com ; 124 Soi 1, Th Yaowarat). Une entreprise fiable et, de loin, la plus sensible aux enjeux environnementaux.

Ko Phuket

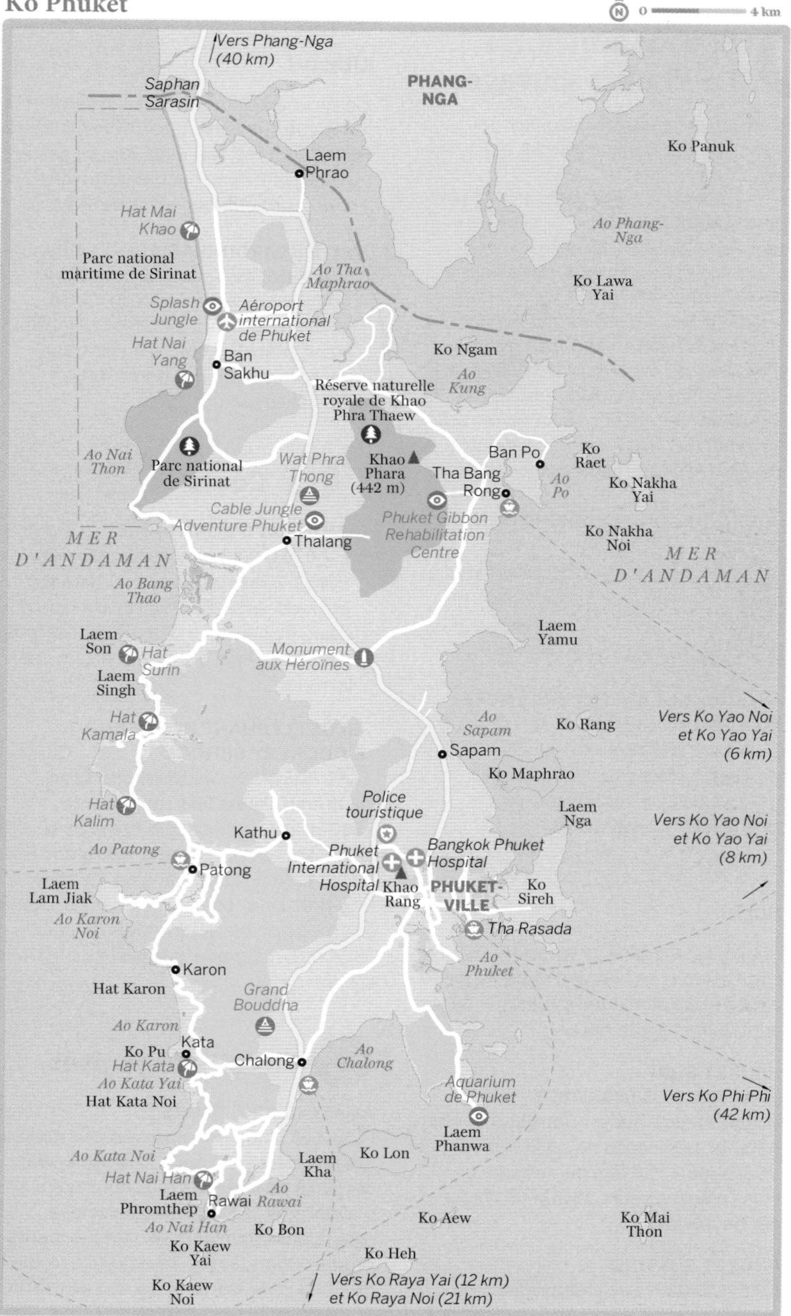
0 4 km
Vers Phang-Nga (40 km)
Saphan Sarasin
PHANG-NGA
Laem Phrao
Ko Panuk
Hat Mai Khao
Ao Phang-Nga
Parc national maritime de Sirinat
Ao Tha Maphrao
Ko Lawa Yai
Splash Jungle
Aéroport international de Phuket
Hat Nai Yang
Ban Sakhu
Ko Ngam
Réserve naturelle royale de Khao Phra Thaew
Ao Kung
Ao Nai Thon
Parc national de Sirinat
Wat Phra Thong
Khao Phara (442 m)
Tha Bang Rong
Ban Po
Ko Raet
Ao Po
Ko Nakha Yai
Cable Jungle Adventure Phuket
Phuket Gibbon Rehabilitation Centre
Thalang
Ko Nakha Noi
MER D'ANDAMAN
MER D'ANDAMAN
Ao Bang Thao
Laem Son
Hat Surin
Laem Yamu
Monument aux Héroïnes
Laem Singh
Hat Kamala
Ao Sapam
Ko Rang
Vers Ko Yao Noi et Ko Yao Yai (6 km)
Sapam
Ko Maphrao
Police touristique
Laem Nga
Hat Kalim
Kathu
Vers Ko Yao Noi et Ko Yao Yai (8 km)
Ao Patong
Phuket International Hospital
Bangkok Phuket Hospital
Patong
Laem Lam Jiak
Khao Rang
PHUKET-VILLE
Ko Sireh
Ao Karon Noi
Tha Rasada
Ao Phuket
Karon
Hat Karon
Grand Bouddha
Ao Karon
Ko Pu
Kata
Hat Kata
Chalong
Ao Chalong
Ao Kata Yai
Hat Kata Noi
Aquarium de Phuket
Vers Ko Phi Phi (42 km)
Laem Phanwa
Ao Kata Noi
Laem Kha
Ko Lon
Hat Nai Han
Laem Phromthep
Rawai
Ao Rawai
Ao Nai Han
Ko Bon
Ko Aew
Ko Mai Thon
Ko Kaew Yai
Ko Heh
Ko Kaew Noi
Vers Ko Raya Yai (12 km) et Ko Raya Noi (21 km)

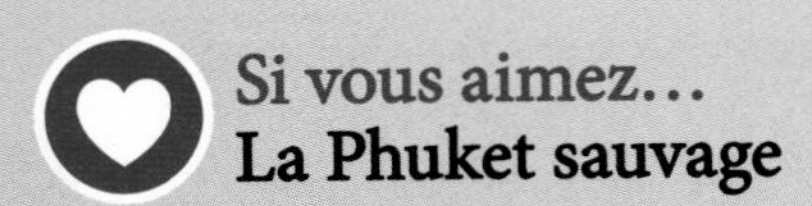

Si vous aimez... La Phuket sauvage

Les amoureux de la nature découvriront Phuket sous un autre angle grâce à ces adresses :

1 AQUARIUM DE PHUKET
(carte p. 291 ; ☎ 0 7639 1126 ; www.phuketaquarium.org ; Laem Phanwa ; adulte/enfant 100/50 B ; ⏲ 8h30-16h30). Installé sur un joli cap, l'aquarium de Phuket permet de découvrir toute une variété de poissons tropicaux et autres créatures marines. Ne manquez pas de franchir le tunnel vitré pour passer au milieu des poissons. Ensuite, cap sur les restaurants de poisson du front de mer, pour s'attarder à loisir tout en regardant les bateaux de plaisance et les bateaux de pêche aux couleurs vives.

2 PHUKET GIBBON REHABILITATION CENTRE
(carte p. 291 ; ☎ 0 7626 0492 ; www.gibbonproject.org ; don apprécié ; ⏲ 9h-16h). Dans la réserve naturelle royale, ce petit centre "adopte" des gibbons vivant en captivité et les réintroduit dans la forêt.

3 CABLE JUNGLE ADVENTURE PHUKET
(carte p. 291 ; ☎ 08 1977 4904 ; 232/17 Moo 8, Th Bansuanneramit ; 1 950 B/pers ; ⏲ 9h-18h). Niché dans les collines, ce dédale de huit tyroliennes relie des falaises à des arbres très anciens. Chaussures fermées indispensables.

Surf

Phuket est un paradis secret du surf. Des compétitions se tiennent chaque année à Kata et à Kalim durant la saison de surf, entre juin et septembre.

PHUKET SURF
(☎ 08 7889 7308, 08 1684 8902 ; www.phuketsurf.com). Sur la crique sud de Hat Kata Yai. Les leçons de surf coûtent à partir de 1 500 B la demi-journée et les planches sont à 100/300 B par heure/jour.

PHUKET SURFING
(☎ 0 7628 4183 ; www.phuketsurfing.com). Ce centre est situé en face de Phuket Surf et partage ses locaux avec Nautilus Dive. Il loue des planches 100-150 B/heure.

Kitesurf

Ce sport en plein essor est également en vogue sur Phuket. Les trois meilleurs spots sont Hat Nai Yang, Karon (basse saison) et Rawai (conditions idéales pour les débutants en haute saison).

KITE BOARDING ASIA Kitesurf
(☎ 08 1591 4594 ; www.kiteboardingasia.com ; cours à partir de 4 000 B). Cette école de kitesurf est basée à Hat Nai Yang, mais tient aussi un kiosque du côté sud de Hat Karon, ouvert en basse saison.

Cours

MOM TRI'S BOATHOUSE Cuisine
(☎ 0 7633 0015 ; www.boathousephuket.com ; 2/2 Th Kata (Patak West), Hat Kata ; jour/week-end 2 200/3 500 B). De fabuleux cours de cuisine thaïlandaise le temps d'un week-end, avec Rattana, un chef de renom.

BLUE ELEPHANT RESTAURANT & COOKERY SCHOOL Cuisine
(☎ 0 7635 4355 ; www.blueelephant.com ; 96 Th Krabi, Phuket Town ; demi-journée 2 800 B). La toute nouvelle école de cuisine de Phuket est située dans la superbe Phra Phitak Chyn Pracha Mansion, de style sino-portugais, construite en 1903. Cours en groupe ou bien individuels (5 jours, 78 000 B). Le matin, une visite du marché est prévue.

Circuits organisés

AMAZING BIKE TOURS Vélo
(☎ 0 7628 3436 ; www.amazingbiketoursthailand.asia ; 32/4 Moo 9, Th Chaofa, Chalong ; à partir de 1 600 B la journée). La meilleure agence d'aventures de Phuket organise des excursions d'une demi-journée en petits groupes dans la réserve naturelle royale de Khao Phra Thaew, ainsi que des sorties d'une journée pour parcourir Ko Yao Noi,

ainsi que les magnifiques plages et les cascades de Thai Muang dans la province voisine de Phang-Nga.

Renseignements

Désagréments et dangers

Durant la mousson, de mai à octobre, les vagues et les puissants courants rendent parfois la baignade particulièrement dangereuse.

Réfléchissez sérieusement avant de louer une moto. Chaque année, des milliers de personnes sont blessées ou tuées sur les routes de Phuket.

Récemment, il y a eu des vols la nuit avec agression au couteau sur la route de Patong à Hat Karon, et sur celle de Kata à Rawai-Hat Nai Han. On recense également quelques cas d'agression sexuelle sur des femmes.

Services médicaux

Bangkok Phuket Hospital (**carte p. 291 ; ☎0 7625 4425 ; www.phukethospital.com ; Th Yongyok Uthit**). Le préféré des habitants de la région.

Phuket International Hospital (**carte p. 291 ; ☎0 7624 9400 ; www.phuketinternationalhospital.com ; Th Chalermprakiat**). Des médecins de différents pays le considèrent comme le meilleur établissement de l'île.

Informations touristiques

Tourism Authority of Thailand (**☎0 7621 2213 ; www.tat.or.th ; 73-75 Th Phuket, Phuket Town ; ⌚8h30-16h30**)

Depuis/vers Phuket

Avion

L'aéroport international de Phuket (**☎0 7632 7230**) est à 30 km au nord-ouest de Phuket-ville. Il faut 45 min à 1 heure pour atteindre les plages du sud depuis l'aéroport.

Quelques compagnies aériennes régionales :

Air Asia (**www.airasia.com**) offre de nombreuses liaisons directes pour Bangkok (plusieurs fois par jour, 1 480 B). Dessert également Hong Kong (5 000 B), Chiang Mai (1 600 B), Singapour (1 400 B), Bali (2 730 B) et d'autres destinations.

Bangkok Airways (**☎0 7622 5033 ; www.bangkokair.com ; 58/2-3 Th Yaowarat**) propose chaque jour des vols sans escale pour Ko Samui (2 380 B) et Bangkok (1 725 B), entre autres.

Nok Air (**www.nokair.com**) relie Phuket à Bangkok.

THAI (**☎0 7621 1195 ; www.thaiairways.com ; 78/1 Th Ranong, Phuket-ville**). Assure environ 7 vols quotidiens pour Bangkok (à partir de 3 000 B) avec des correspondances avec plusieurs autres villes en Thaïlande, ainsi que des destinations internationales.

D'autres compagnies aériennes desservent Phuket et ont un bureau à Phuket-ville, dont :

Dragonair (**☎0 7621 5734 ; Th Phang-Nga, Phuket-ville**)

Korean Airlines (**☎0 7621 6675 ; 1/8-9 Th Thungkha, Phuket-ville**)

Le boom du Mou•ay Tai sur Phuket *ADAM SKOLNICK*

Ces dernières années, en grande partie grâce à la notoriété et à la popularité grandissante des arts martiaux mixtes, plusieurs salles de *mou•ay tai* (ou *muay thai* ; boxe thaïlandaise) pour athlètes internationaux des deux sexes ont ouvert leurs portes près des plages sur Phuket.

C'est Pricha "Tuk" Chokkuea qui a donné le ton avec sa salle, **Rawai Muay Thai** (**☎08 1476 9377 ; www.rawaimuaythai.com ; 43/42 Moo 7, Th Sai Yuan**). Parmi ces nouvelles salles, le **Promthep Muay Thai Camp** (**☎08 5786 2414 ; 91 Moo 6, Soi Yanui**) est la meilleure.

Vaut le détour Le Grand Bouddha

Visible depuis la moitié de l'île, le Grand Bouddha (พระใหญ่ ; carte p. 291) est installé au sommet d'une colline au nord-ouest de Chalong. Une fois parvenu au sommet, admirez le sanctuaire doré et montez sur le glorieux plateau du Grand Bouddha, d'où vous pourrez contempler la magnifique baie de Kata, la côte de Karon et, de l'autre côté, le paisible port de Chalong qui fait face aux petites îles du chenal.

Malaysia Airlines (0 7621 6675 ; 1/8-9 Th Thungkha, Phuket-ville)

Silk Air (0 7621 3891 ; www.silkair.com ; 183/103 Th Phang-Nga, Phuket-ville)

Ferry et hors-bord

Tha Rasada, au nord de Phuket-ville, est le principal embarcadère des ferrys pour Ko Phi Phi, qui relient également Krabi et Ko Lanta. Pour une liaison plus rapide avec Krabi et Ao Nang via les îles Ko Yao, prenez un ferry à Tha Bang Bong, au nord de Tha Rasada.

Minibus

Les agences de voyages de Phuket vendent des billets (passage en ferry inclus) pour des minibus climatisés à destination de Ko Samui et de Ko Pha-Ngan. Des minibus climatisés relient Krabi, Ranong, Trang, Surat Thani et d'autres destinations.

Phuket-ville

เมืองภูเก็ต

94 400 HABITANTS

Bien avant l'arrivée des touristes, Phuket était une île d'hévéas et de mines d'étain, peuplée de marchands. En arpentant les rues bordées de bâtiments de style sino-portugais, vous apercevrez des cafés branchés et des galeries d'art, des restaurants à petit prix et des petits hôtels design. En parcourant les ruelles, vous découvrirez des sanctuaires taoïstes chinois embaumés d'encens.

À voir

ARCHITECTURE SINO-PORTUGAISE Patrimoine architectural

Flânez dans les rues Thalang, Dibuk, Yaowarat, Ranong, Phang-Nga, Rasada et Krabi pour admirer quelques-uns des plus beaux exemples de l'architecture sino-portugaise de la ville. Soi Romanee, à l'angle de Th Thalang, dégage une atmosphère particulière. Les plus beaux spécimens sont la **Standard Chartered Bank** (Th Phang-Nga), la banque étrangère la plus ancienne de Thaïlande, l'**agence de la THAI** (Th Ranong) et l'**ancienne poste**, qui abrite aujourd'hui le **musée de la philatélie de Phuket** (Th Montri ; entrée libre ; 9h30-17h30). Quant aux simples résidences, les mieux restaurées bordent Th Dibuk et Th Thalang.

SANCTUAIRE DE LA LUMIÈRE SEREINE Sanctuaire

(ศาลเจ้าแสงธรรม ; Saan Jao Sang Tham ; 8h30-12h et 13h30-17h30). Quelques temples chinois ajoutent des notes de couleur. Le sanctuaire de la Lumière sereine, caché au fond d'une ruelle de 50 m, non loin de la Bangkok Bank of Commerce, dans Th Phang-Nga, est le plus remarquable.

PHUKET THAIHUA MUSEUM Musée

(พิพิธภัณฑ์ภูเก็ตไทยหัว ; 28 Th Krabi ; 200 B ; 9h-17h). Ce nouveau musée clinquant, installé dans une ancienne demeure sino-portugaise, est rempli de photos et d'objets sur l'histoire de Phuket. La dernière salle est couverte de photos de plats locaux, chacune accompagnée de l'adresse de l'endroit où vous pourrez les déguster.

Où se loger

SINO HOUSE Hôtel $$

(0 7623 2494 ; www.sinohousephuket.com ; 1 Th Montri ; ch 2 000-2 500 B ;). Déco chic dans ce bel établissement de la

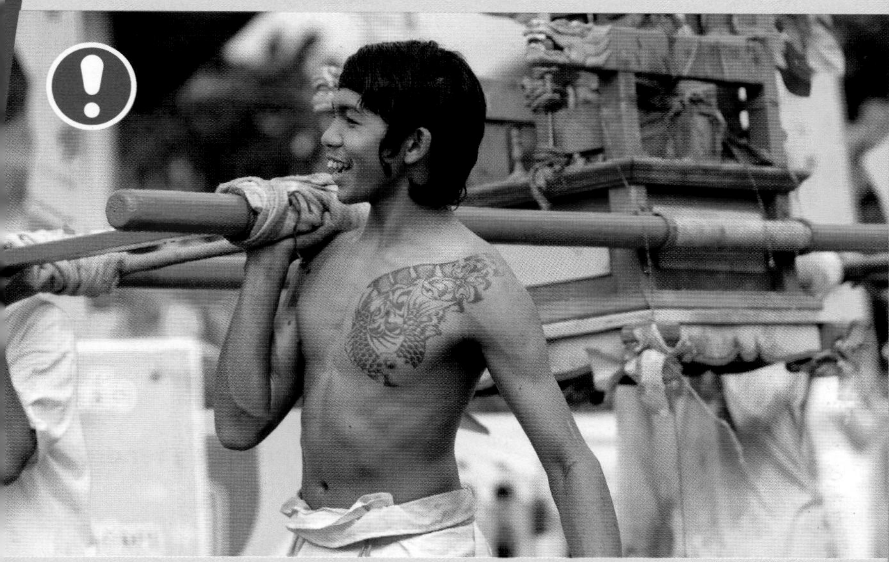

PAUL KENNEDY/LONELY PLANET IMAGES ©

À ne pas manquer La fête végétarienne

Des explosions en rafale crépitent dans la rue. Une fumée brune cendrée envahit l'air opaque. Des hommes et des femmes déambulent dans les rues, barrées pour l'occasion, les joues transpercées par des dagues, des couteaux, voire des lampes ou des branches d'arbre. Du sang coule sur leur front ou dans leur dos lacéré. Non, vous n'êtes pas en pleine guérilla urbaine, mais bien à la grande fête végétarienne de Phuket.

Cette fête a lieu durant les 9 premiers jours du 9e mois du calendrier lunaire chinois, généralement fin septembre ou en octobre. Elle vient souligner le début du carême taoïste, durant lequel les croyants s'abstiennent de consommer de la viande. Mais ce sont surtout les processions quotidiennes qui retiennent l'attention, durant lesquelles défilent des chars d'enfants et de *gà·teu·i* (transsexuels) richement vêtus, des hordes de jeunes aux couleurs assorties portant des drapeaux et, surtout, des hommes et des femmes s'adonnant à des automortifications.

Pour appeler ces divinités à descendre sur terre, des médiums (des hommes, pour la plupart) entrent en transe, se percent les joues avec des objets tranchants, se cisaillent la langue ou se flagellent avec des objets pointus. Ces scènes surréalistes et sanguinolentes, sont souvent difficiles à supporter.

Le bureau de la TAT à Phuket édite chaque année un programme détaillé de la fête.

vieille ville. Les chambres sont immenses et dotées de meubles modernes, de superbes vasques en céramique et de douches en quart de lune. Le **Raintree Spa** est sur place. Possibilité de séjour de longue durée (18 000 B/mois).

Où se restaurer

Vous trouverez de la bonne cuisine à Phuket, et ce, pour moins cher que sur les plages.

KA·JOK SEE Thaïlandais, international $$$
(☎0 7621 7903 ; kajoksee@hotmail.com ; 26 Th Takua Pa ; plats 180-480 B ; ⏰dîner mar-dim). Ce petit restaurant est un condensé de charme du Phuket d'antan. Profitez d'une cuisine exquise, d'une belle musique et, avec un peu de chance, d'un spectacle de cabaret très kitch.

CHINA INN Thaïlandais fusion $$
(Th Thalang ; plats 80-250 B). Situé dans une boutique du siècle dernier, ce restaurant offre des plats bio locaux. On y retrouve du crabe au curry rouge et une variété de mets végétariens. Côté dessert, le yaourt maison rivalise avec les smoothies au miel. Des tissus, gravures et vêtements du Myanmar et du Laos sont exposés.

UPTOWN RESTAURANT Thaïlandais $
(Th Tilok Uthit ; plats 30-60 B ; ⏰10h-21h). Ce classique café chinois à l'ambiance plutôt joviale n'est pas tape à l'œil, même s'il attire les célébrités thaïlandaises venues y déguster ses délicieuses nouilles.

COOK Italien, thaïlandais $
(☎0 7625 8375 ; 101 Th Phang-Nga ; plats 60-120 B). Avant d'ouvrir ce petit café dans la vieille ville, le propriétaire, un Thaïlandais, cuisinait italien pour un complexe hôtelier, d'où l'idée de fusionner les 2 cultures. Le résultat : une pizza au poulet et au curry vert ou au porc et au lait de coco. Extra !

WILAI Thaïlandais $
(14 Th Thalang ; plats à partir de 65 B ; ⏰petit-déj et déj). Wilai sert des plats locaux avec un supplément d'âme. Vous pourrez y déguster un *pàt tai* épicé ou un succulent *mèe sua* (nouilles aux œufs, poissons et fruits de mer). À découvrir : le jus de chrysanthème frais.

Où prendre un verre et sortir

Voici les endroits de prédilection des habitants. Les bars sont ouverts jusqu'à une heure tardive et fréquentés surtout par des Thaïlandais et des expatriés locaux.

TIMBER HUT Discothèque
(☎0 7621 1839 ; 118/1 Th Yaowarat ; entrée gratuite ; ⏰18h-2h). Les Thaïlandais et les expatriés fréquentent cette boîte depuis 20 ans. Ils se répartissent sur 2 étages autour de longues tables, s'abreuvent de whisky et se déhanchent au son de concerts de hard rock, de funk ou de hip-hop.

BO(OK)HEMIAN Café
(☎0 7625 2854 ; 61 Th Thalang ; ⏰9h-22h ; 📶). Le design ouvert est à la fois chic et chaleureux. Vous y trouverez des livres d'occasion et pourrez profiter du Wi-Fi en sirotant un café ou un thé accompagné d'un gâteau au chocolat.

Comment s'y rendre et circuler

Depuis/vers l'aéroport

Malgré ce que les rabatteurs des taxis voudraient bien vous faire croire, une **navette publique** (www.airportbusphuket.com ; 85 B), orange vif, relie l'aéroport au centre-ville via le monument aux Héroïnes, toutes les heures entre 6h et 19h. Un service de minibus assure également la liaison entre l'aéroport et Phuket-ville pour 150 B/pers. S'il y a suffisamment de passagers, la liaison vers les plages de Patong, Kata et Karon revient à 180 B. Une course en taxi avec compteur ne devrait pas coûter plus de 550 B (taxe d'aéroport comprise) pour toute destination sur l'île.

Bus

Le **terminal des bus** (☎0 7621 1977) est situé à l'est du centre-ville, à une courte distance de marche des hôtels.

Sŏrng·tăa·ou et túk-túk

De grands *sŏrng·tăa·ou* de la taille d'un bus font régulièrement la navette entre Th Ranong, près du marché de jour, et les différentes plages de Phuket (25 à 40 B/pers). Ces navettes fonctionnent de 7h à 17h. En dehors de ces heures, vous devez faire appel à un túk-túk pour vous rendre sur les plages. Après avoir marchandé, il vous en coûtera 500 B pour Patong, 500 B pour Karon et Kata, de 340 B à 400 B pour Rawai et 600 B pour Kamala.

Voiture

Vous trouverez des agences de location à bas prix sur Th Rasada, proche de **Pure Car Rent** (**☎0 7621 1002 ; www.purecarrent.com ; 75 Th Rasada**), qui est un bon choix.

Rawai

ราไวย์

La côte sud de Phuket, en pleine expansion, foisonne de retraités, d'entrepreneurs thaïlandais et expatriés, et d'un secteur tertiaire qui s'y est relocalisé.

À voir et à faire

Lovée entre les filaos, Hat Nai Han, toute de sable blanc, avec ses yachts arrimés et son Wat Nai Han, est la plus belle plage du coin. Son break de surf est impressionnant durant la mousson, mais d'autres plages, plus isolées, sont aussi très belles.

Où se loger

Tous les hébergements sur Hat Nai Han sont joignables par une étroite route goudronnée au départ du parking du Phuket Yacht Club et en *long-tail boat* depuis Rawai pour 500 B.

ROYAL PHUKET YACHT CLUB Hôtel **$$$**

(**☎0 7638 0200 ; www.royalphuketyachtclub.com ; 23/3 Moo 1, Th Viset, Hat Nai Han ; ch à partir de 6 800 B ;** ❄ @ ≋). Destination de choix des plaisanciers, cet hôtel distille un charme d'antan qui se ressent surtout dans son fabuleux hall/bar. Les chambres jouissent d'une terrasse et d'une superbe vue sur la baie. Nombreuses prestations.

Où se restaurer et prendre un verre

Des dizaines d'autres, délicieux, proposent des grillades de fruits de mer le long de la route au nord de Hat Rawai.

RUM JUNGLE Restaurant **$$$**

(**☎0 7638 8153 ; 69/8 Th Sai Yuan ; plats 300-500 B ; ⏲dîner, tjs sauf dim).** C'est le meilleur restaurant du coin et parmi les meilleurs de l'île. Cet établissement familial est dirigé par un formidable chef australien. Son jarret d'agneau de Nouvelle-Zélande est un délice, tout comme ses palourdes – les sauces pour les pâtes sont faites maison.

Hat Kata

หาดกะตะ

Avec ses boutiques et ses plages, Kata attire une foule animée. Contrairement à Patong, l'industrie du sexe y est absente. Vous n'y trouverez pas de plage déserte, mais les activités ne manquent pas et l'ambiance est conviviale.

Hat Kata

AUSTIN BUSH/LONELY PLANET IMAGES ©

À voir et à faire

Si vous souhaitez fuir la jet-set de la plage de Kata sud, tournez à gauche (vers l'ouest) sur la route principale avant la montée vers Karon. Une fois passée la série de restaurants thaïlandais, vous trouverez une plage isolée (Hat Kata Yai), tout au nord, dans les rochers, où sont amarrés des *long-tail boats*.

Où se loger

MOM TRI'S VILLA ROYALE Hôtel **$$$**
(**0 7633 3568 ; www.villaroyalephuket.com ; ste petit-déj compris à partir de 12 500 B ;**). Nichée dans un recoin isolé de Kata Noi et jouissant d'une vue spectaculaire, le Villa Royale offre un cadre romantique et sert de la nourriture divine. Les chambres, superbres, semblent tirées d'un magazine de décoration. Vous pourrez vous détendre en toute quiétude au spa et vous prélasser dans une piscine d'eau de mer, même si ladite mer est à deux pas.

SAWASDEE VILLAGE Hôtel **$$$**
(**0 7633 0979 ; www.phuketsawasdee.com ; 38 Th Ked Kwan ; bung 6 500-8 500 B ;**). Il s'agit d'un complexe design à la fois luxueux et compact de style thaïlandais traditionnel. Les bungalows au toit en pente arborent parquet et poutres au plafond. Ils ouvrent sur une épaisse forêt tropicale striée de canaux à *koi* (carpes) et de cascades.

SUGAR PALM RESORT Hôtel **$$**
(**0 7628 4404 ; www.sugarpalmphuket.com ; 20/10 Th Kata ; ch petit-déj compris 3 700-5 200 B ;**). Ce complexe chic et relax loue des chambres décorées avec goût en blanc, noir et mauve. Elles sont très confortables et offrent un excellent rapport qualité/prix. Vous y trouverez une piscine à déversement en forme de U. L'hôtel est situé à un pâté de maisons de la plage, sur la rue commerçante de Kata.

Où se restaurer

Il y a plusieurs restaurants haut de gamme à Kata, mais ils sont chers. Pour une nourriture abordable, allez sur Th Thai Na ou sur Th Kata (Patak ouest), sur la côte, pour des restaurants de fruits de mer sans prétention à prix raisonnable.

BOATHOUSE WINE & GRILL Méditerranéen **$$$**
(**0 7633 0015 ; www.boathousephuket.com ; 2/2 Th Kata (Patak West) ; plats 450-950 B ; matin, midi et soir**). C'est l'endroit parfait pour un rendez-vous romantique. L'atmosphère est

Salade de papaye
JAB265407/DREAMSTIME ©

Hat Kata (p. 297)

PUWANAI/DREAMSTIME©

un peu guindée, mais la nourriture fusion-méditerranéenne est épatante et la carte des vins très complète. La vue sur la mer est magnifique.

CAPANNINA Italien **$$**
(**0 7628 4318 ; capannina@fastmail.fm ; 30/9 Moo 2, Th Kata ; plats 200-700 B).** Ici, les pâtes et les sauces sont faites maison. Les raviolis et les gnocchis sont mémorables, le risotto est succulent et les pizzas et le veau milanais ne sont pas en reste.

OASIS Fusion **$$$**
(**0 7633 3423 ; Th Kotanod ; plats 350-600 B).** Deux restaurants en un. En haut, bar à tapas fusion asiatique et ambiance jazz. En bas, restaurant gastronomique avec terrasse où vous pourrez déguster un filet de barracuda enveloppé d'une croûte aux herbes tout en regardant les lanternes de papier se balancer au bout des branches.

THAI KITCHEN Thaïlandais **$**
(**Th Thai Na ; plats 80 B ; petit-déj, déj et dîner).** Si un café sans prétention en bord de route est rempli de convives thaïlandais, vous pouvez être assuré que la nourriture y est très bonne. Ses plats au curry vert (très épicé) et aux nouilles transparentes sont tout simplement exquis.

Où prendre un verre

La vie nocturne de Kata est généralement calme.

SKA BAR Bar
(**jusqu'à tard).** Blotti dans les rochers, sur la crique la plus au sud de l'île, ce bar s'appuie contre le tronc d'un vieux banian. C'est notre lieu préféré pour admirer le soleil couchant. Les barmen thaïlandais contribuent à l'ambiance rasta. Sous l'auvent sont accrochés des bouées, des lanternes et plusieurs drapeaux.

RATRI JAZZTAURANT Bar
(**0 7633 3538 ; Kata Hill ; plats 145-345 B ; 18h-24h).** Depuis la terrasse à flanc de colline, écoutez de la musique jazz et dégustez des mets thaïlandais savoureux. Oui, vous êtes bien en vacances.

GLENN VAN DER KNIJFF/LONELY PLANET IMAGES ©

Hat Karon

หาดกะรน

Karon est un mélange de Patong et de Kata : à la fois relax, glamour et un peu kitsch, avec quelques coins mal famés. Il y a deux grands complexes et les touristes en voyage organisé sont nombreux, mais les plages y sont moins bondées qu'à Patong ou à Kata. Plus vous allez au nord, plus la plage devient belle et chic. À l'extrême nord, accessible par une piste cabossée au-delà des marchands et des stands de nourriture, l'eau est turquoise.

Où se loger

IN ON THE BEACH Hôtel $$

(☎0 7639 8220 ; www.karon-inonthebeach.com ; 695-697 Moo 1, Th Patak ; ch à partir de 3 500 B ; ❄ @ 📶 🏊). Cette auberge de bon goût est installée dans le parc Karon. Le cadre est sublime et les chambres, avec Wi-Fi, climatisation et ventilateur au plafond, donnent sur la mer. Avec sa piscine et ses tarifs fortement réduits en basse saison, c'est une bonne adresse pour les surfeurs.

Où se restaurer et prendre un verre

Quelques restaurants de fruits de mer et thaïlandais bon marché sont installés après le rond-point (dont plusieurs gargotes sous un même toit, en bord de mer, à 100 m de là) et d'autres sur la rue principale vers l'extrémité sud de Hat Karon.

PAD THAI SHOP Thaïlandais $

(Th Patak East ; plats 40 B ; ⏲petit-déj, déj et dîner). Situé sur la route principale derrière Karon, au nord du Ping Pong Bar, ce restaurant est en fait un stand amélioré. Vous y dégusterez un délicieux ragoût de poulet et le meilleur *pàt tai* au monde : épicé et doux, avec quantité de crevettes, du tofu, des œufs et des cacahuètes, enveloppé dans une feuille de banane. Tout simplement irrésistible. Il ferme vers 19h.

NAKANNOI Bar

(☎08 7898 5450 ; Karon Plaza ; ⏲17h-1h). Ce refuge bobo et artistique arbore une collection hétéroclite de peintures et d'objets (dont des motos et des vélos anciens), un bar central et une scène où évoluent le patron et ses amis tous les soirs après 20h.

Hat Patong

Dans ce joyeux capharnaüm, tout a un prix : qu'il s'agisse d'un café Starbucks ou d'une nuit dans les bras d'une inconnue. Ce n'est pas la seule ville dans son genre, mais contrairement à d'autres, elle s'assume.

Vous pouvez ne pas l'aimer, mais vous ne pouvez qu'être admiratif devant cette longue plage de sable blanc et de cette magnifique baie en demi-lune. De nos jours, c'est elle la véritable capitale de Phuket, et non plus Phuket-ville.

Les centres de plongée et les spas sont légion, de même que les restaurants de fine cuisine et de grillade. On y trouve des cabarets, des rings de boxe, et l'un des meilleurs centres commerciaux d'Asie.

Où se loger

BURASARI Hôtel **$$$**

(0 7629 2929 ; www.burasari.com ; 18/110 Th Ruamchai ; ch 2 700-9 300 B ;). C'est un véritable labyrinthe de piscines et de cascades bordées de colonnes et de chaises longues. Les chambres sont plus simples, mais chics (écran plat, grand lit et déco bambou). Le café **Naughty Radish** propose d'originales salades personnalisables (à partir de 180 B) et les meilleurs smoothies (120 B) de Phuket.

BAIPHO, BAITHONG & SALA DEE Pension **$$**

(0 7629 2074, 0 7629 2738 ; www.baipho.com, www.baithong.com, www.saladee.com ; 205/12-13 et 205/14-15 Th Rat Uthit 200 Pee ; ch 1 800-3 300 B ;). Ces trois pensions arty sont toutes situées dans le même *soi* et partagent un personnel sympathique et professionnel. Les chambres douillettes, à la lumière tamisée, sont toutes uniques. **The Lounge**, installé au rez-de-chaussée du Baithong, sert des cocktails et de la bonne cuisine italienne et thaïlandaise. Les hôtes peuvent profiter de la piscine du Montana Grand Phuket.

Où se restaurer

Patong compte de nombreux restaurants, mais il vaut mieux éviter les restos thaïlandais pour touristes et la prétendue cuisine occidentale qui envahissent les artères principales. Les restaurants les plus sélects sont regroupés au-dessus des falaises, au nord de la ville.

Des stands de nourriture à petit prix s'installent un peu partout en ville le soir, comme dans les ruelles autour de Th Bangla, ainsi qu'au **Patong Food**

Gay Pride à Phuket

Bien que celles de Bangkok et de Pattaya soient imposantes, beaucoup considèrent que la **Gay Pride de Phuket** est la meilleure de Thaïlande, voire même d'Asie du Sud-Est. Elle se tient généralement entre février et avril et attire une foule de fêtards (principalement des hommes) sur toute l'île, et particulièrement à Patong.

Les 4 jours de cette fête sont marqués par l'immense tournoi de beach-volley et le grand défilé dans les rues de Patong, composé de chars, d'une foule enthousiaste et de superbes costumes. Ces dernières années, cette fête a été l'occasion de campagnes de responsabilité sociale contre la prostitution infantile et la toxicomanie et pour la sensibilisation à la question du VIH.

Pour en savoir plus sur les gay prides à venir ou sur la scène gay en général, allez sur www.gaypatong.com.

Park (Th Rat Uthit ; 16h-24h) après le coucher du soleil.

LIM'S Thaïlandais **$$$**
(0 7634 4834 ; www.lim-thailand.com ; 28 Th Phrabaramee, Soi 7 ; plats 300-600 B ; 18h-24h). Lim est à 500 m au nord (en haut d'une côte) de la route côtière pour Kamala. Restaurant-lounge moderne servant de la fine cuisine thaïlandaise. Les célébrités de passage dans la région y passent au moins une soirée.

MENGRAI SEAFOOD Poisson **$$**
(Soi Tun ; plats 120-300 B). Située au bout d'un *soi* au coin de Th Bangla, cette aire de restauration sert des mets locaux très frais. Les stands vers le bout du *soi* servent de délicieux currys.

CHICKEN RICE BRILEY Thaïlandais **$**
(Patong Food Park, Th Rat Uthit ; plats 35-45 B ; petit-déj et déj). Le seul resto du Patong Food Park ouvert durant la journée.

Où prendre un verre

Vous trouverez une forte concentration de bars de strip-tease sur Th Bangla. La techno est forte, les vêtements minimalistes et le décor assez grotesque. Cela dit, l'atmosphère est plus carnavalesque que glauque et la clientèle féminine occidentale est considérable dans ces bars.

TWO BLACK SHEEP Pub
(0895 921 735 ; www.twoblacksheep.net ; 172 Th Rat Uthit ; 11h-2h). Tenu par un charmant couple d'Australiens, ce pub à l'ancienne est fabuleux. Bons plats et concerts acoustiques de 20h à 22h avant l'arrivée du groupe local, Chilli Jam, qui joue jusqu'au bout de la nuit. Les hôtesses de bar sont interdites, les lieux sont donc accessibles à tous.

LA GRITTA Bar
(0 7634 0106 ; www.amari.com ; 2 Th Meun-ngern ; 10h30-23h30). Un étonnant restaurant moderne dans le sud-ouest de la ville, qui contraste avec l'aspect vieillissant de la bâtisse. Avec ses alcôves à différents niveaux, ses éclairages tamisés et son ponton à fleur d'eau, c'est l'endroit idéal pour admirer le couchant en sirotant un cocktail.

MONTE'S Bar
(Th Phisit Karani ; 11h-24h). C'est le bar tropical par excellence. Un toit en chaume, un bar en bois naturel, des orchidées par dizaines et un écran géant diffusant des matchs. Les moules à la belge font le bonheur de la clientèle le vendredi, de même que les grillades du week-end.

Où sortir

Les cabarets et les combats de boxe sont une spécialité locale.

PHUKET SIMON CABARET Cabaret
(0 7634 2011 ; www.phuket-simoncabaret.com ; Th Sirirach ; 700-800 B ; spectacles à 19h30 et 21h30 tous les soirs). À environ 300 m au sud de la ville, ce cabaret propose des spectacles de travestis dans une superbe salle de 600 places. Les costumes sont magnifiques et l'illusion est parfaite. Les spectacles affichent souvent complet.

SOUND PHUKET Club
(0 7636 6163 ; www.soundphuket.com ; Jung Ceylon complex, Unit 2303, 193 Th Rat Uthit ; 22h-4h). C'est généralement ici que les DJ internationaux s'arrêtent quand ils viennent sur Phuket. La salle ronde a une allure futuriste et l'ambiance est torride. Attendez-vous à payer jusqu'à 300 B si le DJ est connu.

Hat Kamala หาดกมลา

Mélange décontracté entre Hat Karon et Hat Surin, à la fois tranquille et distrayant, Kamala attire des visiteurs de longue durée, moins enclins à faire la fête qu'ailleurs, des familles scandinaves et des jeunes couples. La baie est vraiment magnifique, turquoise et calme. Ses vagues vous berceront durant votre sommeil. La plage est adossée tout du long à des collines verdoyantes et, pour l'instant, intactes.

À voir et à faire

Tous les connaisseurs vous diront que **Laem Singh**, au nord de Kamala, est le plus beau cap de l'île. Entouré de falaises, il n'offre aucun accès par la route. Pour y accéder, vous devrez vous garer sur le promontoire et suivre un sentier étroit, ou bien louer un *long-tail boat* (1 000 B) depuis Hat Kamala. Le site est très fréquenté.

PHUKET FANTASEA Théâtre
(☎ 0 7638 5000 ; www.phuket-fantasea.com ; entrée avec/sans repas 1 900/1 500 B ; ⏰ 18h-23h30 ven-mer). Ce théâtre, dont la construction a coûté 60 millions de $US, se trouve juste à l'est de Hat Kamala. Il s'agit d'un spectacle son et lumière alliant les couleurs et les apparats de la danse thaïlandaise à une technologie de pointe. Le résultat pourrait rivaliser avec Las Vegas (oui, il y a 30 éléphants sur scène). Les enfants seront particulièrement captivés par ce spectacle kitchissime. Les appareils photo sont interdits dans la salle.

Où se loger et se restaurer

LAYALINA HOTEL Hôtel $$$
(☎ 0 7638 5942 ; www.layalinahotel.com ; ch petit-déj compris 5 500-7 700 B ; ❄ @ 📶 🏊). Les suites, sur 2 niveaux, ont une terrasse privative sur le toit de ce petit hôtel de charme, offrant une vue du soleil couchant sur la plage. La piscine est minuscule, mais la mer est à deux pas.

ROCKFISH Cuisine fusion $$
(☎ 0 7627 9732 ; www.rockfishrestaurant.com ; 33/6 Th Kamala Beach ; plats 150-1 000 B ; ⏰ petit-déj, déj et dîner). Perché à l'embouchure de la rivière, le meilleur restaurant de Kamala offre une vue sur la plage, la baie et la montagne. Vous pourrez y déguster un filet de canard braisé au chou et des coquilles Saint-Jacques enrobées de jambon cru.

Hat Surin หาดสุรินทร์

Avec ses larges étendues de sable blond bordées d'eau turquoise offrant un dégradé bleu marine à l'horizon et ses deux promontoires rocheux, Surin est la

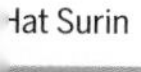

Hat Surin

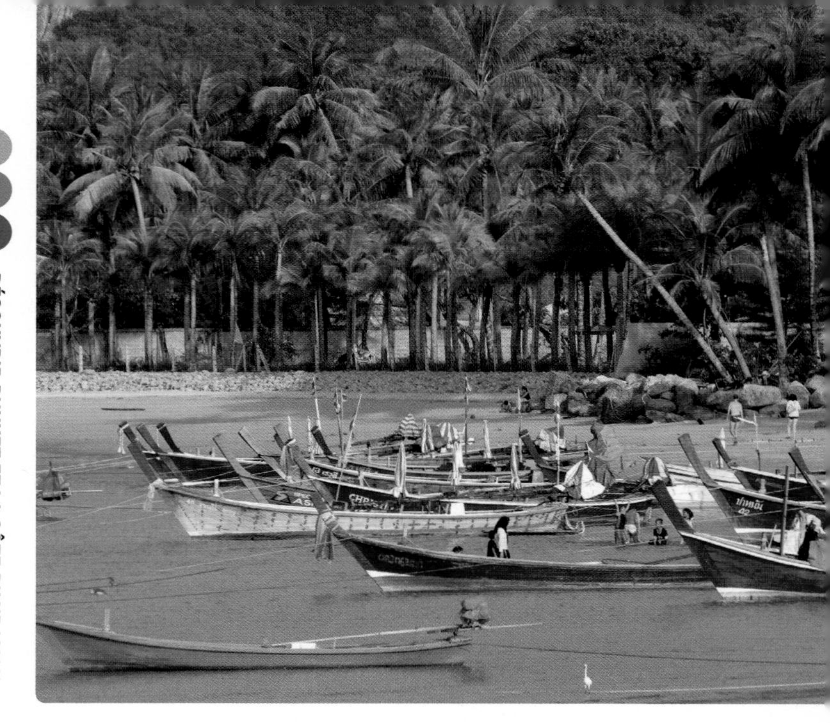

perfection incarnée. Non contente d'être ravissante, elle vous envoûtera avec ses galeries d'art, ses spas 5 étoiles et ses délicieux restaurants de plage.

Où se loger

Sur Hat Surin, vous trouverez les hébergements les plus haut de gamme de Phuket, mais les voyageurs à petit budget trouveront tout de même à se loger.

TWIN PALMS Complexe hôtelier **$$$**
(☎ 0 7631 6500 ; www.twinpalms-phuket.com ; ch 6100-38 800 B ; ❄ @ ≋). Superbe hôtel, classique et très contemporain à la fois. Il laisse une impression d'espace avec ses piscines design bordées de frangipaniers. L'hôtel est situé à quelques minutes de la plage. Vous croiserez des expatriés venant des quatre coins de Phuket pour le **brunch** du dimanche le plus couru de l'île (12h-14h ; buffet 1 300 B).

BENYADA LODGE Hôtel **$$**
(☎ 0 7627 1261 ; www.benyadalodge-phuket.com ; ch 2 800-3 500 B ; ❄ @ ≋). Avec ses chambres chics et modernes avec coussins répandus dans le coin lounge, cet hôtel est une bonne affaire (pour Hat Surin). Service impeccable. Vous admirerez le soleil couchant depuis la piscine sur le toit ou de la plage située à quelques minutes de marche.

Où se restaurer

Pour de délicieux poissons et fruits de mer pas chers, il existe un grand nombre de restaurants sur le front de mer.

TASTE Cuisine fusion **$$**
(☎ 08 7886 6401 ; tapas 160-225 B).
Le meilleur choix sur la plage. Chic, mais sans prétention, vous pourrez dîner à l'intérieur ou sur la terrasse. Ce restaurant offre des grosses salades, un filet mignon parfaitement cuisiné et une variété de plats méditerranéo-thaïlandais

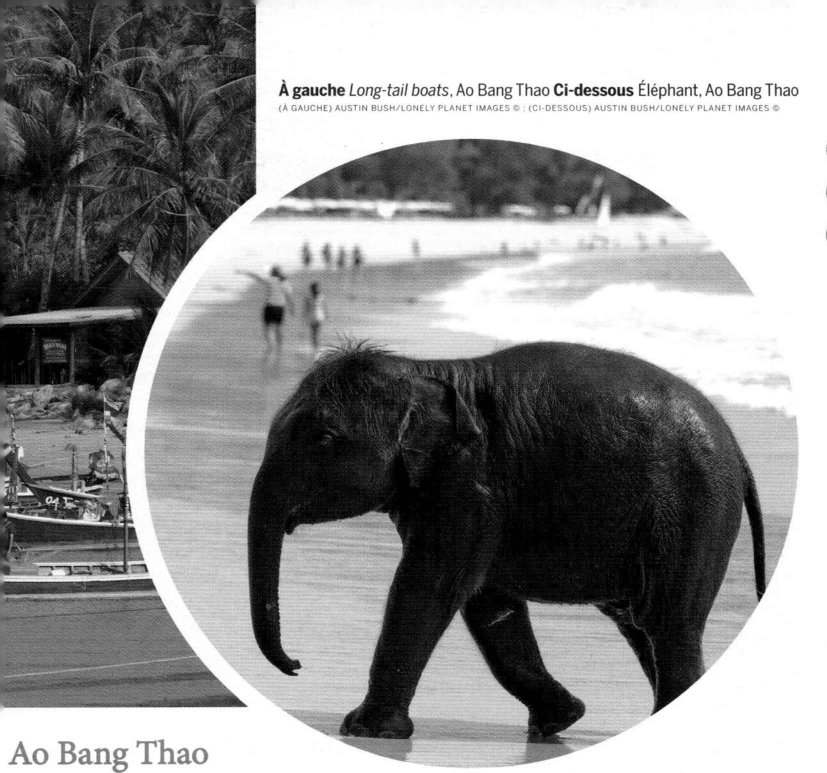

À gauche *Long-tail boats*, Ao Bang Thao **Ci-dessous** Éléphant, Ao Bang Thao
(À GAUCHE) AUSTIN BUSH/LONELY PLANET IMAGES © ; (CI-DESSOUS) AUSTIN BUSH/LONELY PLANET IMAGES ©

Ao Bang Thao

Presque aussi grande et encore plus belle que la baie de Patong, avec ses 8 km d'étendues de sable blanc, Ao Bang Thao est loin d'être homogène. La partie sud de la baie est parsemée de bungalows 3 étoiles. Dans les terres, vous trouverez un vieux village de pêcheurs parcouru de canaux et des lotissements en construction.

Le Hideaway Day Spa jouit d'une excellente réputation. Il propose des massages thaïlandais et des enveloppements de boue (soin à partir de 1 500 B) dans un cadre boisé au bord d'une lagune.

Où se loger

ANDAMAN BANGTAO BAY RESORT Hôtel **$$$**
(**0 7627 0246 ; www.andamanbangtaobayresort.com;bung3900-5900B;**). Tousles bungalows de ce petit complexe ont vue sur la mer et procurent une ambiance de camp d'été. Décor thaïlandais typique de bois gravé et de noix de coco. Pour le prix, nous nous attendions à plus luxueux.

Où se restaurer

La plupart des bonnes adresses de Phuket se trouvent devant l'entrée principale du Laguna et parmi les restaurants de fruits de mer, sur la plage, au sud du Banyan Tree Phuket.

TATONKA International **$$$**
(**0 7632 4349 ; Th Srisoonthorn ; plats 250-300 B ; dîner jeu-mar).** Ce restaurant propose une cuisine "globe-trotter" inventée par le chef et propriétaire Harold Schwarz. Ce dernier combine des produits frais locaux à un savoir-faire culinaire appris en Europe, au Colorado et à Hawaï.

SIAM SUPPER CLUB International $$$
(☎0 7627 0936 ; Hat Bang Thao ; plats 180-450 B). L'une des adresses les plus courues de Phuket, où l'ont vient siroter un cocktail, écouter du jazz et déguster un très bon repas. Le menu est principalement occidental : pizzas gastronomiques, ragoût de fruits de mer et filet de veau aux champignons sauvages sur lit de truffes.

Parc national de Sirinat

อุทยานแห่งชาติสิรินาถ

Le **Parc national de Sirinat** (☎0 7632 8226 ; www.dnp.go.th ; 200 B ; 8h-17h), qui couvre 22 km² de côte et 68 km² de mer, regroupe les plages de Nai Thon, Nai Yang et Mai Khao, ainsi que l'ancien parc national de Nai Yang et la réserve naturelle de Mai Khao.

Le parc est à moins de 15 minutes de route de l'aéroport international de Phuket, ce qui en fait un premier arrêt très pratique.

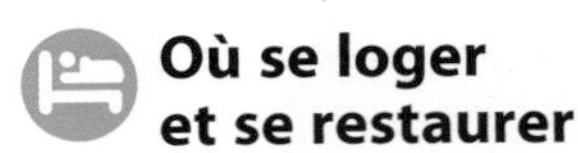

Où se loger et se restaurer

Hat Nai Thon

Si vous êtes à la recherche d'une belle baie de sable blond, loin de l'agitation de Phuket, Hat Nai Thon est la plage qu'il vous faut. Vous pourrez y nager sans danger, sauf durant la mousson. Des coraux bordent les promontoires de chaque côté de la baie.

NAITHONBURI Hôtel $$$
(☎0 7620 5500 ; www.naithonburi.com ; Moo 4, Th Hat Nai Thon ; ch 3 500-4 500 B). Le plus tranquille des grands complexes hôteliers, malgré ses 222 chambres. Celles-ci, avec carreaux de terracotta et linge de lit en soie thaïlandaise, sont vastes et dotées d'un balcon. L'immense piscine est bordée de transats. Le **Chao Lay Bistro** (plats à partir de 180 B) est le restaurant le plus chic de Nai Thon.

Hat Nai Yang et Hat Mai Khao

La baie de Hat Nai Yang est abritée par un récif sous-marin haut de 20 m, ce qui est parfait pour le snorkeling en saison sèche et le surf durant la saison des pluies.

À environ 5 km au nord de Hat Nai Yang se trouve Hat Mai Khao, la plus longue plage de Phuket. Des tortues de mer y pondent de novembre à février. Faites attention aux forts courants sous-marins.

ANANTARA PHUKET Hôtel $$$
(☎0 7633 6100 ; www.phuket.anantara.com ; 888 Moo 3, Tumbon Mai Khao ; villas à partir de 35 000 B ; ❄@📶🏊). Ces luxueuses villas flambant neuves, de style traditionnel, avec piscine, donnent sur une

Statues de bouddha, Tham Seua (p. 316)
PAUL KENNEDY/LONELY PLANET IMAGES ©

lagune paisible s'étendant jusqu'à la plage. Le **Bua Luang Spa** et le **Sea Fire Salt Restaurant** valent le détour, même si vous ne logez pas dans cet hôtel.

SALA RESORT & SPA Hôtel **$$$**
(0 7633 8888 ; www.salaphuket.com ; 333 Moo 3, Tambon Maikhao ; ch à partir de 11 550 B, villas à partir de 15 750 B ;). Ce magnifique hôtel design et moderne est un mélange de style sino-portugais et Art déco. L'hôtel offre également des soins de spa.

NAI YANG BEACH RESORT Hôtel **$$**
(0 7632 8300 ; www.naiyangbeachresort.com ; 65/23-24 Th Hat Nai Yang ; ch à partir de 3 600 B ;). Un complexe milieu de gamme, propre, dans un cadre arboré proche des plages. Les chambres bon marché sont ventilées, les plus chères ont une jolie déco thaïlandaise.

PROVINCE DE KRABI

Ville de Krabi กระบี่

27 500 HABITANTS

Krabi est majestueusement située entre des falaises saillantes de formation karstique qui prennent naissance dans des mangroves. En ville, vous serez impressionné par le nombre de pensions et d'agences de voyages qui fleurissent dans cette bourgade compacte. Les restaurants occidentaux sont omniprésents, de même que les échoppes de souvenirs. Vous passerez par la ville de Krabi pour vous rendre à Railay et à Ko Phi Phi.

Où se loger

On trouve de nombreuses pensions de qualité à Krabi, mais si vous préférez le luxe, vous devrez aller à Ao Nang.

PAK-UP HOSTEL Auberge **$**
(carte p. 308 ; 0 5611 955 ; www.pakuphostel.com ; 87 Th Utarakit ; dort 180-200 B, d 600 B ;). Cette auberge de jeunesse branchée loue des dortoirs de 10 lits superposés en bois massif équipés de casiers. Les grandes sdb communes ont des cabines de douche avec eau froide ; certaines sont équipées d'eau chaude.

CHAN CHA LAY Pension **$**
(carte p. 308 ; 0 7562 0952 ; www.chanchalay.com ; 55 Th Utarakit ; ch 400-700 B, ch sans sdb 250 B ;). Les superbes chambres bleues, à l'atmosphère méditerranéenne, avec sdb semi-extérieure, sont les plus chics et les plus confortables de Krabi.

Où se restaurer et prendre un verre

MARCHÉ DE NUIT Thaïlandais **$**
(carte p. 308 ; Th Khong Kha ; plats 20-50 B). Près de l'embarcadère de Khong Kha, voici le meilleur endroit pour dîner. Les cartes sont en anglais, mais la nourriture est authentique : salade de papaye, nouilles frites, *đôm yam gûng* (soupe de crevettes à la citronnelle) et desserts lactés thaïlandais.

Depuis/vers Krabi

Avion

La plupart des compagnies aériennes du pays relient Bangkok et l'aéroport international de Krabi (environ 4 400 B l'aller simple, 1 heure 15). **Bangkok Air** (www.bangkokair.com) dessert Ko Samui tous les jours pour environ 3 800 B.

Bateau

Les bateaux pour Ko Lanta et Ko Phi Phi partent de l'embarcadère de Khlong Chilat, à 4 km au sud-ouest de Krabi. Les agences de voyages organisent un transfert gratuit quand on leur achète un billet.

La principale compagnie, **PP Family Co** (0 7561 2463 ; www.phiphifamily.com ; Th Khong Kha), possède une billetterie à côté de l'embarcadère. En haute saison, les bateaux rallient Ko Phi Phi (300 B, 1 heure 30) à 9h, 10h30, 13h30 et 15h, tandis qu'en basse saison, la rotation est réduite à 2 bateaux par jour.

De novembre à mai, il y a seulement un bateau par jour pour Ko Lanta (350 B, 2 heures) depuis Krabi à 11h30.

Krabi

Krabi

Où se loger

1 Chan Cha Ley C3
2 Pak-up Hostel C2

Où se restaurer

3 Marché de nuit C2

Transports

4 PP Family Co D3
5 Sŏrng•tăa•ou pour Ao Nang et Hat Noppharat Thara B2
6 Sŏrng•tăa•ou pour Ao Nang et Hat Noppharat Thara A2

Pour vous rendre à Ralay, prenez un *long-tail boat* à l'embarcadère Khong Kha pour Hat Rai Leh Est (150 B, 45 min), de 7h45 à 18h.

Des *sŏrng·tăa·ou* font la navette entre les 2 embarcadères pour 50 B ; un taxi coûte de 300 à 400 B.

Bus

Le **terminal des bus de Krabi** (**0 7561 1804 ; angle Th Utarakit et Hwy 4**) est situé à Talat Kao, à 4 km au nord de Krabi. Des bus publics climatisés partent pour Bangkok (720 B, 12 heures) à 7h, 16h et 17h30. Un bus VIP de 24 places, très chic, pour Bangkok (1 100 B) part à 17h30 tous les jours.

Au départ du terminal sud des bus de Bangkok, les bus démarrent à 7h30, puis entre 19h et 20h. Des bus publics climatisés partent de Talat Kao pour Phuket (145 B, 3 heures 30), Surat Thani (140 B, 2 heures 30) et Trang (90 B, 2 heures).

Sŏrng•tăa•ou

Des *sŏrng·tăa·ou* bien utiles relient le terminal des bus au centre de Krabi avant de continuer vers Hat Noppharat Thara (40 B) et Ao Nang (60 B). Le service est assuré de 6h à 18h30.

Ao Nang

อ่าวนาง

12 400 HABITANTS

Certes, vous ne serez pas trop dépaysé, mais Ao Nang est néanmoins une agréable ville de bord de mer, tout entière vouée au tourisme.

Où se loger

SOMKIET BURI RESORT Hôtel $$
(**0 7563 7320 ; www.somkietburi.com ; ch 1 700-6 200 B ;**). Ce complexe, aménagé sur un terrain luxuriant, est parsemé de

fougères et d'orchidées et traversé par des lagunes et des cours d'eau. Des allées en bois sinueuses mènent aux 26 chambres spacieuses, décorées avec goût.

Où se restaurer

SOI SUNSET Poisson **$$**
(**☎ 0 7569 5260 ; Soi Sunset ; plats 60-400 B ; ⏲ midi et soir).** À l'extrémité ouest de la plage, cette petite allée piétonnière est bordée de charmants restaurants de poisson et fruits de mer qui offrent une belle vue sur les îles. Le Krua Ao Nang, au bout de la ruelle, est l'un des meilleurs restaurants.

Où prendre un verre et sortir

Les bars ne manquent pas dans Ao Nang.

LAST CAFÉ Café, bar
(**⏲ 11h-19h).** À l'extrémité sud de Hat Ao Nang se trouve ce café de plage offrant bières fraîches et atmosphère décontractée.

Comment s'y rendre et circuler

Bateau

Ao Nang Long-tail Boat Service (☎ 0 7569 5313 ; www.aonangboatco-op.com) assure la liaison avec Railay (Hat Rai Leh Ouest) pour 80 B/personne de 7h30 à 18h et 150 B/personne de 18h à 6h.

Des ferrys et des hors-bord partent de l'embarcadère proche de Noppharat Thara, à destination de Ko Phi Phi, Ko Lanta, Phuket et des îles de Ko Yao.

Bus, voiture et minibus

Des *sŏrng·tăa·ou* desservent Krabi (50 B, 20 min) au départ du terminal des bus (supp 10 B) via Th Maharat, l'embarcadère de Khong Kha, puis Hat Noppharat Thara et Ao Nang. Le trajet d'Ao Nang à Hat Noppharat Thara coûte 20 B.

La navette pour l'aéroport coûte entre 80 B et 100 B et circule toute la journée. La course en taxi privé depuis l'aéroport revient à environ 800 B.

Des minibus desservent de nombreuses villes dans le sud, dont Phuket (350 B à 400 B, 3 à 4 heures) et Ko Lanta (400 B, 2 heures).

Vous trouverez des dizaines de loueurs de motos de petite cylindrée pour 150 B à 200 B. **Budget Car Hire** loue des voitures pour environ 1 600 B.

Railay ไร่เล

Les magnifiques formations karstiques de Krabi atteignent leur paroxysme à Railay (ou Rai Leh), terrain de jeu ultime pour tous les amateurs d'escalade. De belles plages sablonneuses viennent compléter ce petit coin de paradis. Malgré la proximité avec l'agitation touristique d'Ao Nang, l'atmosphère est très détendue.

Activités

Escalade

Il n'est pas surprenant qu'avec quelque 500 voies pitonnées de tous niveaux, ces incroyables falaises, avec ses superbes panoramas, figurent parmi les lieux d'escalade les plus prisés du monde. La nouvelle tendance est à l'escalade libre en solo sur des parois surplombant la mer : si vous tombez, vous ne risquez rien, alors même les débutants peuvent s'y essayer.

Comptez 800-1 000 B pour une demi-journée et 1 500-2 000 B pour la journée entière. Les forfaits de 3 jours (6 000 B) incluent une escalade de tête (le premier grimpeur attache le matériel aux pitons de la paroi). Les varappeurs expérimentés peuvent louer l'équipement (1 corde de 60 m, 2 baudriers et des chaussures d'escalade) dans une école d'escalade (800/1 300 B la demi-journée/journée).

HIGHLAND ROCK CLIMBING École d'escalade
(**☎ 08 0693 0374 ; chaow_9@yahoo.com ; Hat Rai Leh Est).** Si la montagne est votre passion, le propriétaire de ce centre d'escalade est votre homme.

HOT ROCK École d'escalade
(**☎ 0 7562 1771 ; www.railayadventure.com ; Hat Rai Leh Ouest).** Son propriétaire est l'un des pionniers de l'escalade à Railay.

Plongée et snorkeling

Plusieurs centres de **plongée** de Railay organisent des excursions à Ko Poda et vers d'autres spots. Des sorties de **snorkeling** à Ko Poda, à l'Île aux poules et au-delà peuvent être organisées par l'intermédiaire de n'importe quel *resort* pour environ 1 800 B (max 6 pers), ou bien vous pouvez louer un *long-tail boat* (demi-journée/journée 1 700/2 200 B) sur la plage de Hat Railay Ouest.

Le **Flame Tree Restaurant** (Hat Rai Leh Ouest) loue des **kayaks de mer** (200 B/heure ou 800 B/jour).

Où se loger et se restaurer

Hat Railay Ouest

RAILAY BAY RESORT & SPA Hôtel **$$$**
(0 7562 2570-2 ; www.railaybayresort.com ; bung 3 700-17 800 B ;). Composé de charmants bungalows avec grandes fenêtres et terrasse chic, ce complexe s'étire jusqu'à Hat Railay Est, le long d'un jardin bien entretenu. Les bungalows côté est sont plus anciens et moins chers.

SAND SEA RESORT Hôtel **$$**
(0 7562 2608 ; www.krabisandsea.com ; bung 1 950-5 950 B ;). C'est l'une des adresses les moins chères du secteur. Ce complexe offre des bungalows vieillissant avec ventilateur et de nouveaux cottages réaménagés tout équipés.

Hat Rai Leh Est

SUNRISE TROPICAL RESORT Hôtel **$$**
(0 7562 2599 ; www.sunrisetropical.com ; bung avec petit-déj 2 500-5 750 B ;). Les bungalows de ce *resort* rivalisent avec les meilleurs de Hat Railay Ouest, mais sont proposés au prix de Hat Rai Leh Est. C'est donc une très bonne affaire.

ANYAVEE Hôtel **$$**
(0 7581 9437 ; www.anyavee.com ; bung 2 800-7 000 B ;). Un *resort* assez étonnant, mais plus design que la plupart des autres sur cette plage. Les bungalows sont lumineux, mais pas très privés.

Hauteurs de Railay

RAILAY PHUTAWAN RESORT Hôtel **$$**
(08 4060 0550, 0 7581 9478 ; www.phuritvalleyresort.com ; bung 1 140-1 940B, ch 1 640 B ;). Avec leur grande sdb et tous les agréments d'un hôtel haut de gamme, les vastes bungalows aux murs jaune clair sont la meilleure option de ce complexe.

RAILAY CABANA Pension **$**
(0 7562 1733, 08 4057 7167 ; bung 350-600 B). Doté d'une situation idéale dans les collines entourées de falaises karstiques, cette pension est un paradis pour hippies. Les bungalows, simples et propres, sont entourés de manguiers, mangoustaniers, bananiers et goyaviers. Vous n'entendrez que le chant des oiseaux et le rire des enfants.

Hat Ton Sai หาดต้นไทร

COUNTRYSIDE RESORT Hôtel **$**
(08 5473 9648 ; www.countryside-resort.com ; bung 850 B ;). Hôtel tenu par des Britanniques louant de jolis bungalows alimentés à l'énergie solaire, avec ventilateurs. La rangée la plus haute offre une belle vue sur les falaises. La mascotte de l'hôtel, Ollie, est irrésistible.

Où prendre un verre

Vous trouverez plusieurs établissements sur la plage où prendre un verre.

CHILLOUT BAR Bar **$**
(Hat Ton Sai). Situé directement sur la plage, avec des terrasses sur plusieurs niveaux, ce bar organise des concerts de groupes thaïlandais et internationaux.

Comment s'y rendre et circuler

Les *long-tail boats* pour Railay partent de l'embarcadère Khong Kha à Krabi, d'Ao Nang et d'Ao Nam Mao. Les bateaux qui relient Krabi à Hat Rai Leh Est partent toutes les 1 heure 30 de 7h45 à 18h dès qu'ils ont 6 à 10 passagers (150 B, 45 min). La location du bateau entier coûte 1 500 B.

La traversée pour Hat Rai Leh West et Hat Ton Sai depuis Ao Nang revient à 80 B (15 min) de 7h30 à 18h et à 150 B le reste du temps, s'il y a 6 à 8 passagers.

D'octobre à mai, le *Ao Nang Princess* part du bureau du parc national de Hat Noppharat Thara pour Ko Phi Phi, via Hat Rai Leh Ouest. La traversée de Railay à Ko Phi Phi coûte 350 B.

Ko Phi Phi Don เกาะพีพีดอน

Avec ses magnifiques étendues de sable blond et sa jungle luxuriante, il n'est pas étonnant que Phi Phi Don soit devenue la coqueluche de la côte d'Andaman.

Activités

Plongée

Avec ses eaux cristallines et son abondante vie aquatique, Ko Phi Phi est un endroit rêvé pour la plongée sous-marine. Le certificat Open Water revient à 12 900 B, tandis qu'une sortie classique (2 plongées) coûte 3 200 B. Les plongées à Hin Daeng et à Hin Muang sont quant à elles à 5 500 B.

ADVENTURE CLUB Plongée
(08 1970 0314 ; www.Phi Phi-adventures.com). Ce club, notre adresse préférée sur l'île, propose un beau choix d'excursions, de plongées et de snorkeling éducatifs et axés sur l'environnement.

BLUE VIEW DIVERS Plongée
(0 7581 9395 ; www.blueviewdivers.com). Cette école de plongée citoyenne participe au nettoyage des plages (700 tonnes de déchets ramassés à ce jour) et est la seule à offrir de la plongée depuis un *long-tail boat*.

Snorkeling

Ko Mai Phai (Île aux bambous), à 5 km au nord de Ko Phi Phi Don, est parfait pour pratiquer le snorkeling. Comptez entre 600 et 2 400 B pour une sortie de snorkeling, selon le type d'embarcation.

Escalade

Ko Phi Phi compte quelques belles falaises calcaires à escalader, des vues spectaculaires. **Spider Monkey** (0 7581

Ao Lo Dalam, Ko Phi Phi Don

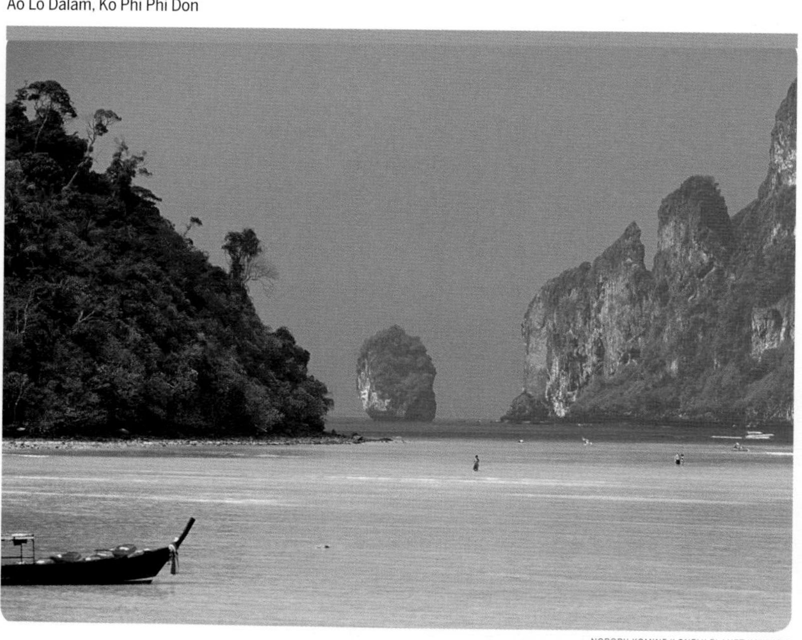

NOBORU KOMINE/LONELY PLANET IMAGES ©

9384 ; www.spidermonkeyclimbing.com) est tenu par Soley, l'un des varappeurs les plus doués de Phi Phi. **Cat's Climbing Shop** (08 1787 5101 ; www.catclimbingshop.com) est l'un des principaux centres d'escalade du village touristique.

Où se loger

Il n'est pas facile de trouver à se loger sur cette île ultra populaire. Attendez-vous à une pénurie de chambres à certaines périodes. Des rabatteurs vous attendront à la descente du bateau, ce qui peut être un désagrément, mais aussi vous faciliter la vie.

Assurez-vous de fermer votre porte à clé la nuit et toutes vos fenêtres lorsque vous sortez, car l'on recense des cambriolages.

Ton Sai Village

L'isthme en forme de sablier qui s'étire entre Ao Ton Sai et Ao Lo Dalam dispose d'un hébergement très varié.

MAMA BEACH RESIDENCE Hôtel **$$**
(08 8443 1363, 0 7560 1365 ; www.mama-beach.com ; ch 2 500-3 800 B ;). Populaire auprès des Français, cet hôtel chic est situé sur la meilleure partie de la plage d'Ao Ton Sai. Les chambres modernes avec climatisation ont une terrasse avec meubles en bois et vue sur la mer. Sdb avec lavabo en pierre. Des cours de yoga au bord de la mer (1 heure 15, 400 B) sont proposés plusieurs soirs par semaine, à 18h.

WHITE Pension **$$**
(0 7560 1300 ; www.whitephiphi.com ; ch 1 500-1 800 B ;). Plutôt destiné aux routards raffinés, le White possède 2 enseignes confortables et calmes à Tonsai Village. Préférez le White 2, plus chic et doté de suites avec toit-terrasse. Les chambres, équipées d'une TV et d'un coffre-fort, sont propres et design, dotées d'une sdb avec eau chaude.

Hat Hin Khom

Quelques petites plages de sable blanc relativement calmes dans des baies rocailleuses parsèment ce secteur. Il faut compter 15 minutes de marche dans la jungle pour se rendre à Hat Yao et à Ao Ton Sai.

VIKING NATURES RESORT Hôtel **$$**
(08 3649 9492 ; www.vikingnaturesresort.com ; bung 1 000-6 500 B ;). La déco naturelle des bungalows en bois, chaume et bambou est assez originale et très réussie, et les espaces lounge avec hamacs offrent une vue imprenable sur Ko Phi Phi Leh. Les bungalows sont dotés de moustiquaires et d'un balcon, mais les plus économiques ont une sdb commune.

Long-tail boats, Ko Phi Phi Don (p. 311)
GLENN VAN DER KNIJFF/LONELY PLANET IMAGES ©

Hat Ya

Il faut marcher 30 minutes jusqu'ici depuis Ton Sai via Hat Him Khom, ou bien prendre un *long-tail boat* (100-150 B) depuis l'embarcadère de Ton Sai. Cette longue étendue de sable blanc, parfaite pour la baignade, vaut le détour mais, fréquentée par les familles et les sportifs, elle est loin d'être déserte.

PHI PHI HILL RESORT Pension $$

(**0 7561 8203 ; www.phiphihill.com ; bung 700-2 000 B ;**). Niché sur les hauteurs, dans un cadre tranquille, ce petit complexe s'étend sur tout le promontoire sud de l'île. Vous pourrez donc admirer le levant d'un côté et le couchant de l'autre. La meilleure affaire sont les bungalows du côté ouest, grands, propres, avec ventilateur et eau froide. Fermé de mai à octobre.

Hat Phak Nam

Cette superbe plage de sable blanc est lovée sur la même baie qu'un hameau de pêcheurs. Pour y aller, vous devrez louer un *long-tail boat* à Ao Ton Sai pour environ 500 B (150 B en bateau-taxi collectif au retour) ou monter jusqu'au point de vue et compter 1 heure de marche difficile.

RELAX BEACH RESORT Hôtel $$

(**08 1083 0194, 08 9475 6536 ; www.phiphirelaxresort.com;bung1400-4400B;**). Nichés au milieu d'une jungle luxuriante, les 47 jolis bungalows de style thaïlandais sont sans prétention, et arborent une terrasse avec coussins moelleux et une sdb en mosaïque pour les plus récents d'entre eux. Bon restaurant et bar tranquille. Le personnel est très chaleureux.

Ao Lo Bakao

Cette fine étendue de sable bordée de palmiers et entourée de collines escarpées est l'une des plus belles plages de Phi Phi. Elle offre une vue sur l'île aux bambous et l'île aux moustiques. Phi Phi Island Village assure le transport de ses hôtes, sinon, par vos propres moyens, le trajet depuis Ao Ton Sai coûte 800 B.

PHI PHI ISLAND VILLAGE Hôtel $$$

(**0 7636 3700 ; www.ppisland.com ; bung 7 200-21 500 B ;**). Cet établissement est bien un village à lui tout seul : ses 100 bungalows, séparés les uns les autres par des palmiers, occupent une grande partie du front de mer. Il offre de nombreuses prestations (familial, décontracté, restaurant romantique, spa, etc.).

Où se restaurer

La plupart des hôtels de l'île ont leur propre restaurant. Vous trouverez à vous restaurer à prix raisonnable sur Ao Ton Sai, mais ne vous attendez pas à de la fine cuisine.

MARCHÉ Thaïlandais $

(**Ao Ton Sai ; petit-déj, déj et dîner).** C'est au marché que vous trouverez les plats les moins chers et les plus authentiques. Quelques étals sont rassemblés sur la partie la plus étroite de l'isthme et servent de succulents *pàt tai, sôm·đam* (salades de papaye verte) et du poisson-chat fumé.

PAPAYA Thaïlandais $

(**08 7280 1719 ; Ton Sai Village ; plats 80-300 B).** Ce resto thaïlandais tout à fait authentique sert de généreuses portions (et délicieusement épicées) dont des currys et des *đôm yam*, pour pas cher.

Où prendre un verre et sortir

La vie nocturne sur Phi Phi est assez agitée.

SUNFLOWER BAR Bar

(**Ao Lo Dalam).** Un peu délabré mais quand même plein de charme, ce bar en bois a été reconstruit après le passage du tsunami de 2004. Les alcôves portent le nom de quatre proches perdus dans la catastrophe.

REGGAE BAR Bar

(Village touristique). Vous n'avez pas pris part à la vie nocturne de Phi Phi tant que vous n'avez pas vu des touristes se mesurer sur le ring de boxe thaïlandaise de ce bar. Les 2 combattants repartent avec un seau d'alcool pour panser leurs plaies.

SLINKY BAR Discothèque

(Ao Lo Dalam). C'était la piste de danse du moment lors de notre passage. Attendez-vous à un spectacle de feu, des cocktails sucrés et une foule qui danse et flirte sur la plage au rythme d'une basse puissante.

Depuis/vers Ko Phi Phi Don

Les bateaux partent de Krabi pour Ko Phi Phi (300 B, 1 heure 30) à 9h et 15h30, et d'Ao Nang (350 B, 1 heure 30) à 15h30 tous les jours. Le départ de Phuket a lieu à 9h, 14h30 et 15h, avec retour de Ko Phi Phi à 9h, 13h30 et 15h (400 B, 1 heure 45 à 2 heures). Les bateaux pour Ko Lanta quittent Phi Phi à 11h30 et 14h ; au retour, les départs sont à 8h et 13h (300 B, 1 heure 30). Depuis Railay (350 B, 1 heure 15), prendre le ferry à destination d'Ao Nang.

Comment circuler

Phi Phi Don ne compte aucune route ; on s'y déplace essentiellement à pied, bien que l'on puisse louer un *long-tail boat* à Ao Ton Sai pour se rendre à différents points de Ko Phi Phi Don et Ko Phi Phi Leh.

Ko Lanta เกาะลันตา

20 000 HABITANTS

Longue et étroite, bordée de sable blond, l'île de Ko Lanta est la plus séduisante de la province de Krabi. Ce paradis de la détente convient aisément à tous les budgets, et les plages de la côte ouest sont toutes plus belles les unes que les autres. Les plages du nord sont très fréquentées et animées. Plus vous descendez au sud, plus le rivage est tranquille.

Le relief de Ko Lanta étant relativement plat comparé à celui de ses voisines hérissées de formations karstiques, on peut facilement l'explorer en moto.

À voir

PARC NATIONAL MARITIME DE KO LANTA Parc national

(อุทยานแห่งชาติเกาะลันตา ; adulte/enfant 400/200 B). Depuis 1990, 15 îles de l'archipel de Lanta, y compris la pointe sud de Ko Lanta Yai, forment ce parc national maritime. Le **bureau du parc** est installé à Laem Tanod, à la pointe sud de Ko Lanta Yai, à 7 km de Hat Nui en prenant une piste escarpée. Des túk-túk peuvent venir vous prendre. Il y a là quelques sentiers de randonnées et un **phare panoramique**. En basse saison, il est possible de louer un *long-tail boat* pour effectuer un circuit autour des îles.

Activités

Plongée et snorkeling

De Ko Lanta, on peut accéder à des sites de plongée parmi les plus beaux de Thaïlande. Les meilleurs spots se trouvent au niveau des pics sous-marins de **Hin Muang** et **Hin Daeng**, à 45 minutes de hors-bord. Hin Daeng est considéré comme étant le deuxième plus beau spot de plongée après Richelieu Rock, près de la frontière birmane (p. 285).

Des excursions à Hin Daeng/Hin Muang coûtent entre 5 000 et 6 000 B – entre 3 500 et 4 500 B pour Ko Haa.

De nombreux tour-opérateurs dans les zones touristiques peuvent organiser une sortie de snorkeling vers Ko Rok Nok, Ko Phi Phi et les îles avoisinantes.

SCUBAFISH Plongée

(☎0 7566 5095 ; www.scuba-fish.com). Installé au Baan Laanta Resort, à Ao Kantiang, il serait le meilleur centre de plongée. Une annexe se trouve au Narima Resort.

Où se loger

Certains complexes ferment en basse saison (mai-octobre), d'autres baissent leurs tarifs de 50%, voire plus.

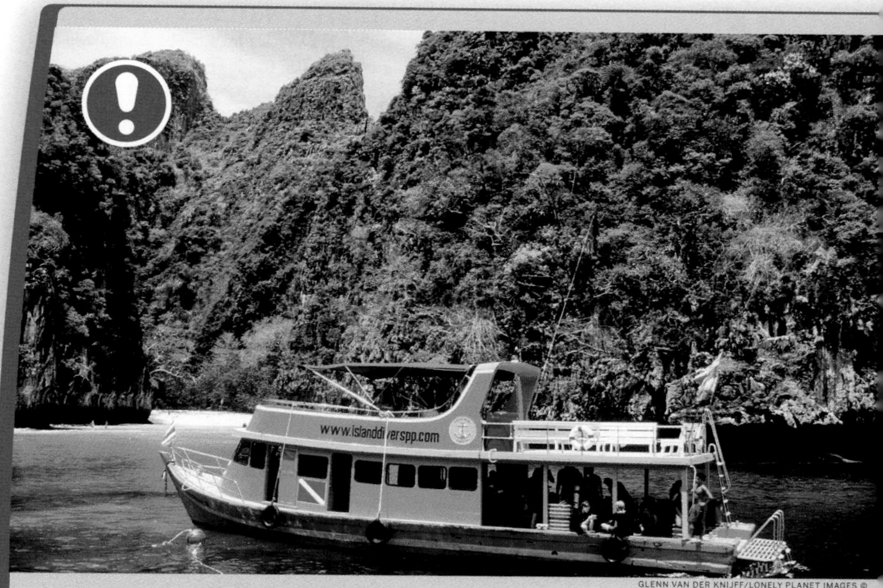

GLENN VAN DER KNIJFF/LONELY PLANET IMAGES ©

À ne pas manquer **Ko Phi Phi Leh**

Ko Phi Phi Leh (เกาะพีพีเล), la plus petite des deux îles sœurs, a des falaises qui s'élèvent des eaux transparentes et de magnifiques récifs coralliens abritant une vie marine florissante. Lieu de prédilection pour le snorkeling, elle possède deux splendides lagunes, **Pilah** sur la côte est, et **Ao Maya**, sur la côte ouest. Cette dernière a acquis sa célébrité après avoir servi de décor au film *La Plage*, adapté du roman d'Alex Garland.

À la pointe nord-ouest de l'île, la **grotte des Vikings** (Tham Phaya Naak) est un important lieu de récolte de nids de salanganes. Les ramasseurs gravissent des échafaudages en bambou pour atteindre les nids. Auparavant, ils prient et offrent tabac, encens et alcool aux esprits de la grotte. Celle-ci doit son surnom trompeur aux peintures rupestres réalisées par des pêcheurs chinois il y a 400 ans.

Il n'y a pas d'hôtels sur Phi Phi Leh, et la plupart des (nombreux) visiteurs s'y rendent depuis Phi Phi Don. Les circuits d'une demi-journée comportent des arrêts snorkeling dans différents spots de l'île et une incursion jusqu'à la grotte des Vikings et à Ao Maya. Comptez 800 B en *long-tail boat* et 2 400 B en hors-bord. Attendez-vous à payer 400 B de frais d'accès au parc national à l'accostage.

Il est possible de camper sur Phi Phi Leh, par l'entremise de **Maya Bay Camping** (☎08 6944 1623 ; www.mayabaycamping.com ; 2 100 B/pers), qui propose des séjours intensifs comprenant sortie en kayak, snorkeling, repas et sac de couchage pour une nuit à la belle étoile.

Hat Khlong Dao

Il s'agit d'une superbe plage de 2 km de sable blanc, idéale pour la baignade. Malheureusement, au changement de marée, les détritus s'y amoncellent.

COSTA LANTA Hôtel **$$$**

(☎0 7566 8168 ; www.costalanta.com ; ch à partir de 6 200 B ; ❄ @ 📶 🏊). Cet hôtel très zen est niché dans une palmeraie striée de chenaux à marées, à la pointe nord de Hat Khlong Dao. Les murs, le sol et les

Vaut le détour
Tham Khao Maikaeo

Les averses de la mousson qui se sont déversées dans les crevasses de calcaire pendant des millions d'années ont créé ce réseau de grottes et de tunnels perdu dans la forêt. Certaines cavernes, ornées de stalactites et de stalagmites, sont aussi vastes que des cathédrales, d'autres si basses qu'il faut s'y glisser à quatre pattes. Vous pourrez même vous baigner dans l'eau fraîche d'un lac souterrain. Il est essentiel d'être bien chaussé. Attention, vous risquez de sortir recouvert de boue.

On atteint Tham Khao Maikaeo (ถ้ำเขาไม้แก้ว) après une randonnée guidée à travers la forêt tropicale. Une famille locale propose de vous emmener jusqu'aux grottes (avec lampes électriques) pour 200 B. Louez une moto ou demandez à votre hôtel d'organiser le transport.

Non loin, mais accessible par un sentier qui part du chemin en terre menant au bureau du parc national maritime, **Tham Seua** (grotte du Tigre) possède des tunnels. Il est possible de s'y rendre à dos d'éléphant depuis Hat Nui.

lavabos sont en béton poli. Les portes à deux battants de chaque bungalow s'ouvrent en grand pour une meilleure aération.

Hat Khlong Khong

Toits de chaumes et bars rasta abondent sur cette plage où se déroulent des matchs de beach-volley et des fêtes de la pleine lune. L'atmosphère est sans prétention et l'on croise des visiteurs de tous âges sur cette plage qui semble s'étendre à l'infini.

BEE BEE BUNGALOWS Pension **$**

(**☎08 1537 9932 ; www.beebeebungalows.com ; bung 400-800 B ; ❄ @ 🏊**). Un des meilleurs hôtels pour voyageurs à petit budget de l'île, le Bee Bee propose une dizaine de bungalows originaux et uniques ; certains sont perchés sur pilotis dans les arbres. Le personnel est très accueillant. Le restaurant prépare de savoureux mets thaïlandais.

Ao Kantiang

Sur cette superbe étendue de sable adossée à des montagnes, se love un petit village avec supérettes, cybercafés, loueurs de motos et restaurants. La majeure partie de la plage est à l'état sauvage, mais un grand nombre de voiliers et de hors-bord sont amarrés dans la baie.

PHRA NANG LANTA Hôtel **$$$**

(**☎0 7566 5025 ; lanta@vacation village.co.th ; studios 6 000 B ; ❄ @ 📶 🏊**). Ces vastes studios de style mexicain bénéficient d'un design très soigné. La déco est composée de lignes claires, de bois et de blanc, accentués de couleurs vives.

KANTIANG BAY VIEW RESORT Hôtel **$$**

(**☎0 7566 5049 ; www.kantiangbay.net ; bung 500-2 000 B ; ❄ @**). Les bungalows branlants en bois et en bambou ne sont ni chers ni très propres, alors que les chambres carrelées, plus coûteuses, sont colorées et dotées d'un petit frigo. Le restaurant en bambou sert des plats thaïlandais corrects.

Ao Khlong Jaak

La splendide plage d'Ao Khlong Jaak tire son nom de la cascade à l'intérieur des terres.

ANDALANTA RESORT Hôtel **$$$**

(**☎0 7566 5018 ; www.andalanta.com ; bung 2 600-6 900 B ; ❄ @ 📶**). Les bungalows modernes et climatisés (certains en duplex), ainsi que ceux, plus simples, avec ventilateur, font tous face à la mer. Jardin charmant, et restaurant exquis. Une cascade se trouve à 30 à 40 minutes de marche.

Ao Mai Pai

LA LAANTA Hôtel **$$$**
(☎0 7566 5066 ; www.lalaanta.com ; bung 2 800-6 200 B ; ❄@📶🏊👪). Cette adresse incarne l'élégance aux pieds nus. Tenu par un couple thaï-vietnamien anglophone, c'est l'établissement le plus épatant de toute l'île.

Où se restaurer

À ne pas manquer : les restaurants situés au nord du village, avec véranda donnant sur l'eau, qui vous proposeront des fruits de mer frais au poids (le coût de la préparation est inclus dans le prix).

BEAUTIFUL RESTAURANT Poisson **$$**
(☎0 7569 7062 ; Ban Ko Lanta ; plats 100-200 B). C'est le meilleur restaurant de fruits de mer de la vieille ville. Les tables sont sur 4 pontons donnant sur la mer. Le poisson est frais et délicieusement préparé.

LANTA SEAFOOD Poisson **$$**
(☎0 7566 8411 ; Ban Sala Dan). Le meilleur restaurant vendant ses fruits de mer au poids. Optez pour le *blah tôrt kà mîn*, un délicieux vivaneau frit au curcuma frais et à l'ail.

Depuis/vers Ko Lanta

Bateau

Un ferry effectue la liaison entre Ko Lanta et l'embarcadère Khlong Chilat de Krabi. De Ko Lanta, le bateau part à 8h (400 B, 2 heures) ; dans l'autre sens, il part de Krabi à 11h.

Les bateaux relient Ko Lanta à Ko Phi Phi t oute l'année, mais le service s'interrompt en basse saison s'il n'y a pas assez de passagers. Les bateaux partent habituellement de Ko Lanta à 8h et 13h (300 B, 1 heure 30) ; dans l'autre sens, ils partent de Ko Phi Phi à 11h30 et 14h.

Minibus

Des liaisons quotidiennes relient l'aéroport de Krabi (280 B, 1 heure 30) et Krabi (250 B, 1 heure 30) toutes les heures de 7h à 15h30. Au départ de Krabi, les minibus partent toutes les heures de 8h à 16h. Les minibus pour Phuket (350 B, 4 heures) partent de Ko Lanta environ toutes les 2 heures, et plus fréquemment en haute saison.

Comment circuler

La plupart des hôtels envoient des véhicules attendre leurs clients à l'arrivée des bateaux et les transfèrent gratuitement. On peut louer des motos (250 B/jour) à peu près partout sur l'île. Par contre, peu de loueurs fournissent un casque et aucun n'offre d'assurance, alors faites attention sur les routes cahoteuses.

En savoir plus

Théâtre d'ombres

La Thaïlande aujourd'hui

> *Les Thaïlandais ont un niveau de vie en hausse – ou du moins stable. Le pays continue à aller de l'avant.*

Passage piéton surélevé, Bangkok (p. 51)

Religions
(% de la population)

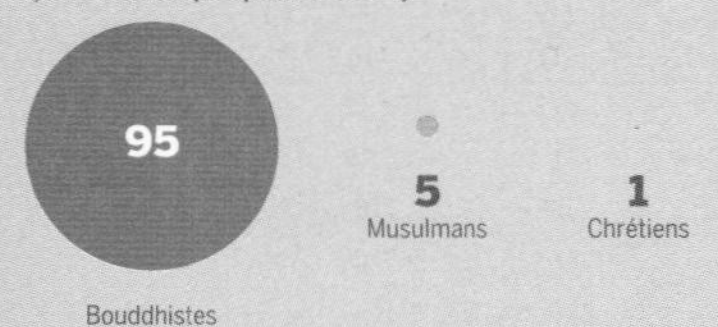

Sur 100 personnes en Thaïlande

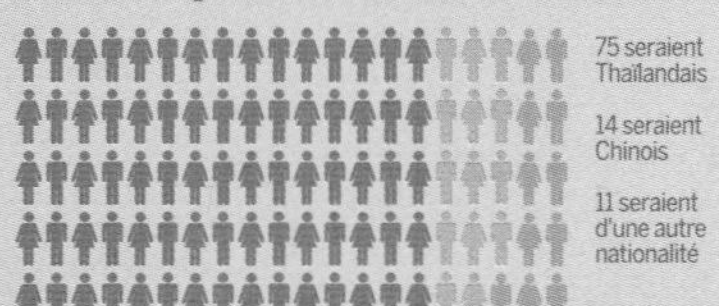

Population au km²

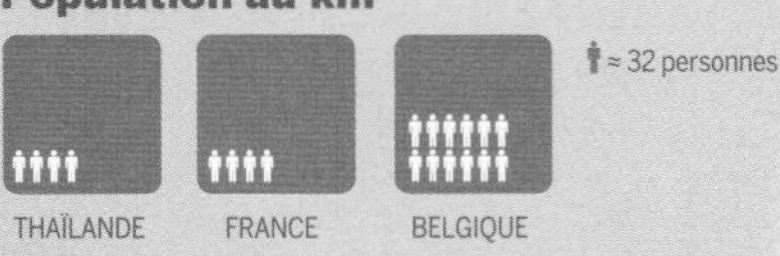

Stabilité politique ?

Après les cinq années d'instabilité inaugurées par le coup d'État de 2006, les élections générales de 2011 ont marqué le retour à un certain calme politique. Le parti Puea Thai, allié au Premier ministre évincé en 2006, Thaksin Shinawatra, a remporté une nette majorité au Parlement. Novice en politique, la sœur de Thaksin, Yingluck Shinawatra, a été élue à la tête du gouvernement, devenant la première femme Premier ministre en Thaïlande. Ni l'opposition ni les militaires n'ont remis en question le verdict des urnes.

Augmentation de 30% du salaire minimum (300 B/heure désormais), main tendue en direction de l'armée et de la monarchie, engagement à travailler à la réconciliation nationale : Yingluck Shinawatra s'est attelée à la mise en œuvre de ses promesses de campagne. Écartant les tenants d'une ligne dure, elle a nommé aux ministères clés de la Sécurité et de la Défense deux responsables susceptibles de se placer au-dessus de la ligne de fracture entre politiques et militaires.

TONY BURNS/LONELY PLANET IMAGES ©

La presse occidentale a mis en avant une éventuelle ligne de fracture sociale entre les deux camps politiques : le prolétariat (Chemises rouges pro-Thaksin) et l'aristocratie (Chemises jaunes anti-Thaksin). Les Thaïlandais ont parfois des sympathies dans les deux camps. Ainsi, certains suivent les Chemises rouges sur les questions de la restauration de la démocratie et la non-ingérence de l'armée et de la monarchie dans la politique, mais se montrent réservés quant à la loyauté aveugle des Chemises rouges vis-à-vis de Thaksin.

Un roi âgé

Beaucoup de Thaïlandais sont inquiets pour leur souverain, le roi Bhumibol Adulyadej (Rama IX). Respecté, voire vénéré, le monarque (le plus ancien en exercice dans le monde) est largement octogénaire. Il intervient moins dans la société, en raison de sa santé. Hospitalisé, il ne fait plus que de rares apparitions en public.

Le souverain était auparavant considéré comme un élément stabilisateur lors des crises politiques. Il n'a pas joué ce rôle lors des troubles récents – dus en partie aux manœuvres de consolidation du pouvoir entreprises par l'ancien Premier ministre Thaksin en prévision de la situation de vacance après le décès du roi. Le jeu des couleurs a commencé en 2006, avec l'adoption du jaune (associé à l'anniversaire du souverain) par les opposants à Thaksin qui entendaient marquer leur soutien aux intérêts politiques de la monarchie.

Le successeur logique de Rama IX, le prince héritier Vajiralongkorn, assume déjà certains devoirs royaux de son père.

Une économie en Téflon

Comment imaginer de pareilles divisions politiques lorsque l'on observe une économie aussi vigoureuse ? L'ancien "tigre" asiatique est devenu avec le nouveau millénaire une économie en Téflon : les difficultés n'attachent pas. Des facteurs extérieurs comme la récession mondiale et la faiblesse du dollar ont certes eu un impact négatif sur l'économie nationale. La production manufacturière et les exportations, qui représentent près de la moitié du PNB, ont chuté en 2008 et 2009, mais pour mieux rebondir l'année suivante, affichant un taux de croissance pratiquement équivalent à celui du boom du milieu des années 1990. Démocratie ou pas, les investisseurs ont toujours confiance dans le pays, et les affrontements sanglants qui ont eu lieu à Bangkok en 2010 n'ont pas mis un terme au développement du tourisme. L'année 2011 s'est achevée sur une croissance soutenue, se traduisant par un taux de chômage faible. Les Thaïlandais ont un niveau de vie en hausse – ou du moins stable. Le pays continue à aller de l'avant.

Histoire

Célébrations pour l'anniversaire du roi Rama IX, Bangkok

TOM COCKREM/LONELY PLANET IM...

Les nombreux rebondissements de l'histoire de la Thaïlande ont tout pour exciter l'imagination : intrigues de palais, guerres menées à grands renforts de lances et d'éléphants, grandes manifestations populaires ainsi qu'un penchant pour les coups d'État "en douceur".

Les débuts

Malgré les preuves de l'existence de peuples préhistoriques, la plupart des scientifiques datent les débuts de l'histoire de la nation à l'arrivée des peuples thaïs au cours du premier millénaire de notre ère. Ces immigrants venus de Chine méridionale parlaient des langues monosyllabiques et tonales de la famille linguistique thaï-kadai, considérée comme le groupe ethnolinguistique le plus important d'Asie du Sud-Est. Ils établirent

4000-2500 av. J.-C.

Dans le nord-est de la Thaïlande, les communautés préhistoriques développent l'agriculture et la fabrication des outils.

des villages d'agriculteurs, de chasseurs et de commerçants à petite échelle, sans gouvernement central ni armée organisée.

Le peuple môn aurait formé une confédération au centre et au nord-est de la Thaïlande du VIe au IXe siècle. On ne dispose que de peu de renseignements sur cette période, mais les spécialistes pensent que les Môn avaient baptisé leur royaume Dvaravati, que Nakhon Pathom, près de Bangkok, était leur centre administratif, avec des avant-postes dans certaines parties du nord de la Thaïlande.

Le grand Empire khmer, installé au Cambodge, s'étendit hors de ses frontières occidentales jusqu'au nord-est et au centre de la Thaïlande actuelle à partir du XIe siècle, supplantant les Môn-Dvaravati. Sukhothai et Phimai étaient alors des centres administratifs régionaux khmers reliés par des routes qui facilitaient les déplacements vers les temples khmers et symbolisaient le pouvoir impérial. Les monuments khmers, hindous à l'origine, furent transformés en temples bouddhiques après la conversion du régime. Avant que leur puissance ne décline, les Khmers partagèrent avec la nation thaïlandaise naissante un héritage artistique, administratif et même monarchique.

L'histoire de la Thaïlande est généralement centrée sur la région du centre, où se trouve la capitale actuelle, Bangkok. Mais le Sud est riche d'une histoire bien distincte qui n'a fait sa percée qu'à l'époque moderne. Entre le VIIIe et le XIIIe siècle, la Thaïlande du Sud fut contrôlée par l'empire maritime de Srivijaya (du sud de Sumatra, en Indonésie), qui avait la mainmise sur le commerce dans le détroit de Malacca.

Les royaumes anciens

Pendant que ces vastes empires déclinaient progressivement du XIIe au XVIe siècle, les populations thaïes de l'intérieur créaient de nouveaux États.

Le royaume de Lanna

Le royaume lanna fut fondé par le roi Mangrai qui fit de Chiang Mai (qui signifie "ville nouvelle") sa capitale en 1292. Le souverain s'imposa grâce à la formation d'une identité thaïe. Chiang Mai fut un temps un centre religieux régional. Le Lanna fut secoué d'intrigues dynastiques et tomba entre les mains des Birmans en 1556 avant d'être supplanté par Sukhothai et Ayuthaya, qui seraient les ancêtres de l'État thaïlandais moderne.

Le royaume de Sukhothai

Sukhothai n'était qu'une ville-frontière à la lisière occidentale de l'Empire khmer faiblissant lorsqu'il secoua, au XIIIe siècle, le joug d'un empire distant et couronna le chef local, Bang Klang Hao, qui devint le roi Sri Indraditya. Son fils, Ramkhamhaeng,

VIe-XIe siècle
Les Môn-Dvaravati s'épanouissent dans le centre de la Thaïlande.

Xe siècle
Arrivée des peuples "thaïs" dans ce qu'on appellera la Thaïlande.

1283
Le roi Ramkhamhaeng de Sukhothai invente la première écriture thaïe.

fit de cette cité-État une véritable puissance régionale dont les dépendances s'étendaient au Laos et au sud de la Thaïlande actuels. Le dialecte local (le siamois) devint la langue de l'élite dirigeante, et c'est ce roi qui inventa une version écrite de sa langue encore en usage aujourd'hui. Sukhothai supplanta Chiang Mai en tant que centre du bouddhisme theravada du Sud-Est asiatique, et créa des monuments qui contribuèrent à définir une architecture thaïlandaise caractéristique. Après sa mort, l'empire de Ramkhamhaeng se désintégra. En 1378, Sukhothai tomba sous la dépendance d'Ayuthaya.

Les meilleurs... Sites historiques

1 Sukhothai (p. 205)

2 Ayuthaya (p. 102)

3 Phimai (p. 125)

4 Phanom Rung (p. 128)

Le royaume d'Ayuthaya

Plus proche du golfe de Thaïlande, une nouvelle cité-État appelée Ayuthaya connut un développement géographique et économique grâce au commerce maritime. Son fondateur légendaire, le roi U Thong, est l'un des 36 rois et des 5 dynasties qui dirigèrent les 416 années d'existence du royaume d'Ayuthaya.

Le royaume d'Ayuthaya régna sur le commerce dans le sud-est de l'Asie. Ses principales exportations étaient le riz et les produits forestiers, et de nombreuses missions étrangères commerciales et diplomatiques installèrent leur quartier général près de la ville royale.

Ayuthaya adopta les coutumes de la cour des Khmers, sa langue honorifique et son idée de la royauté. Le monarque se définissait comme un *devaraja* (roi divin), faisant fi de l'idéal de Sukhothai de *dhammaraja* (roi vertueux). Ayuthaya rendait hommage à l'empereur de Chine, qui récompensait sa soumission à grand renfort de dons généreux et de privilèges commerciaux.

Le règne d'Ayuthaya était constamment menacé par l'expansionnisme birman. La ville fut occupée en 1569, avant d'être libérée sous le roi Naresuan. En 1767, les troupes birmanes pillèrent la capitale, faisant fuir les autorités thaïes dans l'arrière-pays. La destruction d'Ayuthaya demeure un événement historique très présent dans l'inconscient national et les scènes de vie de la cour demeurent toujours aussi évocatrices pour le peuple thaïlandais.

L'ère de Bangkok

Le renouveau

Profitant de l'interruption de la lignée royale et de la destruction d'Ayuthaya, un ancien général, Taksin, s'empara du pouvoir et installa sa capitale en 1768 à Thonburi, une ville

1351
Fondation légendaire du royaume d'Ayuthaya.

1767
Reddition d'Ayuthaya face aux Birmans.

1768-1782
Le roi Taksin règne depuis sa nouvelle capitale à Thonburi.

située en aval. En 1782, le roi Taksin fut exécuté par deux de ses généraux qui avaient fomenté un coup d'État. L'un d'eux, Chao Phraya Chakri, fut couronné sous le nom de Yot Fa (Rama Ier) et fonda la dynastie des Chakri. Le nouveau monarque déplaça la capitale de l'autre côté du Chao Phraya, à Bangkok.

Le nouveau royaume se concentra sur la renaissance des modèles d'Ayuthaya. Les connaissances et les pratiques qui avaient survécu furent maintenues ou incorporées dans de nouvelles lois. Une armée puissante fut constituée pour se venger de l'agression des Birmans, qui furent chassés de Chiang Mai, et attaqua le Laos et le Cambodge. Les dirigeants de Bangkok poursuivirent les échanges culturels et commerciaux avec la Chine.

Les meilleures... Réussites de l'ère de Bangkok

1 Wat Arun (p. 65)

2 Wat Phra Kaew et Grand Palais (p. 74)

3 Parc des palais de Dusit (p. 71)

L'ère des réformes

L'élite siamoise admirait la Chine, mais cette fascination s'évanouit dans les années 1850 lorsque le Siam s'ouvrit à l'Occident.

Le roi Mongkut (Rama IV), à qui l'on attribue la modernisation du royaume, passa 27 années dans un monastère de la secte Thammayut, mouvement réformateur qu'il fonda pour se rapprocher des origines de la foi. Pendant son règne, le pays intégra le système de marché dominant qui détruisit les monopoles royaux et accorda davantage de droits aux puissances étrangères.

Le fils de Mongkut, le roi Chulalongkorn (Rama V), poursuivit son œuvre de réforme en supprimant l'ancien ordre politique. Il abolit l'esclavage et supervisa la création d'une bureaucratie salariée, d'une force de police et d'une armée active. Ses réformes permirent d'uniformiser le code juridique, les tribunaux et les services fiscaux. Des écoles furent créées sur le modèle européen, tandis que le service militaire universel et l'impôt firent de tous des sujets du roi. Nombre des conseillers du roi étaient britanniques et contribuèrent à réformer l'ancien système fondé sur les traditions d'Ayuthaya.

Les régions lointaines furent soumises au pouvoir central et le chemin de fer permit de les relier aux centres de population. Entourées et grignotées de tous côtés par des colonies françaises et anglaises, les frontières modernes du Siam commencèrent à prendre forme.

Les rois successifs continuèrent d'adopter les modèles européens afin de s'adapter au nouvel ordre mondial.

1782

Mort du roi Taksin et fondation de la dynastie des Chakri, avec Bangkok comme capitale.

1868-1910

Règne du roi Chulalongkorn (Rama V) : modernisation et impérialisme européen.

À gauche Palais Bang Pa In (p. 110)

La Thaïlande démocratique

La Révolution de 1932

En 1932, un groupe de jeunes officiers et de bureaucrates, qui se faisait appeler Khana Ratsadon (parti du peuple), organisa un coup d'État victorieux. Cette révolution sans effusion de sang instaura une monarchie constitutionnelle et fit du Siam un État démocratique doté d'un Parlement.

Le parti ne tarda pas à se diviser en factions et, en 1938, le général Phibul Songkhram, l'un des premiers partisans de la démocratie, s'empara du pouvoir au moment où l'attaque par les Japonais allait transformer le paysage politique. Phibul était farouchement antiroyaliste, très nationaliste et pro-Japonais. Il laissa le Japon utiliser la Thaïlande comme base pour attaquer les colonies britanniques du Sud-Est asiatique. Après la guerre, Phibul inaugura une nouvelle ère de politique anticommuniste et développa une relation de coopération avec les États-Unis.

Changements de nom

Au cours de son histoire, la Thaïlande a eu plusieurs identités :

- Les Khmers l'appelaient Siam.
- En 1939, le Siam (Prathet Syam) fut rebaptisé Thaïlande (Prathet Thai).

La guerre froide

Pendant la guerre froide et la guerre du Vietnam, les dirigeants militaires thaïlandais obtinrent légitimité et soutien économique de la part des États-Unis en échange de l'usage d'installations militaires en Thaïlande.

Dans les années 1970, une prise de conscience politique émergea dans les universités, provoquant un bouleversement culturel dans le pays. En 1973, plus d'un demi-million de personnes – intellectuels, étudiants, paysans et ouvriers – manifestèrent à Bangkok et dans de grandes villes de province pour exiger une Constitution. La répression sanglante de la manifestation de Bangkok du 14 octobre déboucha sur l'effondrement du régime et l'introduction d'un gouvernement constitutionnel élu. Celui-ci dura 3 ans, avant qu'un nouveau massacre ne se produise et que l'armée ne reprenne le contrôle du pouvoir.

Dans les années 1980, le général Prem Tinsulanonda, surnommé le "soldat politique", instaura une ère de stabilité politique et économique qui déboucha sur l'élection, en 1988, d'un gouvernement civil. Prem reste impliqué dans la vie politique actuelle en tant que conseiller privé du président du palais, position de pouvoir qui associe les intérêts de la monarchie et ceux de l'armée.

L'ère des affaires

Le nouveau gouvernement civil était composé d'anciens cadres d'entreprises (dont beaucoup avaient des intérêts commerciaux dans les provinces) remplaçant

1932
Une révolution menée sans effusion de sang met fin à la monarchie absolue.

1939
Le nom du pays, Siam, est officiellement remplacé par celui de Thaïlande.

1941
Les forces japonaises entrent en Thaïlande.

les cadres militaires de Bangkok, symboles d'un changement de la dynamique politique du pays. Malgré une bonne santé économique, le gouvernement fut accusé de corruption et d'achat de voix, ce qui incita l'armée à protéger sa position privilégiée par un coup d'État en 1991.

Un gouvernement élu fut restauré peu après le coup d'État et le parti démocrate, bénéficiant du soutien du monde des affaires et de la classe moyenne urbaine, devint majoritaire au Parlement. La crise financière asiatique de 1997 mit l'économie naissante en déroute et le gouvernement fut très critiqué pour sa mauvaise gestion et son manque d'efficacité. Cette même année, le Parlement vota la décisive "Constitution du peuple" qui garantissait le respect des droits humains et la liberté d'expression, et donnait à la société civile davantage de moyens de lutter contre la corruption. (Cette Constitution de 1997 fut dissoute par le coup d'État de 2006.)

En 2000, la crise économique commença à s'atténuer et la Thaïlande se trouva confrontée au besoin d'adopter rapidement une nouvelle approche en matière de développement. Thaksin Shinawatra, milliardaire des télécommunications et ancien officier de police, profita de la montée du nationalisme pour fonder le parti du Thai Rak Thai. Ce capitaliste au message populiste se gagna le soutien des pauvres des villes et

Pendant la mousson, Bangkok

1946
Accession au trône du roi Bhumibol Adulyadej (Rama IX) ; la Thaïlande entre à l'ONU.

1957
Le coup d'État de Sarit Thanarat inaugure une période de régime militaire qui durera jusqu'en 1973.

1968
La Thaïlande fonde, avec d'autres pays, l'Association des nations du Sud-Est asiatique (ASEAN).

Les rouges et les jaunes

Au cours des batailles politiques qui suivirent le coup d'État de 2006, les factions rivales adoptèrent des T-shirts de couleur pour se distinguer les unes des autres. Les opposants à Thaksin portaient du jaune, couleur associée à la monarchie. Les partisans de Thaksin étaient en rouge, surnommé couleur de la démocratie. Les défenseurs de la monarchie, mais sans parti pris politique, ont récemment choisi de s'habiller en rose et non pas en jaune.

des campagnes. De 2001 à 2005, Thaksin et son parti s'approprièrent le paysage politique.

La crise actuelle

Le régime de Thaksin, très soutenu par les classes laborieuses, était considéré par les intellectuels urbains comme une kleptocratie, dont l'exemple de corruption le plus flagrant fut la vente défiscalisée des actions de son entreprise familiale, la Shin Corporation, au gouvernement de Singapour en 2006, avec un bénéfice de 73 milliards de bahts (1,88 milliard de $US) permis par une loi spéciale. Cette histoire rendit furieuses les classes moyennes et supérieures et provoqua de grandes manifestations à Bangkok. En coulisses, Thaksin œuvra à remplacer des personnages militaires clés par des fidèles, mouvements stratégiques qui allaient priver l'armée de sa position de pouvoir traditionnelle.

Le 19 septembre 2006, l'armée organisa un coup d'État sans effusion de sang qui mit fin à la plus longue période de gouvernement démocratique qu'ait connue le pays. L'armée s'empressa de dissoudre la "Constitution du peuple", assurant un gouvernement civil, et en introduisit une nouvelle, limitant la possibilité de prise du pouvoir par un parti unique aux intérêts opposés à l'armée et aux élites du pays.

Le dernier coup d'État n'a pas assuré la stabilité politique. Les élections replacèrent les alliés de Thaksin au pouvoir, victoire inacceptable pour l'aristocratie de Bangkok qui, avec le soutien implicite de l'armée, organisa d'immenses manifestations qui provoquèrent la fermeture des deux aéroports de Bangkok pendant une semaine en 2008.

Lire le chapitre *La Thaïlande aujourd'hui* (p. 320) pour des détails sur la situation actuelle.

La monarchie moderne

Le dernier monarque absolu du pays fut le roi Prajathipok (Rama VII) qui accepta la Constitution de 1932, abdiqua et s'exila. En 1935, le nouveau gouvernement démocratique restaura la monarchie et couronna le neveu du roi déchu, Ananda Mahidol (Rama VIII), âgé de 10 ans, qui vivait en Europe à l'époque. En 1946, à sa

1973
Des civils s'unissent pour renverser la dictature militaire ; mise en place d'un gouvernement démocratique.

1997
La Thaïlande subit les conséquences de la crise économique asiatique ; adoption de la "Constitution du peuple".

2004
Un terrible tsunami fait 5 000 victimes et paralyse le tourisme et la pêche sur la côte d'Andaman.

À droite Plaques commémoratives en mémoire des victimes du tsunami

majorité, il fut abattu dans des circonstances qui restent indéterminées. Son frère cadet, Bhumibol (Rama IX), devint roi et l'est encore ce jour.

Au début de son règne, le roi Bhumibol était principalement un symbole, soutenu par diverses factions pour créer une image d'unité nationale et de légitimité. Le dictateur militaire, le général Sarit, qui contrôla le gouvernement de 1958 à 1963, favorisa l'élargissement du rôle royal, considérant le roi comme une "autorité unificatrice" de la nation. Le séduisant couple royal, le roi Bhumibol et la reine Sirikit, fit des visites officielles à l'étranger, véhiculant l'image d'un pays à la fois traditionnel et modernisé.

Grâce à des projets de développement rural, le roi se fit une réputation de défenseur des pauvres. Créée en 1969, la Royal Project Foundation devait permettre d'éradiquer la culture de l'opium dans les ethnies montagnardes du Nord. Pendant les violences des années 1970, le roi devint une sorte de médiateur dans un paysage politique tumultueux, et appela à la démission des dirigeants militaires. Il autorisa le retour du gouvernement militaire 3 années plus tard, geste symbolique qui contribua à maintenir l'ordre. Lors d'une autre crise politique, en 1992, le roi convoqua les dirigeants des factions adverses au palais afin de tenter d'apaiser les manifestants. Son discours d'anniversaire annuel (le 5 décembre) est souvent considéré comme un discours politique indiquant son positionnement par rapport aux factions rivales.

Le roi est aujourd'hui un octogénaire à la santé fragile, et l'avenir politique du pays demeure incertain. Depuis la fin des années 1950, le palais et l'armée entretiennent des relations étroites, cimentées par le général Prem Tinsulanonda. Commandant militaire à la retraite, ancien Premier ministre et haut conseiller au palais, ce dernier est probablement à l'origine du coup d'État de 2006. Lors des précédentes confrontations politiques, le roi s'est tenu au-dessus de la mêlée. Pourtant, le rôle du palais dans le renvoi du populaire Premier ministre, ainsi que les manifestations entre groupes anti-Thaksin, qui arborent les couleurs royales et affirment protéger le roi, et pro-Thaksin, qui se considèrent comme les héritiers de la révolution de 1932, indique une déstabilisation du statut unificateur du monarque. Bien que le roi Bhumibol se soit inventé un positionnement unique de monarque postmoderne, rien ne garantit que ses fonctions survivront à la crise politique actuelle et que son fils, le prince Vachiralongkorn, en héritera.

Les meilleurs... Musées historiques

1 Musée national de Bangkok (p. 65)

2 Centre cuturel et artistique de Chiang Mai (p. 145)

3 Musée et centre de formation des tribus montagnardes (p. 191)

ANDREW BAIN/LONELY PLANET IMAGES ©

2006
Le Premier ministre Thaksin Shinawatra est déchu après un coup d'État.

2011
Yingluck Shinawatra devient la première femme Premier ministre. De violentes inondations frappent le pays.

Voyager en famille

Étudiantes thaïlandaises, Bangkok

RAY LASKOWITZ/LONELY PLANET IMAGES

Les Thaïlandais ont un tel culte de la famille que même les chauffeurs de taxi grognons pinceront les joues de votre bébé et joueront à lui faire coucou (já ăir). *Dans les bus encombrés, les adultes n'hésitent pas à céder leur place aux enfants, et le personnel des hôtels et des restaurants délaisse volontiers ses tâches pour jouer avec les petits.*

À voir et à faire

Les enfants apprécieront les plages de Thaïlande, qui s'étirent le long de grandes baies, idéales pour les nageurs débutants. Certaines îles de la côte du golfe et de celle d'Andaman ont des sites de snorkeling et d'observation des poissons proches du rivage.

Élevages de crocodiles, singes savants et zoos abritant des tigres abondent en Thaïlande. Une nouvelle génération de programmes d'écovoyages – à Ayuthaya, Chiang Mai et Lampang – s'applique à promouvoir la protection des animaux. Les écoles de formation de cornacs et les réserves d'éléphants permettent d'admirer ces pachydermes dans toute leur dignité. Pour les plus grands, les expéditions dans la jungle comprennent souvent des promenades à dos d'éléphant et en radeau de bambou. À Phuket, Ko Chang et dans d'autres destinations balnéaires, les enfants auront l'occasion d'aller voir des animaux, de se balader jusqu'à des cascades et de pratiquer toutes sortes de sports aquatiques.

En milieu urbain, choisir un hôtel doté d'un petit jardin ou d'une piscine peut pallier le manque d'espace. Les terrains de jeux ne sont ni nombreux ni bien entretenus, mais chaque ville compte un parc où joggeurs et familles vont prendre l'air en début de matinée. Bangkok manque de verdure, mais les enfants peuvent s'y émerveiller devant les nouvelles constructions, le métro aérien et les gigantesques galeries commerciales.

Si les voyages longue distance en famille vous préoccupent, choisissez le train. Les enfants peuvent s'y dégourdir les jambes et faire des rencontres ; on leur attribue les couchettes du bas d'où ils peuvent voir les gares, les chiens trottinant et les motos soulevant des nuages de poussière.

Les meilleures... Plages pour les enfants

1 Ko Samui : Bo Phut (p. 253) et Choeng Mon (p. 253)

2 Ko Lanta (p. 314)

3 Hua Hin (p. 244)

4 Ko Samet (p. 116)

Alimentation

Les petits Thaïlandais ne mangent pas épicé avant l'école primaire. Les plus jeunes semblent apprécier particulièrement le *kôw nĕe·o* (riz gluant). Les enfants se régalent de poulet dans toutes ses déclinaisons non relevées – *gài yâhng* (poulet grillé), *gài tôrt* (poulet frit) et *gài pàt mét má·môo·ang* (poulet sauté aux noix de cajou). Certains aiment le *kôw pàt* (riz frit), bien que la forte odeur de *nám ƀlah* (sauce de poisson) puisse les repousser. Le personnel serviable des restaurants recommande le *kài ji·o* (omelette thaïlandaise), préparé en un clin d'œil.

Vous trouverez partout de délicieux fruits tropicaux et des jus qui permettront d'assurer l'hydratation de vos petits. La plupart des centres touristiques comptent des restaurants occidentaux pour convives de tous âges.

En pratique

- **Chaises hautes** Parfois disponibles dans certains *resorts*.
- **Couches jetables** Minimarkets et 7-Eleven vendent de petites tailles ; Tesco Lotus ou Tops Market des tailles 3 et plus.
- **Lits de camp** Sur demande dans les hôtels de catégories moyenne et supérieure.
- **Poussettes** Prévoyez une poussette pliante avec une ombrelle.
- **Salles de change** Inexistantes.
- **Santé** Boire beaucoup d'eau, se laver régulièrement les mains, empêcher les enfants de jouer avec les animaux.
- **Transports** Sièges auto et ceintures de sécurité sont plutôt rares dans les transports publics et les voitures de location.

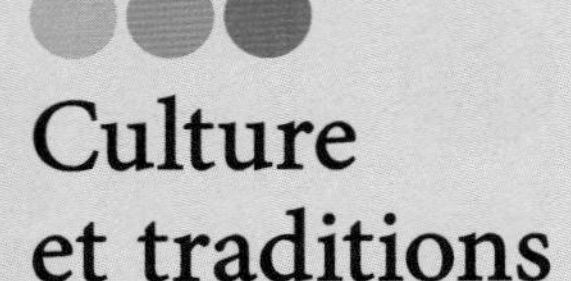

Culture et traditions

Affiche représentant le roi Bhumibol Adulyadej (Rama IX), Bangkok (p. 51)

RICHARD NEBESKY/LONELY PLANET IMA

La Thaïlande est un pays facile à vivre : la vie s'y écoule à un rythme paisible et les gens sont amicaux et généreux. Un sourire vous tirera de la plupart des situations, la bonne volonté est récompensée et il suffit de faire preuve d'un peu de curiosité et d'humour pour faire naître des amitiés spontanées. Si les Thaïlandais ne s'attendent pas à ce que vous soyez très calé sur l'histoire ou certaines habitudes en usage dans leur pays, ils seront agréablement surpris de découvrir l'intérêt que vous portez à leur culture et leurs traditions.

La monarchie

Le trait culturel le plus marquant en Thaïlande est la profonde vénération que portent de nombreux Thaïlandais au roi, Bhumibol Adulyadej, né en 1927. Des photos du roi sont affichées dans presque tous les foyers et les commerces. Des représentations grandeur nature du roi et de la reine bordent Th Ratchadamnoen Klang, l'avenue royale de Bangkok. Son image, imprimée sur les pièces, les billets de banque et les timbres, est sacrée, et critiquer le roi ou la monarchie est considéré comme un crime de lèse-majesté.

La relation du monarque avec son peuple est intimement liée à la religion ; elle est profondément spirituelle et personnelle. Beaucoup de Thaïlandais considèrent le roi comme un dieu, ou tout au moins une figure paternelle (la fête des pères est célébrée le jour de son anniversaire) et le protecteur du pays.

En temps de crise, les Thaïlandais se tournent souvent vers lui pour prendre conseil. Cependant, le dernier bouleversement politique (qui débuta avec le coup d'État de 2006) signale le malaise qui touche le monarque souffrant et l'héritier de la couronne, le prince Vachiralongkorn.

Monarques bien-aimés

Au cours de l'histoire, d'autres rois ont joui du statut de héros national, tel le roi Chulalongkorn (Rama V ; 1868-1910), dont le portrait orne souvent les demeures et les amulettes. Il voyagea en Europe, construisit des palais de style victorien et est particulièrement vénéré, surtout à Bangkok et par les Thaïlandais qui ont effectué des voyages à l'étranger.

La société thaïlandaise

Dans la plupart des relations sociales, établir l'harmonie est une priorité, et les Thaïlandais se montrent toujours fiers de pouvoir rendre service.

Sà·nùk

Pour les Thaïlandais, la notion de *sà·nùk* (plaisir) est primordiale. C'est l'aune permettant de mesurer la valeur de toute activité, le principe de base de la plupart des interactions sociales et la raison qui fait du pays une destination touristique si appréciée. Les Thaïlandais sont toujours prêts à faire la fête, qu'elle soit locale ou venue d'ailleurs. Par exemple, les Thaïlandais célèbrent 3 fois la nouvelle année : d'abord le 31 décembre, puis lors du Nouvel An chinois et enfin pour Songkran (nouvelle année bouddhique du Sud-Est asiatique).

Cela n'empêche pas le peuple thaïlandais d'être fort laborieux. La plupart des bureaux sont ouverts 6, voire 7 jours par semaine, et les membres des familles paysannes pauvres ont plusieurs métiers pour leur permettre de soutenir financièrement leurs parents. Mais chaque corvée comporte un aspect social qui éclaircit l'humeur et l'empêche de devenir trop "sérieuse" (ce qui est mal vu). Les Thaïlandais préfèrent travailler en équipe pour éviter la solitude et garantir une ambiance enjouée. Qu'il s'agisse de trimer dans les rizières, de conduire de longues heures au volant d'un bus ou de risquer les dangers d'un chantier de construction, les Thaïlandais ne manquent jamais les occasions de mélanger travail et vie sociale. Le célèbre sourire thaïlandais vient d'un désir sincère de profiter de la vie.

Les Thaïlandais engagés dans l'industrie du tourisme appliquent ce principe à leurs clients et estiment souvent que les visiteurs étrangers ont besoin de se reposer après une longue année de travail. Cet état d'esprit culturel reflète le calendrier agricole qui pousse le fermier à travailler de l'aube au crépuscule pendant la saison de plantation et de récolte du riz, avant de se reposer jusqu'aux pluies de l'année suivante. Cette période de repos implique flâneries, festivals et funérailles (qui sont davantage prétextes à faire la fête qu'à s'apitoyer), ainsi que des balades en famille à bord d'un pick-up pour un petit *têe·o* (voyage). Les Thaïlandais pratiquent l'art du plaisir depuis bien, bien longtemps.

Statut

Si la culture thaïlandaise se caractérise par l'absence de confrontation et le culte du plaisir, cela ne signifie pas qu'il n'existe pas de règles sociales strictes. Les Thaïlandais ont une conscience très forte du statut de chacun, ainsi que des droits et responsabilités implicites qui l'accompagnent. Le bouddhisme joue un grand rôle dans la définition des classes sociales, et les chefs de famille et les principaux dignitaires religieux et monarchiques trônent aux sommets des diverses couches sociales. La profondeur du *wâi* (salut traditionnel) est un bon indicateur du statut.

En général, le bout des doigts frôle la région entre les lèvres et le nez, mais s'il s'agit de saluer ou d'honorer un moine, il monte au-dessus du front.

L'évaluation de votre place dans ce système est un bon moyen de briser la glace. Les Thaïlandais vous poseront sans doute une foule de questions : votre origine, votre âge, si vous êtes marié et si vous avez des enfants. C'est une façon de faire connaissance et de vous situer dans l'échelle sociale. Dans la plupart des cas, vous avez tous les avantages : les Thaïlandais s'occuperont de vous comme d'un enfant, et vous honoreront comme un *pôo yài* (littéralement, "grande personne" ou ancien). Ne soyez pas surpris si votre hôte place dans votre assiette le meilleur morceau de poisson du plat commun.

Les Thaïlandais se considèrent comme les membres d'une grande famille et utilisent des préfixes familiaux comme *pêe* (grand frère/sœur) et *nórng* (jeune frère/sœur) pour s'adresser à leurs amis et à leurs proches. Cette convention est souvent traduite en anglais par les Thaïlandais bilingues, incitant les étrangers à penser que leurs amis ont une famille vraiment considérable. On peut aussi utiliser *ƀâh* (tante) ou *lung* (oncle) pour s'adresser à une personne plus âgée. Les étrangers sont rarement inclus dans cette grande réunion de famille ; *fàràng,* terme fourre-tout les désignant, est descriptif mais, à l'occasion, peut aussi exprimer des frustrations culturelles.

Sauver la face

Le concept de "sauver la face", commun dans les cultures asiatiques, est très lié au statut. Il s'agit de viser l'harmonie sociale en évitant les confrontations et les manifestations de colère. Pour les Thaïlandais, montrer ses émotions et faire preuve d'impolitesse est honteux, tandis que les Occidentaux peuvent y accorder peu d'importance, voire considérer ces inconvénients comme des embarras mineurs nécessaires pour faire preuve de franchise.

Enfants dans leurs vêtements tribaux traditionnels durant les célébrations de Loi Krathong, Chiang Mai
FELIX HUG/LONELY PLANET IMAGES ©

Pas d'impair !

- Avant une projection au cinéma, levez-vous quand retentit l'hymne royal.
- Ne montrez pas votre colère ni votre frustration.
- Enlevez vos chaussures avant d'entrer chez quelqu'un ou dans un temple ; laissez-les à l'entrée.
- Ne posez pas vos pieds sur les meubles.
- Asseyez-vous sur vos talons dans un temple.
- Si vous êtes invité chez des habitants, apportez un cadeau (fruit ou boissons).
- Prenez et recevez des objets avec votre main droite.
- À table, utilisez votre cuillère comme une fourchette et votre fourchette comme un couteau.

Conventions sociales et gestuelles

Les Thaïlandais sont généralement tolérants lorsque des visiteurs étrangers commettent des impairs dans les gestuelles et codes sociaux. Remerciez simplement vos hôtes de leur patience en leur montrant votre respect.

Salutations

Traditionnellement, les Thaïlandais se saluent en réunissant les paumes dans un geste de prière, dit *wâi*. Si quelqu'un vous adresse un tel salut, vous devez le lui rendre, sauf s'il s'agit d'un enfant ou d'une personne qui vous sert. Les étrangers sont toujours peu sûrs de la manière de pratiquer le *wâi*, ce qui permet d'engager aisément la conversation avec un Thaïlandais qui se fera un plaisir de vous en expliquer les subtilités.

Un sourire et un *sàwàt-dii khráp* si vous êtes un homme ou un *sàwàt-dii khâ* si vous êtes une femme (la forme de salutation la plus courante) parviennent généralement à calmer l'appréhension que les Thaïlandais peuvent ressentir à la vue d'un étranger. En outre, les Thaïlandais apprécient la beauté et un sourire garantit l'harmonie du visage.

Dans les temples

Lorsque vous visitez un temple, veillez à porter une tenue correcte (les bras couverts jusqu'aux coudes, et les jambes jusqu'aux chevilles), et retirez vos chaussures avant d'entrer dans un bâtiment abritant une représentation du Bouddha. Les bouddhas sont des objets sacrés ; ne vous faites pas prendre en photo devant et ne montez pas dessus. Dans un édifice religieux, conduisez-vous comme les fidèles en cherchant un endroit discret pour vous asseoir (vos pieds ne doivent pas être pointés vers le Bouddha : repliez les jambes sur le côté, les pieds pointant vers l'arrière). Prenez le temps d'observer les rites de prière et n'hésitez pas à vous y livrer pour honorer cet espace sacré. Les temples sont entretenus grâce aux dons, le vôtre sera apprécié.

Marques d'affection

Dans les régions les plus traditionnelles du pays, il est mal vu pour des personnes de sexe opposé de se toucher, qu'il s'agisse d'amis ou d'amoureux. On ne se tient pas la main non plus, sauf dans les grandes villes comme Bangkok. Cependant, il est courant de voir des personnes d'un même sexe se toucher – un signe d'amitié et non d'attirance sexuelle. Les hommes âgés peuvent ainsi agripper la cuisse d'un homme plus jeune, un peu comme deux amis se donneraient des tapes dans le dos. Les femmes sont particulièrement affectueuses entre elles : elles s'asseyent souvent très près les unes des autres ou se tiennent bras dessus, bras dessous. Les femmes ne doivent pas toucher les moines ni leurs affaires, ne pas s'asseoir à côté d'eux dans le bus ni les frôler par inadvertance.

Religion

Bouddha couché, Wat Pho (p. 69), Bangkok

WIBOWO RUSLI/LONELY PLANET IMAGES

La religion imprègne la Thaïlande – des démonstrations hautes en couleur des pratiques quotidiennes s'imposent à chaque coin de rue ou presque. Tôt le matin, vous verrez la progression solennelle des moines bouddhistes aux crânes rasés, vêtus de leur robe orange, pratiquant le bin·dá·bàht, *l'aumône de nourriture, de maison en maison. De petits autels ornent les demeures les plus modestes. Dans le Sud musulman, il n'est pas rare de voir des femmes voilées.*

Bouddhisme

Approximativement 95% des Thaïlandais pratiquent le bouddhisme theravada. L'école de theravada est souvent appelée école du Sud, car elle a voyagé du sous-continent indien jusqu'au sud-est de l'Asie, alors que le bouddhisme mahayana a été adopté dans toutes les régions du nord du Népal, du Tibet, de la Chine et du reste de l'est de l'Asie. Ces deux formes diffèrent sur la doctrine, les textes canoniques et les pratiques monastiques.

Principes religieux

Le bouddhisme est né en Inde au VIe siècle, lorsqu'un prince nommé Siddhartha Gautama abandonna sa vie de privilèges pour rechercher la plénitude religieuse. Devenu ascète, il se soumit à de longues années d'austérité avant de comprendre que ce n'était pas le moyen de mettre fin à la souffrance. Au terme de cette période méditative, Siddharta parvint à la connaissance des Quatre Vérités universelles : la souffrance de l'homme, l'origine de cette souffrance, la suppression de cette souffrance et le moyen de parvenir à cette suppression. Il était devenu le Bouddha, "l'Illuminé", "l'Éveillé". Il enseigna les Quatre Vérités universelles qui avaient le pouvoir de libérer tout être humain capable d'en prendre conscience.

La finalité du bouddhisme theravada est le *nibbana* (nirvana en sanskrit), qui, au sens littéral, signifie l'extinction de toute cupidité et donc de toute douleur (*dukkha*). C'est aussi la fin du cycle des renaissances (à la fois de moment à moment et de vie à vie) qui constitue l'existence.

Maisons sacrées

De nombreuses maisons ou lieux d'habitation en Thaïlande possèdent une "maison des esprits" attenante, qui a pour fonction d'abriter les *prá poum* (esprits gardiens) du lieu. Vestige de croyances animistes antérieures au bouddhisme, ces esprits gardiens, qui vivraient dans les rivières, les arbres et autres éléments naturels, doivent être honorés (et apaisés) – comme un membre de la famille respecté mais parfois gênant. Pour s'offrir leurs bonnes grâces, les Thaïlandais construisent de jolies petites maisons sur leur terrain afin que les esprits puissent "vivre" confortablement loin des affaires des hommes. Pour cultiver ces bonnes relations et s'attirer la chance, les résidents y déposent des offrandes quotidiennes de riz, de fruits, de fleurs et d'eau.

Pratiques religieuses

En fait, la plupart des bouddhistes thaïlandais aspirent plutôt à une renaissance dans une existence meilleure qu'au but supra-terrestre du *nibbana*. En nourrissant les moines, en faisant des dons aux temples et en accomplissant fidèlement leurs devoirs religieux au *wat* local (temple ou monastère), ils espèrent améliorer leur sort et acquérir suffisamment de mérite (*bun* en thaï) pour empêcher, ou au moins diminuer, les renaissances successives. Le concept de renaissance est presque universellement accepté en Thaïlande, même par les non-bouddhistes.

Les bouddhistes thaïlandais sont guidés dans leur foi par les Trois Joyaux : le Bouddha, le *dhamma* (l'enseignement) et la *sangha* (la communauté religieuse). Le Bouddha, qui apparaît sous de multiples formes, est souvent au centre des activités religieuses dans les temples. Il trône également sur une étagère dans la plus rustique échoppe de rue comme dans les bars luxueux des grands hôtels de Bangkok. Le *dhamma* est psalmodié matin et soir dans les temples, et enseigné à tous les citoyens à l'école élémentaire. Il existe deux courants *sangha* en Thaïlande : les Mahanikai et les Thammayut. Les premiers sont plus axés sur l'étude de la foi, tandis que les seconds mettent en avant la méditation.

Hindouisme et animisme

L'héritage de l'hindouisme et de l'animisme est très vivace dans la culture thaïlandaise et dans la pratique du bouddhisme thaïlandais actuel. L'hindouisme est le parent religieux du bouddhisme, avec lequel il partage des éléments de mythologie, de cosmologie et de symbolisme. Les Thaïlandais reconnaissent les contributions de l'hindouisme et traitent ses divinités avec révérence. Les sanctuaires hindous, fréquentés également par des bouddhistes, sont particulièrement nombreux à Bangkok. Nombre des cérémonies relatives à la royauté sont issues du brahmanisme.

Le culte des esprits et le bouddhisme se sont rencontrés au point qu'il est difficile de démêler les deux. Les moines pratiquent souvent des rites animistes et les

Thaïlandais pensent que les mérites sont bénéfiques pour leurs proches défunts. En fait, nombre des rituels religieux des bouddhistes thaïlandais, hormis la méditation, sont profondément ancrés dans le monde des esprits. Les autels et les maisons des esprits sont dressés pour abriter et apaiser les esprits gardiens du lieu. Les arbres sont enveloppés de tissus sacrés pour honorer les esprits du monde naturel. Des autels sont érigés sur le tableau de bord des taxis pour se protéger des accidents et des amendes. Les Thaïlandais portent souvent des amulettes gravées d'une silhouette du Bouddha ou contenant de la terre sacrée d'un temple pour les protéger du malheur.

Moines et monastères

Socialement, il est du devoir de tout homme de passer une brève période de sa vie comme moine (*prá* ou *prá pík·sù* en thaï), de préférence après la fin de ses études, avant d'entamer sa carrière et de se marier. Une famille acquiert beaucoup de mérite lorsqu'un de ses fils prend la robe et la sébile. De nombreux jeunes gens entrent au monastère pour gagner des mérites pour une mère ou un père défunt. Traditionnellement, les novices passaient 3 mois au *wát* pendant le carême bouddhique (*pan·săh*), qui commence en juillet et coïncide avec la saison des pluies. De nos jours, ils n'y séjournent qu'une semaine.

Autrefois, le temple jouait le rôle de refuge social pour les familles dans le besoin. Le monastère recueillait et éduquait les enfants dont les parents ne pouvaient s'occuper. Dans les régions rurales, les vieillards se retiraient dans les monastères après une dure vie de labeur. Aujourd'hui, ces fonctions sont moins recherchées, mais les temples continuent d'accueillir les familles dans le besoin, les animaux abandonnés ou blessés, et les voyageurs (généralement les étudiants thaïlandais désargentés) pour la nuit.

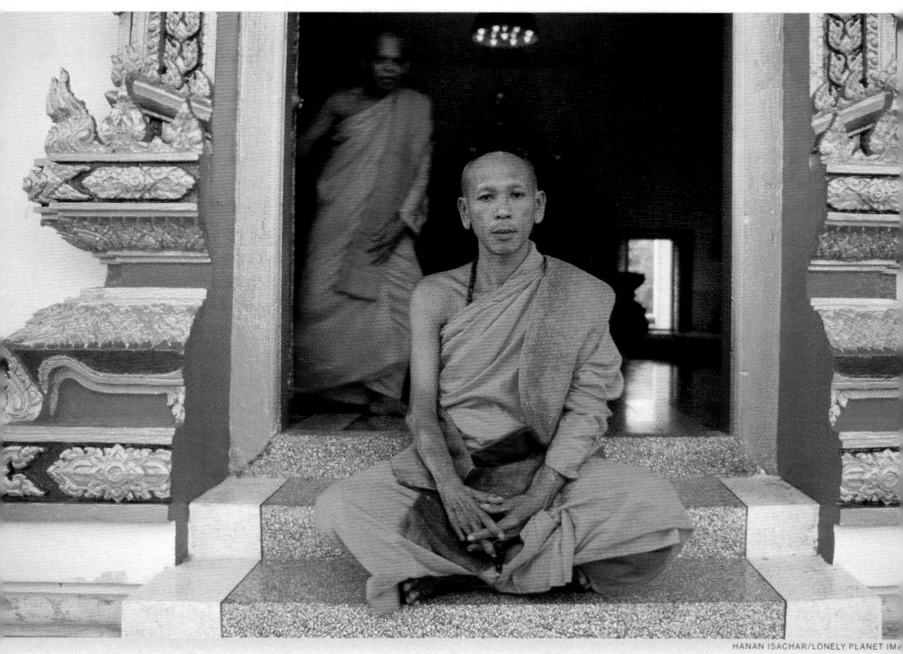

HANAN ISACHAR/LONELY PLANET IM

Moine bouddhiste

Même si les moines thaïlandais font vœu de pauvreté, il n'est pas rare d'en apercevoir qui utilisent leur téléphone portable, fument ou font leurs courses au marché. Les ordres monastiques s'adaptent en fonction des individus et des temples ; comme la vie monastique est parfois obligatoire, les participants ne sont pas tous animés par des convictions religieuses profondes.

Dans le bouddhisme thaï, les femmes désireuses de mener une vie monastique se voient accorder un petit rôle dans le temple. Une nonne bouddhiste est appelée *mâa chi* (mère prêtresse) et vit comme une nonne *atthasila* (selon les 8 préceptes, alors que les profanes en suivent 5 et ceux qui ont été ordonnés moines 227), position traditionnellement occupée par des femmes qui n'avaient pas d'autre place dans la société. Les nonnes thaïes se rasent la tête, portent des robes blanches et s'occupent des travaux ménagers du temple. En général, les *mâa chi* ne jouissent pas du prestige des moines.

Les meilleures... Fêtes bouddhiques

1 Ork Phansaa (p. 44)

2 Khao Phansaa (p. 43)

3 Songkran (p. 43)

Visiter les temples

Le bouddhisme thaïlandais ne connaît pas de jour spécifique consacré aux dévotions. Les fidèles fréquentent le temple selon leurs envies ou leurs besoins, mais plus souvent pendant les *wan prá* ("excellents jours"), période faste qui revient tous les 7 ou 8 jours, selon la lune.

La visite d'un temple se fait généralement entre amis, collègues ou en famille. Les Thaïlandais effectuent parfois des pèlerinages dans les temples importants d'autres régions pour les visiter et obtenir des mérites. Pour les plus âgés, c'est l'occasion de revêtir ses plus beaux vêtements de soie (chemise sur mesure et jupe jusqu'à la cheville). Les plus jeunes trouvent ces costumes démodés.

La plupart des candidats au mérite vont au *wí·hăhn* (sanctuaire central), qui abrite la principale représentation du Bouddha. Le fidèle offre son offrande traditionnelle de boutons de lotus (symbole d'Illumination), de guirlandes de fleurs et d'encens et lève les mains sur le front dans un geste de prière.

Pour amasser du mérite, on peut aussi offrir de la nourriture à la *sangha* (communauté) du temple, méditer (individuellement ou en groupe), écouter les moines psalmodier les *sutta* et les "choix d'instructions" (recueil de *sûtra* du bouddhisme), et assister aux *têht* ou *dhamma* (les enseignements).

Dans certaines situations, les bouddhistes consultent les moines pour connaître le meilleur moment pour se marier, lancer une entreprise ou pour accomplir les rites relatifs au nom que portera leur enfant. Les rites funéraires ont aussi lieu dans les temples .

Voir p. 335 pour savoir comment se comporter dans un temple.

Islam et autres religions

Si le bouddhisme est prédominant en Thaïlande, les religions minoritaires coexistent souvent. Les dômes verts de la mosquée indiquent un quartier musulman, tandis que de grandes arches flanquées de lanternes de papier rouges révèlent l'existence d'un *săhn jôw*, temple chinois dédié au culte des divinités bouddhistes, taoïstes et confucéennes.

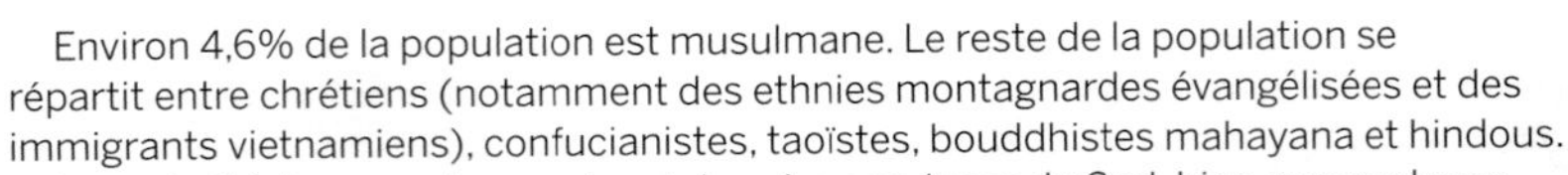

Environ 4,6% de la population est musulmane. Le reste de la population se répartit entre chrétiens (notamment des ethnies montagnardes évangélisées et des immigrants vietnamiens), confucianistes, taoïstes, bouddhistes mahayana et hindous.

La majorité des musulmans vivent dans les provinces du Sud, bien que quelques poches musulmanes existent à Bangkok, dans le centre et le nord du pays. Dans les provinces les plus méridionales, les musulmans sont d'origine malaise, alors que dans le Nord, ils sont les descendants d'habitants du Yunnan. On retrouve, dans la forme d'islam du sud de la Thaïlande, des éléments animistes et malais qui donnent une religion culturellement plus souple que celle des nations arabes. Les femmes musulmanes thaïlandaises occupent dans la société la même place que leurs sœurs bouddhistes : elles travaillent hors de la maison, vont à l'école et bénéficient du même statut que leurs époux. Dans les salles de classe et à la mosquée, il existe une séparation des sexes. Le voile est prévalent sans être obligatoire : il arrive de découvrir qu'une personne est musulmane à table seulement, lorsqu'elle s'abstient de manger du porc.

Les musulmans thaïlandais dévots doivent parfois gérer une incompatibilité spirituelle due à leur identité nationale, largement définie par la majorité bouddhiste. La réputation de divinité du monarque est une hérésie pour une religion monothéiste comme l'islam, même si de nombreux Thaïlandais musulmans respectent, voire aiment le roi et ne critiquent pas ouvertement cette vénération. Les musulmans évitent l'alcool et le jeu (à divers degrés) – très prisés par ailleurs dans les milieux bouddhistes ruraux. Sous cet angle, les préceptes religieux marquent la distinction entre les deux cultures, ainsi qu'une certaine méfiance de l'une par rapport à l'autre.

Le Sud

Les provinces méridionales de Yala, de Pattani et de Narathiwat comptent la plus grande majorité musulmane et sont depuis longtemps isolées géographiquement et culturellement du reste de la société. Certaines parties de ces provinces étaient autrefois des sultanats indépendants conquis par les rois de Bangkok. La région réagit, à l'époque ultranationaliste des années 1940, par une résistance séparatiste, avant de devenir un refuge de communistes et d'insurgés dans les années 1980. La situation se dégrada en guerre sourde au début des années 2000 et persiste encore à l'heure actuelle. Beaucoup d'analystes considèrent cette situation comme une lutte ethnico-nationale.

Cuisine thaïlandaise

Champs d'ail et rizières, province de Mae Hong Son (p. 216)

AUSTIN BUSH/LONELY PLANET IMAGES ©

L'une des exportations les plus emblématiques du pays, la cuisine thaïlandaise, est recherchée pour son harmonisation experte et relevée des saveurs épicées, sucrées, amères et salées. Les ingrédients sont très frais et les arômes intenses – les piments, très appréciés, garantissent une poussée d'adrénaline.

Riz

Dès le matin, l'odeur du riz en train de cuire se mêle à celle de l'encens qui orne les autels familiaux. Le riz occupe une telle place dans l'alimentation thaïlandaise que *gin kôw* (littéralement "manger du riz") est le terme commun pour "manger".

Le riz peut être cuit à la vapeur, frit, bouilli (soupe), transformé en nouilles ou cuisiné pour le dessert. Dans sa version vapeur, on le mange avec une cuillère et, dans le cas du *kôw nĕe·o* (riz gluant), avec les doigts. Il est servi au petit-déjeuner, déjeuner et dîner, et sert même d'en-cas tard le soir. Typiquement, le petit-déjeuner est constitué d'une soupe de riz (*jóhk* ou *kôw đôm*), idéale pour les estomacs en décalage horaire, les ventres sensibles ou les lendemains de fête. Le repas du midi sera probablement constitué d'un plat sauté ou d'un curry accompagné de riz, acheté

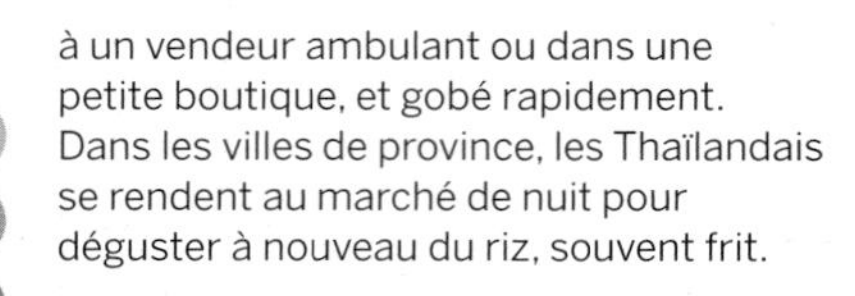

à un vendeur ambulant ou dans une petite boutique, et gobé rapidement. Dans les villes de province, les Thaïlandais se rendent au marché de nuit pour déguster à nouveau du riz, souvent frit.

Nouilles

De jour comme de nuit, sur les étals de rue et dans les humbles boutiques, vous trouverez l'en-cas thaïlandais typique : le *gŏo·ay đĕe·o* (nouilles de riz), plat omniprésent aux remarquables capacités d'adaptation, parfaite illustration du penchant des Thaïlandais pour la déclinaison des saveurs. C'est vous qui choisissez le type de nouilles, votre viande et la sauce de poisson, le sucre, le vinaigre et les piments. N'hésitez pas à sucrer, le résultat est étonnant.

On trouve trois types de nouilles de riz de base – *sên yài* (larges), *sên lék* (fines) et *sên mèe* (plus fines encore) – ainsi que du *bà·mèe*, une nouille bouclée à base de farine de blé et d'œufs. La plupart n'apparaissent que dans les soupes, mais quelques-unes sont sautées, comme les *pàt tai* (vermicelles de riz sautés avec des crevettes fraîches ou séchées, du tofu et de l'œuf).

Investissez le marché du matin pour déguster un bol de *kà·nŏm jin* (nouilles de riz au curry). Épicé, agrémenté de poisson, salé, en soupe, ce plat associe toutes les saveurs en une et vous donne l'impression, grâce à la multitude de légumes frais et marinés, d'avoir grandi dans la forêt tropicale et nagé dans les mangroves. Le *kà·nŏm jin* est généralement servi sur des tables de bois branlantes, partagées par des Thaïlandaises de classes modestes et des étudiants.

Un petit verre ?

- Les bières thaïlandaises, comme la Singha (prononcer "sing") sont des blondes, souvent rafraîchies avec des glaçons.
- Les jus de fruit sont rafraîchissants et servis avec une pincée de sel pour aider à réguler la température corporelle.
- Thés et cafés glacés sucrés sont proposés aux étals de rues.
- Les Thaïlandais aiment boire un verre d'alcool de riz avec des glaçons, de l'eau gazeuse et un doigt de Coca-Cola.

Currys

Composante la plus célèbre de la cuisine thaïlandaise, le curry (*gaang*) n'a pas du tout la même réputation dans le pays que dans le reste du monde. C'est un plat modeste, consommé le matin ou à midi. Sur les étals au bord des routes, particulièrement dans le sud de la Thaïlande, de grandes marmites en métal contiennent diverses concoctions aux couleurs vives. À votre demande, le vendeur soulèvera les couvercles et nommera les types de viande qu'elles contiennent : *gaang gài* (curry de poulet) ou *gaang Ƀlah* (curry aigre de poisson). À Bangkok, les vendeurs de rue et les petites boutiques présentent leurs currys dans de grands plats comme pour un buffet. Dans les deux cas, montrez du doigt ce que vous avez choisi pour qu'il vous soit servi sur du riz. Vous le consommerez avec une cuillère. Ne mangez pas les feuilles de citronnier qui ne sont pas comestibles.

Tous les currys sont faits à partir d'une pâte constituée de graines de coriandre moulues, de graines de cumin, d'ail, de citronnelle, de combava, de galanga, de pâte de crevette et de piments (frais ou séchés). Les cuisiniers thaïlandais les faisaient autrefois eux-mêmes, mais aujourd'hui beaucoup vont l'acheter au marché où il est proposé en hautes pyramides. La recette de la pâte de curry varie d'une région à l'autre : le *gaang mát·sà·màn* (curry musulman) se compose d'anis étoilé, épice plutôt utilisée dans le sud de la Thaïlande. Beaucoup de visiteurs identifient les currys à la couleur, généralement rouge (à cause des piments rouges séchés) et vert (grâce aux piments verts frais). Le curry vert est un plat classique du centre de la Thaïlande.

Un véritable curry thaïlandais est une soupe assez peu épaisse composée de pâte de curry, d'un peu de viande et d'aubergines ; il contient parfois du lait de coco. Il arrive qu'on y ajoute des feuilles de basilic pour décorer. Les quatre saveurs (salé, sucré, épicé et aigre) coexistent, mais certains, pour plaire aux visiteurs, rajoutent trop de lait de coco et de sucre, rendant le plat excessivement épais et sucré.

Cuisines régionales

Les migrations économiques ont pris une telle ampleur au cours des vingt dernières années que nombre de plats régionaux ont été adoptés dans tout le pays.

Dans le Nord

Fidèle à la mentalité de l'époque lanna, la cuisine du Nord est plus décontractée, les saveurs y sont douces et marquées par des influences du Myanmar (Birmanie) et de Chine. Les plats de curry et de nouilles plus importants aident à affronter la fraîcheur des matinées. Grâce aux caravanes chinoises itinérantes et aux Chinois installés dans le pays, la cuisine du Nord utilise du porc dans presque tous les plats, notamment dans les *sâi òo·a* (saucisses), *kâap mŏo* (en-cas frits) et les *mŏo ɓîng*, ces brochettes souvent proposées dans la rue. L'influence birmane a propagé l'usage du curcuma et du gingembre (certains y opposeront que les Birmans du Nord ont été influencés par les Chinois) dans les pâtes de curry utilisées dans le *gaang hang·lair* (riche ragoût de porc). Les saveurs du Nord favorisent les notes plus aigres. Les plats

Currys thaïlandais

de nouilles typiques : *kôw soy* (nouilles de blé aux œufs accompagnées d'un épais curry rouge à la noix de coco) et *kà·nŏm jeen nám ngée·o* (nouilles de riz servies avec un bouillon de curry au porc et tomates) sont surmontés de légumes marinés et accompagnés d'échalotes et de citrons. Le nord de la Thaïlande partage avec la région d'Isan l'amour du *kôw nĕe·o,* servi dans des paniers d'osier arrondis en accompagnement de plats classiques comme le *nám prík òrng* (pâte de chili composée de porc haché et de tomates).

Dans le Sud

La constellation de saveurs qui vous attend le long de l'étroite péninsule malaise du sud de la Thaïlande est tout à fait différente. Cette cuisine s'inspire davantage des traditions des commerçants au long cours, dont beaucoup étaient des musulmans venus d'Inde ou de Malaisie. Le pain plat de style indien (*roti*) rivalise souvent avec le riz en accompagnement du curry, quand il n'est pas saupoudré de sucre et de lait concentré sucré pour le dessert. Le curcuma teinte de jaune le *kôw mòk gài* (poulet biryani) et le poulet frit typique du Sud. Les currys prennent ici des teintes flamboyantes, grâce aux épices séchées et grillées préparées à l'indienne et avec beaucoup de lait de coco local. La noix de coco est largement utilisée dans la cuisine. Avant que le tourisme ne touche les îles, elle constituait la principale source de revenus et les champs de cocotiers de l'intérieur des terres étaient transmis au fils ou à la fille préférée d'une génération à l'autre. La côte était moins recherchée et restait réservée à l'humble pêcheur, phénomène inversé par l'avènement du tourisme. Poissons et fruits de mer frais sont omniprésents dans la cuisine méridionale. Les calmars sont grillés et servis en brochettes, accompagnés d'une sauce aigre-douce. On déguste des poissons entiers farcis de citronnelle et de citron, et grillés sur un feu d'écorces de noix de coco.

Les meilleurs... Plats des étals de rue

1 *kôw pàt* – riz frit.

2 *gŏo·ay đĕe·o pàt kêe mow* – nouilles sautées au basilic, piments et viande (souvent du poulet).

3 *pàt gá·prow* – piments tranchés, basilic et poulet ou porc sauté sur du riz.

4 *pàt pàk ká·náh* – chou chinois sauté accompagné de *mŏo gròrp* (porc frit).

5 *ƀah·tôrng·gŏh* – beignets à la chinoise servis le matin.

Dans le Nord-Est

Les ouvriers, femmes de ménage et chauffeurs de taxi du nord-est de la Thaïlande ne quittent jamais la maison sans avoir consommé les trois plats incontournables : *sôm·đam* (salade de papayes vertes), *kôw nĕe·o* (riz gluant) et *gài yâhng* (poulet grillé).

Dès le matin, le poulet mariné grillé dégage de vastes panaches de fumée qui balaient la ville et font saliver les futurs convives. Près du gril, le *sôm·đam* est préparé dans un grand mortier où il est concassé au pilon. On y trouve des lanières de papayes vertes, du sucre, des piments, de la sauce de poisson, des haricots verts, des tomates, des crevettes séchées et quelques extras : cacahuètes pour le *sôm·đam Thai ;* crabe et *ƀlah ráh* (sauce de poisson fermenté) pour le *sôm·đam Lao* (qui se réfère à la fois au pays et aux Laotiens vivant dans le nord-est de la Thaïlande).

Avec son pilon, la cuisinière produit le son "pow-pow-pow" parfois utilisé comme surnom du plat. On dit souvent aux filles de l'Isan qu'elles seront de bonnes épouses si elles savent manier le pilon quand elles font le *sôm·đam* (le double sens est voulu, bien sûr) !

Arts et architecture

Fresque du *Ramakian*, Wat Phra Kaew (p. 74), Bangkok

GREG ELMS/LONELY PLANET IMAGES ©

Les Thaïlandais ont une conception de la beauté très raffinée, qui se reflète dans leurs traditions artistiques, depuis les sculptures bouddhiques jusqu'au plus humble artisanat. Les monarques, autrefois de grands mécènes, furent honorés dans les temples par des stupas très décorés servant de monuments funéraires, et l'artisanat fut développé spécifiquement pour la royauté. Aujourd'hui, l'art religieux continue de dominer l'imaginaire artistique, avec des installations multimédias dans les musées et des toiles contemporaines.

Art religieux

Le patrimoine artistique de la Thaïlande se trouve principalement dans ses temples, où vous pouvez admirer des fresques élaborées illustrant la mythologie hindo-bouddhiste et des sculptures du Bouddha, qui constituent la principale contribution du pays à l'art religieux.

Toujours didactiques, ces œuvres comprennent souvent des représentations des *jataka* (récits des vies antérieures du Bouddha) et de la version thaïlandaise du *Ramayana* (récit épique indien). Pour décrypter ces fresques, il faut à la fois connaître les mythes religieux auxquels elles se réfèrent et être initié à la correspondance entre la place occupée par les représentations sur le mur et leur place dans le temps. La plupart des fresques sont divisées en scènes, le thème principal étant dépeint au centre et les événements

qui en résultent au-dessus et au-dessous. En marge des épisodes relatant l'histoire de personnages figurent souvent des scènes indépendantes représentant la vie villageoise : femmes portant des victuailles dans des paniers en bambou, hommes à la pêche, réunions de village, le visage des gens étant éclairé par l'omniprésent sourire thaïlandais.

Il ne reste que très peu de fresques antérieures au XXe siècle, leur fragilité rendant leur conservation très difficile. L'art de la fresque murale reste une tradition vivace et les artisans d'aujourd'hui disposent de techniques et de matériaux innovants qui devraient permettre aux fresques de se conserver bien plus longtemps que celles d'autrefois.

Les temples abritent aussi des statues vénérées du Bouddha qui témoignent de l'évolution de la sculpture en Thaïlande, particulièrement renommée pour sa statuaire empreinte de grâce et de sérénité apparue sous la période de Sukhothai.

Périodes artistiques

Le développement de l'architecture et de l'art religieux thaïlandais s'organise en différentes périodes ou écoles reliées à la capitale dominante de l'époque. Les caractéristiques les plus évidentes d'une époque se révèlent dans les variations des traits du visage des sculptures du Bouddha, dans l'ornement qui surmonte sa tête dans sa robe et la position de ses pieds quand il est représenté en méditation. Le socle et la cloche centrale des *chédi* (leur partie inférieure) changent souvent de forme en fonction des styles.

Art contemporain

L'adaptation des thèmes et de l'esthétique traditionnels aux modèles laïques remonte au début du XXe siècle, alors que l'influence occidentale prend son essor. D'une façon générale, la peinture thaïlandaise préfère l'approche abstraite au réalisme et continue de privilégier les représentations unidimensionnelles, à la manière des fresques murales traditionnelles. Deux tendances se dégagent aujourd'hui dans l'art thaïlandais la mise au goût du jour des thèmes religieux et une discrète critique sociale.

L'Italien Corrado Feroci est souvent considéré comme le père de l'art thaïlandais moderne. Invité en Thaïlande pour la première fois par Rama VI en 1924, il est notamment l'auteur du monument de la Démocratie de Bangkok. En 1933, il fonde la première école des beaux-arts du pays, noyau de la future université de Silpakorn, principal lieu de formation des artistes thaïlandais d'aujourd'hui. Pour le remercier, le gouvernement offrit à Feroci la nationalité thaïlandaise, lui donnant le nom de Silpa Bhirasri.

Le Bouddha moderne

Dans les années 1970, les artistes thaïlandais entreprennent de moderniser les thèmes bouddhiques par le biais de l'expressionnisme abstrait. Parmi les tendances, les dessins mystiques au crayon et à l'encre de Thawan Duchanee ont particulièrement marqué leur époque. Suscitant plus d'intérêt à l'étranger que dans son pays, Montien Boonma utilisa certains éléments de la pratique bouddhique, comme la feuille d'or, les clochettes et la cire de bougie, pour créer des espaces-temples abstraits dans les musées.

Contestation et satire sociale

Dans une société qui s'industrialisait rapidement, de nombreux artistes ont assisté à la transformation des rizières en usines et des forêts en autoroutes, et observé les cercles du pouvoir tirer profit de ces mutations. Dans les années 1970, grande époque de l'activisme estudiantin, les artistes révoltés, musiciens, peintres et intellectuels de tout poil, se regroupèrent sous la bannière du mouvement Art for Life. Opposés à la dictature militaire, ils reprenaient à leur compte certains aspects du communisme et des droits des travailleurs. Deux artistes importants ont marqué cette période : Sompote Upa-In et Chang Saetang.

Périodes artistiques

PÉRIODE	STYLES DES TEMPLES ET DES CHÉDI	STYLES DES BOUDDHAS	EXEMPLES
Période de Dvaravati (VIIe-XIe siècle)	*Chédi* de base rectangulaire avec des niveaux décroissants	Influences indiennes ; torse massif, grandes boucles de cheveux, sourcils arqués (comme un oiseau en vol), yeux protubérants, lèvres épaisses et nez épaté	*Chédi* Phra Pathom, Nakhon Pathom ; musée de Lopburi ; Wat Chama Thewi, Lamphun
Période de Srivijaya (VIIe-XIIIe siècle)	Temples de style bouddhiste mahayana ; *chédi* de style javanais, avec des arches raffinées	Influences indiennes ; très orné, traits humains et légère torsion au niveau de la taille	Wat Phra Mahathat Woramahawihaan et Musée national, Nakhon Si Thammarat
Période khmère (IXe-XIe siècle)	Temples hindo-bouddhistes ; *prang* (*chédi* de style khmer) en forme d'épi de maïs	Bouddha méditant sous un dais en forme de naga à 7 têtes et sur un piédestal en forme de lotus	Parc historique de Phimai, Nakhon Ratchasima ; parc historique de Phanom Rung, îles Surin
Période de Chiang Saen-Lanna (XIe-XIIIe siècle)	Temples en teck ; *chédi* carré à la base et coiffé d'une ombrelle dorée ; il existe également des *chédi* de base octogonale	Influences birmanes : personnage rond et charnu, visage souriant, plante des pieds tournée vers le haut en position de méditation	Wat Phra Singh, Chiang Mai ; musée national de Chiang Saen
Période de Sukhothai (XIIIe-XVe siècle)	Temples d'inspiration khmère ; *chédi* à la flèche élancée, coiffée d'un bouton de lotus	Postures élégantes, souvent représenté en train de "marcher", aucun détail anatomique humain	Parc historique de Sukhothai
Période d'Ayuthaya (XIVe-XVIIIe siècle)	Temple thaïlandais classique, avec toit à 3 niveaux et pignons ornés ; *chédi* en forme de cloche surmonté d'une flèche fuselée	Roi de l'époque d'Ayuthaya, portant une couronne sertie de pierres et d'autres attributs royaux	Parc historique d'Ayuthaya
Période de Bangkok-Ratanakosin (XIXe siècle)	Temple doré et coloré de styles occidental et thaïlandais ; *chédi* recouvert de mosaïques	Reprise des éléments du style d'Ayuthaya	Wat Phra Kaew, Wat Pho et Wat Arun, Bangkok

Une tendance anti-autoritaire se manifeste toujours aujourd'hui dans l'œuvre de certains artistes. Manit Sriwanichpoom, qui s'est fait remarquer avec sa série des *Pink Man On Tour* ("Performance de l'homme rose"), où il met en scène l'acteur Sompong Thawee, vêtu d'un costume rose et poussant un chariot de supermarché dans les grands sites touristiques thaïlandais. Ses photos en noir et blanc dénoncent le capitalisme et le consumérisme, qualifiés d'influences occidentales indésirables.

L'art sort du cadre

Les années 1990 ont été marquées par un mouvement visant à sortir l'art des musées pour le rendre à la vie dans les espaces publics. C'est alors que l'artiste et organisateur d'expositions Navin Rawanchaikul a commencé ses collaborations "de rue" à Chiang Mai, sa ville natale. Ses grandes idées l'ont suivi à Bangkok, où il a créé des installations d'art dans les taxis de la capitale, devenus de véritables galeries ambulantes. Il se plaît aussi à jouer sur les mots, comme dans les titres de son œuvre multimédia de 2002, *We Are the Children of Rice* (*Wine*), et de son tableau monumental *Super (M)art Bangkok Survivors* (2004). Ce tableau, qui réunit des artistes, conservateurs et décideurs renommés dans un décor inspiré de Véronèse, évoque le combat de la communauté artistique pour empêcher que le nouveau musée d'art contemporain de Bangkok ne devienne une galerie commerçante déguisée.

Pop art

Les travaux de Thaweesak Srithongdee sont d'un pur style pop, avec des personnages extravagants que l'on dirait sortis de dessins animés, auxquels il associe des éléments de l'imagerie ou de l'artisanat traditionnels. Dans une mouvance similaire, Jirapat Tasanasomboon oppose des figures thaïlandaises traditionnelles à des icônes occidentales dans des combats de BD ou de sensuelles étreintes. Dans *Hanuman is Upset!*, le roi singe mâchonne les lignes géométriques des célèbres toiles quadrillées de Mondrian.

Sculpture

Même si la sculpture thaïlandaise ne suscite pas l'intérêt qu'elle mérite sur le marché de l'art, on la considère souvent comme le plus marquant des arts contemporains en Thaïlande. Rien d'étonnant à cela quand on connaît l'importance de la production traditionnelle de statues du Bouddha. Ayant opté pour un registre profane, Khien Yimsiri se pose comme le maître moderne avec ses élégantes créations en bronze

Danseurs thaïlandais
JOHN BORTHWICK/LONELY PLANET IMAGES ©

évoquant des formes humaines et mythiques. Kamin Lertchaiprasert explore la spiritualité et la vie quotidienne à travers ses installations sculpturales, qui incluent souvent une petite armée de figurines en papier mâché. L'une de ses expositions les plus récentes, intitulée "Ngern Nang" ("Argent assis"), regroupe une série de personnages fabriqués à partir de vieux billets mis au rebut par la Banque nationale et agrémentés de conseils poétiques sur la vie et l'amour.

Artisanat

Le tourisme fait revivre l'artisanat thaïlandais, parfois revisité par des créateurs de Bangkok.

- **Céramique** Les plus connues sont le céladon vert thaïlandais et le *ben·jà·rong* (5 couleurs) du centre de la Thaïlande, adapté d'un style chinois.
- **Laque** Le nord de la Thaïlande est célèbre pour son art du laque hérité de Birmanie.
- **Textiles** Le *mát·mèe*, un épais tissu de coton ou de soie tissé à partir de fils teints selon la technique tie-dye. Chaque ethnie a sa propre tradition de broderie ; Chiang Mai et Chiang Rai sont des centres artisanaux reconnus.

Théâtre et danse

Le théâtre traditionnel prend la forme de pièces dansées, aux histoires interprétées par des acteurs masqués ou costumés. Il existe sous diverses formes classiques, influencées par les opéras chinois et les danses indiennes stylisées. Le théâtre traditionnel, autrefois réservé aux événements royaux ou religieux, a perdu ses mécènes et a commencé à décliner avec la modernisation de la monarchie.

La danse thaïlandaise traditionnelle, en revanche, survit plutôt bien et est encore largement enseignée dans les écoles et les universités. Les mouvements précisément synchronisés des mains et des pieds s'harmonisent pour raconter une histoire.

Kǒhn et lí·gair

Le *kǒhn* est un drame dansé classique avec masques qui suit des règles précises et représente des scènes du *Ramakian* (la version thaïlandaise du *Ramayana* indien). Les pièces du répertoire *kǒhn* traditionnel ont pour principale intrigue la recherche par le prince Rama de sa bien-aimée, la princesse Sita, enlevée par le démon aux dix têtes, Ravana, et emmenée sur l'île de Lanka.

Les villages possédaient leurs propres formes traditionnelles de divertissement, souvent moins stylisées et plus paillardes que celles de la royauté. Mis en scène par des troupes ambulantes, le *lí·gair* est un mélange étonnant : musique folklorique et classique, costumes extravagants, grosse farce, allusions scabreuses et commentaires d'actualité.

Danse classique et folklorique

Héritée des Khmers, la danse classique était à l'origine une offrande sacrée interprétée par la version terrestre des *apsara* (les vierges divines, dotées de beauté et de talent de danseuses, dépeintes dans de gracieuses positions sur les fresques des temples et les bas-reliefs). Les villages comptaient une forme de danse traditionnelle distincte, aux caractères régionaux. Certaines danses décrivent la saison de la plantation du riz, d'autres des histoires d'amour. Pendant les fêtes locales et les défilés, surtout dans le Nord-Est, de jeunes danseuses âgées de moins d'une vingtaine d'années revêtent des costumes traditionnels et des coiffes élaborées, et sont maquillées de blanc pour se donner en spectacle accompagnées par des musiciens ambulants.

Marionnettes

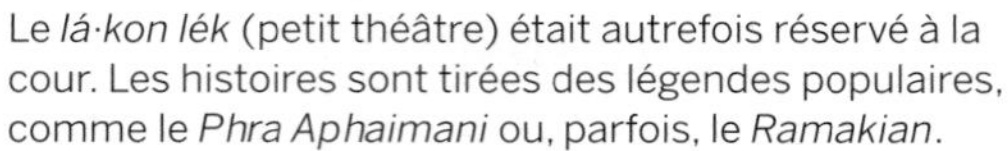

Le *lá·kon lék* (petit théâtre) était autrefois réservé à la cour. Les histoires sont tirées des légendes populaires, comme le *Phra Aphaimani* ou, parfois, le *Ramakian*.

Des marionnettes d'un mètre de hauteur, en papier *kòi* (aux motifs de carpes) et en fil de fer, vêtues de magnifiques costumes, mettent en scène les mêmes thèmes que ceux du *kŏhn*, sur une musique et selon une chorégraphie semblables. Deux ou trois marionnettistes sont nécessaires pour manipuler chaque *hùn lŏo·ang* au moyen de fils de fer attachés à de longs bâtons.

Le théâtre d'ombres – où des marionnettes plates sont manipulées entre un écran de tissu et une source de lumière – existe en Asie du Sud-Est depuis près de 500 ans. Introduite dans la péninsule malaise par des marchands du Moyen-Orient, cette technique s'est peu à peu répandue dans tout le Sud-Est asiatique. En Thaïlande, on la rencontre surtout dans le Sud. Comme en Malaisie et en Indonésie, les marionnettes sont découpées dans du cuir de buffle ou de vache (*năng* en thaï).

Comme leurs équivalents malais et indonésien, les marionnettes représentent une variété de personnages tirés du théâtre classique et populaire, principalement du *Ramakian*, et du *Phra Aphaimani* en Thaïlande. Un seul marionnettiste manipule les découpages, prolongés par un manche en corne de buffle. Le théâtre d'ombres est encore joué parfois lors des fêtes des temples dans le Sud. Des représentations sont également organisées à l'occasion de visites de groupes de touristes ou de dignitaires venus de Bangkok.

Les meilleurs... Spectacles traditionnels de Bangkok

1 Théâtre royal de Chalermkrung (p. 85)

2 Aksra Theatre (p. 85)

3 Théâtre national (p. 85)

Musique

La musique traditionnelle thaïlandaise mêle des sons étonnamment subtils, des tempos renversants et des mélodies pastorales. L'orchestre classique est appelé le *bèe pâht* et peut comprendre de cinq à une vingtaine de musiciens. L'un des instruments les plus courants est le *bèe*, un instrument à vent en bois, avec un bec à anche, joué la plupart du temps en accompagnement des matchs de boxe. Le *rá·nâht èhk*, un instrument à percussion en bambou ressemblant au xylophone, assure la mélodie. On joue également du *sor*, un instrument à archet dont la caisse est creusée dans une noix de coco.

Si vous prenez un taxi à Bangkok, vous aurez sûrement l'occasion d'entendre la version thaïlandaise de la country : le *lôok tûng* ("enfants des champs"). L'amour perdu, la mort aussi tragique que prématurée et le dur sort des laborieux agriculteurs sont les thèmes les plus populaires chantés plaintivement et accompagnés de musique tout aussi mélancolique. Plus enlevé, le *mŏr lam* est une musique folklorique traditionnelle originaire du Nord-Est rural.

Il suffit d'entrer dans un centre commercial ou une discothèque pour entendre les notes rythmées de la pop thaïlandaise (surnommée "T-pop"), très appréciée des adolescents. Quant aux *pleng pêu·a chee·wít* (chansons pour la vie), lancés par les hippies vieillissants de l'époque contestataire des années 1970 et 1980, on les entend dans des bars country thaïlandais de plus en plus difficiles à trouver. Les années 1990 ont donné naissance à la scène pop alternative – connue sous le nom d'"indie", dont le groupe Modern Dog est l'égérie.

L'habitat architectural traditionnel

Les maisons thaïlandaises traditionnelles, aussi élégantes que fonctionnelles, sont adaptées au climat, à la vie familiale et aux sensibilités artistiques. Ces habitations anciennes étaient de modestes maisons en bois sur pilotis, composées d'une pièce unique. Plus élaborées, celles des chefs de village ou des membres mineurs de la famille royale comportaient plusieurs pièces reliées entre elles par des passerelles. À l'origine, les Thaïlandais s'installaient le long des cours d'eau et la surélévation des maisons permettait de préserver leurs habitations d'éventuelles inondations pendant la mousson. Durant la saison sèche, l'espace situé sous la maison servait à s'abriter de la chaleur, mais aussi de cuisine ou même d'étable. Il a plus tard été transformé en garage pour les motos et les vélos. Lorsqu'il était encore abondant dans les forêts thaïlandaises, le teck était le matériau de prédilection des Thaïlandais. Les habitations en teck que l'on voit aujourd'hui ont été édifiées il y a au moins une cinquantaine d'années.

En Thaïlande du Centre, du Nord et du Sud, les toits sont très pentus. Ils sont souvent décorés aux angles et le long des combles d'un naga, serpent mythique, longtemps considéré comme le protecteur spirituel des cultures thaïes, éparpillées dans toute l'Asie.

Les meilleures... **Résidences anciennes**

1 Maison de Jim Thompson, Bangkok (p. 87)

2 Baan Sao Nak, Lampang (p. 187)

3 Suan Phakkad Palace Museum, Bangkok (p. 65)

Dans les provinces méridionales, on aperçoit souvent des habitations d'inspiration malaise, dont les hauts frontons ou les fondations en maçonnerie remplacent les pilotis. Les habitants du Sud utilisent aussi parfois le bambou et le palmier, plus abondants que le bois. Au nord, les maisons des chefs de village étaient souvent décorées d'un motif ouvragé en forme de corne appelé *galare,* un élément décoratif devenu représentatif de l'architecture du vieux Lanna. Les toits en tuiles ou en palmes présentent en général une pente moins accentuée, et certaines habitations situées plus au nord possèdent même des pignons arrondis (une forme venue du Myanmar).

L'architecture des temples

Le spécimen le plus frappant de l'héritage architectural thaïlandais est le temple bouddhique, resplendissant sous le soleil tropical, tout en couleurs flamboyantes et en lignes élancées. Les temples thaïlandais (*wát*) se composent de différents bâtiments dévolus à des fonctions bien précises. Les plus importants sont l'*uposatha* (*bòht* dans le centre du pays, *sĭm* dans le Nord et le Nord-Est), un sanctuaire où a lieu l'ordination des moines, et le *wí·hăhn* (grande salle), qui abrite les représentations du Bouddha.

Autre élément classique de l'architecture des temples : la présence d'un ou de plusieurs stupas (*chédi* en thaï). Il s'agit d'un monument robuste, en forme de cône, édifié en l'honneur de la pérennité du bouddhisme. Il existe de nombreux styles de stupas, du simple dôme importé du Sri Lanka aux formes octogonales plus élaborées que l'on trouve dans le nord du pays. De nombreux stupas sont censés abriter des reliques du Bouddha (souvent des morceaux d'os) – on les appelle alors *tâht* en Thaïlande du Nord et du Nord-Est. Variante du stupa hérité du royaume d'Angkor, le *prang,* en forme d'épi de maïs, évoque les anciens temples de Sukhothai et d'Ayuthaya. Parsemés autour de la plupart des temples, de petits *chédi* carrés, les *tâht grá·dòok* (reliquaires), renferment les cendres des fidèles.

Les symboles du temple

Le symbolisme architectural des diverses parties du temple s'inspire nettement de l'iconographie hindo-bouddhiste.

Sur la ligne de toit du temple est représenté le naga, le serpent mythique qui protégeait le Bouddha durant ses méditations. Sur le dessus du toit se détache la silhouette du *chôr fáh*, constitué d'ornements dorés généralement en forme d'oiseaux. Les lignes de toit représentent souvent les Trois Joyaux : le Bouddha, le *dhamma* (philosophie bouddhiste) et la *sangha* (la communauté bouddhiste).

Autre motif sacré, le bouton de lotus apparaît au-dessus des portes des temples, sur les colonnes des galeries et les flèches des *chédi* de la période de Sukhothai. Le Bouddha est souvent représenté méditant sur un piédestal en forme de fleur de lotus. Les fleurs de lotus servent à des fins religieuses, jamais décoratives.

Les *wát* sont également composés d'un ou de plusieurs *săh·lah*, abris ouverts servant aux réunions de la communauté et à l'enseignement de la doctrine bouddhiste ; de quelques *gù·đì*, quartiers des moines ; d'un *hŏr·đrai*, lieu où sont conservées les écritures ; d'un *hŏr·glorng*, tour du tambour (et parfois d'un *hŏr·rá kang*, tour de la cloche) ; et de divers bâtiments auxiliaires, tels que des écoles ou des dispensaires.

Architecture contemporaine

L'ajout de formes européennes à l'architecture traditionnelle remonte au tournant des XIXe et XXe siècles, comme en témoignent le palais Vimanmek et certains bâtiments du Grand Palais à Bangkok.

Les villes portuaires, Bangkok et Phuket notamment, abritent de belles réalisations architecturales d'inspiration sino-portugaise – en brique et en stuc avec de belles façades ouvragées, un style qui a vu le jour avec l'arrivée des marchands de l'époque coloniale. Ce style est désigné sous le nom de "vieux Bangkok" ou "Ratanakosin".

Les constructions de style mixte témoignent des influences française et anglaise dans le Nord et le Nord-Est, et portugaise dans le Sud. Les *shophouses* (*hôrng tăa·ou*), vieux d'un siècle ou récents, s'organisent comme les boutiques chinoises traditionnelles, le rez-de-chaussée servant de commerce et les étages supérieurs d'habitation.

Modernisme et modernité

Dans les années 1960 et 1970, la tendance fonctionnaliste est inspirée du Bauhaus européen. Lorsque les architectes se remirent à privilégier la forme et non plus la fonction, pendant le boom de la construction des années 1980, ce fut pour donner naissance à des profils très high-tech, comme le fameux "Robot Building" de Sumet Jumsai, sur Th Sathon Tai, à Bangkok. Rangsan Torsuwan, diplômé du Massachusetts Institute of Technology, a lancé le style néoclassique (ou néothaïlandais). Spécialiste des constructions traditionnelles, Pinyo Suwankiri dessine des temples, des bâtiments officiels et des autels pour les hôpitaux et les universités. Son œuvre, omniprésente, est le modèle d'une esthétique institutionnelle de l'architecture traditionnelle.

Depuis le début du nouveau millénaire, les centres commerciaux et les hôtels réinterprètent l'habitat thaïlandais traditionnel à travers un style moderniste relevé d'une touche contemporaine industrielle. Ainsi, des série de cubes présentent une structure en acier apparente et de grandes baies vitrées.

Environnement

Paysage de montagnes, province de Chiang Rai (p. 190)

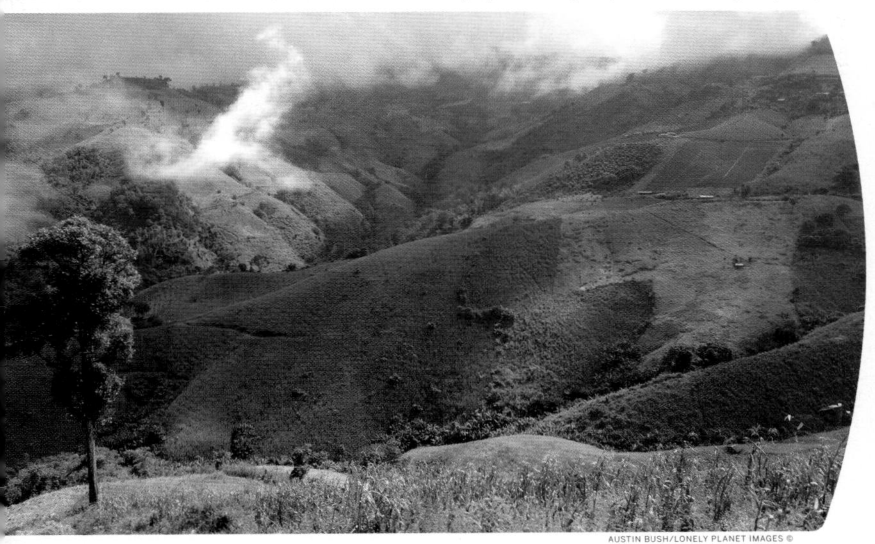

AUSTIN BUSH/LONELY PLANET IMAGES ©

La Thaïlande est accrochée à un versant méridional de l'Himalaya. Elle recèle des plaines fluviales fertiles et s'effile entre des mers chaudes et peu profondes, bordées de récifs coralliens. La forme étrange de la Thaïlande est souvent comparée à une tête d'éléphant dont la trompe serait la Malaisie. S'étirant sur 1 650 km et 16 degrés de latitude du nord au sud, c'est le pays d'Asie du Sud-Est dont le climat est le plus contrasté.

Nord de la Thaïlande

Le nord de la Thaïlande côtoie le Myanmar (Birmanie), le Laos et le sud de la Chine le long de l'extension sud-est de la chaîne himalayenne du Dawna-Tenasserim. Son point culminant, le Doi Inthanon (variant de 2 565 à 2 576 m selon les mesures), est recouvert d'une forêt d'arbres à feuilles persistantes et d'espèces typiques des marécages, notamment un épais tapis de mousse. À moindre altitude se dressent des forêts de mousson constituées d'arbres à feuilles caduques, dont la luxuriance disparaît à la saison sèche. Le teck est l'arbre le plus précieux de ce type de forêt, mais il est aujourd'hui menacé et son abattage est illégal.

Les montagnes du nord de la Thaïlande sont considérées comme l'une des meilleures destinations asiatiques pour les amateurs d'ornithologie. Elles sont peuplées d'espèces montagnardes et d'oiseaux migrateurs aux affinités himalayennes, comme le gobe-mouche et la grive.

Centre de la Thaïlande

Au centre, la topographie s'aplatit en rizières alimentées par des rivières aussi vénérées que la monarchie nationale. Le fleuve le plus révéré de Thaïlande est le Phraya, formé par les affluents septentrionaux des Ping, Wang, Yom et Nan – une lignée tout aristocratique. Le delta du fleuve est cultivé presque toute l'année – passant du vert émeraude des jeunes pousses à l'or des moissons. Cette région a été très modelée par l'homme : routes, champs et villes ont transformé le paysage en cœur laborieux du pays.

À la frontière occidentale, à la lisière de la frontière montagneuse avec le Myanmar, s'étend un complexe de réserves forestières couvrant près de 1,7 million d'hectares. La plus grande réserve protégée du Sud-Est asiatique constitue un habitat tranquille pour les espèces menacées (dont les éléphants et les tigres). Ces parcs sont peu développés pour les secteurs du tourisme ou du commerce.

Questions d'environnement

- La taille de la Thaïlande est équivalente à celle de la France.
- Bangkok est à 14° de latitude nord, comme Madras, Manille, le Guatemala et Khartoum.
- Le Mékong rivalise avec le fleuve Amazone en termes de biodiversité.
- La Thaïlande compte six serpents venimeux, dont le crotale de Russell (*pit viper*) et le cobra royal.
- Les formations karstiques de la Thaïlande sont formées de calcaire, issu de coquillages et de coraux qui peuplaient les fonds marins il y a 250 à 300 millions d'années.

Nord-est de la Thaïlande

Le paysage de la frontière nord-est de la Thaïlande est l'aride plateau de Khorat qui s'élève à quelque 300 m au-dessus du niveau de la plaine centrale. Sur cette terre peu fertile, les pluies sont rares, le sol pauvre et la poussière rouge tache autant que la noix de bétel mâchée avec obstination par les vieilles grands-mères. La forêt dominante est constituée de diptérocarpacées sèches, famille d'arbres qui perdent leurs feuilles à la saison sèche pour conserver leur humidité. La plus grande réserve forestière de la région est le parc national de Khao Yai, inscrit, ainsi que d'autres parcs de la région, au patrimoine mondial de l'Unesco. Ce parc est principalement constitué de forêts arides, habitat privilégié des calaos et de plus de 300 espèces d'oiseaux. Quelques éléphants sauvages y habitent, mais le développement avoisinant a eu un impact négatif sur les trajets de passage de la faune.

Le Mékong

Le Mékong, l'artère du Sud-Est asiatique, dessine la frontière entre la Thaïlande et le Laos. Ce fleuve, à l'origine d'une foule de légendes locales et de fêtes, est utile grâce aux barrages hydroélectriques dont il est jalonné. Il serpente parmi les chaînes de montagne jusqu'au plateau du Nord-Est où il prend de l'ampleur et se réduit au gré des pluies saisonnières. À la saison sèche, les agriculteurs plantent des légumes dans les plaines inondables boueuses et moissonnent leurs récoltes avant que le fleuve n'y reprenne ses droits.

À mesure que les anciens pays indochinois devenaient plus accessibles, les scientifiques purent se pencher sur l'impressionnante biodiversité des régions du Mékong. Quelque 1 000 espèces d'animaux et de végétaux inconnus ont été découvertes au cours des 10 dernières années dans la région du Mékong (qui comprend le Vietnam, le Laos et le Cambodge).

Sud de la Thaïlande

Les fleuves de l'est du royaume déversent leurs eaux et leurs sédiments dans le golfe de Thaïlande, cuvette peu profonde de la mer de Chine voisine. Bangkok s'étend à l'endroit où le golfe prend une forme d'hameçon, entourée d'une large zone industrielle qui a éliminé ou pollué la plus grande partie de l'environnement naturel. Les extrémités du golfe, à l'est comme au sud, sont davantage caractéristiques du type d'environnement littoral : des mangroves, transition entre la terre et la mer, font office de nursery de l'océan, où se reproduisent et grandissent poissons, oiseaux et batraciens. La Thaïlande abrite près de 75 espèces d'arbres tolérant le sel, souvent considérés comme inutiles et, à ce titre, subissant le développement des côtes.

La longue "trompe" qui se déroule entre le golfe de Thaïlande et la mer d'Andaman est souvent surnommée péninsule malaise. C'est la région équatoriale de Thaïlande : les précipitations y sont abondantes, entretenant d'épaisses forêts tropicales humides, vertes toute l'année. La faune et la flore malaises y prédominent, et une impressionnante chaîne de montagnes calcaires, vestige d'un ancien fond marin élevé lors de collisions intercontinentales, serpente de la terre à la mer.

Sur la côte ouest, la mer d'Andaman, extension de l'océan Indien, recèle d'étonnants récifs coralliens abritant des milliers de variétés de poissons et qui font office de

JOHN ELK III/LONELY PLANET IMAGES ©

Le Mékong

brise-lames contre les raz-de-marée. Beaucoup des îles bordées de coraux font partie de réserves maritimes nationales afin de limiter, à un certain point, le développement et la circulation des bateaux qui contribuent à la destruction des coraux. On estime qu'en 2010 le blanchiment des coraux (El Niño aurait contribué au phénomène en réchauffant l'eau) a tué ou endommagé de grandes portions de récifs thaïlandais.

Parcs nationaux et réserves naturelles

Avec 15% de son territoire – terrestre et maritime – déclarés réserves ou parcs naturels, la Thaïlande possède l'un des plus forts pourcentages d'espaces protégés de toute l'Asie : plus de 100 parcs nationaux, auxquels s'ajoutent plus d'un millier de "zones interdites à la chasse", des réserves naturelles et forestières, des jardins botaniques et des arboretums.

Les efforts en matière de protection de la nature en Thaïlande remontent à 1960, date de la promulgation de la loi sur la protection des animaux sauvages, qui permit de mettre en place les premières réserves naturelles. Elle fut suivie d'une loi sur les parcs nationaux en 1961. Le parc national de Khao Yai fut le premier à bénéficier de ce nouveau statut.

Malgré les promesses, l'appellation de parc national ou de sanctuaire ne suffit pas toujours à garantir la protection des espèces et de leur habitat. Dans les parcs nationaux thaïlandais, fermiers locaux, riches promoteurs et autres entrepreneurs l'emportent bien souvent, légalement ou non, sur la protection de l'environnement. Rares sont ceux qui respectent la loi et le gouvernement ne fait pas de zèle pour les y encourager. Ko Chang, Ko Samet et Ko Phi Phi, par exemple, sont confrontés, malgré leur statut de parc national, au problème du développement des aménagements côtiers.

Les meilleurs... Parcs nationaux

1 Parc national de Khao Yai (p. 126)

2 Parc national de Khao Sok (p. 284)

3 Parc national de Doi Inthanon (p. 169)

4 Parc national maritime des îles Similan (p. 288)

5 Parc national maritime d'Ao Phang-Nga (p. 288)

Carnet pratique

Jeunes moines bouddhistes

DOMINIC BONUCCELLI/LONELYPLANET IMAGES ©

Infos utiles

Ambassades et consulats

À L'ÉTRANGER

Le site www.thaiembassy.org répertorie des liens vers les missions diplomatiques thaïlandaises à l'étranger. Voici les coordonnées de quelques ambassades et consulats de Thaïlande :

Belgique (☎ 640 68 10 ; www.thaiembassy.be ; chaussée de Waterloo 876, 1000 Bruxelles)

Canada (☎ 613 722 4444 ; http://www.thaiembassy.ca ; 180 Island Park Drive, Ottawa, ON K1Y OA2) ; nombreux autres consulats dans le pays.

France (☎ 01 56 26 50 50 ; www.thaiembassy.fr/fr/ ; 8 rue Greuze, 75116 Paris)

Suisse Ambassade (☎ 031-970 30 30 ; http://thaiembassybern.org/en/index.php ; Kirchstrasse 56, 3097 Bern-Liebefeld) ; consulat (☎ 022 311 07 23 ; www.thaiconsulate.ch ; 91 rue de la Servette, 1202 Genève)

EN THAÏLANDE

Les ambassades étrangères sont situées à Bangkok ; quelques consulats sont installés à Chiang Mai.

Cambodge (☎ 0 2957 5851-2 ; 518/4 Pracha Uthit/Soi Ramkamhaeng 39, Bangkok)

Canada Bangkok (☎ 0 2636 0540 ; www.thailand.gc.ca ; 15e ét., Abdulrahim Bldg, 990 Th Phra Ram IV) ; consulat à Chiang Mai (☎ 0 5385-0147 ; 151 Superhighway, Tambon Tahsala)

Chine Bangkok (☎ 0 2245 7044 ; www.chinaembassy.or.th ; 57 Th Ratchadaphisek) ; Consulat à Chiang Mai (☎ 0 5327 6125 ; 111 Th Chang Lor, Tambon Haiya)

France (☎ 0 2657 5100 ; www.ambafrance-th.org ; 35 Soi 36, Th Charoen Krung) ; service visa et culture à Bangkok (☎ 0 2627 2150 ; 29 Th Sathon Tai) ; consulat à Chiang Mai (☎ 053281466 ; 138 Th Charoen Prathet). Consulats à Phuket et Surat Thani.

Laos (☎ 0 2539 6678 ; www.bkklaoembassy.com ; 502/1-3 Soi Sahakarnpramoon, Pracha Uthit/Soi 39, Th Ramkamhaeng, Bangkok)

Malaisie (☎ 0 2629 6800 ; 35 Th Sathon Tai, Bangkok). Autre consulat à Songkhla.

Myanmar (Birmanie ; ☎ 0 2233 2237 ; www.mofa.gov.mm ; 132 Th Sathon Neua, Bangkok)

Suisse (☎ 0 2674 6900 ; www.eda.admin.ch/bangkok ; 35 Th Withayu/Wireless Rd, Bangkok)

Vietnam (☎ 0 2251 5836-8 ; www.vietnamembassy-thailand.org ; 83/1 Th Withayu/Wireless Rd, Bangkok)

Argent

L'unité monétaire est le baht (B), qui se divise en 100 satangs ; il existe des pièces de 25 et 50 satangs

La Thaïlande pratique

- Le *Bangkok Post* et *The Nation*, deux quotidiens (en anglais).
- Plus de 400 stations de radio FM et AM. On peut capter Radio France International sur les ondes courtes.
- Six chaînes nationales de TV et le câble pour les programmes internationaux.
- PAL est le principal format vidéo.
- Courant alternatif de 220 V ; les prises comportent habituellement 2 broches, rondes ou plates.
- La Thaïlande utilise le système métrique international. L'or et l'argent se pèsent en *bàat* (15 g).

et de 1, 2, 5 et 10 B. Les anciennes pièces portent uniquement des chiffres thaïs, les nouvelles des chiffres thaïs et arabes. La pièce de 2 B a la même taille que la pièce de 1 B, mais elle est de couleur or.

Des billets de 20 B (vert), 50 B (bleu), 100 B (rouge), 500 B (violet) et 1 000 B (beige) sont utilisés.

CHANGE

Les banques et les bureaux de change privés – plus rares – proposent les meilleurs taux. Pour acheter des bahts, le dollar US est la devise la plus couramment acceptée, devant l'euro. La plupart des banques prélèvent une commission sur chaque chèque de voyage changé.

Voir p. 48-49 pour des informations sur le coût de la vie et les taux de change.

CONTRÔLE DES CHANGES

Depuis 2008, les touristes sont tenus de déclarer toute somme au-dessus de 20 000 $US. Les étrangers qui entrent en Thaïlande sont également soumis à certaines contraintes financières ; par exemple apporter la preuve que l'on dispose de suffisamment d'argent ; la somme requise varie selon le type de visa mais n'excède généralement pas le budget prévu pour le type de voyage entrepris. On vous demandera rarement de présenter cette somme d'argent, mais sachez que cela serait conforme à la loi. Le **ministère des Affaires étrangères** (www.mfa.go.th) peut vous renseigner sur la question.

On peut également ouvrir un compte en devises étrangères dans n'importe quelle banque commerciale thaïlandaise. Dès lors que les fonds proviennent de l'étranger, vous le gérez comme bon vous semble.

DISTRIBUTEURS AUTOMATIQUES DE BILLETS (DAB) ET CARTES BANCAIRES

Les cartes bancaires et de crédit émises par une banque de votre pays permettent de retirer de l'argent liquide (en bahts uniquement) dans les distributeurs automatiques (DAB) de Thaïlande. Les DAB sont très répandus dans tout le pays.

Retirer de l'argent dans un DAB vous coûtera 150 B pour un transfert international, quels que soient les frais de votre banque.

Nombre de magasins, hôtels et restaurants acceptent les paiements par carte de crédit. Les plus couramment acceptées sont les cartes Visa et MasterCard. La carte American Express est acceptée par les plus grands hôtels et restaurants.

Pour signaler le vol ou la perte d'une carte de crédit, composez l'un des numéros suivants, à Bangkok :

American Express (☎ 0 2273 5544)

MasterCard (☎ 001 800 11887 0663)

Visa (☎ 001 800 441 3485)

POURBOIRE

Le pourboire n'est pas une pratique courante dans le pays, sauf lorsque l'on règle une grosse note de restaurant. On laisse alors généralement la menue monnaie ; ainsi, un Thaïlandais qui règle une addition de 488 B avec une coupure de 500 B, n'empochera pas les 12 B de différence. Il s'agit moins d'un pourboire que d'une manière d'affirmer son dédain pour une somme minime.

Beaucoup de restaurants d'hôtels ou d'établissements haut de gamme majorent la note de 10% pour le service. Dans ce cas, le pourboire n'est pas de mise. Bangkok a adopté l'habitude des pourboires, en particulier dans les restaurants fréquentés par les touristes.

Assurance

Souscrire une police d'assurance qui couvre le vol, la perte et les frais médicaux est une sage précaution. Les garanties proposées diffèrent, notamment pour la couverture médicale ; lisez avec attention les clauses imprimées en petits caractères et assurez-vous que le contrat inclut le transport en ambulance et le rapatriement d'urgence en avion. Préférez une police payant directement les prestataires de soins, plutôt que d'avoir à payer vous-même les frais et demander un remboursement par la suite.

Avant toute démarche, vérifiez auprès de votre compagnie d'assurance si votre contrat ne prévoit pas déjà les déplacements à l'étranger. Nombre de cartes de crédit sont aussi assorties d'assurance voyage.

Climat

Bangkok

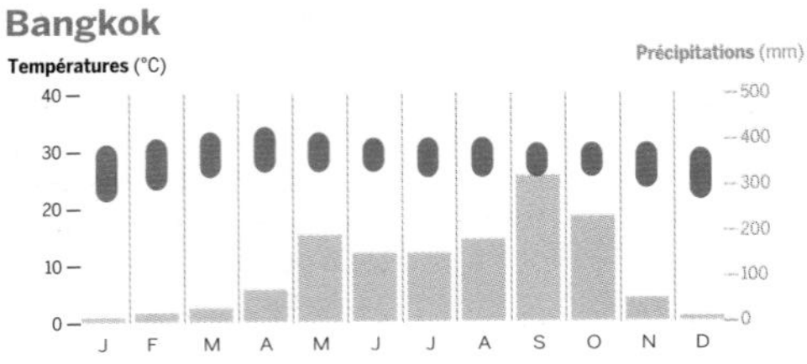

Chiang Mai

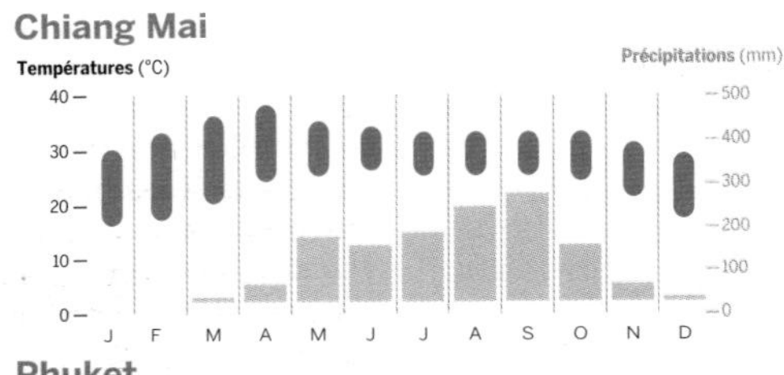

Phuket

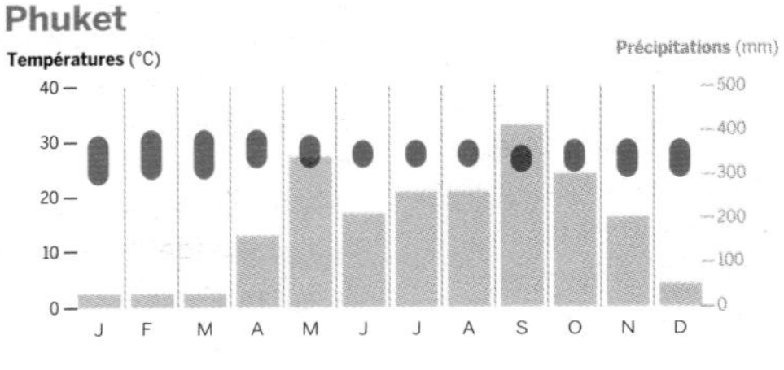

Certains contrats excluent explicitement les "activités à risques", comme la plongée, la moto, voire la randonnée. De même, un permis moto obtenu dans le pays visité peut ne pas être reconnu par votre assurance.

Désagréments et dangers

Bien que la Thaïlande ne soit pas un pays dangereux, mieux vaut être prudent, surtout lors de contacts avec des inconnus (Thaïlandais ou étrangers) et si vous voyagez seul. Il y a en réalité davantage de risques de se faire voler que d'être physiquement agressé.

AGRESSIONS

Les agressions de voyageurs sont très rares, mais se produisent parfois. Sachez que faire perdre la face à un Thaïlandais et l'insulter en public peut entraîner de sa part une réaction démesurément violente. L'alcool est souvent le principal responsable des comportements condamnables et de leurs conséquences.

DROGUES

Tout achat, vente ou possession d'opium, d'héroïne, d'amphétamines, de champignons hallucinogènes ou de marijuana est illégal en Thaïlande. Les sanctions pour usage et trafic de stupéfiants sont sévères – un an de prison minimum pour possession de drogue – et ne sont en aucun cas adoucies pour les étrangers. Quant au trafic, c'est-à-dire toute tentative de franchissement de la frontière en possession de stupéfiants, il entraîne des sanctions beaucoup plus lourdes, allant jusqu'à la peine capitale.

ESCROQUERIES FRÉQUENTES

Les Thaïlandais peuvent se montrer si gentils et détendus que certains voyageurs laissent de côté toute méfiance et deviennent une proie facile pour les escrocs de tous poils. Bangkok est réputée pour ses escrocs qui se font passer pour des amis aux yeux des voyageurs en leur proposant des réductions sur des pierres précieuses de grande valeur (alors qu'il ne s'agit que de jolis morceaux de verre brillant).

Suivez le conseil n°1 de la TAT : ignorez les inconnus qui proposent de vous faire gracieusement visiter la ville ou des magasins. Ils touchent systématiquement une commission sur vos achats. Voir l'encadré p. 86 pour plus de détails.

RABATTEURS ET COMMISSIONS

Rabattre des clients est une tradition en Asie. À Bangkok, des chauffeurs de túk-túk, des employés d'hôtel ou des

Conseils aux voyageurs

La plupart des gouvernements mettent en ligne les dernières informations sur votre destination. Consultez notamment les sites suivants :

- **Ministère des Affaires étrangères français** (www.diplomatie.gouv.fr)
- **Ministère des Affaires étrangères de Belgique** (http://diplomatie.belgium.be/fr/)
- **Département fédéral des Affaires étrangères suisse** (www.eda.admin.ch/eda/fr)
- **Ministère des Affaires étrangères du Canada** (www.voyage.gc.ca)

hôtesses de bar font visiter la ville aux nouveaux venus. La visite se finit presque toujours dans une boutique de soie, de bijoux ou d'artisanat.

Les rabatteurs emmènent également les touristes vers des hébergements qui les paient à la commission. Certaines agences de voyages sont connues pour aiguiller les arrivants vers des hôtels mal situés et trop chers.

Certaines autres agences se font passer pour des bureaux de la TAT, l'office du tourisme officiel du gouvernement. Notez bien que les bureaux officiels ne prennent pas de réservation pour des hôtels ou des moyens de transport.

Lorsque vous cherchez un transport, n'hésitez pas à vous renseigner auprès de plusieurs agences de voyages. Les commissions peuvent varier entre les agences. Résistez également à l'achat de billets groupés pour l'avion, l'hôtel, des circuits, etc. Les vendeurs thaïlandais les plus honnêtes sont généralement discrets et même mauvais marchands.

VOLS ET FRAUDE

Soyez vigilant en ce qui concerne vos affaires personnelles et ayez toujours sur vous votre passeport, votre argent et votre carte de crédit. Assurez-vous également que la porte de votre chambre d'hôtel ferme correctement et faites les vérifications nécessaires lorsque vous laissez des objets ou des papiers personnels dans le coffre de l'hôtel.

Suivez les mêmes principes lorsque vous voyagez, car un sac fermé ne décourage pas les voleurs lorsque vous dormez durant les longs trajets en bus.

Si vous payez par carte, ne laissez pas le vendeur prendre votre carte et la manipuler hors de votre vue. Certains commerçants sans scrupule peuvent éditer jusqu'a 3 ou 4 reçus pour un seul achat. Il se passe ensuite plusieurs semaines, voire des mois, avant qu'ils ne présentent chacun des reçus à la banque, de sorte que le client ne se souvient jamais s'il a été facturé plus d'une fois par le même commerçant.

Pour limiter les risques, utilisez toujours une carte de crédit qui ne soit pas directement reliée à votre compte en banque. En cas d'escroquerie, personne ne peut ainsi accéder directement à votre argent.

En cas de problème, contactez la **police touristique** (☎ 1155).

Douane

Le **département des Douanes** (**www.customs.go.th en anglais**) entretient un site Internet présentant une information détaillée sur la réglementation douanière.

La Thaïlande admet en franchise les produits suivants :

- une quantité raisonnable d'effets personnels (vêtements et affaires de toilettes)
- instruments professionels
- 200 cigarettes
- 1 litre de vin ou de spiritueux

La Thaïlande interdit l'importation des produits suivants :

- armes à feu et munitions (à moins qu'elles ne soient déclarées à l'avance au Police Department)
- drogues illicites
- documents à caractère pornographique

Lorsque vous quittez la Thaïlande, vous devez être en possession d'une licence d'exportation pour toute antiquité, y compris pour des statues récentes de bouddha (sauf amulettes personnelles). Pour l'obtenir, vous devez présenter au **Department of Fine Arts** (☎ 0 2628 5032) deux photos de l'objet prises de face, une photocopie de votre passeport, ainsi que la facture et l'objet en question. Le délai d'attente est de 4 jours.

Électricité

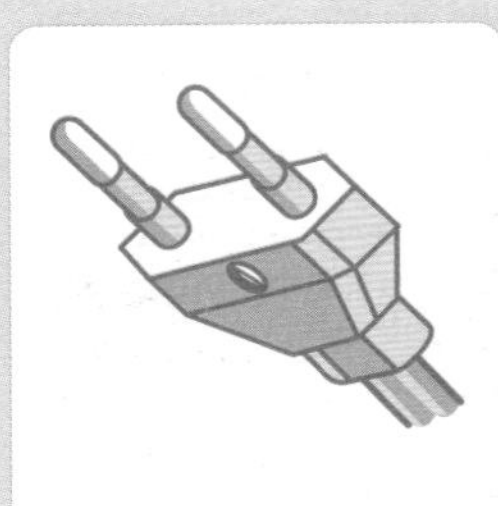

220 V/50 Hz

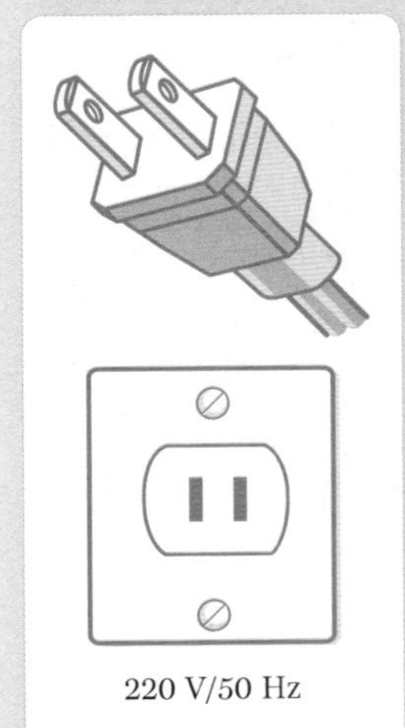

220 V/50 Hz

Formalités et visas

Le **ministère des Affaires étrangères** (www.mfa.go.th) supervise les questions d'immigration et la délivrance des visas. Consultez son site ou déplacez-vous à l'ambassade ou au consulat de Thaïlande le plus proche de chez vous pour connaître les procédures et leur coût.

VISAS DE TOURISME

Les Français, les Belges, les Suisses et les Canadiens peuvent entrer en Thaïlande sans visa pour une durée maximale de 30 jours consacrée au tourisme. Ils doivent être porteurs d'un passeport en cours de validité (au moins 6 mois après la date de retour).

Ce statut, qui porte le nom d'"exemption de visa", se matérialise sur le passeport par un tampon d'entrée et de sortie indiquant la période pendant laquelle vous êtes autorisé à séjourner dans le pays.

En arrivant par avion, un visa de 30 jours est délivré gratuitement. Par voie de terre, le visa est délivré (gratuitement) pour seulement 15 jours.

En théorie, vous devez être en possession d'un billet de retour (ou de poursuite de votre voyage) et de suffisamment d'argent pour le séjour. En pratique, les services de l'immigration procèdent rarement à ces contrôles.

Si vous prévoyez de rester plus de 30 jours (ou de 15 jours en arrivant par voie terrestre), vous devrez demander un visa de tourisme valable 60 jours auprès d'une ambassade ou d'un consulat thaïlandais avant votre départ.

Avant le départ, il est impératif de contacter les ambassades et les consulats pour s'assurer que les modalités d'entrée sur le territoire n'ont pas changé. Nous vous conseillons de photocopier tous vos documents importants (pages d'introduction de votre passeport, cartes de crédit, numéros de chèques de voyage, police d'assurance, billets de train/d'avion/de bus, permis de conduire, etc.). Emportez un jeu de ces copies, que vous conserverez à part des originaux. Vous remplacerez ainsi plus aisément ces documents en cas de perte ou de vol.

PROROGATION DE VISAS

Si vous souhaitez prolonger votre séjour au-delà de la durée consentie, vous pouvez faire une demande de prorogation de visa dans n'importe quel bureau de l'immigration, en Thaïlande. Le tarif habituel est de 1 900 B. Les visas de 15 ou 30 jours peuvent être prolongés de 7 à 10 jours (selon le bureau de l'immigration auquel vous vous adressez), à condition de s'y prendre avant l'expiration de votre visa. Le visa de tourisme de 60 jours peut être renouvelé jusqu'à 30 jours à la discrétion des autorités de l'immigration.

Pour renouveler votre visa, vous pouvez également franchir une frontière.

Bureaux de l'immigration

Adressez-vous à l'un des deux bureaux de l'immigration suivants pour proroger votre visa ou remplir d'autres formalités. Pensez à soigner votre tenue pour toute demande officielle en Thaïlande et allez vous-même solliciter un visa (ne confiez pas cette tâche à un tiers). Pour une prorogation de visa, munissez-vous de 2 photos d'identité et d'une photocopie des pages de votre passeport contenant photo et visa.

- **Bureau de l'immigration de Bangkok** (☎0 2141 9889 ; Bldg B, Bangkok Government Center, Th Chaeng Wattana ; ⌚9h-12h et 13h-16h30 lun-ven).
- **Bureau de l'immigration de Chiang Mai** (carte p. 238 ; ☎0 5320 1755-6 ; Th Mahidon ; ⌚8h30-16h30 lun-ven).

On vous délivrera un nouveau visa de 15 jours à votre retour. Pour plus d'informations sur les frontières et les formalités de passage, référez-vous aux chapitres correspondants.

Si vous dépassez la durée autorisée par le visa, vous êtes passible d'une amende de 500 B par jour d'infraction, plafonnée à 20 000 B. Le règlement s'effectue à l'aéroport, ou à l'avance dans un bureau de l'immigration. Si le dépassement se limite à une journée, vous n'aurez rien à payer. Les enfants de moins de 14 ans voyageant avec un parent sont exemptés d'amende.

Les étrangers résidant en Thaïlande doivent renouveler leur visa auprès du bureau de l'immigration le plus proche de leur domicile.

Handicapés

La Thaïlande est un pays peu facile d'accès pour les handicapés. Bangkok n'est guère recommandée avec ses hauts trottoirs au revêtement inégal et sa circulation incessante ; de nombreuses rues se traversent au moyen de hautes passerelles, aux escaliers assez raides. Les bus et les bateaux s'arrêtent si brièvement que même les personnes non handicapées peinent pour monter à bord. Quant aux rampes d'accès pour les personnes en fauteuil roulant, elles sont quasi inexistantes.

Beaucoup d'hôtels de catégorie supérieure s'efforcent de réaliser les aménagements nécessaires aux personnes handicapées. Dans d'autres établissements haut de gamme, le personnel nombreux permet de pallier l'absence d'installations appropriées. Ailleurs, vous serez livré à vous-même.

À l'inverse de la tendance dominante, **Worldwide Dive & Sail** (www.worldwidediveandsail.com) propose aux sourds et aux malentendants de participer à des sorties de plongée, également accessibles aux personnes en fauteuil roulant.

En France, l'**APF** (Association des paralysés de France ; ☎01 40 78 69 00 ; www.apf.asso.fr ; 17 bd Auguste-Blanqui, 75013 Paris) peut vous fournir d'utiles informations sur les voyages accessibles. Mentionnons également les sites de **Yanous** (www.yanous.com) et de **Handica** (www.handica.com).

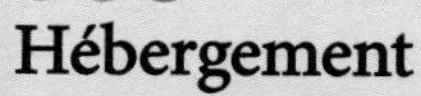

Hébergement

La Thaïlande possède un grand choix d'hébergements à prix très variés, allant du tarif raisonnable au haut de gamme. Les prix mentionnés dans ce guide correspondent à la haute saison. Les icônes indiquent les équipements mis à disposition par les établissements : accès Internet, Wi-Fi, climatisation ou piscine. Si la climatisation n'est pas mentionnée, c'est qu'il n'y a qu'un ventilateur dans les chambres.

Nous avons classé les établissements en 3 catégories : petits budgets, catégories moyenne et supérieure. Dans les grandes villes et les *resorts*, comptez moins de 1 000 B la nuit pour les hôtels petits budgets, entre 1 000 et 3 000 B pour la catégorie moyenne et plus de 3 000 B pour la supérieure. Dans les petites villes, comptez moins de 600 B pour les hôtels petits budgets, moins de 1 500 B pour la catégorie moyenne et plus de 1 500 B pour la supérieure.

HÔTELS

Dans les capitales provinciales et les petites

villes, les seules possibilités d'hébergement sont souvent les vieux hôtels sino-thaïlandais, autrefois de mise dans tout le pays. Ces hôtels reçoivent surtout une clientèle thaïlandaise et l'anglais y est peu pratiqué.

Depuis quelques années, les hôteliers font tout pour plaire aux voyageurs qui recherchent l'ambiance d'une pension et le confort de l'hôtel. Dans la plupart des grandes villes touristiques, des établissements proposent désormais des services à l'ancienne dans un décor moderne et tout confort.

Les grandes chaînes hôtelières internationales sont présentes à Bangkok, Chiang Mai, Phuket et dans les autres stations balnéaires huppées. Plusieurs établissements haut de gamme ont associé l'architecture traditionnelle thaïlandaise à des constructions minimalistes modernes.

La majorité des hôtels de catégorie supérieure et certains hôtels de catégorie moyenne facturent une taxe gouvernementale de 7% (TVA), ainsi que 10% pour le service. Ces charges supplémentaires sont souvent dénommées "plus plus". Le prix des chambres inclut souvent le petit-déjeuner sous forme d'un buffet. S'il s'agit d'une formule à l'occidentale, elle est appelée "ABF", signifiant *american breakfast*.

Il est possible de réserver à l'avance dans les établissements de catégorie moyenne et dans les grandes chaînes hôtelières, surtout s'ils se trouvent dans une ville ou un site touristique. Certains de ces établissements proposent des réductions sur leurs sites Internet ou par l'intermédiaire d'agences en ligne. Ils acceptent aussi les cartes de crédit, mais seuls les établissements de catégorie supérieure prennent la carte American Express.

Heure locale

La Thaïlande est en avance de 7 heures sur l'heure GMT (Londres). Quand il est 12h à Paris, il est 17h ou 18h à Bangkok, selon l'heure d'hiver ou d'été.

Heures d'ouverture

La liste suivante présente les horaires d'ouverture standard en Thaïlande. Vous trouverez les horaires spécifiques dans les descriptions des établissements de ce guide. Banques et administrations sont fermées les jours fériés.

Administrations 8h30-16h30 du lundi au vendredi ; certaines ferment pendant le déjeuner (12h-13h) et ouvrent le samedi (9h-15h).

Banques 9h30-15h30 du lundi au vendredi ; DAB accessibles 24h/24.

Bars 18h-24h (officiellement) ; les heures de fermeture varient selon le respect du couvre-feu ; fermés pendant les élections et certaines fêtes religieuses.

Discothèques 20h-2h ; les heures de fermeture varient selon le respect du couvre-feu ; fermées pendant les élections et certaines fêtes religieuses.

Magasins petites boutiques : tlj 10h-18h ; centres commerciaux : tlj 10h-20h. Dans les petites villes, fermeture le dimanche.

Restaurants 10h-22h ; certains, spécialisés dans les petits-déjeuners, ferment à 15h

Salles de concert 18h-1h ; les heures de fermeture varient selon le respect du couvre-feu ; fermées pendant les élections et certaines fêtes religieuses.

Homosexualité

La société thaïlandaise se montre relativement tolérante envers l'homosexualité, masculine ou féminine. La communauté homosexuelle est bien représentée à Bangkok, Pattaya et Phuket. Les tenues vestimentaires et les comportements suscitent rarement des commentaires. En revanche, les démonstrations d'affection en public, homo ou hétéro, sont mal vues. Le site **Utopia (www.utopia-asia.com)** diffuse de nombreuses informations destinées aux gays et aux lesbiennes et publie un guide pour les homosexuels en Thaïlande.

Internet (accès)

Vous trouverez des cybercafés partout. Le tarif varie de 40 à 120 B l'heure, selon la concurrence. Les connexions sont généralement rapides et l'équipement informatique est bien entretenu. Le Wi-Fi est proposé dans la plupart des hôtels et des pensions (nous indiquons ce service dans les informations pratiques des établissements par l'icône), bien que le personnel ne soit pas toujours expert en la matière. Sachez que plus l'on monte dans les étages, moins la connexion est efficace, alors demandez si un routeur est proche de votre étage.

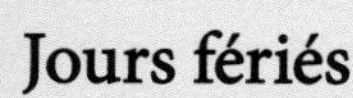

Jours fériés

Les administrations et les banques ferment les jours suivants :

1er janvier – Nouvel An

Février (dates variables) Jour de Makha Bucha, fête religieuse bouddhiste

6 avril – Jour des Chakri, en l'honneur du fondateur de la dynastie Chakri, Rama Ier

13-14 avril Fête de Songkran, célébration traditionnelle du Nouvel An thaï et fête de l'Eau

1er mai Fête du Travail

5 mai – Jour du Couronnement, commémore celui, en 1946, de Leurs Majestés le roi et la reine

Mai/juin (date variable) Visakha Bucha, fête religieuse bouddhiste

Juillet (date variable) Asahna Bucha, fête religieuse bouddhiste

12 août – Anniversaire de la reine

23 octobre – Jour de Chulalongkorn (le roi Rama V ; r. 1868-1910)

Octobre-novembre (date variable) – Ork Phansaa, fin du carême bouddhique

5 décembre – Anniversaire du roi

10 décembre – Jour de la Constitution

31 décembre Veille du jour de l'An

Offices du tourisme

La **Tourism Authority of Thailand** (TAT ; www.tourismthailand.org), service d'État de promotion et d'information touristique, existe depuis 1960. Elle édite d'excellentes brochures sur les sites à visiter, l'hébergement et les transports. Elle dispose de bureaux de renseignements à l'étranger et dans toutes les grandes villes touristiques thaïlandaises.

À L'ÉTRANGER

Il n'existe pas de bureaux de la TAT en Suisse et au Canada. Les ressortissants de ces deux pays pourront s'adresser respectivement au bureau allemand et new-yorkais.

Allemagne (069 138 1390 ; www.thailandtourismus.de ; Bethmannstrasse 58, D-60311, Frankfurt/Main)

Belgique (504 97 03 ; www.tourismethailande.be ; rue des Drapiers 40, 1050 Bruxelles)

France (01 53 53 47 00 ; www.tourismethaifr.com, tatpar@wanadoo.fr ; 90 av. des Champs-Élysées, 75008 Paris)

États-Unis ((1212) 432 04 33 ; info@tatny.com ; 61 Broadway, Ste 28.10, New York 10 006 USA)

EN THAÏLANDE

Le bureau principal de la TAT est installé à Bangkok. La TAT possède 22 succursales régionales à travers le pays. Pour savoir où elles se trouvent, dans les villes où vous comptez vous rendre, consultez les chapitres régionaux.

Problèmes juridiques

En général, la police thaïlandaise n'importune pas les étrangers, surtout les touristes. Une exception majeure concerne les stupéfiants, que les policiers considèrent soit comme un fléau à combattre, soit comme l'occasion de percevoir un pot-de-vin.

Si l'on vous arrête pour un délit, la police vous autorisera à appeler votre ambassade ou votre consulat, sinon un parent ou un ami. Une procédure légale s'applique à la durée de la détention et la manière dont elle doit se dérouler jusqu'à l'inculpation ou le procès, mais la police dispose d'une grande latitude en la matière. Si elle fait plus facilement preuve de mansuétude envers les étrangers, mieux vaut, comme partout ailleurs, respecter les forces de l'ordre si l'on ne veut pas aggraver son cas.

La justice thaïlandaise ne présume pas de la culpabilité ou de l'innocence d'un prévenu, considéré plutôt comme "suspect". Le tribunal tranchera au cours d'un procès, souvent expéditif.

La **police touristique** (☎ 1155) peut se révéler d'un grand secours en cas d'arrestation. Bien qu'elle ne puisse intervenir dans les cas qui relèvent de la police régulière, elle peut aider les étrangers à trouver un interprète ou à contacter leur ambassade. N'hésitez pas à la contacter en cas de vol ou d'escroquerie à partir de n'importe quel téléphone du pays. Cette ligne, ouverte 24h/24, reçoit les plaintes comme les demandes d'assistance en cas de danger.

Santé

Dr Trish Batchelor, Dr Luc Paris et Dr Peter Fenner

En Thaïlande, les problèmes de santé et la qualité des infrastructures médicales varient selon la destination et la façon de voyager. La majorité des grandes villes et les zones fréquentées par les touristes sont bien équipées avec d'excellentes infrastructures médicales adaptées. Par contre, dans des zones rurales isolées, vous aurez des risques de contracter certaines affections et plus de difficultés à vous faire soigner.

Les voyageurs ont tendance à craindre les maladies infectieuses propres aux zones tropicales, mais il est rare qu'une infection soit à l'origine d'une maladie grave. Les problèmes les plus sérieux sont généralement liés à des soucis de santé préexistants, comme les maladies cardiaques, ou à des blessures accidentelles (notamment les accidents de la route).

Heureusement, la plupart des maladies peuvent être évitées ou soignées facilement. Les conseils donnés dans ce chapitre le sont à titre indicatif, et ne peuvent en aucun cas remplacer l'avis d'un médecin.

AVANT LE DÉPART

ASSURANCE ET SERVICES MÉDICAUX

Il est conseillé de souscrire une police d'assurance qui vous couvrira en cas d'annulation de votre voyage, de vol, de perte de vos affaires, de maladie ou encore d'accident.

Vérifiez notamment que les "sports à risques", comme la plongée, la moto ou même la randonnée ne sont pas exclus de votre contrat, ou encore que le rapatriement médical d'urgence, en ambulance ou en avion, est couvert. De même, le fait d'acquérir un véhicule dans un autre pays ne signifie pas nécessairement que vous serez protégé par votre propre assurance.

Vous pouvez contracter une assurance qui réglera directement les hôpitaux et les médecins, vous évitant ainsi d'avancer des sommes qui ne vous seront remboursées qu'à votre retour. La plupart des hôpitaux exigent néanmoins d'être payés avant l'admission (par vous ou votre assureur). Avant de partir, renseignez-vous sur les modalités de paiement des frais médicaux et conservez tous les documents nécessaires pour les procédures (rapports médicaux, factures, etc.).

Avant de souscrire une police d'assurance, vérifiez bien que vous ne bénéficiez pas déjà d'une assistance par votre carte de crédit, votre mutuelle ou votre assurance automobile.

Santé sur Internet

Il existe de très bons sites Internet consacrés à la santé en voyage. Avant de partir, vous pouvez consulter les conseils en ligne du **ministère des Affaires étrangères** (**www.diplomatie.gouv.fr/fr/conseils-aux-voyageurs_909/index.html**) ou le site très complet du **ministère de la Santé** (**www.sante.gouv.fr**). Vous trouverez, d'autre part, plusieurs liens sur le site de **Lonely Planet** (**www.lonelyplanet.fr**), à la rubrique Ressources.

N'oubliez pas de prendre avec vous les documents relatifs à l'assurance ainsi que les numéros à appeler en cas d'urgence.

VACCINATIONS

Plus vous vous éloignez des circuits classiques, plus il faut prendre vos précautions. Faites inscrire vos vaccinations dans un carnet international de vaccination que vous pourrez vous procurer auprès de votre médecin ou d'un centre.

Le ministère des Affaires étrangères effectue une veille sanitaire et met régulièrement en ligne (www.diplomatie.gouv.fr/voyageurs) des recommandations concernant les vaccinations.

Planifiez vos vaccinations à l'avance (au moins 6 semaines avant le départ), car certaines demandent des rappels ou sont incompatibles entre elles. Les vaccins ont des durées d'efficacité très variables ; certains sont contre-indiqués pour les femmes enceintes.

Voici les coordonnées de quelques centres de vaccination :

Institut Pasteur (0 890 71 08 11 ; 211 rue de Vaugirard, 75015 Paris)

Air France, centre de vaccinations internationales (01 43 17 22 00 ; 148 rue de l'Université, 75007 Paris)

Centre de vaccinations (04 72 76 88 66 ; 7 rue Jean-Marie-Chavant, 69007 Lyon)

Hôpital Félix-Houphouët-Boigny (04 91 96 89 11 ; Chemin des Bourrely, 13015 Marseille)

Vous pouvez obtenir la liste complète de ces centres en France sur le site Internet : www.diplomatie.gouv.fr/voyageurs.

Seul le vaccin contre la fièvre jaune a un caractère obligatoire dans certaines conditions. Si vous avez visité une zone à risque (Afrique ou Amérique du Sud) dans les 6 jours précédant votre arrivée en Thaïlande, on vous demandera la preuve de votre vaccination.

TROUSSE MÉDICALE DE VOYAGE

Veillez à emporter avec vous une petite trousse à pharmacie. Certains produits ne sont délivrés que sur ordonnance médicale.

- des antibiotiques, à utiliser uniquement aux doses et aux périodes prescrites
- un antidiarrhéique et un réhydratant, en cas de forte diarrhée, surtout si vous voyagez avec des enfants
- un antihistaminique en cas de rhumes, allergies, piqûres d'insectes, mal des transports
- un antiseptique ou un désinfectant pour les coupures, les égratignures superficielles et les brûlures, ainsi que des pansements gras pour les brûlures
- de l'aspirine ou du paracétamol (douleurs, fièvre)
- une bande Velpeau et des pansements pour les petites blessures
- une paire de lunettes de secours (si vous portez des lunettes ou des lentilles de contact) et la copie de votre ordonnance
- un produit contre les moustiques, un écran total, une pommade pour soigner les piqûres et les coupures et des comprimés pour stériliser l'eau
- une paire de ciseaux à bouts ronds, une pince à épiler et un thermomètre à alcool
- une petite trousse de matériel stérile comprenant une seringue (avec une lettre de votre médecin), des aiguilles, du fil à suture, une lame de scalpel et des compresses
- des préservatifs

PENDANT LE VOYAGE

VOLS LONGS COURRIERS

Les trajets en avion, principalement du fait d'une immobilité prolongée, peuvent favoriser la formation de caillots sanguins dans les jambes (par exemple une phlébite). Le risque est d'autant plus élevé que le vol est plus long.

Généralement, l'un des premiers symptômes est un gonflement ou une douleur du pied, de la cheville ou du mollet.

En prévention, buvez en abondance des boissons non alcoolisées, faites jouer les muscles de vos jambes lorsque vous êtes assis et levez-vous de temps à autre pour marcher dans la cabine.

DÉCALAGE HORAIRE ET MAL DES TRANSPORTS

Le décalage horaire est fréquent dans le cas de trajet traversant plus de trois fuseaux horaires. Il se manifeste par des insomnies, de la fatigue, des malaises ou des nausées. En prévention, buvez abondamment (des boissons non alcoolisées) et mangez léger. En arrivant, exposez-vous à la lumière naturelle et adoptez les horaires locaux aussi vite que possible (pour les repas, le coucher et le lever).

Les antihistaminiques préviennent le mal des transports, qui se caractérise principalement par une envie de vomir, mais peuvent provoquer une somnolence.

EN THAÏLANDE

DISPONIBILITÉ ET COÛT DES SOINS

Bangkok est considérée par de nombreux pays d'Asie du Sud-Est comme la capitale de l'excellence médicale. Les hôpitaux privés sont les plus onéreux, mais les soins prodigués y sont de meilleure qualité qu'ailleurs et le personnel parle anglais. Ils sont notamment indiqués dans ce guide à la rubrique *Renseignements* des villes. En comparaison, les frais médicaux en Thaïlande sont relativement moins chers que dans les pays occidentaux.

À part pour des affections bénignes (diarrhée en particulier), l'autodiagnostic et l'autotraitement sont risqués ; aussi, chaque fois que cela est possible, adressez-vous à un médecin.

Il n'est pas recommandé d'acheter des médicaments sans ordonnance, car les contrefaçons et produits périmés sont malheureusement fréquents.

MALADIES INFECTIEUSES ET PARASITAIRES

DENGUE

Cette maladie transmise par les moustiques est un réel problème en Asie du Sud-Est, surtout dans les villes. Les îles du sud de la Thaïlande sont des zones à haut risque. Il n'existe pas de traitement prophylactique contre cette maladie propagée par les moustiques. Poussée de fièvre, maux de tête, douleurs articulaires et musculaires précèdent une éruption cutanée sur le tronc qui s'étend ensuite aux membres puis au visage. Au bout de quelques jours, la fièvre régresse, et la convalescence commence. Les complications graves sont rares. La dengue peut se développer en une forme très sévère et mortelle de fièvre hémorragique, très rarement observée chez les touristes. Ce risque augmente si vous avez déjà été infecté par la dengue et que vous êtes alors infecté par un sérotype différent.

PALUDISME

Beaucoup de fausses informations circulent sur le paludisme. Le paludisme, ou malaria, est transmis par un moustique, l'anophèle, dont la femelle pique surtout la nuit, entre le coucher et le lever du soleil.

En Thaïlande, en particulier dans les villes et dans les grands complexes touristiques, le risque de paludisme est minime, voire inexistant. Vous courez plus de risques de souffrir d'effets secondaires dus aux médicaments contre le paludisme, que de la maladie elle-même. Si vous visitez des zones rurales à haut risque (les touristes y vont rarement), il faut absolument suivre un traitement préventif (uniquement sur ordonnance), qu'il faut en général poursuivre après le retour. Indispensable également : vous protéger des moustiques (voir plus bas).

Tout voyageur atteint de fièvre ou montrant les symptômes de la grippe doit se faire examiner. Il suffit d'une analyse de sang pour établir le diagnostic. Contrairement à certaines croyances, une crise de paludisme ne signifie pas que l'on est touché à vie. Hormis les traitements préventifs, la protection contre les piqûres de moustique est le premier moyen d'éviter d'être contaminé par le paludisme.

- Le soir, dès le coucher du soleil, couvrez vos bras et surtout vos chevilles, mettez de la crème antimoustiques. Ils sont parfois attirés par le parfum ou l'après-rasage.
- En dehors du port de vêtements longs, l'utilisation d'insecticides ou de répulsifs à base de DEET (de type Cinq sur Cinq) sur les parties découvertes du corps est à recommander.
- En vente en pharmacie, les moustiquaires constituent en outre une protection efficace, à condition qu'elles soient imprégnées d'insecticide. De plus, ces moustiquaires sont radicales contre tout insecte à sang froid (puces, punaises, etc.) et permettent d'éloigner serpents et scorpions.
- Notez enfin que, d'une manière générale, le risque de contamination est plus élevé en zone rurale et pendant la saison des pluies.

RAGE

Très répandue, cette maladie est transmise par un animal contaminé : chien, singe et chat principalement. Morsures, griffures ou même simples coups de langue d'un mammifère doivent être nettoyés immédiatement et à fond. Frottez avec du savon et de l'eau courante, puis nettoyez avec de l'alcool. S'il y a le moindre risque que l'animal soit contaminé, allez immédiatement voir un médecin. Même si l'animal n'est pas enragé, toutes les morsures doivent être surveillées de près pour éviter les risques d'infection et de tétanos. Un vaccin antirabique est désormais disponible. Cependant, la vaccination préventive ne dispense pas de la nécessité d'un traitement antirabique immédiatement après un contact avec un animal enragé.

TYPHOÏDE

Cette maladie se transmet par de l'eau ou de la nourriture contaminées par des matières fécales humaines. La fièvre et une éruption rose sur l'abdomen sont généralement les premiers symptômes, qui s'accompagnent parfois d'une septicémie (empoisonnement du sang). Le vaccin contre la typhoïde protège pendant trois ans. Mieux vaut être vacciné si vous passez plus d'une semaine en Thaïlande et voyagez hors des grandes villes, même si la vaccination n'est pas entièrement efficace, car l'infection est particulièrement dangereuse.

VIH/SIDA

La transmission de cette infection se fait : par rapport sexuel (hétérosexuel ou homosexuel – anal, vaginal ou oral), d'où l'impérieuse nécessité d'utiliser des préservatifs à titre préventif ; par le sang, les produits sanguins et les aiguilles contaminées. Il est impossible de détecter la présence du VIH chez un individu apparemment en parfaite santé sans procéder à un examen sanguin.

En Thaïlande, le sida est aujourd'hui l'une des principales causes de décès chez les moins de 50 ans.

DIARRHÉE DU VOYAGEUR

Le changement de nourriture, d'eau ou de climat suffit à la provoquer ; si elle est causée par des aliments ou de l'eau contaminés, le problème est plus grave. En dépit de toutes vos précautions, vous aurez peut-être la "turista", mais quelques visites aux toilettes sans aucun autre symptôme n'ont rien d'alarmant. Il est fortement recommandé d'apporter avec soi un antidiarrhéique et un antiseptique intestinal (de type Intetrix et Ercefuryl). Demandez conseil à votre pharmacien et à votre médecin (certains médicaments ne peuvent être délivrés sans ordonnance). La déshydratation est le danger principal lié à toute diarrhée, particulièrement chez les enfants. Ainsi le premier traitement consiste à boire beaucoup. Quand vous irez mieux, continuez à manger légèrement. Les antibiotiques peuvent être utiles dans le traitement de diarrhées très fortes, en particulier si elles sont accompagnées de nausées, de vomissements, de crampes d'estomac ou d'une fièvre légère. Trois jours de traitement sont généralement suffisants, et on constate normalement une amélioration dans les 24 heures. Toutefois, lorsque la diarrhée persiste au-delà de 48 heures ou s'il y a présence de sang dans les selles, il est préférable de consulter un médecin.

AFFECTIONS LIÉES À L'ENVIRONNEMENT

ALIMENTATION

C'est en mangeant dans les restaurants que vous risquez le plus d'attraper la turista. Une façon d'y échapper est de ne consommer que de la nourriture fraîchement cuisinée, et d'éviter les mets traînant sur un buffet. Pelez tous les fruits, cuisez les légumes. Enfin, mangez dans des restaurants très fréquentés.

COUP DE CHALEUR

Presque partout en Thaïlande, il fait chaud et humide toute l'année. Dans bien des cas, il faut au moins 2 semaines pour s'acclimater. Restez hydraté et évitez les activités extrêmes pendant les heures chaudes de la journée afin de prévenir tout gonflement des pieds et des chevilles ou des crampes musculaires dues à la transpiration excessive.

Symptômes : malaise général, transpiration faible ou inexistante et forte fièvre (39 à 41°C) et céphalée lancinante, difficultés à coordonner ses mouvements, signes de confusion mentale ou d'agressivité. Il faut absolument hospitaliser

Piqûres de méduses

Toutes les méduses boîtes (*box jellyfish*) ne sont pas dangereuses ; leurs piqûres peuvent être sans risque ou bien entraîner la mort. Par mesure de précaution cependant, il vaut mieux considérer qu'elles sont toutes dangereuses.

Il existe beaucoup d'espèces de méduses en Thaïlande qui ne causent que des piqûres urticantes. Le seul moyen de se protéger de ces piqûres est de porter un vêtement protecteur.

le malade. En attendant les secours, installez-le à l'ombre, ôtez-lui ses vêtements, couvrez-le d'un drap ou d'une serviette mouillés et éventez-le continuellement.

COUP DE SOLEIL

Sous les tropiques, les coups de soleil sont plus fréquents, même par temps couvert. Utilisez un écran total et pensez à vous couvrir. Évitez de vous exposer au soleil pendant son zénith (10h-14h).

PIQÛRES ET MORSURES

Les punaises affectionnent la literie douteuse. Si vous repérez de petites taches de sang sur les draps ou les murs autour du lit, cherchez un autre hôtel. Les piqûres de punaises forment des alignements réguliers. Une pommade calmante apaisera la démangeaison.

Les sangsues, présentes dans les régions de forêts humides, se collent à la peau et sucent le sang. Ne les arrachez pas, car la morsure s'infecterait plus facilement. Une crème répulsive peut les maintenir éloignées. Utilisez de l'alcool, de l'éther, de la vaseline ou de l'huile pour vous en débarrasser. Vérifiez toujours que vous n'avez pas attrapé de tiques dans une région infestée : elles peuvent transmettre le typhus.

PROBLÈMES DE PEAU

Les boutons de chaleur apparaissent souvent dans les tropiques. Ils sont dus à la sueur restée piégée sous la peau. Des douches froides et des poudres résoudront le problème.

Les blessures s'infectent très facilement dans les climats chauds et cicatrisent difficilement. Coupures et égratignures doivent être traitées avec un antiseptique et du désinfectant cutané. Évitez si possible bandages et pansements, qui empêchent la plaie de sécher. Les coupures de corail sont particulièrement longues à cicatriser.

SANTÉ AU FÉMININ

GROSSESSE

La plupart des fausses couches ont lieu pendant les 3 premiers mois de la grossesse. C'est donc la période la plus risquée pour voyager. Pendant les 3 derniers mois, il vaut mieux rester à distance raisonnable de bonnes infrastructures médicales, en cas de problèmes. Les femmes enceintes doivent éviter de prendre inutilement des médicaments Cependant, certains vaccins et traitements préventifs contre le paludisme restent nécessaires. Mieux vaut consulter un médecin avant de prendre quoi que ce soit.

VOYAGER AVEC DES ENFANTS

Les enfants courent relativement peu de risques sanitaires en Thaïlande. Avant de partir, il est conseillé de consulter un médecin spécialisé dans la médecine du voyage afin de vous assurer que votre enfant est en bonne santé. Joignez à votre trousse médicale du paracétamol (en doses pour enfants), du sirop contre la fièvre, un antihistaminique, de la crème contre les démangeaisons, des produits pour les premiers soins en cas de blessure, une crème contre l'érythème fessier du bébé, et une bonne quantité d'écrans solaires et de produits anti-insectes adaptés à chaque âge.

Téléphone

L'indicatif de la Thaïlande est le ☎66. Tous les numéros thaïs commencent par 0 si vous appelez depuis la Thaïlande (le 0 est omis pour les appels depuis l'étranger). Les 3 chiffres qui suivent le 0 correspondent à l'indicatif régional, qui fait partie intégrante du numéro. Si le 0 est suivi d'un 8, il s'agit d'un numéro de portable.

APPELS INTERNATIONAUX

L'indicatif de la Thaïlande est le ☎66. Lorsque vous

appelez la Thaïlande depuis l'étranger, composez le code d'accès international (☎00 depuis la France, la Belgique ou la Suisse ; ☎011 depuis le Canada), suivi du ☎66, puis du numéro souhaité.

Pour appeler l'étranger depuis la Thaïlande, composez le code d'accès international suivi de l'indicatif du pays (☎33 pour la France, ☎32 pour la Belgique, ☎41 pour la Suisse et ☎1 pour le Canada) et du numéro de votre correspondant.

Pour appeler à l'étranger depuis la Thaïlande, composez le code d'accès international suivi de l'indicatif du pays et du numéro de votre correspondant.

Il existe pour cela plusieurs codes d'accès internationaux à tarifs variables. Le numéro standard, le ☎001, est géré par la **CAT** (www.cthai.com) et possède la meilleure qualité d'écoute. Il permet d'appeler un grand nombre de pays, mais c'est également le plus cher. Un autre code intéressant est le ☎007, géré par la TOT (Telephone Organisation of Thailand), un peu moins cher et de bonne qualité. Les tarifs les plus bas sont le ☎007, le ☎008 et le ☎009. La communication se fait par Internet en VoIP, avec une qualité variable, mais correcte.

Beaucoup d'expatriés passent par **DeeDial** (www.deedial.com), un service d'appel qui nécessite la création d'un compte prépayé géré par Internet. Un service très bon marché, le "ring-back", vous permet d'économiser les charges locales.

Il existe également de nombreuses cartes téléphoniques internationales proposées par la CAT, à moins de 1 B la minute.

TÉLÉPHONES PORTABLES

Le plus simple en Thaïlande est de se procurer un téléphone portable équipé d'une carte SIM locale.

La Thaïlande utilise le réseau GSM et les opérateurs mobiles sont AIS, DTAC et True Move.

Question téléphone portable, il existe 2 options : soit acheter un téléphone en Thaïlande, dans l'un des centres commerciaux des grandes villes ou dans un magasin spécialisé près du marché d'une ville de province ; soit apporter un téléphone importé si celui-ci n'est pas simloqué (bloqué par votre opérateur) et qu'il supporte le réseau GSM. On peut se procurer cartes SIM et cartes-recharges (généralement entre 300 et 500 B) dans les 7-Eleven.

Des promotions sont régulièrement proposées, mais les prix standard oscillent entre 1 et 2 B la minute pour les appels nationaux et entre 5 et 9 B pour les appels internationaux. Les SMS coûtent 3 B par message, c'est l'option la moins chère pour communiquer par mobile.

Toilettes

Les toilettes à la turque sont de moins en moins la norme en Thaïlande. Elles subsistent dans les zones rurales, les gares routières de province, les vieilles maisons et les petits restaurants, mais on trouve de plus en plus de toilettes à l'occidentale, en particulier dans les zones touristiques.

Après votre passage dans des toilettes à la turque, l'usage est de les nettoyer en prenant de l'eau que l'on se procure à l'aide du récipient en plastique prévu à cet effet. Certains établissements fournissent du papier toilette (5 B). Sinon, il faut prévoir le sien ou utiliser de l'eau.

En route vers la 3G

Les opérateurs téléphoniques et les agences gouvernementales se querellent au sujet de la 3G (plateforme mobile haut débit) depuis si longtemps, que cette nouvelle technologie est déjà dépassée par la 4G. La Thaïlande est le seul pays de l'Asean où la 3G n'est pas encore mise en place, malgré les nombreux utilisateurs de smartphones. En 2010 et 2011, les contrats d'utilisation ont été autorisés, puis suspendus par la justice thaïlandaise et l'importation des équipements a été repoussée. La 3G sera peut-être en Thaïlande quand vous lirez ces lignes

L'installation septique n'est pas toujours adaptée au papier toilette, même lorsqu'il s'agit de toilettes à l'occidentale. Dans ce cas, utilisez la corbeille pour le papier et les produits d'hygiène féminine. Certaines toilettes modernes sont équipés de petits jets d'eau (une version thaïlandaise du bidet).

Voyager en solo

FEMMES SEULES

Les femmes rencontrent relativement peu de problèmes en Thaïlande, compte tenu du grand respect qui leur est témoigné.

Les femmes thaïlandaises, en particulier de la jeune génération, sont plus dénudées que par le passé et sont presque toutes habillées comme des hôtesses de bar. Les touristes peuvent donc porter ce qu'elles veulent (hauts sans manches et autres vêtements légers) sans offenser les Thaïlandais. Toutefois, il vaut mieux se couvrir dans les zones rurales reculées et, bien entendu, lors des visites de temples.

Les agressions et les viols sont plus rares en Thaïlande que dans bien des pays occidentaux, mais des incidents peuvent se produire lorsqu'un individu mal intentionné jette son dévolu sur une femme seule ou sur une femme ivre, plus vulnérable encore. Si vous rentrez seule d'un bar, ayez toute votre tête. N'acceptez pas d'être ramenée en voiture par des inconnus ou ne voyagez pas dans des zones isolées. Ce sont des règles de base, mais on a tendance à les oublier lorsque l'on découvre un pays aussi hospitalier.

Transports

Depuis/vers la Thaïlande

Vous pouvez réserver vos excursions et vos billets de train en ligne sur www.lonelyplanet.com/bookings (en anglais).

ENTRER EN THAÏLANDE

Les formalités douanières sont simples : il vous suffit de présenter votre passeport (voir p. 362 pour les visas requis), ainsi que les cartes d'arrivée et de départ dûment remplies. Les formulaires vous sont distribués à bord des vols à destination de la Thaïlande ou, si vous arrivez par la route, au service de l'immigration.

Vous n'aurez pas besoin de remplir de déclaration de douane à l'arrivée, sauf si vous importez des biens à déclarer. Dans ce cas, adressez-vous aux douaniers thaïlandais pour obtenir le formulaire adéquat. Reportez-vous p. 361 pour des informations sur la douane.

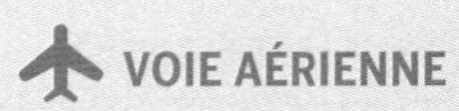

VOIE AÉRIENNE

AÉROPORTS

Bangkok est le principal point d'entrée national et international du pays. De petits aéroports desservent également des trajets nationaux et intérieurs.

Aéroport international de Suvarnabhumi (BKK ; ☎ 0 2132 1888). Dessert la plupart des vols nationaux et internationaux. Il se situe à Samut Prakan, à 30 km à l'est de Bangkok et à 110 km de Pattaya. Se prononce *sù·wan·ná·poom.*

Aéroport de Don Muang (DMK ; ☎ 0 2535 1111). Deuxième aéroport de Bangkok. Propose des vols intérieurs gérés par Nok Air et Orient Thai (anciennement One-Two-Go). Si vous réservez des vols avec correspondance, vérifiez bien par quel aéroport de Bangkok vous transitez.

Aéroport international de Phuket (HKT ; ☎ 0 7632 7230). Assure des vols directs vers certaines destinations asiatiques : Hong Kong, Singapour et Bali avec Air Asia et des vols charters directs depuis l'Europe.

Aéroport international de Chiang Mai (CNX ; **www.chiangmaiairportonline.com**). Vols vers certaines destinations asiatiques : Kuala Lumpur, Taipei et Singapour.

DEPUIS LA FRANCE

Un vol direct pour Bangkok depuis la France dure environ 11 heures. Au moment de la rédaction de ce guide, les tarifs les plus avantageux pour un aller-retour avec escale se situaient autour de 550 €.

Pendant la haute saison (de décembre à mars), trouver un billet depuis ou vers Bangkok peut être difficile, et assez cher. Il est donc conseillé de réserver le plus tôt possible.

Voici quelques adresses d'agences et de transporteurs :

Air France (☎ 36 54, 0,34 €/min ; www.airfrance.fr)

Thai Airways International (☎ 01 55 68 80 00 ; www.thaiairways.fr)

Nouvelles Frontières (réservations et informations au ☎ 0825 000 747 ; www.nouvelles-frontieres.fr). Nombreuses agences en France et dans les pays francophones.

SNCF (☎ 0 892 335 335, 0,34 €/min ; www.voyages-sncf.com)

Thomas Cook (☎ 0 826 826 777 ; www.thomascook.fr)

DEPUIS LA BELGIQUE

Un aller-retour Bruxelles-Bangkok avec escale revient au moins à 650 €.

Les agences suivantes présentent souvent des offres intéressantes :

Thai Airways International (☎ 2 502 47 44 ; www.thaiair.com ; av. de la Toison d'Or 21, 1050 Bruxelles)

Airstop (☎ 070 233 188 ; www.airstop.be ; bd E. Jacquemain 76, Bruxelles 1000). Plusieurs agences en Belgique.

Connections (☎ 070 23 33 13 ; www.connections.be) Bruxelles (☎ 02/550 01 30 ; 19-21 rue du Midi, 1000 Bruxelles) ; Gand (☎ 09/223 90 20 ; Hoogpoort 28, Gent 9000) ; Liège (☎ 04/223 03 75 ; 7 rue Sœurs-de-Hasque, 4000 Liège). Nombreuses agences en Belgique.

Gigatours Voyages Éole (☎ 070/22 44 32 ; www.voyageseole.be ; ☎ 02/672 35 03 ; Place Keym 3, Bruxelles 1170). Plusieurs agences en Belgique.

DEPUIS LA SUISSE

En réservant à l'avance, vous pourrez trouver des vols Genève-Bangkok à partir de 650 FS, avec escale.

Vous pouvez contacter :

STA Travel (☎ 058 450 49 49 ; www.statravel.ch ; Genève ☎ 058 450 48 30 ; Rue Vignier 3, 1205 Genève). D'autres agences en Suisse.

Swiss (www.swiss.com ; ☎ 848 700 700)

Thai Airways International (☎ 44 215 65 00 ; www.thaiair.com ; Bahnhofstrasse 67, Sihlstrasse 1, 8023 Zurich)

DEPUIS LE CANADA

Les premiers prix pour un aller-retour Montréal-Bangkok, avec 2 escales, se situent autour de 1 300 $C. Pour réserver en ligne, connectez-vous sur www.expedia.ca et www.travelocity.ca.

Vous pouvez également contacter :

Air Canada (☎ 888 247 2262 ; www.aircanada.com).

Voyage Campus (☎ 1 800 667 2887 ; www.voyagescampus.com/fr). L'agence de voyages des étudiants canadiens.

EN THAÏLANDE

En Thaïlande, les réservations se font en règle générale par l'intermédiaire d'agences de voyages. Les commissions varient. Nous vous conseillons d'en comparer plusieurs pour vous faire une idée. La plupart sont honnêtes, mais il en existe aussi qui ne sont pas fiables. Le meilleur moyen de ne pas se faire escroquer reste de payer par Carte bleue : la majorité des banques remboursent les frais engagés par les cartes qu'elles fournissent à leurs clients si ceux-ci peuvent prouver qu'ils n'ont pas obtenu le service pour lequel ils ont effectué cette dépense. Les agences qui n'acceptent que les paiements en devises devront vous donner vos billets tout de suite et ne pas vous demander de repasser le lendemain. Une fois vos billets achetés, appelez la compagnie aérienne afin de confirmer votre réservation.

Les tarifs sont plus chers durant la haute saison (de décembre à mars).

Voyages organisés

SÉJOURS

La Thaïlande figure au catalogue de nombreux

Voyage et changement climatique

Tous les moyens de transport fonctionnant à l'énergie fossile génèrent du CO_2 – la principale cause du changement climatique induit par l'homme. L'industrie du voyage est aujourd'hui dépendante des avions. Si ceux-ci ne consomment pas nécessairement plus de carburant par kilomètre et par personne que la plupart des voitures, ils parcourent en revanche des distances bien plus grandes et relâchent quantité de particules et de gaz à effet de serre dans les couches supérieures de l'atmosphère. De nombreux sites Internet utilisent des "compteurs de carbone" permettant aux voyageurs de compenser le niveau des gaz à effet de serre dont ils sont responsables par une contribution financière à des projets respectueux de l'environnement. Lonely Planet "compense" les émissions de tout son personnel et de ses auteurs.

tour-opérateurs, qui proposent des forfaits tout compris à des tarifs avantageux. Beaucoup se limitent à Bangkok et aux destinations balnéaires touristiques (Pattaya, Phuket...). On prêtera une attention particulière aux prestations hôtelières, de qualité variable.

CIRCUITS

Les meilleures agences de voyages établies hors de Thaïlande créent leurs circuits de A à Z, en sélectionnant leurs collaborateurs locaux en fonction de la qualité de leurs services. En voici, ci-dessous, quelques-unes, généralistes ou spécialisées dans les voyages axés sur la plongée ou le trek.

AGENCES GÉNÉRALISTES

Asia (☎ 01 44 51 50 10 ; 1 rue Dante, 75005 Paris ; www.asia.fr). Autres agences en France et en Suisse.

Clio (☎ 01 53 68 82 82 ; www.clio.fr ; 34 rue du Hameau, 75015 Paris)

Club Aventure (☎ 514-527 0999 ; www.clubaventure.com ; 757 ave du Mont-Royal Est, Montréal, H2J 1W8, Canada). Nombreuses agences au Canada.

Maison de l'Indochine (☎ 01 40 51 95 15 ; www.maisondelindochine.com ; 76 rue Bonaparte, 75006 Paris)

Nouvelles Frontières (www.nouvelles-frontieres.fr)

Orients (☎ 01 45 61 90 90 ; www.orients.com ; 60 rue de La Boétie, 75008 Paris)

Voyageurs du Monde (☎ 01 42 86 16 00 ; www.vdm.com ; 55 rue Sainte-Anne, 75002 Paris). Nombreuses agences en France.

PLONGÉE

Océanes (☎ 04 42 52 82 40 ; www.oceanes.com ; 531 rue Paul-Julien, 13100 Le Tholonet)

Ultramarina (☎ 0 825 850 859, 0,15 €/min ; www.ultramarina.com) ; Nantes (2 ter rue des Olivettes, CS 33221, 44032 Nantes Cedex 1) ; Paris (29 rue de Clichy, 75009 Paris) ; Marseille (27 rue de la Palud, 13001 Marseille). Autres agences à Lyon, à Genève (Suisse) et à Liège (Belgique).

TREKKING

Club Aventure (☎ 0 826 88 20 80 ; www.clubaventure.fr) ; Paris (18 rue Séguier, 75006 Paris) ; Lyon (2 rue Vaubecour, 69002 Lyon) ; Genève (rue Prévost-Martin 51, CP 124-1211 Genève 4) ; Bruxelles (27 place Saint-Job, 1180 Bruxelles)

Terres d'Aventure (☎ 0 825 700 825, 0,15 €/min ; www.terdav.com) ; Paris (30 rue Saint-Augustin, 75002 Paris) ; Lyon (5 quai Jules-Courmont, 69002 Lyon) ; Bruxelles (23 chaussée de Charleroi, 1060 Saint-Gilles). Nombreuses autres agences en France.

Nomade (☎ 0825 701 702, 0,15 €/min ; www.nomade-aventure.com) ; Paris (40 rue de la Montagne-Sainte-Geneviève, 75005 Paris) ; Toulouse (43 rue Peyrolières, 31000 Toulouse) ; Lyon (10 quai Tilsitt, 69002 Lyon) ; Marseille (12 rue Breteuil, 13001 Marseille)

Comment circuler

AVION

Voyager en avion en Thaïlande est toujours très accessible financièrement. La plupart des liaisons aériennes se font au départ de Bangkok, mais Chiang Mai, Ko Samui et Phuket desservent également quelques villes thaïlandaises.

BATEAU

L'authentique embarcation thaïlandaise est le *long-tail boat* ("bateau à longue queue", ou *reu·a hăhng yow*), ainsi dénommé parce que l'hélice est fixée à l'extrémité d'un long arbre de transmission sortant du moteur.

Entre le continent et les îles du golfe de Thaïlande ou de la mer d'Andaman, l'embarcation la plus courante est un bateau en bois long de 8 à 10 m, équipé d'un moteur intérieur, d'une timonerie et d'un simple toit pour abriter les passagers et les marchandises. Des hovercrafts et des hydroglisseurs, plus rapides et plus chers, circulent dans les zones touristiques.

BUS ET MINIBUS

Le réseau de bus thaïlandais est très dense et fiable. Ce moyen de transport a l'avantage de permettre de découvrir le paysage et de lier connaissance avec les habitants. Le gouvernement thaïlandais subventionne la Transport Company (*bò·rí·sàt kŏn sòng*), souvent abrégée en Baw Khaw Saw (BKS).

Les compagnies de bus les plus sûres sont celles qui partent des gares routières d'État (BKS). Il peut s'agir de bus publics ou privés bénéficiant de concessions..

Les minibus (ou minivans) deviennent de plus en plus une option de catégorie moyenne. Ils sont gérés par des entreprises privées. Parce que les véhicules sont plus petits, ils peuvent partir du marché (et non d'une gare routière en dehors de la ville) et vous déposer directement à votre hôtel. Évitez de vous asseoir à l'avant : sensations fortes assurées !

RÉSERVATIONS

Vous pouvez réserver vos places pour un bus climatisé BKS dans tous les terminaux BKS. La plupart des hôtels et tous les voyagistes peuvent réserver des places dans les bus privés, mais, pour être sûr d'obtenir le service demandé, il vaut mieux s'adresser directement à l'agence de la compagnie de bus concernée.

TRAIN

Les trains thaïlandais parcourent tout le pays et sont la meilleure alternative au bus pour les longs voyages vers Chiang Mai au nord ou vers Surat Thani au sud, mais aussi pour rallier Ayuthaya et Lopburi depuis Bangkok en évitant les embouteillages.

Le réseau ferré de 4 500 km est géré par la société des chemins de fer thaïlandaise, **State Railway of Thailand** (SRT ; ☎ 1690 ; www.railway.co.th) et dessert 4 lignes principales : nord, sud, nord-est et est. Tous les trajets longue distance partent de la gare Hua Lamphong à Bangkok.

CLASSES

Les trains de passagers de la SRT comptent en général 3 classes, qui diffèrent parfois considérablement selon que vous êtes à bord d'un train ordinaire, d'un rapide ou d'un express.

RÉSERVATIONS

Vous pouvez réserver vos billets de train entre 1 et 60 jours avant la date de départ, en personne, depuis n'importe quelle gare ferroviaire. On peut aussi les acheter dans les agences de voyages, mais c'est un peu plus cher. Si vous êtes à l'étranger et que vous organisez de longs trajets en train, envoyez un e-mail à l'agence gouvernementale **State Railway of Thailand** (passenger-ser@railway.co.th) au moins 15 jours avant votre séjour. Vous recevrez un message de confirmation de votre réservation. Vous pourrez retirer et payer vos billets en gare 1 heure avant le départ du train

Les réservations sont recommandées pour les trains-couchettes entre Bangkok et Chiang Mai ou entre Bangkok et Surat Thani, notamment autour de la fête de Songkran en avril et durant les mois très touristiques de décembre et janvier.

Pour les trajets plus courts, achetez vos billets la veille pour avoir des sièges plutôt que des couchettes.

TARIFS

Les tarifs sont calculés en ajoutant des suppléments au prix de base, selon le type du train (express spécial, express, rapide, train ordinaire), la classe choisie et la distance parcourue. Des frais supplémentaires sont ajoutés pour les wagons avec climatisation et les couchettes (basses ou hautes).

Săhm·lór et túk-túk

Les *săhm·lór* (dont le nom signifie "3 roues") non motorisés sont l'équivalent des rickshaws (ou cyclo-pousse) que l'on trouve dans toute l'Asie. On s'en sert dans les petites villes où la circulation est fluide et la conduite traditionnelle.

La version moderne et motorisée du *săhm·lór* est le túk-túk. Ce sont de petits véhicules utilitaires, équipés d'un moteur deux temps pétaradant (souvent alimenté au GPL), très bruyant.

Dans les deux cas, le tarif doit être négocié avant le départ. Dans les centres touristiques, les conducteurs de túk-túk ont tendance à gonfler les prix pour les étrangers. Renseignez-vous sur les tarifs appliqués avant de héler un véhicule. Le personnel des hôtels peut vous indiquer un montant convenable.

TRANSPORTS URBAINS

BUS URBAIN ET SŎRNG•TĂA•OU

C'est à Bangkok que le réseau de bus urbains est le plus développé. Udon Thani et d'autres villes de province possèdent aussi un service de bus urbains. L'usage veut que les passagers attendent à l'arrêt et hèlent le bus avec la main, paume vers le bas. Il faut généralement payer en allant s'asseoir ou à la descente.

Ailleurs, les transports publics sont assurés par des *sŏrng·tăa·ou* (petites camionnettes, ou pick-up, avec deux rangées de sièges face à face pour les passagers). Ces véhicules desservent parfois des itinéraires fixes, comme les bus, mais ils peuvent aussi faire office de taxis collectifs en prenant plusieurs passagers allant dans la même direction. Vous pouvez héler un *sŏrng·tăa·ou* sur la route et payer le trajet à la descente.

MOTO-TAXI

Dans de nombreuses villes de Thaïlande, on peut louer des *mor·đeu·sai ráp jâhng*, des motos de 100 ou 125 cm³, avec chauffeur, pour des petites courses. C'est la meilleure solution si vous n'avez pas de bagage (ou juste un petit sac de voyage).

TAXI

Si, à Bangkok, les taxis sont équipés de compteurs, dans les autres villes de Thaïlande, il peut arriver que les taxis soient des véhicules privés pratiquant des tarifs négociables. On peut se rendre d'une ville à une autre en taxi, mais il faut négocier le prix de la course avec le chauffeur, le compteur n'étant pas de mise pour ce type de trajet.

TRANSPORTS EN COMMUN

Bangkok est la seule ville de Thaïlande à posséder à la fois un métro aérien et un métro souterrain, respectivement connus sous le nom de Skytrain et de Metro. Tous deux ont largement contribué à alléger les énormes embouteillages de la capitale.

VOITURE ET MOTO

ASSURANCE

La réglementation impose la souscription d'une assurance responsabilité civile pour tous les véhicules en circulation. Les meilleures agences de location proposent une couverture complète pour leurs véhicules. Vérifiez toujours que celui que vous louez est assuré au tiers et demandez à voir les papiers d'assurance datés. Un accident au volant d'un véhicule non assuré vous entraînerait dans des ennuis considérables.

CARBURANT ET PIÈCES DÉTACHÉES

Des stations-service modernes jalonnent toutes les routes goudronnées du pays. Dans les régions plus reculées, l'essence contenant du benzène (*ben·sin/nám·man rót yon*) est distribuée dans de petites stations au bord des routes ou dans les villages. Tous les carburants sont sans plomb et le diesel est utilisé par les camions et par certaines voitures. En 2007, la Thaïlande a adopté l'utilisation de carburants de remplacement comme le *gasohol* (mélange à 91 ou 95% de pétrole et d'éthanol) et le gaz naturel comprimé, consommé par les taxis conçus pour rouler avec deux types de carburants.

CODE DE LA ROUTE ET RÈGLES DE SÉCURITÉ

Les Thaïlandais roulent à gauche (la plupart du temps !). En dehors de cela, tout semble permis, en dépit des panneaux de signalisation et des limitations de vitesse.

La règle cardinale de sécurité est de laisser la priorité au véhicule le plus gros. Même si ce n'est pas ce que dit la loi, il s'agit bien de la réalité. La vitesse est limitée à 50 km/h dans les villes et de 80 à 100 km/h sur la plupart des routes nationales, mais vous verrez toujours des véhicules rouler à 30 km/h comme à 150 km/h !

Souvent, des panneaux lumineux informent les conducteurs du trafic en cours. Un indicateur clignotant sur la gauche vous signifie que vous pouvez passer, un indicateur allumé sur la droite signale qu'un véhicule arrive dans l'autre sens. Le klaxon permet d'avertir les autres usagers que le conducteur s'apprête à passer. Si un conducteur vous fait des appels de phares, il vous indique de ne pas avancer.

LOCATION ET ACHAT

Il est possible de louer des voitures, des jeeps et des fourgonnettes dans la plupart des grandes villes et des aéroports, auprès de compagnies locales ou internationales. Les agences de location locales pratiquent des tarifs inférieurs à ceux des grandes chaînes internationales, mais leurs véhicules sont souvent plus anciens et moins bien entretenus. Vérifiez toujours l'état des pneus et l'aspect général du véhicule avant de signer un contrat de location.

Distances routières (en km)

	Aranya Prathet	Ayuthaya	Bangkok	Chiang Mai	Chiang Rai	Chumphon	Hat Yai	Hua Hin	Khon Kaen	Mae Hong Son	Mae Sai	Mukdahan	Nakhon Ratchasima	Nakhon Sawan	Nong Khai	Phitsanulok	Phuket	Sungai Kolok	Surat Thani	Tak	Trat
Ayuthaya	246																				
Bangkok	275	79																			
Chiang Mai	844	607	685																		
Chiang Rai	1014	777	775	191																	
Chumphon	727	531	452	1138	1308																
Hat Yai	1268	1072	993	1679	1849	555															
Hua Hin	458	262	183	869	1039	269	810														
Khon Kaen	432	397	440	604	774	902	1443	633													
Mae Hong Son	1013	767	800	225	406	1298	1839	1029	829												
Mae Sai	1082	845	746	259	68	1376	1917	1107	842	474											
Mukdahan	601	524	680	917	1087	1029	1570	760	313	1142	1155										
Nakhon Ratchasima	239	204	257	744	914	709	1250	440	193	969	982	320									
Nan	816	609	663	323	208	1139	1603	886	558	514	263	1000	760								
Nong Khai	598	563	516	720	890	1068	1609	799	166	945	958	347	359	1755							
Phitsanulok	535	298	420	309	479	829	1370	560	295	578	547	608	435	728	411						
Phuket	1125	929	862	1536	1706	412	474	667	1300	1696	1774	1427	1107	276	1466	1227					
Sungai Kolok	1555	1359	1210	1966	2136	842	287	1097	1730	2126	2204	1857	1357	1462	1896	1657	761				
Surat Thani	927	731	635	1338	1508	214	401	469	1102	1498	1576	1229	909	1288	1268	1029	286	791			
Tak	581	335	435	280	460	866	1407	597	441	432	528	754	544	354	557	146	1264	1694	1066		
Trat	285	392	313	999	1169	765	1306	496	717	1397	1237	886	524	996	883	690	1163	1593	965	727	
Ubon Ratchathani	444	367	620	881	1051	872	1413	603	277	1106	1119	157	163	1091	443	572	1270	1700	1072	707	729

On trouve des motos à louer dans toutes les grandes villes, ainsi que dans les centres touristiques plus modestes, auprès des pensions ou des petites sociétés familiales. Il est assez facile de louer une moto. C'est le moyen de transport idéal pour parcourir le pays de façon indépendante. Pour les locations à la journée, on vous demandera la plupart du temps de laisser votre passeport en dépôt. Là encore, avant de vous engager, vérifiez l'état de la moto et réclamez un casque (dont le port est obligatoire).

De nombreux touristes ont des accidents de moto en Thaïlande faute de savoir conduire leur engin ou parce qu'ils ignorent le code de la route et l'état de certains tronçons de route. Prenez garde à conduire toujours lentement et prudemment, surtout sur route glissante, afin d'éviter tout dommage à votre véhicule et à vous-même, et à souscrire une assurance adaptée. Si vous n'avez jamais conduit de moto auparavant, tenez-vous-en aux 100 cm³ à embrayage automatique et pensez à bien répartir le poids du corps sur tout le véhicule pour en améliorer le maniement.

PERMIS DE CONDUIRE

Pour conduire une voiture ou une moto lors d'un court séjour en Thaïlande, vous devez posséder un permis de conduire international.

Langue

Le dialecte pratiqué dans le centre du pays est devenu la langue officielle de tous les groupes ethniques thaïs ou non thaïs du royaume.

En thaï, la signification d'une simple syllabe peut changer selon le ton. Le thaï du Centre en comprend cinq : le ton grave, le ton médian, le ton descendant, le ton aigu et le ton ascendant. La hauteur de chaque ton dépend du registre de la voix ; il n'y a pas de "diapason" fixe, intrinsèque à la langue.

Ton grave – "uniforme", comme le ton moyen, mais prononcé dans les graves du spectre vocal, sans inflexion. Ex. : *bàht* (la monnaie thaïlandaise).

Ton médian – "uniforme", comme le ton grave, mais prononcé dans le registre moyen du spectre vocal. Ex. : *di* (bon) ; sans indication de ton.

Ton descendant – la voix démarre très haut et retombe brusquement comme si l'on accentuait le mot ou que l'on appelait quelqu'un de loin. Ex. : *mâi* (non/pas).

Ton aigu – le plus difficile pour les étrangers. Se prononce d'une voix de tête, aussi uniformément que possible. Ex. : *máh* (cheval).

Ton ascendant – ressemble à l'inflexion de la voix quand on demande "Ah oui ?" Ex. : *săam* (trois).

Le gouvernement thaïlandais a instauré le *Royal Thai General Transcription System* (RTGS, système de transcription général). Il s'agit de la méthode standard pour la transcription de la langue en alphabet romain. Elle est utilisée notamment pour les documents officiels, les panneaux de signalisation et les menus. Ce guide suit cette méthode pour la plupart des noms.

Dans la prononciation (en couleur) de nos pages de vocabulaire, les syllabes sont séparées par un tiret. Il marque une rupture de syllabe à l'intérieur même du mot. Certaines sont séparées par un point qui vous aidera à prononcer les diphtongues comme dans mêu·a-rai (quand).

La voyelle a se prononce comme le a de "patte" ; aa est un a long ; ah comme le a de "pâte" ; ai comme dans "ail" ; air comme dans "fée" ; eu comme dans "peur" ; ew comme "i-ou" ; oh comme le o de "drôle" ; or comme le o de "porc" sans prononcer le r ; ow comme "a-o".

La majorité des consonnes se prononcent comme en français, à quelques exceptions près : *b* (un p dur proche du b qui ressemble au son que vous faites quand vous prononcez l'anglais "hip-bag") ; *đ* (un t dur comme un d aigu comme dans l'anglais "mid-tone") ; *ng* (comme dans l'anglais "singing", en thaï il peut se rencontrer en début de mot) et *r* comme dans l'anglais "run" (un r roulé qui se prononce l dans le langage courant).

Pour aller plus loin

Indispensable pour mieux communiquer sur place : le *Guide de conversation Thaï,* de Lonely Planet. Pour réserver une chambre, lire un menu ou simplement faire connaissance, ce manuel permet d'acquérir des rudiments de thaïlandais. Inclus : un minidictionnaire bilingue.

CIVILITÉS ET EXPRESSIONS DE BASE

La structure sociale de la société thaïe exige plusieurs registres de langue qui diffèrent selon l'interlocuteur. Nous avons choisi la forme appropriée au contexte de chaque phrase.

Par politesse, le locuteur termine sa phrase par *kráp* (pour les hommes) ou *kâ* (pour les femmes). C'est aussi la façon courante de répondre "oui" à une question ou de montrer son approbation.

Le masculin et le féminin des phrases de ce chapitre sont indiqués par "m/f".

Bonjour.	สวัสดี	sà-wàt-di
Au revoir.	ลาก่อน	lah gòrn
Oui.	ใช่	châi
Non.	ไม่	mâi
S'il vous plaît.	ขอ	kŏr

Merci. ขอบคุณ kòrp kun
De rien. ยินดี yin di
Excusez-moi. ขออภัย kŏr à-pai
Désolé(e). ขอโทษ kŏr tôht

Comment allez-vous ?
สบายดีไหม sà-bai di măi
Je vais bien. Et vous ?
สบายดีครับ/ค่า แล้วคุณล่ะ sà-bai di kráp/kâ láa·ou kun lâ (m/f)
Quel est votre nom ?
คุณชื่ออะไร kun chêu à-rai
Je m'appelle…
ผม/ดิฉันชื่อ... pŏm/dì-chăn chêu … (m/f)
Parlez-vous anglais ?
คุณพูดภาษาอังกฤษได้ไหม kun pôot pah-săh ang-grìt dâi măi
Je ne comprends pas.
ผม/ดิฉันไม่เข้าใจ pŏm/dì-chăn mâi kôw jai (m/f)

HÉBERGEMENT

Où puis-je trouver un(e)… ? ... อยู่ที่ไหน … yòo têe năi
site de camping ค่ายพักแรม kâi pák raam
pension บ้านพัก bâhn pák
hôtel โรงแรม rohng raam
auberge de jeunesse บ้านเยาวชน bâhn yow-wá-chon

Avez-vous un(e) chambre… ? มีห้อง ... ไหม mi hôrng … măi
simple เดี่ยว dèe·o
double เตียงคู่ đee·ang kôo
avec lits jumeaux สองเตียง sŏrng đi·ang

climatisation แอร์ aa
sdb ห้องน้ำ hôrng nám
laverie ห้องซักผ้า hôrng sák pâh
moustiquaire มุ้ง múng
fenêtre หน้าต่าง nâh đàhng

DIRECTIONS

Où se trouve… ?
... อยู่ที่ไหน … yòo têe năi
Quelle est l'adresse ?
ที่อยู่คืออะไร têe yòo keu à-rai
Pourriez-vous l'écrire ?
เขียนลงให้ได้ไหม kĕe·an long hâi dâi măi

Questions

Quoi ?	อะไร	à-rai
Quand ?	เมื่อไร	mêu·a-rai
Où ?	ที่ไหน	têe năi
Qui ?	ใคร	krai
Pourquoi ?	ทำไม	tam-mai

Pourriez-vous m'indiquer (sur la carte) ?
ให้ดู (ในแผนที่) ได้ไหม hâi dou (nai păan têe) dâi măi
Tournez à gauche/droite.
เลี้ยวซ้าย/ขวา lée·o sái/kwăh

C'est… อยู่ ... yòo …
derrière ที่หลัง têe lăng
devant ตรงหน้า đrong nâh
près de ใกล้ๆ glâi glâi
à côté de ข้างๆ kâhng kâhng
tout droit ตรงไป đrong bai

SE RESTAURER ET PRENDRE UN VERRE

Je voudrais (le menu), s'il vous plaît.
ขอ (รายการอาหาร) หน่อย kŏr (rai gahn ah-hăhn) nòy
Que nous conseillez-vous ?
คุณแนะนำอะไรบ้าง
kun náa-nam à-rai bâhng
C'était délicieux !
อร่อยมาก à-ròy mâhk
Santé !
ไชโย chai-yoh
L'addition, s'il vous plaît.
ขอบิลหน่อย kŏr bin nòy

Je ne mange pas de… ผม/ดิฉันไม่กิน ... pŏm/dì-chăn mâi gin … (m/f)
œufs ไข่ kài
poisson ปลา blah
viande rouge เนื้อแดง néu·a daang
noix ถั่ว tòo·a

Mots clés

bar บาร์ bah
bouteille ขวด kòo·at
bol ชาม chahm
petit-déjeuner อาหารเช้า ah-hăhn chów
café ร้านกาแฟ ráhn gah-faa
baguettes ไม้ตะเกียบ mái đà-gèe·ap

froid	เย็น	yen
tasse	ถ้วย	tôo·ay
dessert	ของหวาน	kŏrng wăhn
dîner	อาหารเย็น	ah-hăhn yen
carte des boissons	รายการเครื่องดื่ม	rai gahn krêu·ang dèum
fourchette	ส้อม	sôrm
verre	แก้ว	gâa·ou
chaud	ร้อน	rórn
couteau	มีด	mêet
déjeuner	อาหารกลางวัน	ah-hăhn glahng wan
marché	ตลาด	đà-làht
menu	รานการอาหาร	rai gahn ah-hăhn
assiette	จาน	jahn
restaurant	ร้านอาหาร	ráhn ah-hăhn
épicé	เผ็ด	pèt
cuillère	ช้อน	chórn
végétarien (personne)	คนกินเจ	kon gin jair
avec	มี mi	
sans	ไม่มี	mâi mi

Viande et poisson

bœuf	เนื้อ	néu·a
poulet	ไก่	gài
crabe	ปู	Ƅou
canard	เป็ด	Ƅèt
poisson	ปลา	Ƅlah
viande	เนื้อ	néu·a
porc	หมู	mŏo
fruits de mer	อาหารทะเล	ah-hăhn tá-lair
calmar	ปลาหมึก	Ƅlah mèuk

Fruits et légumes

banane	กล้วย	glôo·ay
haricots	ถั่ว	tòo·a
noix de coco	มะพร้าว	má-prów
aubergine	มะเขือ	má-kĕu·a
fruit	ผลไม้	pŏn-lá-mái
goyave	ฝรั่ง	fa-ràng
citron	มะนาว	má-now
mangue	มะม่วง	má-môo·ang
mangoustan	มังคุด	mang-kút
champignons	เห็ด	hèt
noix	ถั่ว	tòo·a
papaye	มะละกอ	má-lá-gor
pommes de terre	มันฝรั่ง	man fa-ràng
ramboutan	เงาะ	ngó
tamarin	มะขาม	má-kăhm
tomate	มะเขือเทศ	má-kĕu·a têt
légumes	ผัก	pàk
pastèque	แตงโม	đaang moh

Symboles

ทางเข้า	Entrée
ทางออก	Sortie
เปิด	Ouvert
ปิด	Fermé
ที่ติดต่อสอบถาม	Renseignements
ห้าม	Interdit
ห้องสุขา	Toilettes
ชาย	Hommes
หญิง	Femmes

Autres

piment rouge	พริก	prík
œuf	ไข่	kài
sauce de poisson	น้ำปลา	nám Ƅlah
glaçon	น้ำแข็ง	nám kăang
nouilles	เส้น	sên
huile	น้ำมัน	nám man
poivre	พริกไทย	prík tai
riz	ข้าว	kôw
salade	ผักสด	pàk sòt
sel	เกลือ	gleu·a
soupe	น้ำซุป	nám súp
sauce soja	น้ำซีอิ๊ว	nám si-éw
sucre	น้ำตาล	nám đahn
tofu	เต้าหู้	đôw hôo

Boissons

bière	เบียร์	bi·a
café	กาแฟ	gah-faa
lait	นมจืด	nom jèut
jus d'orange	น้ำส้ม	nám sôm
lait de soja	น้ำเต้าหู้	nám đôw hôo
jus de canne	น้ำอ้อย	nám ôy
thé	ชา	chah
eau	น้ำดื่ม	nám dèum

URGENCES

Au secours !	ช่วยด้วย	chôo·ay dôo·ay
Allez-vous-en !	ไปให้พ้น	Ƅai hâi pón
Appelez un médecin !	เรียกหมอหน่อย	rêe·ak mŏr nòy

Nombres

1	หนึ่ง	nèung
2	สอง	sŏrng
3	สาม	săhm
4	สี่	sèe
5	ห้า	hâh
6	หก	hòk
7	เจ็ด	jèt
8	แปด	ɓàat
9	เก้า	gôw
10	สิบ	sìp
11	สิบเอ็ด	sìp-èt
20	ยี่สิบ	yêe-sìp
21	ยี่สิบเอ็ด	yêe-sìp-èt
30	สามสิบ	săhm-sìp
40	สี่สิบ	sèe-sìp
50	ห้าสิบ	hâh-sìp
60	หกสิบ	hòk-sìp
70	เจ็ดสิบ	jèt-sìp
80	แปดสิบ	ɓàat-sìp
90	เก้าสิบ	gôw-sìp
100	หนึ่งร้อย	nèung róy
1 000	หนึ่งพัน	nèung pan
10 000	หนึ่งหมื่น	nèung mèun
100 000	หนึ่งแสน	nèung săan
1 000 000	หนึ่งล้าน	nèung láhn

Appelez la police !
เรียกตำรวจหน่อย rêe·ak đam·ròo·at nòy

Je suis malade.
ผม/ดิฉันป่วย pŏm/dì-chăn ɓòo·ay (m/f)

Je suis perdu.
ผม/ดิฉัน pŏm/dì-chăn
หลงทาง lŏng tahng (m/f)

Où se trouvent les toilettes ?
ห้องน้ำอยู่ที่ไหน hôrng nám yòo têe năi

ACHATS ET SERVICES

Je voudrais acheter…
อยากจะซื้อ ... yàhk jà séu …

Je ne fais que regarder.
ดูเฉย ๆ doo chĕu·i chĕu·i

Puis-je regarder ?
ขอดูได้ไหม kŏr doo dâi măi

Combien coûte ceci ?
เท่าไร tôw-rai

C'est trop cher.
แพงไป paang ɓai

Pouvez-vous baisser un peu le prix ?
ลดราคาได้ไหม lót rah-kah dâi măi

Il y a une erreur sur le ticket de caisse/ la facture.
บิลใบนี้ผิด bin bai née pìt ná
นะครับ/ค่ะ kráp/kâ (m/f)

HEURE ET DATES

Quelle heure est-il ?
กี่โมงแล้ว gèe mohng láa·ou

matin	เช้า	chów
après-midi	บ่าย	bài
soir	เย็น	yen
hier	เมื่อวาน	mêu·a wahn
aujourd'hui	วันนี้	wan née
demain	พรุ่งนี้	prûng née

lundi	วันจันทร์	wan jan
mardi	วันอังคาร	wan ang-kahn
mercredi	วันพุธ	wan pút
jeudi	วันพฤหัสฯ	wan pá-réu-hàt
vendredi	วันศุกร์	wan sùk
samedi	วันเสาร์	wan sŏw
dimanche	วันอาทิตย์	wan ah-tít

TRANSPORTS

Transports publics

vélo-rickshaw	สามล้อ	săhm lór
bateau	เรือ	reu·a
bus	รถเมล์	rót mair
voiture	รถเก๋ง	rót gĕng
moto	มอร์เตอร์ไซค์	mor-đeu-sai
moto-taxi	รับจ้าง	ráp jâhng
avion	เครื่องบิน	krêu·ang bin
train	รถไฟ	rót fai
túk-túk	ตุ๊ก ๆ	đúk đúk

À quelle heure รถเมล์คัน ... rót mair kan …
arrive le… bus ? มาเมื่อไร mah mêu·a rai

premier	แรก	râak
dernier	สุดท้าย	sùt tái
prochain	ต่อไป	đòr ɓai

Un billet…, s'il vous plaît. ขอตั๋ว ... kŏr đŏo·a …

aller simple	เที่ยวเดียว	têe·o di·o
aller-retour	ไปกลับ	ɓai glàp

Je voudrais un siège côté… ต้องการ đôrng gahn
ที่นั่ง ... têe nâng …

couloir	ติดทางเดิน	đit tahng deun
fenêtre	ติดหน้าต่าง	đit nâh đàhng
quai	ชานชาลา	chan-chah-lah
guichet	ช่องขายตั๋ว	chôrng kăi đŏo·a
horaires	ตารางเวลา	đah-rahng wair-lah

À quelle heure arrive-t-il à (Chiang Mai) ?
ถึง (เชียงใหม่) กี่โมง — tĕung (chi·ang mài) gèe mohng
S'arrête-t-il à (Saraburi) ?
รถจอดที่ (สระบุรี) ไหม — rót jòrt têe (sà-rà-bù-ri) măi
Comment puis-je me rendre à (Chiang Mai) ?
เมื่อถึง (เชียงใหม่) กรุณาบอกด้วย — mêu·a tĕung (chi·ang mài) gà-rú-nah bòrk dôo·ay
Je voudrais descendre à (Saraburi).
ขอลงที่(สระบุรี) — kŏr long têe (sà-rà-bù-ri)

En voiture et à vélo

Je voudrais louer un(e)...	อยากจะ เช่า ...	yàhk jà chôw ...
4x4	รถโฟร์วีล	rót foh ween
voiture	รถเก๋ง	rót gĕng
moto	รถมอร์เตอร์ไซค์	rót mor-đeu-sai

Je voudrais...	ต้องการ ...	đôrng gahn...
faire réparer mon vélo	จักรยาน ซ่อมรถ	jàk-gà-yahn sôrm rót
louer un vélo	เช่ารถ จักรยาน	chôw rót jàk-gà-yahn

Est-ce la route vers (Ban Bung Wai) ?
ทางนี้ไป (บ้านบุ่งหวาย) ไหม — tahng née ɓai (bâhn bùng wăi) măi
Où se trouve la station-service ?
ปั๊มน้ำมันอยู่ที่ไหน — ɓâm nám man yòo têe năi
Puis-je me garer ici ?
จอดที่นี่ได้ไหม — jòrt têe née dâi măi
Combien de temps puis-je me garer ici ?
จอดที่นี่ได้นานเท่าไร — jòrt têe née dâi nahn tôw-rai

J'ai besoin d'un mécanicien.
ต้องการช่างรถ — đôrng gahn châhng rót
J'ai un pneu crevé.
ยางแบน — yahng baan
Je n'ai plus d'essence.
หมดน้ำมัน — mòt nám man
Ai-je besoin d'un casque ?
ต้องใช้หมวกกันน็อกไหม — đôrng chái mòo·ak gan nórk măi

Glossaire

Ce glossaire comprend des termes thaï, palis (P) et sanskrits (S) et des mots souvent utilisés par les Thaïlandais.

ah·hăhn – nourriture
ah·hăhn Ƀàh – "nourriture de la jungle" ; habituellement plats à base de gibier
ajahn – (*aajaan*) titre de respect pour un professeur, venant du sanskrit *acarya*
amphoe – (*amphur*) district, circonscription inférieure à une province
amphoe meu·ang – chef-lieu de province
AUA – American University Alumni (Association des élèves de l'université américaine)

bâhn – (*ban*) maison, village
baht – (*bàat*) unité monétaire thaïlandaise
bàht – unité de poids égale à 15 g ; bol utilisé par les moines pour recevoir les aumônes de nourriture
bai sĕe – fil sacré utilisé par les moines ou les chamans lors de certaines cérémonies religieuses
ben·jà·rong – céramique thaïe traditionnelle à cinq couleurs
BKS – Baw Khaw Saw (acronyme de la société thaïlandaise de transports)
BMA – Bangkok Metropolitan Authority ; gouvernement municipal de Bangkok
bodhisattva (S) – terme provenant du bouddhisme theravada, faisant référence aux vies du Bouddha antérieures à son Éveil
bòht – du pali *uposatha* (*ubohsòt*) ; sanctuaire central d'un temple, utilisé pour les cérémonies officielles de l'ordre, comme les ordinations ; voir aussi *wí·hăhn*
bòr nám rórn – sources chaudes
brahmanique – relatif au brahmanisme, une tradition religieuse indienne antérieure à l'hindouisme ; à ne pas confondre avec "brahmane", la caste sacerdotale en Inde
BTS – Bangkok Transit System (Skytrain) ; en thaï : *rót fai fáh*
ɓah·đé – batik, tissu imprimé selon le procédé du batik
ɓàk đâi – Thaïlande du Sud
ɓèe·pâht – orchestre thaïlandais classique
ɓohng·lahng – le marimba du nord-est de la Thaïlande (instrument de percussion), fait de courtes bûches

CAT – Telecom Public Company Limited (Agence thaïlandaise des télécommunications, ancienne Communications Authority of Thailand)
chédi – voir *stupa*
chow – les gens
chow lair – (*chow nám*) gitans de la mer
chow nah – fermier
CPT – Communist Party of Thailand (Parti communiste thaïlandais)

doy – montagne en dialecte du Nord, écrit "Doi" dans les noms propres
đà·làht – marché
đà·làht nám – marché flottant
đam·bon – (*tambol*) circonscription (subdivision de territoire au-dessous de l'*amphoe*)
đròrk – (*trok*) ruelle, plus petite qu'un *soi*

fàràng – un Occidental (d'origine européenne) ; appelé aussi *guava*

gà·teu·i – (*kàthoey*) le "3e sexe" thaïlandais, en général des travestis ou transexuels masculins, aussi appelés *ladyboys*
gopura (S) – pavillon d'entrée traditionnel des temples hindous, très courant dans les temples angkoriens
góo·ay hâang – tunique chinoise de travailleur
grà·bèe grà·borng – art martial thaïlandais traditionnel utilisant des épées courtes et des bâtons
gù·đì – lieu de vie des moines

hàht – plage ; écrit "Hat" dans les noms propres
hĭn – pierre
hŏr đrai – dépôt de manuscrits (écrits canoniques bouddhiques)
hŏr glorng – tour du tambour
hŏr rá·kang – tour de l'horloge
hôrng – (*hong*) salle ; dans le Sud, désigne les grottes semi-immergées des îles
hôrng tăa·ou – maisons alignées avec boutiques (*shophouses*)

Isan – (*i·săhn*) nord-est de la Thaïlande

jataka (P) – (*chah·dòk*) récits des vies antérieures du Bouddha
jiin – Chinois
jiin hor – litt. "Chinois galopant", en référence aux négociants yunnanais qui se déplacent à cheval

jôw meu·ang – chef d'une principauté ; *jôw* signifie seigneur, prince ou figure sacrée

kaan – flûte de roseau très répandue dans le nord-est du pays
kàthoey – voir *gà·teu·i*
klorng – canal ; écrit "Khlong" dans les noms propres
kŏhn – théâtre masqué et dansé s'inspirant des épisodes du *Ramakian*
kon ee·săhn – population du Nord-Est ; *kon* signifie "personne"
kŏw – colline ou montagne ; écrit "Khao" dans les noms propres
KMT – Kuomintang
KNU – Karen National Union (Union nationale karen)
kràbìi – **kràbawng** – voir *grà·bèe grà·borng*
ku – petit *chédi* partiellement creux et ouvert
kúay hâeng – voir *góo·ay hâang*
kùtì – voir *gù·đì*

lăam – cap ; écrit "Laem" dans les noms propres
làk meu·ang – pilier de la ville
lá·kon – théâtre dansé classique
lék – petit en taille ; voir aussi *noi*
lí·gair – théâtre dansé populaire
longyi – sarong birman
lôok tûng – musique populaire
lôw kŏw – alcool blanc, souvent distillé maison à partir de riz
lôw tèu·an – alcool artisanal (illicite)

mâa chi – nonne bouddhiste
mâa nám – fleuve ; écrit les noms propres
Mahanikai – la plus grande des 2 sectes du bouddhisme theravada en Thaïlande
mahathat – (*má·hăh tâht*) du sanskrit-pali *mahadhatu* ; nom commun des temples qui renferment des reliques du Bouddha
má·noh·rah – théâtre dansé, très populaire dans le sud du pays
masjid – (*mát·sà·yít*) mosquée
mát·mèe – technique de teinture et de tissage des fils de soie ou de coton selon des motifs complexes, semblables à l'*ikat* indonésien ; le terme désigne aussi les motifs eux-mêmes
metta (P) – (*mêt-đah*) pratique bouddhique de la bienveillance
meu·ang – ville ou principauté
mon·dòp – du sanskrit *mandapa* ; petit édifice carré surmonté d'une flèche dans un *wát*
moo·ay tai – (*muay thai*) boxe thaïlandaise

mŏr lam – tradition musicale isan similaire au *lôok tûng*
mŏrn kwăhn – coussin triangulaire, très employé dans le Nord et le Nord-Est
MRTA – Metropolitan Rapid Transit Authority (Direction métropolitaine du transport rapide), le réseau de métro de Bangkok ; en thaï : *rót fai fáh đâi din*

naga (P/S) – (*nâhk*) serpent mythique aux pouvoirs magiques
ná·kon – du sanskrit-*pali nagara* ; ville ; écrit "Nakhon" dans les noms propres
nám – eau
nám đòk – cascade ; écrit "Nam Tok" dans les noms propres
năng đà·lung – théâtre d'ombres
neun – colline ; écrit "Noem" dans les noms propres
ngahn têt·sà·gahn – fête
nibbana (P/S) – nirvana ; dans l'enseignement bouddhiste, l'éveil ou la délivrance du cycle des renaissances ; en thaï : *níp·pahn*
noi – (*nóy*) un peu, petit (quantité) ; voir aussi *lék*
nôrk – extérieur ; écrit "Nok" dans les noms propres

ow – baie ou golfe ; écrit "Ao" dans les noms propres

pâh ka·máh – pièce de coton que les hommes s'enroulent autour de la taille
pâh mát·mèe – étoffe de soie ou de coton tissée avec des fils noués et teints (*mát·mèe*)
pâh sîn – pièce de coton dont les femmes s'entourent
pâhk glahng – Thaïlande du Centre
pâhk nĕua – Thaïlande du Nord
pâhk tâi – voir *þàk đâi*
pĕe – fantôme, esprit
pin – petit luth à 3 cordes joué avec un large médiator
pìi-phâat – voir *þèe·pâht*
pík·sù – du sanskrit *bhikshu* et du pali *bhikkhu* ; moine bouddhiste
PLAT – People's Liberation Army of Thailand (Armée populaire de libération de Thaïlande)
pleng koh·râht – chanson populaire de Khorat
pleng pêu·a chee·wít – "chansons pour la vie", musique de rock populaire
ponglang – voir *ƃohng·lahng*
poo kŏw – montagne
pôo yài bâhn – chef de village

prá – terme honorifique utilisé pour les moines, les nobles et les représentations du Bouddha ; écrit "Phra" dans les noms propres
prá krêu·ang – amulette protectrice portée autour du cou représentant un moine, le Bouddha ou une divinité ; appelée aussi *prá pim*
prá poom – esprits de la terre
prang – (*ƃrahng*) tour de style khmer, surmontant les temples
prasada – aliments bénis offerts aux fidèles des temples hindous ou bouddhiques
prasat – (*ƃrah·sàht*) petit édifice en forme de croix, surmonté d'une flèche, dans un *wát* ; désigne tout lieu, salle ou résidence, doté d'une signification religieuse ou royale
PULO – Pattani United Liberation Organization (Organisation unie de libération de Pattani)

râi – mesure agraire correspondant à 1 600 m²
reu·a hăhng yow – bateau allongé, *long-tail boat*
reu·an tăa·ou – maison longue (*longhouse*)
reu·sĕe – ascète, ermite ou sage (*rishi* en hindi)
rót aa – bus climatisé bleu et blanc
rót ƃràp ah·gàht – bus climatisé
rót fai fáh – réseau du métro aérien de Bangkok
rót fai tâi din – réseau du métro souterrain de Bangkok
rót norn – bus à couchettes
rót tam·má·dah – bus ou train ordinaire (non climatisé)
rót too·a – bus d'excursion, bus climatisé

săh·lah – salle de réunion ou de repos, ouverte sur les côtés ; du portugais *sala*, "pièce"
săhm·lór – cyclo-pousse
săhn prá poom – l'esprit dans un sanctuaire
săm·nák sŏng – centre monastique
săm·nák wí·þàt·sà·nah – centre de méditation
samsara (P) – selon le bouddhisme, royaume de la réincarnation et de l'illusion
sangha – (P) la communauté bouddhiste
satang – (*sà·đahng*) unité monétaire thaïlandaise ; 100 *satang* valent 1 *baht*
sèe yâak – intersection, mot souvent utilisé pour préciser la localisation d'un lieu
sĕmaa – pierres servant à délimiter un espace utilisé pour les ordinations monastiques
serow – chèvre des montagnes d'Asie
sêua môr hôrm – chemise de fermier en coton bleu

shophouse – ancien bâtiment comportant un rez-de-chaussée pour le négoce et des étages pour le logement
soi – ruelle ou petite rue
Songkran – Nouvel An thaï (mi-avril)
sŏo·an ah·hăhn – restaurant en plein air entouré de verdure ; litt. "jardin de nourriture"
sŏrng·tăa·ou – (litt. "2 rangées") ; petit pick-up avec 2 banquettes à l'arrière, qui fait office de bus ou de taxi ; aussi écrit "*săwngthăew*"
SRT – State Railway of Thailand (Chemins de fer nationaux de Thaïlande)
stupa – monument bouddhique de forme conique qui renferme des objets sacrés
sù·săhn – cimetière

tâh – jetée, embarcadère ; écrit "Tha" dans les noms propres
tâht – reliquaire bouddhique curviligne à 4 côtés, fréquent dans le Nord-Est ; écrit "That" dans les noms propres
tâht grà·dòok – reliquaire, petit *stupa* renfermant les restes d'un dévot bouddhiste
tàlàat náam – voir *đà·làht nám*
tâm – grotte ; écrit "Tham" dans les noms propres
tam bun – acquérir un mérite
tambon – voir *đam·bon*
TAT – Tourism Authority of Thailand (Direction du tourisme de Thaïlande)
têt·sà·bahn – division administrative semblable à une municipalité
THAI – Thai Airways International
thammájàk – du pali *dhammacakka* ; roue de la loi bouddhique
Thammayut – l'une des deux sectes thaïlandaises du bouddhisme theravada ; fondée par Rama IV lorsqu'il était moine
thanŏn – (*tà·nŏn*) rue ; écrit "Thanon" dans les noms propres, abrégé en "Th"
T-pop – musique populaire appréciée des adolescents
tràwk – voir *đròrk*
trimurti (S) – triade composée des 3 principales divinités hindoues, Brahma, Shiva et Vishnu
Tripitaka (S) – écritures du bouddhisme theravada (*Tipitaka* en pali)
tú·dong – série de 13 pratiques ascétiques (se contenter d'un repas par jour, vivre au pied d'un arbre...) observées par les moines bouddhistes ; moine se pliant à ces pratiques ; période pendant laquelle des moines vont à pied d'un lieu à l'autre
túk-túk – (đúk-đúk) *săhm·lór* à moteur

ùt·sà·nít – ornement en forme de flamme sur la tête d'un bouddha

vipassana (P) – (*wí·Ъàt·sà·nah*) méditation bouddhiste

wâi – geste de salutation, les mains jointes au niveau de la poitrine
wan prá – jours sacrés bouddhiques, qui correspondent aux phases principales de la lune (pleine, nouvelle et demi)
wang – palais
wát – temple-monastère, du pali *avasa* (résidence de moine)
wá·tá·ná·tam – culture
wát Ъàh – monastère en forêt
wí·hăhn – (*wihan, viharn*) grande salle d'un temple, généralement ouverte aux laïcs ; du sanskrit *vihara* (habitation)

yawi – langue traditionnelle de Java, de Sumatra et de la péninsule malaise, largement parlée dans les provinces les plus méridionales du pays ; la forme écrite emploie l'alphabet arabe classique plus 5 lettres
yài – grand
yâhm – sac à bandoulière

En coulisses

À nos lecteurs

Merci à tous les voyageurs qui ont utilisé la dernière édition de ce guide et qui nous ont écrit pour nous faire part de leurs conseils, de leurs suggestions et de leurs anecdotes :

Abdelaziz Lydia, Bizet Laurent, Buffet Isabelle, Denis Jean-Luc, Deprez Gilles, Ennesser Murielle, Forestier Pascal, Gillard Pauline, Gouleau Jean-Louis, Harrisson Maureen, Marchand Alex, Menjot Alain, Navarro Matthias, Pastourel Dominique, Renard Manuel, Sanchez Dominique, Therraize Laure et Trobat Patrick

Un mot de l'auteur

CHINA WILLIAMS

Merci à Nong qui a été une deuxième maman pour Felix et un soutien essentiel pour moi ; mille mercis à Lisa sur Ko Chang, à Chris et Gae à Hua Hin, ainsi qu'à Ted et Mark à Pattaya. Felix embrasse Kan, Goong et Pa too. Remerciements à Mason, Jane, Joe, Kong et Ruengsang. Un mot aussi pour mon mari qui a survécu à notre absence. Enfin, bravo à mes coauteurs et à toute l'équipe de LP.

Remerciements

Données des cartes du climat adaptées de Peel MC, Finlayson BL & McMahon TA (2007) "Updated World Map of the Köppen-Geiger Climate Classification", *Hydrology and Earth System Sciences*, 11, 1633-44.

Photographie de couverture : *Long-tail boats*, province de Krabi, Nicholas Pitt. Photographie 4e de couverture : Marché flottant, Bangkok, Greg Elms, Lonely Planet Images.

À propos de ce guide

Cette 2e édition française du guide *L'essentiel de la Thaïlande* est une traduction-adaptation de la 2e édition *Discover Thailand* (en anglais), commandée par le bureau de Melbourne de Lonely Planet. Cet ouvrage a été coordonné par China Williams, basé sur les recherches sur le terrain et rédigé par Mark Beales, Tim Bewer, Celeste Brash, Austin Bush, Alan Murphy, Brandon Presser et Adam Skolnick. La section *Langue* a été coordonnée par Annelies Mertens.

Traduction Nathalie Berthet, Hind Boughedaoui, Thérèse de Cherisey, Florence Delahoche, Frédérique Hélion-Guerrini, Dominique Lavigne, Mélanie Marx, Jeanne Robert et Bérengère Viennot

Direction éditoriale Didier Férat

Adaptation française Carole Haché

Responsable prépresse Jean-Noël Doan

Maquette Valérie Police

Cartographie Nicolas Chauveau

Couverture Annabelle Henry

Merci à Françoise Blondel pour sa relecture attentive et à Cécile Bertolissio pour son aide précieuse. Un grand merci à Dominique Spaety et Marjorie Goussu pour leur soutien et à toute l'équipe du bureau de Paris. Enfin, merci à Clare Mercer, Tracey Kislingbury et Mark Walsh du bureau de Londres, ainsi qu'à Darren O'Connell, Chris Love, Craig Kilburn et Carol Jackson du bureau australien.

VOS RÉACTIONS ?

Vos commentaires nous sont très précieux et nous permettent d'améliorer constamment nos guides. Notre équipe lit toutes vos lettres avec la plus grande attention. Nous ne pouvons pas répondre individuellement à tous ceux qui nous écrivent, mais vos commentaires sont transmis aux auteurs concernés. Tous les lecteurs qui prennent la peine de nous communiquer des informations sont remerciés dans l'édition suivante, et ceux qui nous fournissent les renseignements les plus utiles se voient offrir un guide.

Pour nous faire part de vos réactions, prendre connaissance de notre catalogue et vous abonner à Comète, notre lettre d'information, consultez notre site web : www.lonelyplanet.fr

Nous reprenons parfois des extraits de notre courrier pour les publier dans nos produits, guides ou sites web. Si vous ne souhaitez pas que vos commentaires soient repris ou que votre nom apparaisse, merci de nous le préciser. Pour connaître notre politique en matière de confidentialité, connectez-vous à : www.lonelyplanet.fr/confidentialite/index.cfm

NOTES

NOTES

Index

Les cartes sont indiquées en **gras**

D

Les cartes sont indiquées en **gras**

E

F

G

H

I

Les cartes sont indiquées en **gras**

Les cartes sont indiquées en **gras**

N

O

P

Q

R

S

Les cartes sont indiquées en **gras**

T

U

V

W

Y

Z

Comment utiliser ce livre

Ces symboles vous aideront à identifier les différentes rubriques :

- À voir
- Activités
- Cours
- Circuits organisés
- Fêtes et festivals
- Où se loger
- Où se restaurer
- Où prendre un verre
- Où sortir
- Achats
- Renseignements/transports

Ces symboles vous donneront des informations essentielles au sein de chaque rubrique :

- Numéro de téléphone
- Horaires d'ouverture
- Parking
- Non-fumeurs
- Climatisation
- Accès Internet
- Wi-Fi
- Piscine
- Végétarien
- Menu en anglais
- Familles bienvenues
- Animaux acceptés
- Bus
- Ferry
- Métro
- Subway
- Tube (Londres)
- Tramway
- Train

La sélection apparaît dans l'ordre de préférence de l'auteur.

Les pictos pour se repérer :

GRATUIT Des sites libre d'accès

Les adresses écoresponsables

Nos auteurs ont sélectionné ces adresses pour leur engagement dans le développement durable – par leur soutien envers des communautés ou des producteurs locaux, leur fonctionnement écologique ou leur investissement dans des projets de protection de l'environnement.

Légende des cartes

À voir
- Plage
- Temple bouddhiste
- Château
- Église/cathédrale
- Temple hindou
- Mosquée
- Synagogue
- Monument
- Musée/galerie
- Ruines
- Vignoble
- Zoo
- Centre d'intérêt

Activités
- Plongée/snorkeling
- Canoë/kayak
- Ski
- Surf
- Piscine/baignade
- Randonnée
- Planche à voile
- Autres activités

Se loger
- Hébergement
- Camping

Se restaurer
- Restauration

Prendre un verre
- Bar
- Café

Sortir
- Spectacle

Achats
- Magasin

Renseignements
- Poste
- Point d'information

Transports
- Aéroport/aérodrome
- Poste frontière
- Bus
- Téléphérique/funiculaire
- Piste cyclable
- Ferry
- Métro
- Monorail
- Parking
- S-Bahn
- Taxi
- Train/rail
- Tramway
- Tube
- U-Bahn
- Autre moyen de transport

Routes
- Autoroute à péage
- Autoroute
- Nationale
- Départementale
- Cantonale
- Chemin
- Route non goudronnée
- Rue piétonne
- Escalier
- Tunnel
- Passerelle
- Promenade à pied
- Promenade à pied (variante)
- Sentier

Géographie
- Refuge/gîte
- Phare
- Point de vue
- Montagne/volcan
- Oasis
- Parc
- Col
- Aire de pique-nique
- Cascade

Population
- Capitale (pays)
- Capitale (État/province)
- Grande ville
- Petite ville/village

Limites et frontières
- Pays
- Province/État
- Contestée
- Région/banlieue
- Parc maritime
- Falaise/escarpement
- Rempart

Hydrographie
- Rivière
- Rivière intermittente
- Marais/mangrove
- Récif
- Canal
- Eau
- Lac asséché/salé/intermittent
- Glacier

Topographie
- Plage/désert
- Cimetière (chrétien)
- Cimetière (autre religion)
- Parc/forêt
- Terrain de sport
- Site (édifice)
- Site incontournable (édifice)

CELESTE BRASH

Phuket et la côte d'Andaman Celeste a découvert la Thaïlande en tant qu'étudiante en langue, histoire et culture thaïlandaise à l'université de Chiang Mai. Depuis, elle y est revenue de nombreuses fois et a exploré les folles nuits de Ko Phang-Ngan et le silence de Wat Suanmok pendant plusieurs semaines. Elle a été récompensée pour ses écrits de voyage parus dans les ouvrages Travelers' Tales. Ses articles ont été publiés dans maints journaux et magazines tel le *LA Times* et *Islands*. Celeste a collaboré à un nombre incalculable de guides Lonely Planet. Sa destination favorite reste l'Asie du Sud-Est, et la Thaïlande, son coup de cœur. Quand elle n'est pas sur la route avec son mari et ses deux enfants, elle vit à Portland dans l'Oregon. Elle a un site Internet : www.celestebrash.com.

Retrouvez Celeste sur le site de Lonely Planet :
lonelyplanet.com/members/celestebrash

AUSTIN BUSH

Bangkok, nord et sud de la Thaïlande Austin fait son premier voyage en Thaïlande en 1998 grâce à une bourse d'études pour étudier les langues à l'Université de Chiang Mai. Il se dirige vers Bangkok, attiré par la vie citadine, les possibilités de travail et la cuisine épicée qui l'ont poussé à y rester depuis. Toutefois, il a particulièrement aimé quitter la ville quelque temps, dans les montagnes du Nord notamment, pour écrire ce guide. Né dans l'Oregon, ce rédacteur et photographe free lance se passionne souvent pour la cuisine. Son site, www.austinbushphotography.com, contient quelques-uns de ses travaux.

ALAN MURPHY

Province de Chiang Mai Alan a découvert l'Asie du Sud-Est dans les années 1990 en voyageant beaucoup dans les environs. Depuis, il est reparti à Chiang Mai pour y vivre et travailler en tant que bénévole pour la défense des droits des travailleurs immigrés dans la région du Mékong. Alan est journaliste, notamment à Lonely Planet où il écrit et actualise des guides depuis 2009. Ce qu'il aime en particulier : explorer une nouvelle destination de long en large. C'est la première fois qu'il collabore au guide sur la Thaïlande. Quel plaisir pour lui d'écrire sur Chiang Mai, une ville authentique et chaleureuse peuplée de gens divers et variés ! Il s'y sent de plus en plus chez lui.

BRANDON PRESSER

Ko Samui et le sud de la côte du golfe Pendant son enfance dans un pays où on embrasse les ours, ce Canadien voyageur rêvait de palmiers qui se balancent au vent et de plages dorées. Adolescent, il part faire une randonnée en Asie du Sud. C'est le déclic : il ne peut plus s'en passer et retourne, chaque année, faire de la plongée, bronzer et déguster de la *sôm·đam* (salade de papaye épicée). Il prend alors un stylo, enfourche un sac à dos et devient rédacteur de voyage free lance. Il a collaboré à plus de 20 guides Lonely Planet, *Islande*, *Thaïlande*, et bien d'autres.

Les guides Lonely Planet

Une vieille voiture déglinguée, quelques dollars en poche et le goût de l'aventure, c'est tout ce dont Tony et Maureen Wheeler eurent besoin pour réaliser, en 1972, le voyage d'une vie : rallier l'Australie par voie terrestre via l'Europe et l'Asie. De retour après un périple harassant de plusieurs mois, et forts de cette expérience formatrice, ils rédigèrent sur un coin de table leur premier guide, *Across Asia on the Cheap*, qui se vendit à 1 500 exemplaires en l'espace d'une semaine. Ainsi naquit Lonely Planet, qui possède aujourd'hui des bureaux à Melbourne, Londres et Oakland, et emploie plus de 600 personnes. Nous partageons l'opinion de Tony, pour qui un bon guide doit à la fois informer, éduquer et distraire.

Nos auteurs

CHINA WILLIAMS

Auteur-coordinateur, Hua Hin et la côte est China et la Thaïlande ne se quittent plus. Elle a visité ce pays pour la première fois en 1997 et y a enseigné l'anglais. C'était quelques mois avant la crise monétaire. Depuis 9 ans, elle parcourt le Pacifique et écrit des guides sur ce pays. C'est son troisième voyage avec son fils de 4 ans. Ensemble, ils ont testé toutes les plages du nord-ouest du golfe de Thaïlande et de la côte est, ainsi que les quartiers sages (et sans prostituées) de Pattaya. China vit à Catonsville dans le Maryland (États-Unis) avec son mari et son fils, Felix.

MARK BEALES

Centre de la Thaïlande Mark a reçu une bourse pour étudier le journalisme, puis a travaillé comme reporter pendant 13 ans. En 2004, il quitte les côtes et le froid de l'Angleterre pour s'installer sur le littoral ensoleillé de la Thaïlande. Là, il devient rédacteur free lance et présentateur TV. Ses moments préférés pendant ce voyage : tomber sur un calao géant en rejoignant sa cabane dans un arbre et observer un adorable éléphanteau né la veille à Ayuthaya. Quand il n'est pas sur les routes, Mark enseigne l'anglais dans une école internationale de Rayong. Son site Internet, www.markbeales.com, contient plus d'informations sur son travail.

Retrouvez Mark sur le site de Lonely Planet :
lonelyplanet.com/members/markbeales

TIM BEWER

Nord-est de la Thaïlande Enfant, Tim ne voyageait pas beaucoup, à part un pèlerinage obligatoire à Disney World et la semaine de vacances annuelle au bord du lac. Il s'est rattrapé depuis et a déjà visité plus de 70 pays, en particulier en Asie du Sud-Est. Après la fac, il a travaillé comme assistant législatif avant de démissionner pour partir, sac au dos, à la découverte de l'Afrique de l'Ouest. Lors de ce voyage, il décide de devenir rédacteur et photographe de voyage free lance, profession qu'il n'a jamais quittée depuis. Quand il n'arpente pas la planète, il vit à Khon Kaen, en Thaïlande, où il dirige l'agence de voyages organisés Isan Explorer (www.isanexplorer.com).

Retrouvez Tim sur le site de Lonely Planet :
lonelyplanet.com/members/timbewer

Plus d'auteurs

L'essentiel de la Thaïlande, 2e édition
Traduit et adapté de l'ouvrage *Discover Thailand, 2nd edition, April 2012*

Dépôt légal Septembre 2012
ISBN 978-2-81612-133-9
Imprimé par IME (Imprimerie Moderne de l'Est), Baume-les-Dames, France
Réimpression 02, décembre 2013

En Voyage Éditions | un département